鹤庆象眠山墓地

云南省文物考古研究所
大理白族自治州文物管理所　编著
鹤庆县文物管理所

文物出版社
北京·2008

责任编辑：杨冠华

封面设计：周小玮

责任印制：陈 杰

图书在版编目（CIP）数据

鹤庆象眠山墓地/云南省文物考古研究所、大理白族
自治州文物管理所、鹤庆县文物管理所编著. —北京：
文物出版社，2009.1
ISBN 978－7－5010－2442－1

Ⅰ.鹤… Ⅱ.云… Ⅲ.墓葬（考古）－大理白族
自治州 Ⅳ.K878.8

中国版本图书馆 CIP 数据核字（2008）第 159691 号

鹤庆象眠山墓地

云 南 省 文 物 考 古 研 究 所

大理白族自治州文物管理所 编著

鹤 庆 县 文 物 管 理 所

＊

文 物 出 版 社 出 版 发 行

（北京市东直门内北小街 2 号楼）

http://www.wenwu.com

E-mail:web@wenwu.com

北 京 美 通 印 刷 有 限 公 司 印 刷

燕泰美术制版印刷有限公司印刷

新 华 书 店 经 销

889 × 1194 1/16 印张：40 插页：1

2009 年 1 月第 1 版 2009 年 1 月第 1 次印刷

ISBN 978－7－5010－2442－1 定价：380.00 元

Cemetery at Xiangmian Mountain

(With An English Abstract)

by

Yunnan Provincial Institute of Cultural Relics and Archaeology
Dali Bai Autonomous State Municipal Institute of Cultural Relics
Heqing Municipal Insititute of Cultural Relics

Cultural Relics Press

Beijing·2008

目　录

插图目录

彩版目录

图版目录

第一章　地理环境及概况

第一节　地理位置及环境

象眠山火葬墓地位于云南省大理市鹤庆县金墩乡石门坎南的象眠山西北坡，北纬 26°31′13″，东经 100°12′57.6″，海拔 2218 米。西北距县城云鹤镇约 10 千米。墓地北部有漾弓江流过，向东汇入金沙江（图一）。新建成的大理—丽江铁路横穿墓地中部。鹤庆县境有金沙江与永胜县分津，南临鸡坪关与宾川县接界，西连马耳山与剑川、洱源两县接壤，北望玉龙雪峰与丽江市玉龙县毗连。据 1988 年末统计数据显示白族占总人口的 55.49%，汉族占 36.47%，彝族占 5.02%，傈僳族占 1.55%，苗族占 0.35%，其他少数民族占 0.49%。

县境处于华南—印尼板块与青藏—蒙古板块的连接部位，地质结构复杂，新构造运动强烈；又位于中甸—剑川—南涧地震带，属地震活跃区，历史上曾发生过数次 5 级以上地震。地势西北高，东南低。最高峰为马耳山主峰，海拔 3925 米，最低谷地黄洛崀河头菁，海拔 1162 米，高差达 2763 米。县境大部分为山区、半山区、峡谷区，其间有较大的鹤庆、黄坪、松桂、北衙等坝子。金沙江流经东部边境，长度 60 千米。全县河流属金沙江水系。土壤主要有红壤、棕壤、水稻土等类，其中红壤类占总面积的 51.4%。全县处于南亚热带与寒温带之间的过渡区，属高原季风气候，具有"一山分四季、十里不同天"的"立体气候"特点。年平均气温 13.5℃，1 月平均气温 8℃，7 月平均气温 21℃，极端气温最高 33.4℃，最低 -11.4℃。年平均日照 2293.6 小时，年平均降雨量 947.9 毫米，无霜期 210 天。春季回暖早，但不稳定，2 月常有"倒春寒"，8 月也常有低温。由于地形地貌比较特殊和温差变化较大，是全国雹灾较多的地区之一。

境内资源比较丰富，已知的地下矿藏有 10 余种，其中锰为优质富矿，铅、煤储量较多，铁、铜、银、金、石棉、铝土也有分布。农作物有 197 个品种，粮食作物主要有水稻、小麦、玉米、蚕豆等，其中水稻居首位，产量占大春作物的 80% 以上。经济作物有甘蔗、烟叶等。油料作物有油菜、麻籽、花生等。家畜家禽有牛、马、骡、猪、羊、鸡、鸭、鹅、驴等。其中鹤庆马久负盛名。

第二节　历史沿革

鹤庆以前虽未进行过考古发掘活动，但纵观周边情况，这一地区有着早期人类活动遗迹，

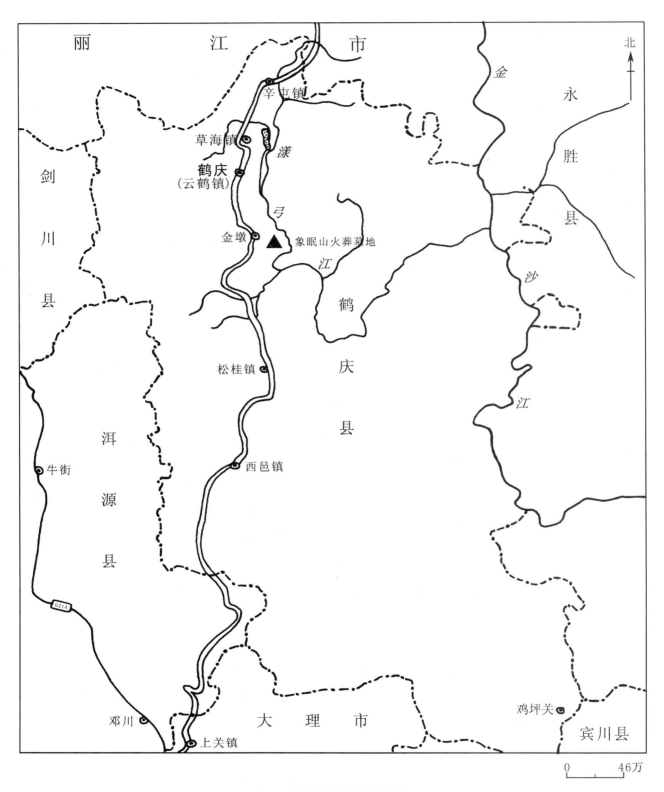

图一　象眠山墓地位置示意图

如"丽江人"、剑川海门口遗址、剑川鳌凤山墓地及分布于滇西北众多的石棺墓遗存等。特别是剑川鳌凤山墓地的发掘，证明了该地区青铜时代至汉代氐羌民族一直有着火葬习俗。鹤庆汉代以前分布着嶲、昆明部落是"西南夷"的一部分。西汉至唐初，未单独建置，分属益州、永昌、云南、东河阳等郡的叶榆县。南诏时期始建郡，称谋统郡。大理国时期称谋统府。南宋宝祐元年（蒙古宪宗三年，1253年），忽必烈攻大理后设鹤州。元至元八年（1271年），置鹤庆路，县名由此始。明洪武年间（1368～1398年），设鹤庆军民府。清乾隆三十五年（1770年），撤府为州。民国二年（1913年），改州为县。1949年7月1日鹤庆解放后，属丽江专区。1956年改属大理白族自治州。

元、明时期，鹤庆实行屯垦制，对耕地进行了清理整治，又引进了内地先进的耕作技术，促进了农业生产的发展。清康熙二十四年（1685年），废除明代遗留下来的庄田制，使一些农户在交出一定的地价后获得了土地私有权，变成自耕农。康熙三十一年（1692年），进而废除屯垦制，将屯田变为私田，从而使地主经济得到发展。明清时期，鹤庆是"商贾云集、市井兴盛"之地。由明代沿袭至今的每年七月松桂骡马交易会，曾与大理三月街齐名。清代，由于商品经济的发展以"兴盛和"、"福春恒"等大商号为代表的鹤庆商帮迅速崛起，到清末跃居为滇西一大商帮，国内各主要城市、香港以及印度、东南亚各国均有其商号，是对藏商贸"茶马古道"上的一个主要货物集散地[①]。

明万历年间杨慎《重修栖云庵常住碑记》称："郡乘载，鹤名山首龙华，为外八坛场之一。"清康熙杨嘉猷《重建龙华大刹碑记》载："粤稽龙华大刹创建自唐，历宋而无。故明兴，备极巍焕，山水胜，法会云蒸。于是龙华之阿庵堂台置，皆以大刹为总持焉。""外八坛场"是南诏、大理国时期白族佛教密宗阿叱力教的主要坛场，大致分为内八坛场和外八坛场。内八坛场有南诏、大理国王室的蒙化与珑屿图寺、大理崇圣寺等；外八坛场则有鹤庆龙华寺、剑川石钟寺、浪穹标椤寺等。所谓坛场，是梵文"曼陀罗"的意思，具有圆轮、发生和聚集之意。

龙华山自南诏时开山建大刹以来，历宋、元、明、清至民国均有寺院修建之事。据佟镇《康熙鹤庆府志》载："龙华寺在府东南十八里，元至正间（1335～1340年），土官高兴重建，郡绅各建栖云庵、最胜园、妙明居、一乘庵、万松庵共十六刹。"[②]

佟镇《康熙鹤庆府志》载："象眠山在城东南二十五里，势逶迤如眠象然，下有石窍百余，佟镇潜洩漾弓江水入金沙江。"象眠山墓地隔漾弓江，直线距离1200余米有龙华山，历来为该地区佛教胜地，为蒙诏密宗外八坛场之一，首创于唐，盛兴于明嘉靖、万历间，先后建寺庵20余所，旧有"龙华十景"之题咏。与祥云水目山、宾川鸡足山齐名，是有名的佛教圣地。20世纪40年代，寺院十亡七八。暮鼓晨钟，尚有禅林余韵。现在已是荡然无存。

---

① 相关资料摘自鹤庆县志编纂委员会：《鹤庆县志》，云南人民出版社，1991年。
② 相关资料摘自张了、杨增禄编：《龙华山志》，未刊印。

第三节　考古发掘概况

一　发掘经过

2004 年 8 月云南省文物考古研究所受滇西铁路有限公司和云南省文物局的委托对拟建的大理—丽江铁路进行文物调查。大丽铁路南起广（通）大（理）铁路大理东站，经大理、洱源、鹤庆、玉龙等市县，北至丽江站。鹤庆金墩乡象眠山火葬墓地即是在这次调查活动中发现的（彩版一；图版一）。大丽铁路 121km＋200－340M 段横穿墓地中部。经与滇西铁路有限公司协商，建设部门同意铁路设计线路之 121km＋200－340M 间共长 140、宽 25 米的铁路建设范围（3500 平方米）为考古发掘范围，时限自签约后 3 个月内完成考古发掘工作。

事后统计此次发掘面积共计 3650 平方米，编号墓葬 2678 座，实际清理墓葬 2800 余座。2005 年 4 月当地政府公告迁出了有主的近、现代墓葬，但迁坟工作进行得不彻底，有的迁坟时将墓底腰坑风水罐遗漏；有的迁偏位置将早期墓葬破坏；有的甚至还未挖到尸骨便草草收场，这些现象给我们的发掘工作带来不便。因为在逐层发掘中遇到这类现象不能回避，亦得按操作规程之要求进行清理，但未进行记录和编号。发掘开始时发掘区域由于迁坟而显得十分凌乱，遍地是火葬罐碎片及迁坟坑填土。我们对发掘区域地表进行整理后进行了布方（彩版二～四；图版二）。

考古队由云南省文物考古研究所、大理州文物管理所、鹤庆县文物管理所联合组成，省内多个县级文物管理所抽调文物干部加入考古队，以确保如期完成发掘任务。发掘期间省、市、县三级文物主管领导十分关心和重视此次考古活动，多次亲临现场指导工作并慰问考古队员，滇西铁路有限公司也多次派员前往考古现场了解发掘进度和协调工作。

先后参加发掘工作的同志有云南省文物考古研究所：杨帆、黄颖、肖明华；大理州文物管理所：孙健、杨长城；鹤庆县文物管理所：田遇丰、张小玫、罗兴荣；怒江州文物管理所：成映辉；泸水县文物管理所：杨淑芝、周龙山；弥渡县文管所：毕通；云龙县文管所：张沙林；泸西县文物管理所：张晓饶；官渡区文物管理所：叶荣波；洱源县文物管理所：张艳梅；鹤庆县文化馆：段德三、王军；省考古所技工：赵红坤、陆永富、李蕊、刘春城、杨云龙、李荣佳、杨庆丽等（彩版五）。

二　布方、墓葬分布及地层情况

由于铁路线呈细条形横穿墓地中部，我们未采用正方向布方，而是沿铁路线走向以 19°方向进行布方，以铁路线路中心桩为中轴线，发掘区西南角设总坐标基点，以直角坐标系的第一象限覆盖墓地，以 X 轴向取 2 位序数（前 2 位），Y 轴向取 2 位序数（后 2 位）共 4 位数字构成探方编号，以便确定探方在发掘区中的位置（图二）。我们共布 10×10 米探方 26 个、5×10 米探方 19 个、5×5 米探方 1 个、75 平方米探方 1 个，布方及实际发掘面积 3650 平方米（见彩版四）。

整个墓地的墓葬分布有一定规律。南部以明清竖穴土坑墓为主，有少量的火葬墓。中部、北部则以火葬墓最为密集，间有明清时期的竖穴土坑墓（彩版六；图版三～一一）。最北端火葬墓有所减少，偶有明清时期的竖穴土坑墓。整个墓地均有近、现代墓葬分布，故迁坟坑遍布整个发掘区。晚期土坑墓葬打破早期火葬墓的现象十分普遍，晚期火葬墓打破早期火葬墓的机率亦非常高（图三～二一）。所以葬具较完整的火葬墓时代一般较晚，葬具支离破碎的火葬墓时代一般较早。墓葬分布最密集的探方，100 平方米范围内共清理各类墓葬 270 余座（不包括迁坟坑）。

由于该墓地是一个长时期延续使用的墓地，一直延续到现代，墓葬分布又十分密集，使原地表改动较大。众多不同时期的墓葬反复挖坑以至于叠压、打破关系十分复杂，地层的形成也复杂多样。墓地南部墓葬较少，地层亦较简单，表土层上开口的墓葬为近现代土坑墓；表土层下开口的墓葬为明清时期土坑墓。表土层下有一层次生土层，含沙量较大，亦含少量炭屑及烧土块，无其他包含物。此层下即为生土层，为黏性较强的红壤土。墓地中部、北部墓葬密集，地层也较为复杂，不同层次区域性黑炭

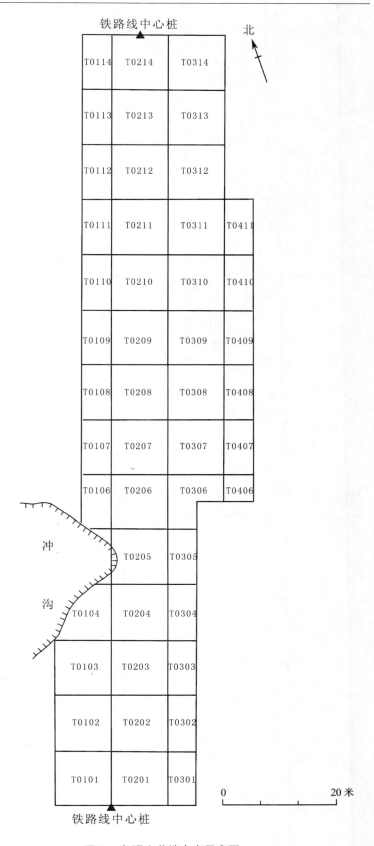

图二　象眠山墓地布方示意图

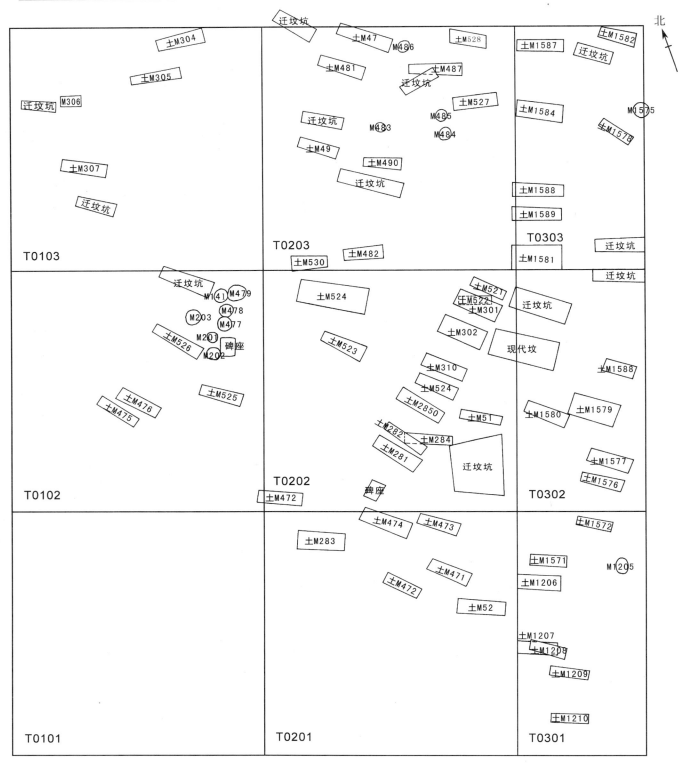

图三　T0101、T0102、T0103、T0201、T0202、T0203、T0301、T0302、T0303 平面图

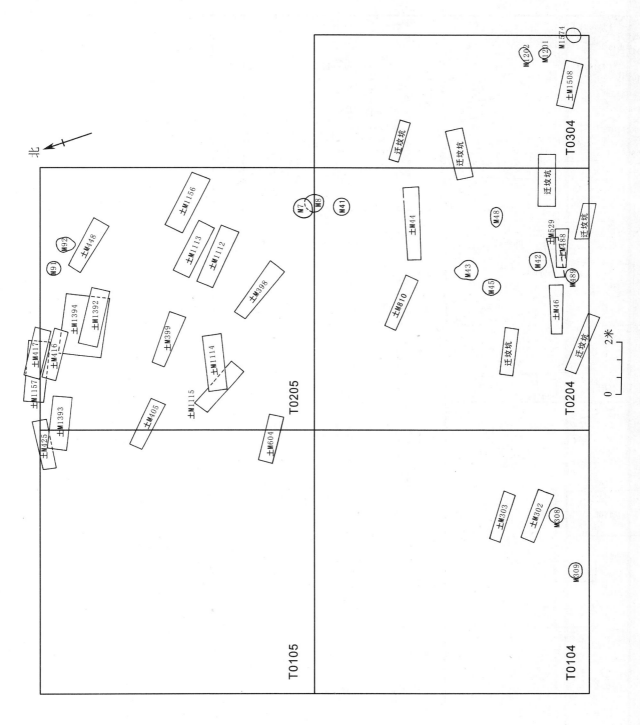

图四 T0104、T0204、T0304、T0105、T0205 探方平面图

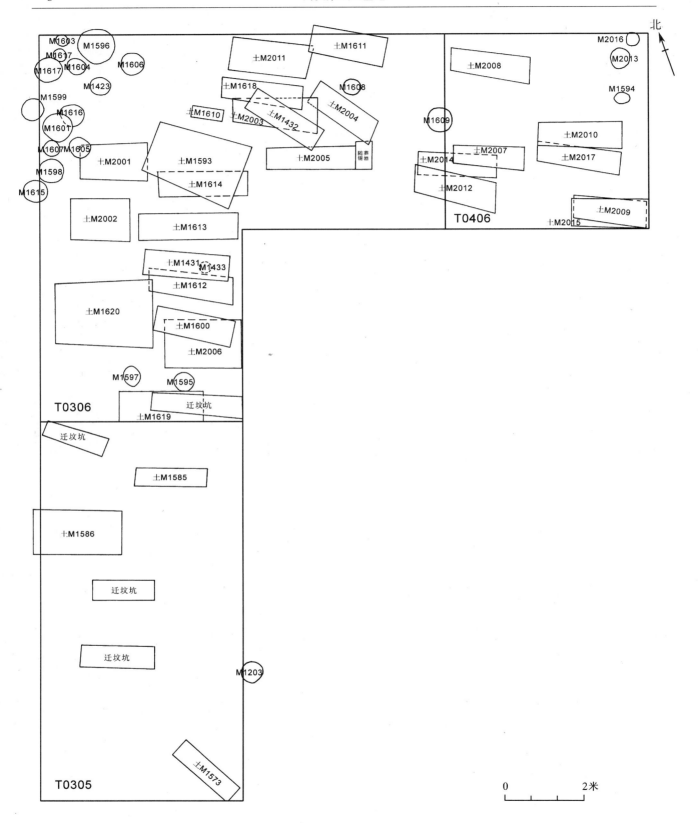

图五　T0305、T0306、T0406 平面图

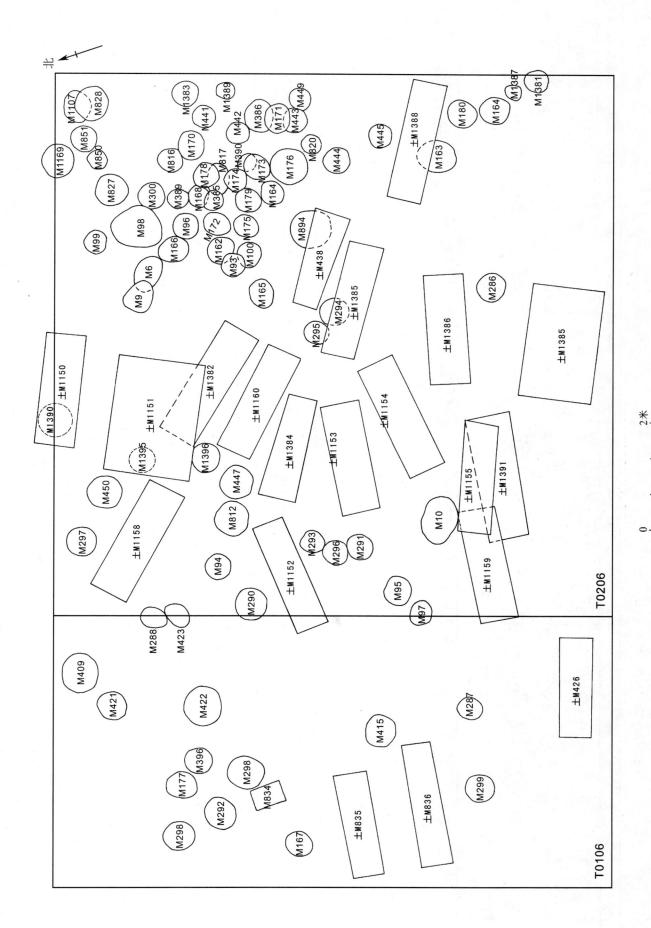

北

T0206

T0106

0   2米

图六 T0106、T0206 平面图

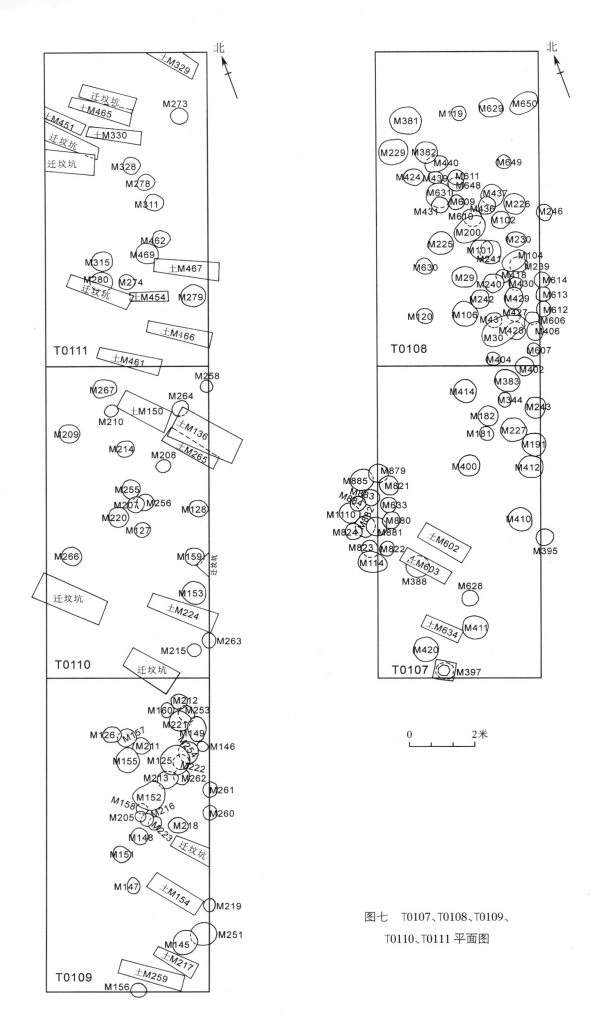

图七　T0107、T0108、T0109、
T0110、T0111 平面图

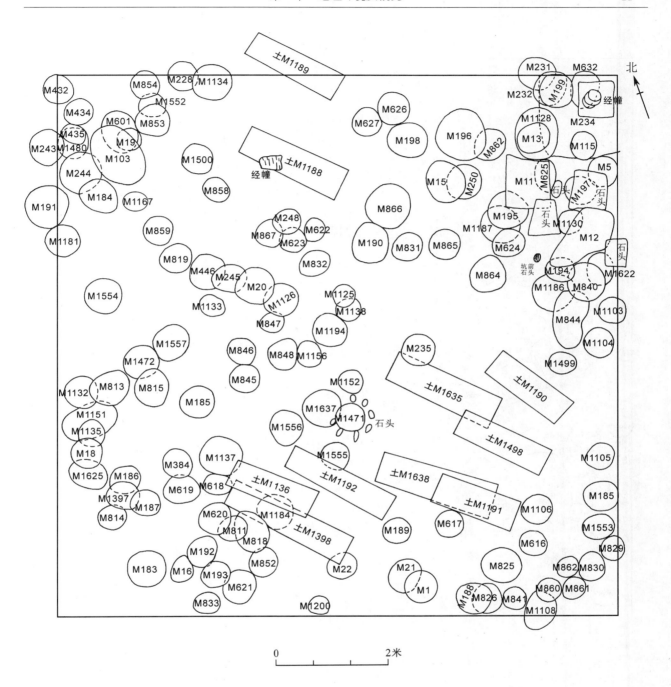

图八　T0207 平面图

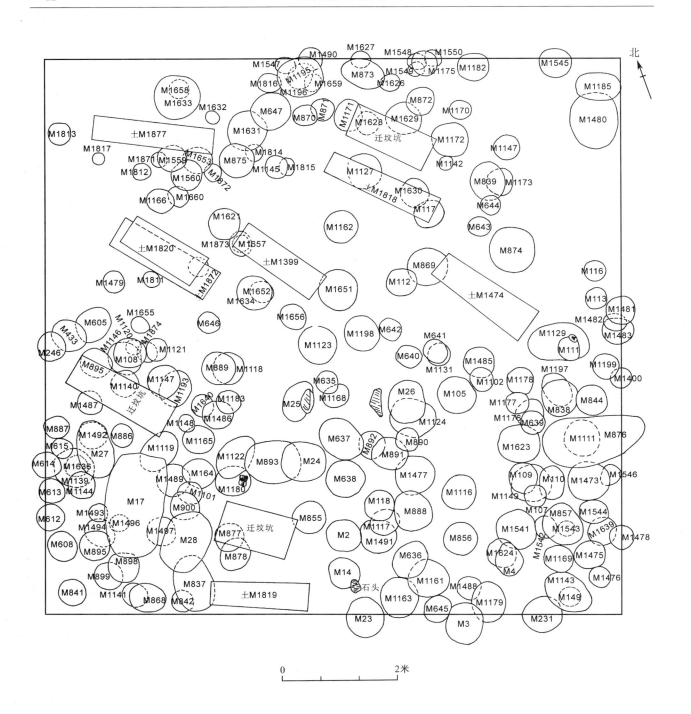

图九　T0208平面图

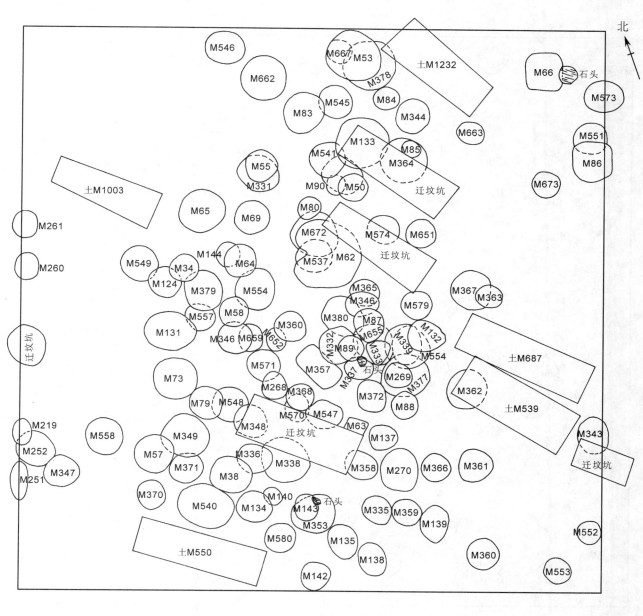

图一〇　T0209 平面图（1）

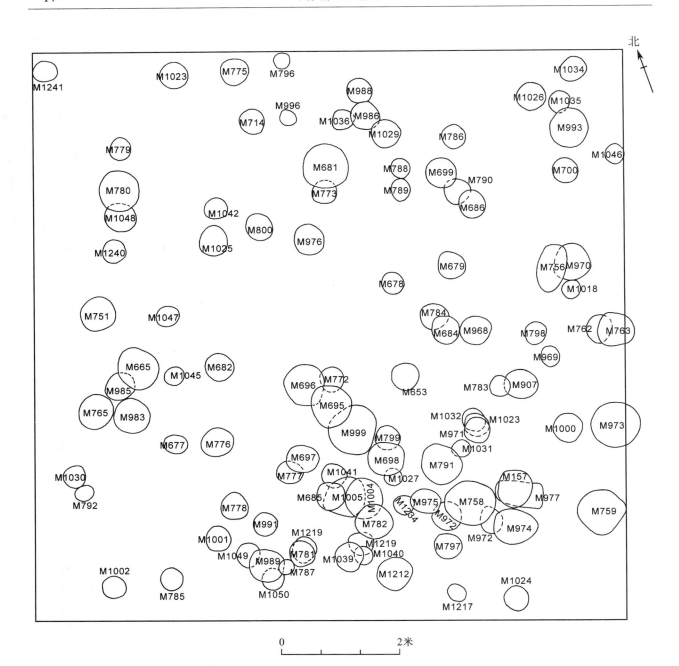

图一一　T0209 平面图（2）

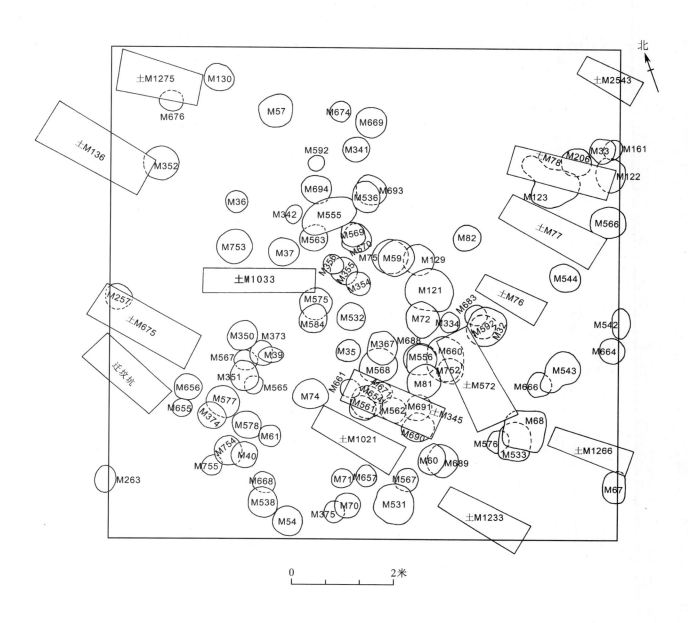

图一二 T0210 平面图（1）

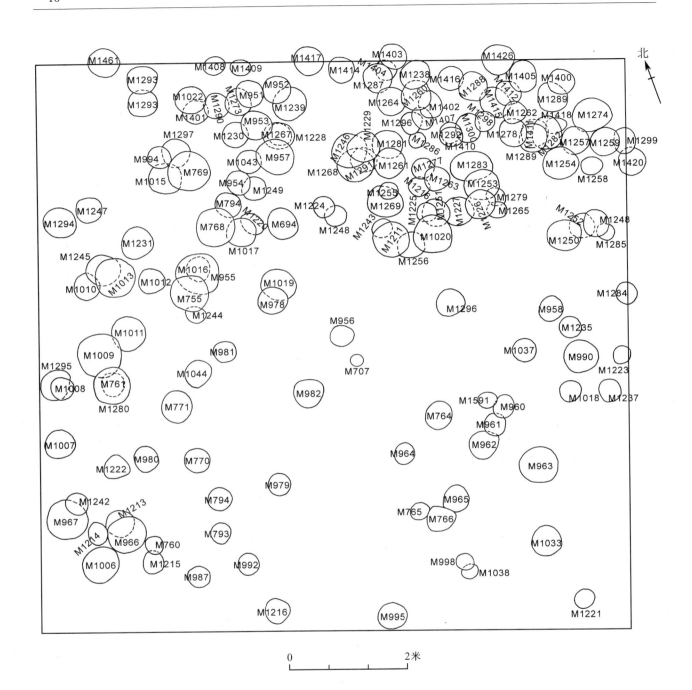

图一三　T0210 平面图（2）

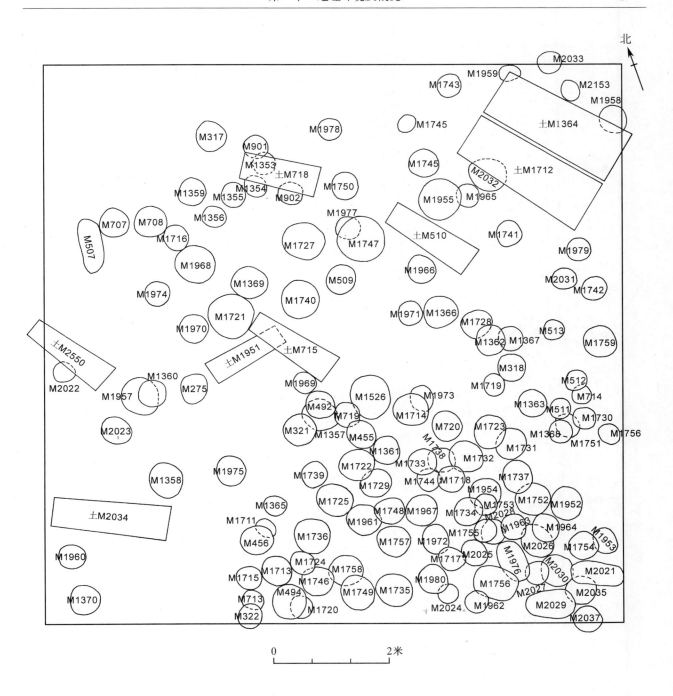

图一四 T0211 平面图

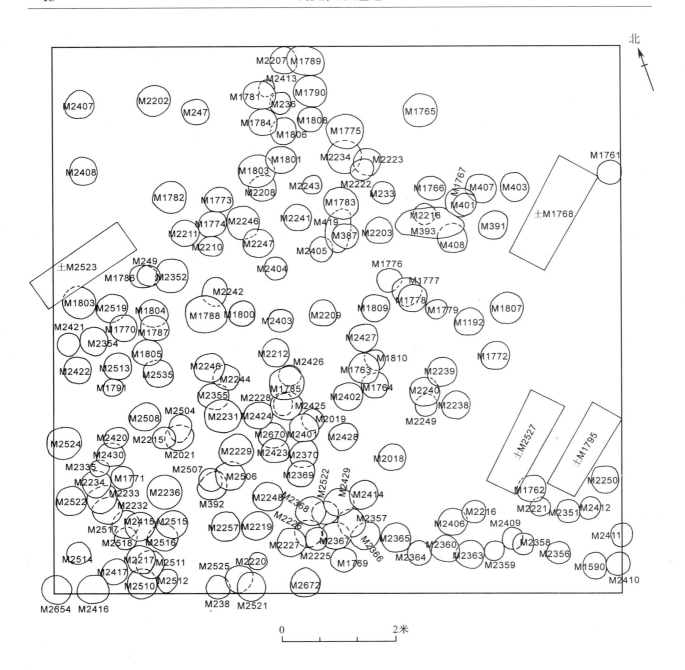

北

图一五　T0307 平面图

0　　　　　　2米

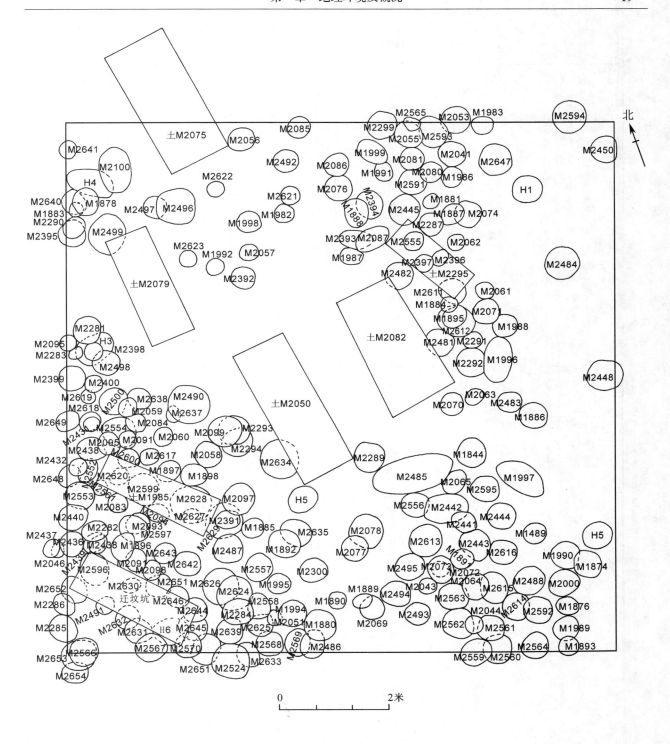

图一六 T0308平面图

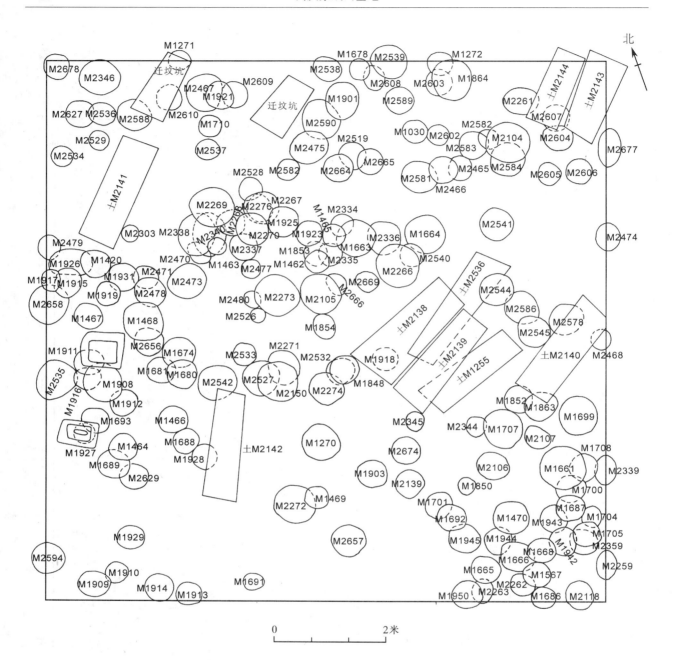

图一七　T0309 平面图

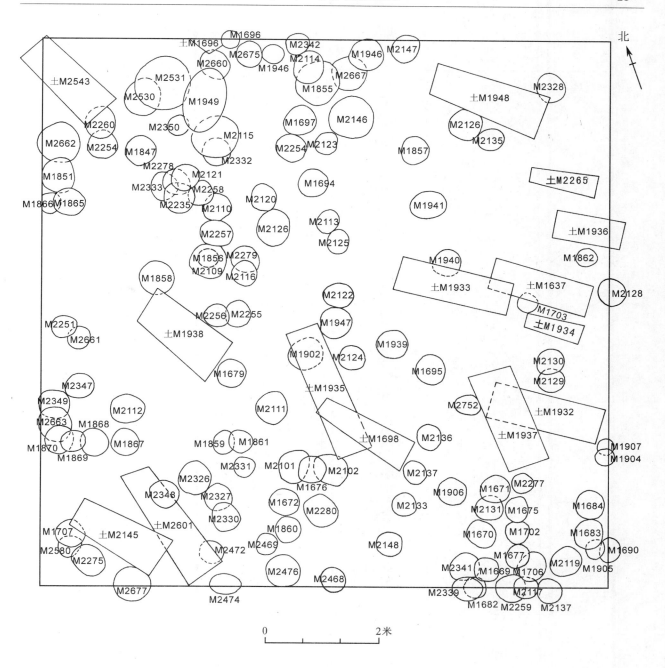

图一八　T0310 平面图

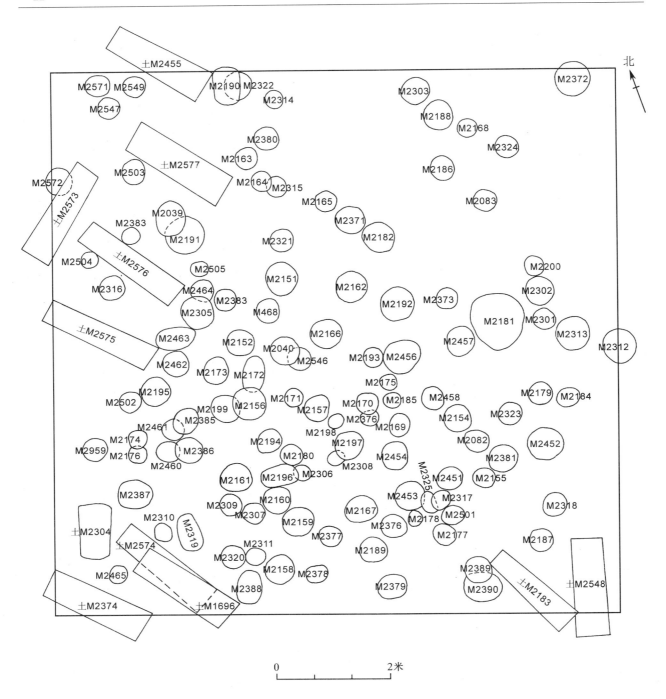

图一九　T0311 平面图

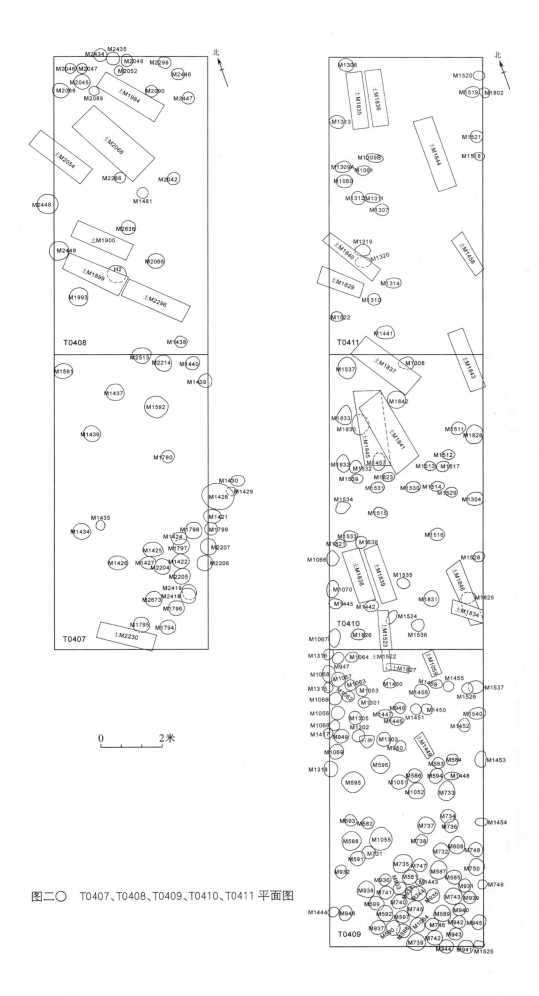

图二〇　T0407、T0408、T0409、T0410、T0411 平面图

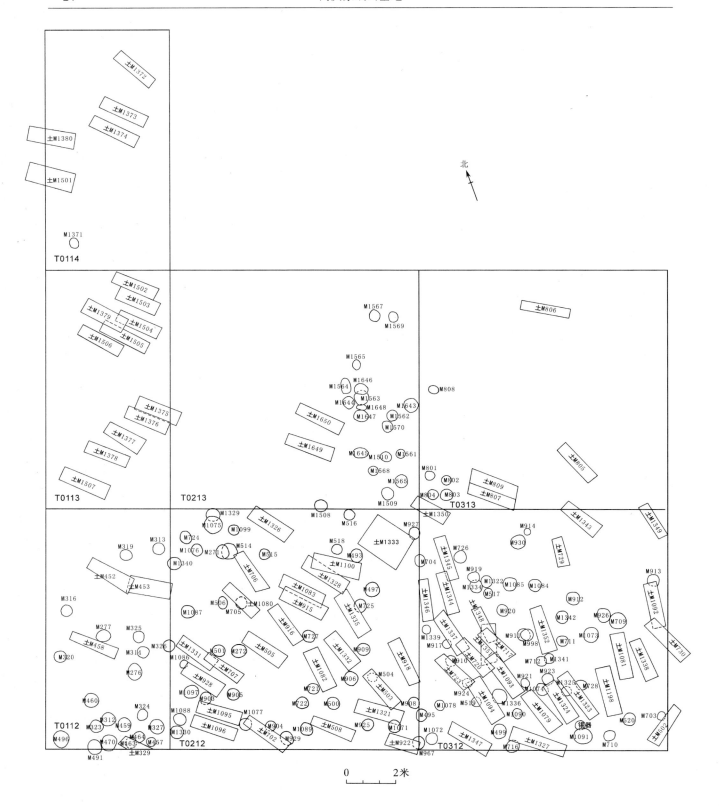

图二一　T0112、T0113、T0114、T0212、T0213、T0312、T0313 平面图

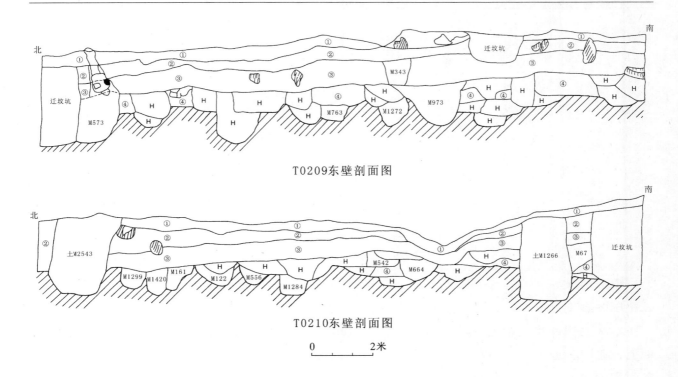

T0209东壁剖面图

T0210东壁剖面图

0　　　　　2米

图二二　T0209、T0210 东壁剖面图

屑的出现，给地层的划分带来困难，通过观察和归纳，我们将墓地中部、北部的地层分为五层，以 T0209、T0210 东壁为例：第①层为地表层，红褐色黏土，杂草根、灌木根及陶、瓷葬具碎片，厚度 20～60 厘米不等；第②层土质略疏松，褐色黏土杂有炭屑，厚度 10～90 厘米不等；第③层土质疏松，黑色，含大量炭屑，厚度 15～95 厘米不等；第④层土质疏松，为黄褐色，含少量沙质土，为次生土层，厚度 15～70 厘米不等；第⑤层为生土层，土质紧密（图二二；彩版七）。在地层间有大量炭灰坑或局部分布的炭屑层，我们未编入地层，炭灰坑中亦无葬具等物，推测为墓地上烧骨灰时留下的痕迹。由于这类灰坑量极大，我们未逐一编号，统一用 H 表示。

第二章　火葬墓

第一节　综　述

象眠山火葬墓地具有分布范围广、延续时间长、墓葬数量众多、中心区墓葬密集因而打破叠压关系十分复杂、各时期葬具变化明显、葬具组合丰富等特点。

本次发掘铁路建设范围内的面积，约占墓地缓坡区域的二分之一。据调查在缓坡下的台地上，曾因改地做桑田而挖出大量火葬葬具，说明该台地亦为墓地一部分。故此，该墓地分布面积近2万平方米，墓地规模较大。

墓地最早一批火葬葬具多为生活实用器，无任何佛教色彩装饰，在此后的发展过程中，佛教色彩装饰手法逐渐繁荣直至鼎盛，继而又逐渐简化、衰退。明末时佛教色彩装饰手法已淡出，清初火葬习俗才完全绝迹，被土坑墓葬俗替代，一直延续至今。这说明至迟在大理国时期该墓地被使用以来，有着上千年的延续使用时间。

由于延续使用时间较长，该墓地墓葬数量众多。在我们发掘的3650平方米范围内，共清理出2367座火葬墓、310座土坑墓及1座瓮棺葬，在个别探方中，100平方米范围内即清理各类墓葬270座。

在发掘过程中我们发现该墓地有四大类型的陶葬具时代特征最为明显，年代愈晚的墓葬叠压、打破的机率越小，因而葬具保存完整的较多，而年代较早的墓葬受到叠压、打破的机率越大，保存完整的葬具就越少。从上至下，依层位关系由晚及早出现的葬具依次为黄釉葬具、灰陶葬具、绿釉葬具和红陶葬具。这些葬具中也还出现红陶葬具与绿釉葬具、绿釉葬具与灰陶葬具相组合的情况，说明不同质地的葬具在使用年代上有部分重合。

该墓地大多数火葬墓为单个墓葬，也有合葬现象即一墓坑中有两套或更多组葬具出现，并可能存在家族区域墓地的情况，如在相距不远的两座火葬墓随葬的白瓷片可拼合。从内、外套罐的组合来看，主要有黄釉内外套罐组合；灰陶内外套罐组合；灰陶瓮为外罐内套绿釉罐组合；绿釉外罐套绿釉内罐组合；红陶瓮套绿釉内罐组合等。

第二节　形制、葬俗

在清理的所有火葬墓中，均没有发现地面有封土的现象。火葬墓墓坑规模一般较小，即便下葬时有小型封土堆，也因长时期雨水等自然原因浸蚀或墓葬间的相互叠压、打破关系而变得难以判断。部分墓坑上立天然条状石块或砖块等作为墓的标识（彩版八）。据调查，该墓地 20 世纪 40、50 年代还碑幢林立，60 年代因建生产队晒场，从墓地取走大量较平直墓碑用来垫晒场，70 年代因建墓地旁的漾弓江桥，又从墓地取走大量经幢石刻用来砌筑桥墩。我们发掘时的现场，地面已无明显的碑、幢迹存，揭除表土后暴露了一些保存较好、未被移动的碑座及 2 件埋于土层中的经幢（见 M573、M1842），亦发现不少破损的碑残件（彩版九）。

火葬墓墓坑一般为圆形或椭圆形，直径（或长径）以 50～100 厘米间居多，墓坑深一般在 60～120 厘米。亦有少量长方形及不规则形墓坑。在墓地还发现大量炭灰坑及炭灰层，说明部分尸体的火化可能就在墓地进行，尸体火化前放置在木棺内或"方柜"中，火化结束后将大的骨块捡起，有的写上朱书梵文咒语或涂金粉、贴金箔后装入各类葬具中。故在这些炭灰坑中时见细小碎骨或棺钉。还有一种在灰坑底常放置一灰陶小盏，不知何意。据《云南志》载："蒙舍及诸乌蛮不墓葬，凡死后三日焚尸，其余灰烬，掩以土壤，唯收两耳。"[①] 这或许也是炭灰坑形成的原因之一。

除 M1949 用 4 块砖和石板垒成盒状葬具，M306、M2002 用木棺（匣）作葬具（彩版一〇），M48、M538 未发现葬具外，其余墓葬均用各类陶、瓷罐、瓶等作为葬具，或单罐或套罐盛骨而葬。许多内罐罐身或盖内侧常朱书梵文或墨绘法轮、符咒等。

墓葬填土较随意，上部填土中偶有放置石块现象。所有墓葬中仅 M2100 四周用石块垒砌，M1511 上下四周用青砖围砌。一部分火葬罐底常有意垫放小石块，数量一至四五块不等，特别是红陶葬具下垫石现象较多，仅 M1952 底部垫有青砖。

随葬品中，海贝、铜片、铁片、瓷片等物最为常见，属有意放置，少量铜片上有朱书符咒，铁片上有裹布、谷粒痕迹。而头饰、耳环、手饰、珠饰等随葬品似死者生前所佩戴，火化后有的捡入葬具内，有的则遗留在烧灰中，故在炭灰坑或炭灰层内采集有不少铜镯之类的器物。

第三节　葬　具

象眠山墓地火葬墓葬具绝大多数为陶质葬具，有少量瓷质葬具和铜质葬具，偶见用木匣、砖砌、石围盛放烧骨现象。

陶质葬具按陶色和装饰特点分为四大类，它们出现的年代早晚不同，虽部分器形有承袭、演变关系，并且在流行使用年代上有部分重合，但四种陶器类型仍能代表葬具发展所经历的四个时期。它们是：（一）红陶（黄）陶葬具，这类葬具陶色相近，火候较低，绝大多数为夹砂陶，偶见泥质陶，出现之初器身无佛教装饰纹饰，似生活实用器而非专用葬具。随后，该类陶器器表出现刻划的仰覆莲瓣纹或附加堆纹装饰，向专用葬具发展。在该类葬具的后期，具有佛教特点的装饰手法已较多。（二）绿釉葬具，陶胎仍是红陶，以泥质为主（含少量细

---

① 樊绰：《云南志》，中国社会科学出版社，1985 年。

砂），有少量夹砂陶。绿釉葬具出现时，红（黄）陶葬具还未完全绝迹。绿釉葬具的佛教装饰纹饰和图案最为丰富，暗示绿釉葬具所处时代为佛教在此地区的流行繁盛时期。（三）灰陶葬具，以泥质为主（仍含少量细砂），夹砂较少。灰陶葬具的大量出现稍晚于绿釉，在绿釉产品为主流葬具流行时，灰陶葬具被少量地使用，器形、种类亦较少，主要为瓮类。在绿釉葬具逐渐衰落时，灰陶葬具迅速成为主流葬具被大量使用。（四）黄釉葬具。陶质十分坚硬，似瓷器。该类葬具的佛教装饰已大大减少，取而代之的是一种格式化的（模印）十二生肖和梵文，晚期的黄釉葬具既无佛教纹饰，亦无十二生肖图案，并出现少量使用黄釉葬具的火葬墓打破土坑墓现象。

墓地还出现少量的青釉瓷和青花瓷葬具，不是主流葬具，时代特点也较清楚，为明中、后期产品。

陶、瓷葬具在制法上多为轮制，红陶、黄陶、灰陶器上往往遗有平行密集的轮纹（弦纹），亦有部分捏塑和雕塑，主要用于立体动物造型的制作。

在纹饰装饰方面，这些陶、瓷葬具所使用的手法较多，其主要方法有：（一）模压法，主要用于绿釉葬具器表莲花图案的制作，即用一花形印模覆于器表，再用手指在器内相应位置按压，使花样凸出于器表，而器内壁则遗有手指按压的指窝。（二）模贴法，主要用于绿釉葬具的团状花纹及十二生肖的制作，即用印模制出纹样后粘贴在器表，故个别粘贴不牢的纹样会有脱落现象。（三）模印法，主要用于黄釉葬具上的十二生肖及菊花纹制作，即用印模在器表拓出纹样。（四）刻划，主要用于红（黄）陶及灰陶器表的几何纹及莲瓣纹的制作。（五）附加堆纹，多用于器表肩、腹部的波浪形饰带。（六）朱书或墨书，用于器表、罐盖内侧的梵文、符咒的书写。（七）镂孔。在极个别的器物上偶见使用镂孔的装饰方法。

以下陶器的统计数字为完整及经修复、能辨其型式者。由于该墓地规模大、墓葬十分密集，完整的或经我们修复的葬具的数量仅占发掘总数的一半。晚期墓葬如黄釉葬具的完整及修复率较高，约占 80%，早期墓葬如红（黄）陶葬具经多次打破被破坏，完整及修复率仅占 40% 左右。在附表一中对未能辨其型式者，我们仅对陶质做了登记。

一 红（黄）陶葬具

计有罐、瓮、盆、瓶、壶等器类。

罐

259 件。根据口部的不同分四型。

A 型 104 件。侈口。因口外侈的差异分五亚型。

Aa 型 4 件。侈口，卷折沿，溜肩，器身素面。个别有制作时遗下的轮纹。标本 M1960，黄陶，圆唇，肩较鼓，下收较急，平底。口径 10、通高 20 厘米（图二三，1；图版一二，1）。标本 M216，红陶，圆唇，平底。口径 16.2、通高 14 厘米（图二三，2；图版一二，2）。标本 M2314，黄陶，方唇，平底，器表有轮纹。口径 14.4、通高 19.6 厘米（图二三，3）。标本

注：标本号中有"-"的，表示该器物为葬具，有"："的表示该器物为随葬品。

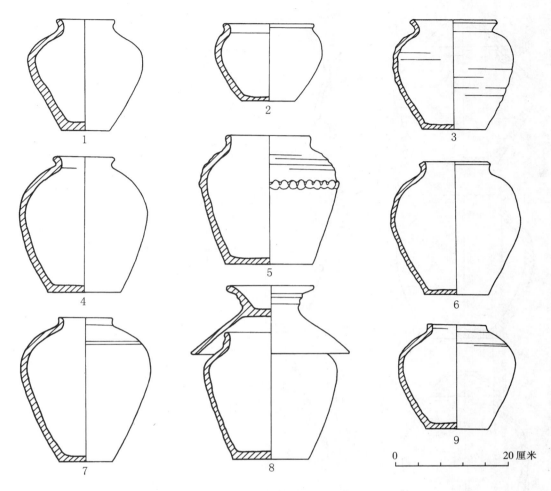

图二三　Aa、Ab 型红（黄）陶罐

1.Aa 型（M1960）　2.Aa 型（M216）　3.Aa 型（M2314）　4.Aa 型（M70）　5.Ab 型（M2330－1）

6.Ab 型（M1925）　7.Ab 型（M1677）　8.Ab 型（M1813）　9.Ab 型（M870）

M70，红陶，方唇，肩圆鼓，平底。口径 11、通高 24.4 厘米（图二三，4）。

Ab 型　5 件。口微侈近直。个别肩部有轮纹或附加堆纹。标本 M2330－1，红陶，方唇，肩部遗有制作时轮纹，并有一周附加堆纹。口径 14.8、通高 23.2 厘米（图二三，5）。标本 M1925，红陶，方唇，素面。口径 12.6、通高 24.2 厘米（图二三，6）。标本 M1677，红陶，尖唇，肩部有一周凹弦纹，平底。口径 9.2、通高 26 厘米（图二三，7）。标本 M1813，红陶，尖唇，用一豆形器作罐盖。罐口径 16、通高 23 厘米（图二三，8；图版一二，3、4）。标本 M870，红陶，方唇，肩部有一周凹弦纹，平底。口径 10.2、通高 18.8 厘米（图二三，9）。

Ac 型　15 件。口微外侈，部分素面。部分罐身布满轮纹，亦有腹部饰两周附加堆纹。标本 M892－1，红陶，用一红陶碗作为盖，身遗轮纹。口径 14.8、通高 26.4 厘米（图二四，1；图版一二，5）。标本 M2309，红陶，身遗轮纹，腹饰两周附加堆纹。口径 15.2、通高 24.6 厘米（图二四，2）。标本 M1183，红陶，肩有两周凹弦纹。口径 9.7、通高 23.4 厘米（图二四，3）。标本 M724，黄陶，沿有折棱，素面。口径 14、通高 26 厘米（图二四，4；图版一二，

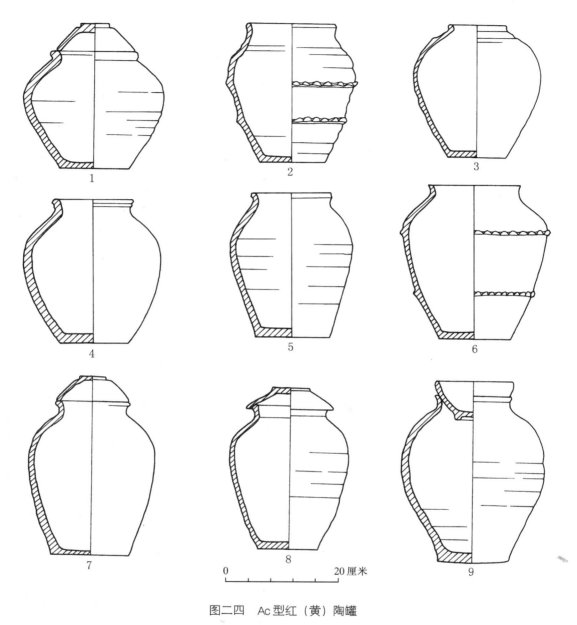

图二四　Ac型红（黄）陶罐

1．M892－1　2．M2309　3．M1183　4．M724　5．M506　6．M382　7．M498　8．M1367　9．M1362－2

6）。标本 M506，黄陶，身遗轮纹。口径 13.8、通高 26 厘米（图二四，5；图版一三，1）。标本 M382，红陶，腹饰两周附加堆纹。口径 15.6、通高 27.6 厘米（图二四，6）。标本 M498，黄陶，用一红陶碗作为盖，素面。口径 12.8、通高 32.4 厘米（图二四，7）。标本 M1367，黄陶，用一绿釉碗作为盖，身遗轮纹。口径 13.2、通高 29.2 厘米（图二四，8）。标本 M1362－2，红陶，用一红陶碗作为盖，身遗轮纹。口径 13、通高 32.8 厘米（图二四，9）。

　　Ad 型　15 件。喇叭形口，均素面，个别器身及肩部遗有制作时留下的轮纹。多用碗、盆作为罐盖。标本 M1314－2，红陶，用一红陶深腹盆作为盖。口径 18、通高 38.8 厘米（图二五，1）。标本 M2529，红陶，用一红陶碗作为盖。口径 10.4、通高 25.2 厘米（图二五，2）。

标本 M1739，黄陶，用一绿釉碗作为盖。口径 15.2、通高 35 厘米（图二五，3）。标本 M2066，红陶，素面。口径 13.5、通高 28.8 厘米（图二五，4）。标本 M2304b，红陶，素面。口径 10.4、通高 31.6 厘米（图二五，5）。标本 M960，红陶，素面。口径 15.2、通高 29.8 厘米（图二五，6）。标本 M2033，黄陶，素面。口径 13.6、通高 25.4 厘米（图二五，7）。标本 M2160，黄陶，身遗轮纹，用一红陶盆作为盖。口径 15.2、通高 30.8 厘米（图二五，8）。标本 M710，红陶。口径 11.2、通高 20 厘米（图二五，9）。

Ae 型 65 件。大侈口，短颈，器身均有制作时留下的轮纹，多数用盆、碗作器盖，极少出现专用器盖。标本 M2380，红陶，用一红陶盆作为盖。口径 16、通高 37 厘米（图二六，

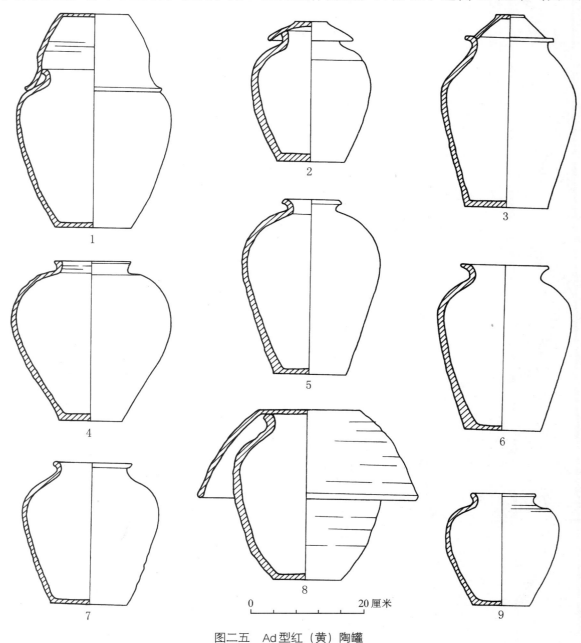

图二五 Ad 型红（黄）陶罐

1. M1314－2　2. M2529　3. M1739　4. M2066　5. M2304b　6. M960　7. M2033　8. M2160　9. M710

1）。标本 M2121，红陶，用一红陶盆作为盖。口径 19.2、通高 28.4 厘米（图二六，2）。标本 M955，红陶，用一红陶盆作为盖。口径 19、通高 34 厘米（图二六，3）。标本 M651，红陶，用一红陶盆作为盖。口径 18.2、通高 26.2 厘米（图二六，4）。标本 M801，黄陶。口径 14、通高 28.8 厘米（图二六，5）。标本 M690，红陶，用一红陶碗及红陶盆作为盖。口径 16、通高 33.6 厘米（图二六，6）。标本 M2552b，红陶，用一红陶碗及红陶盆作为盖，盆两侧对称钻有两孔。口径 14.4、通高 29.6 厘米（图二六，7；图版一三，2、3）。标本 M2134，红陶，用一红陶盆作为盖。口径 17.6、通高 27.6 厘米（图二六，8）。标本 M985，红陶，身饰两周

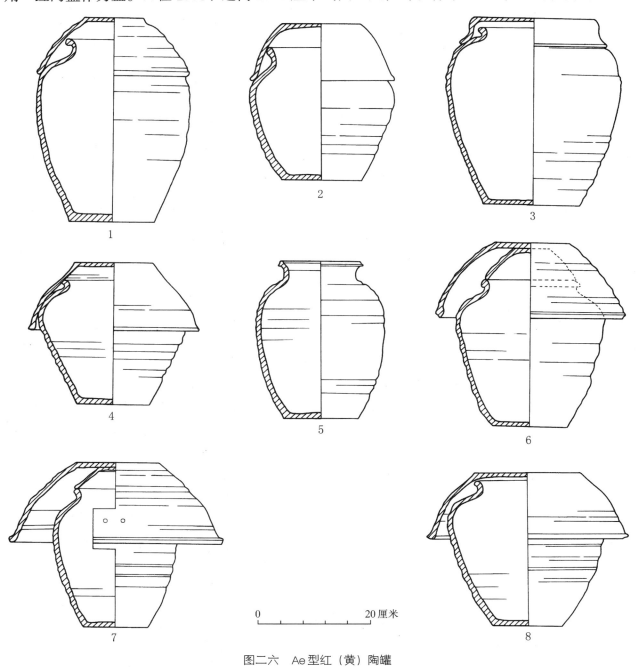

图二六　Ae 型红（黄）陶罐

1. M2380　2. M2121　3. M955　4. M651　5. M801　6. M690　7. M2552b　8. M2134

附加堆纹，塔纽专用器盖。口径 16.8、通高 37.2 厘米（图二七，1；图版一三，4）。标本 M2322－2，红陶，塔纽专用器盖。口径 14.8、通高 35.2 厘米（图二七，2）。标本 M1032，黄陶，用一红陶碗作为盖。口径 15、通高 36 厘米（图二七，3）。标本 M2013，红陶，用一红陶碗作为盖。口径 14.6、通高 30.4 厘米（图二七，4）。标本 M2603，红陶，用一绿釉盏作为盖。口径 17.6、通高 29.6 厘米（图二七，5）。标本 M2307，黄陶，用一绿釉碗作为盖。口径 16.4、通高 30.2 厘米（图二七，6）。标本 M1942，红陶，用一红陶盆作为盖。口径 15.6、通高 28.8 厘米（图二七，7）。标本 M2278，红陶，用一红陶碗作为盖。口径 18.2、通高 27.2

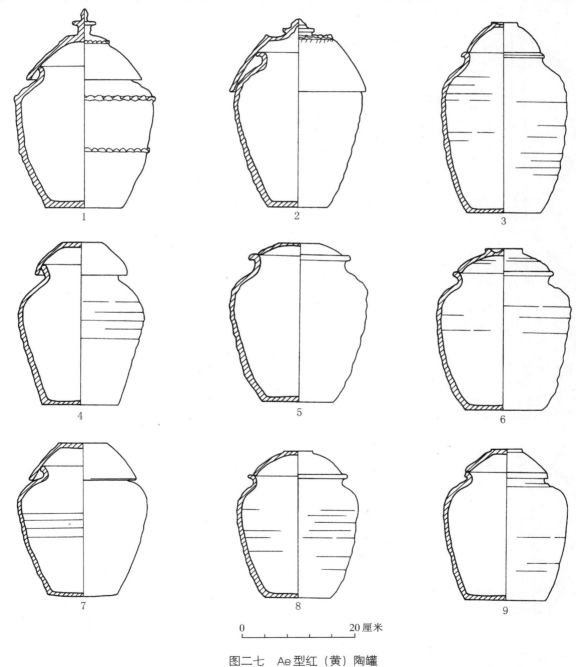

图二七 Ae 型红（黄）陶罐

1.M985 2.M2322－2 3.M1032 4.M2013 5.M2603 6.M2307 7.M1942 8.M2278 9.M2588

厘米（图二七，8）。标本 M2588，红陶，用一红陶碗作为盖。口径 15.2、通高 28.2 厘米（图二七，9）。

B 型　71 件。敛口。根据整体形状及风格的不同分三亚型。

Ba 型　24 件。多数用碗及盆作为器盖，器身部分素面，部分有制作时留下的轮纹。标本 M1355，黄陶，用一红陶碗作为盖，素面。口径 19、通高 31.2 厘米（图二八，1）。标本 M1248a，红陶，用一红陶盘作为盖，素面。口径 15.6、通高 28 厘米（图二八，2）。标本 M207，红陶，用一红陶碗作为盖，素面。口径 15.8、通高 31.6 厘米（图二八，3；图版一三，5）。标本 M279，红陶，用一红陶碗作为盖，身遗轮纹。口径 15、通高 34.8 厘米（图二

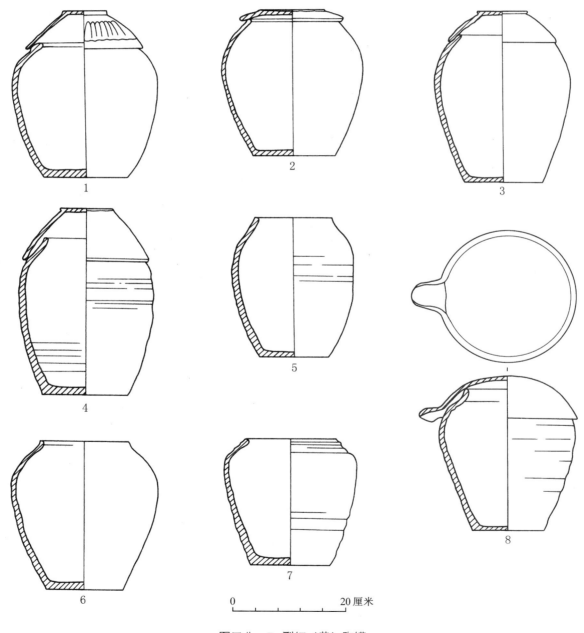

0　　　　　　　　　　20 厘米

图二八　Ba 型红（黄）陶罐

1. M1355　2. M1248a　3. M207　4. M279　5. M2631-2　6. M1117　7. M1241　8. M2459

八，4）。标本 M2631－2，红陶，身遗轮纹。口径 13.6、通高 26 厘米（图二八，5）。标本 M1117，红陶，素面。口径 15.6、通高 27.2 厘米（图二八，6）。标本 M1241，红陶，身遗轮纹。口径 16、通高 23 厘米（图二八，7）。标本 M2459，黄陶，用一红陶匜作为盖，身遗轮纹。口径 14.8、通高 29 厘米（图二八，8；图版一三，6）。

Bb 型　9 件。器腹部有一周或两周附加堆纹，用盆及碗作器盖。标本 M782－2，红陶，用一红陶花边口碗作为盖，身遗轮纹，腹有一周附加堆纹。口径 13.6、通高 25.2 厘米（图二九，1）。标本 M540－2，黄陶，腹有一周附加堆纹。口径 12.8、通高 21.9 厘米（图二九，2）。标本 M673，黄陶，用一红陶盆作为盖，腹有一周附加堆纹。口径 12.4、通高 22.8 厘米（图二九，3）。标本 M772，红陶，腹有一周附加堆纹。口径 13.4、通高 26.4 厘米（图二九，4；图版一四，1）。标本 M1525，红陶，残，用一花边口红陶盆作为盖（图二九，5）。标本 M214，红陶，肩、腹有两周附加堆纹。口径 15.2、通高 27.6 厘米（图二九，6）。标本 M2531－2，红陶，用一红陶盏及红陶盆作为盖。口径 14.8、通高 28.4 厘米（图二九，7）。

Bc 型　38 件。作为专用葬具出现，有专用器盖，器身偶有莲瓣纹，肩部多有附加堆纹。

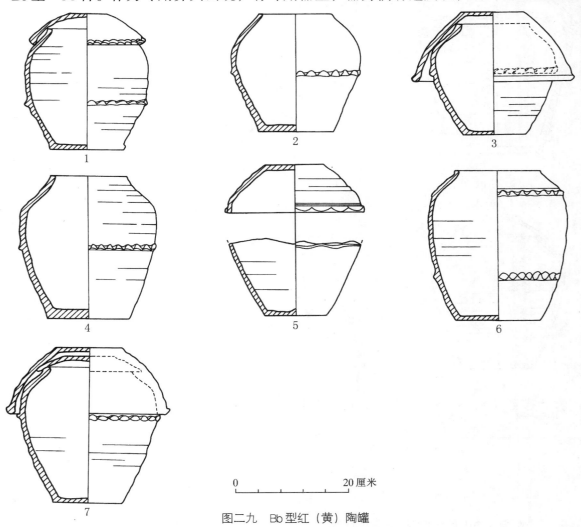

图二九　Bb 型红（黄）陶罐

1. M782－2　2. M540－2　3. M673　4. M772　5. M1525　6. M214　7. M2531－2

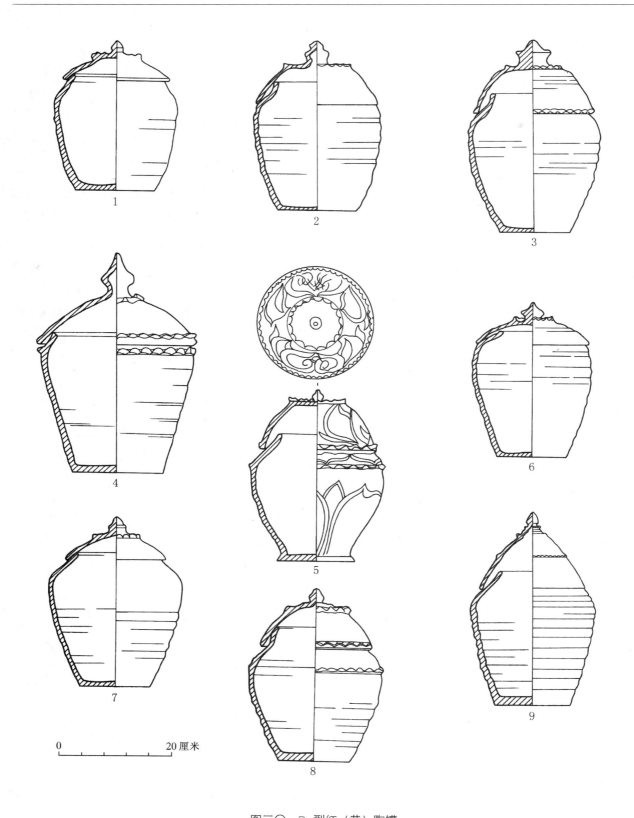

图三〇　Bc 型红（黄）陶罐

1. M668　2. M1868　3. M2153　4. M62b　5. M152-4　6. M1542　7. M2532　8. M258　9. M1461

器身亦多留有制作时的轮纹。标本 M668，红陶。口径 16、通高 27.6 厘米（图三〇，1）。标本 M1868，红陶。口径 15.2、通高 31.6 厘米（图三〇，2）。标本 M2153，黄陶。口径 15.4、通高 35.6 厘米（图三〇，3；图版一四，2）。标本 M62b，黄陶，器肩及盖饰附加堆纹。口径 23.2、通高 41.6 厘米（图三〇，4）。标本 M152－4，黄陶，器腹及盖饰仰莲纹。口径 14、通高 32.4 厘米（图三〇，5；图版一四，3）。标本 M1542，红陶。口径 11.6、通高 28.8 厘米（图三〇，6）。标本 M2532，红陶。口径 15.6、通高 31.6 厘米（图三〇，7）。标本 M258，黄陶。器身及盖饰附加堆纹。口径 15、通高 32.4 厘米（图三〇，8）。标本 M1461，黄陶。口径 12、通高 36.4 厘米（图三〇，9；图版一四，4）。标本 M1659，红陶。口径 12.4、通高 34 厘

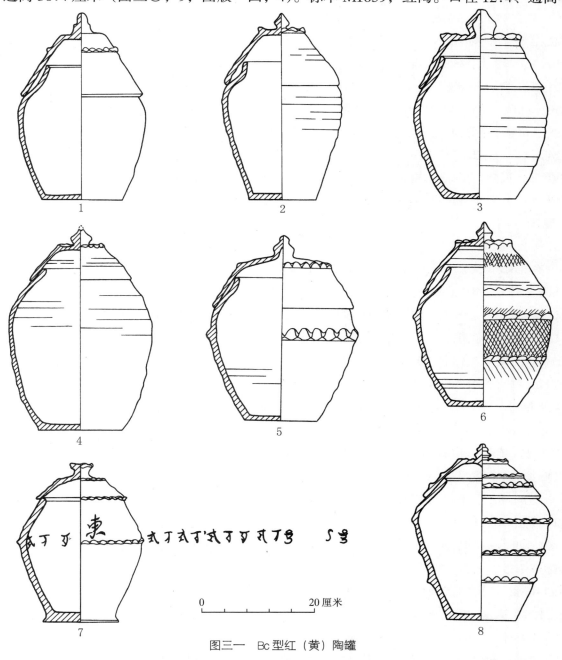

图三一　Bc 型红（黄）陶罐

1. M1659　2. M1018　3. M682　4. M976　5. M2129　6. M1493　7. M556－2　8. M842

米（图三一，1）。标本 M1018，黄陶。口径 13.4、通高 34 厘米（图三一，2）。标本 M682，黄陶。口径 13.9、通高 34.4 厘米（图三一，3）。标本 M976，黄陶。口径 13.2、通高 36.8 厘米（图三一，4）。标本 M2129，红陶，器身及盖饰附加堆纹。口径 16.8、通高 33.4 厘米（图三一，5）。标本 M1493，红陶，器身及盖饰刻划网格纹、斜线纹。口径 12.8、通高 33.4 厘米（图三一，6）。标本 M556－2，红陶，器表及内朱书"东"字及梵文等。口径 14.4、通高 29 厘米（图三一，7）。标本 M842，红陶，器身及盖饰数周附加堆纹。口径 13.8、通高 32 厘米（图三一，8）。

C 型　34 件。子母口。根据整体形状及装饰风格不同分二亚型。

Ca 型　28 件。沿近口部内折，形成子母口。均素面，部分器身有制作时留下的轮纹，多数用盆作器盖。标本 M670，红陶盖残。口径 17.2、通高 24.6 厘米（图三二，1）。标本 M2350，红陶，用深腹红陶盆作盖。口径 17.6、通高 34.4 厘米（图三二，2）。标本 M220，红陶，用红陶豆形器作盖。口径 17.6、通高 33.6 厘米（图三二，3；图版一四，5）。标本 M1958，红陶，用红陶盆作盖。口径 17、通高 26 厘米（图三二，4；图版一四，6）。标本 M1738，黄陶，用红陶盆作盖。口径 16、通高 28 厘米（图三二，5）。标本 M1015，红陶，盖残，素面。口径 22.2、通高 27.6 厘米（图三二，6；图版一五，1）。标本 M311，红陶，盖残，素面。近口部对称钻有两组小孔。口径 21.4、通高 26.6 厘米（图三二，7）。

Cb 型　6 件。器身饰莲瓣纹，已发展为专用葬具。标本 M13－2，黄陶。口径 18、通高 32.4 厘米（图三二，8）。标本 M1444－2，红陶。口径 11、通高 26 厘米（图三二，9）。标本 M2521－2，红陶，盖残。口径 11、通高 29.2 厘米（图三二，10）。标本 M1425－2，红陶，盖内侧有朱书梵文。口径 16.4、通高 28.4 厘米（图三二，11；图版一五，2）。标本 M232－2，红陶。口径 17.2、通高 36 厘米（图三二，12）。

D 型　38 件。直口。根据整体形状及装饰风格不同分二亚型。

Da 型　8 件。沿曲折，器身部分素面，部分留有制作时遗下的轮纹，用碗等作器盖。标本 M1508，黄陶。口径 12.8、通高 24.6 厘米（图三三，1；图版一五，3）。标本 M674，黄陶。口径 11、通高 24 厘米（图三三，2；图版一五，4）。标本 M1543，黄陶。口径 13.8、通高 24.8 厘米（图三三，3）。标本 M1565，黄陶。用双鱼纹绿釉碗作盖。口径 14.8、通高 32.4 厘米（图三三，4）。标本 M2375，黄陶。口径 10.4、通高 26.4 厘米（图三三，5）。标本 M1742，黄陶。口径 10.2、通高 25.2 厘米（图三三，6）。

Db 型　30 件。均为专用葬具，塔纽器盖。部分器身有制作时留下的轮纹，部分装饰一周或两周附加堆纹。标本 M571，红陶。口径 14、通高 34 厘米（图三四，1）。标本 M2546，红陶。口径 14.6、通高 32.8 厘米（图三四，2）。标本 M1833，黄陶。口径 11.2、通高 34.8 厘米（图三四，3；图版一五，5）。标本 M607，红陶。口径 13.6、通高 35.6 厘米（图三二，4）。标本 M543－3，红陶。口径 13.2、通高 36.6 厘米（图三四，5）。标本 M609，黄陶。器身刻划叶脉纹，盖面刻划莲花纹。口径 12、通高 38 厘米（图三四，6）。标本 M2024，黄陶。口径 13.6、通高 32 厘米（图三四，7）。标本 M691，黄陶。口径 12、通高 33.4 厘米（图三四，8）。标本 M667，红陶。口径 16、通高 32.8 厘米（图三四，9）。标本 M2030－2，红陶。器身及盖内、外侧朱书梵文。口径 12.4、通高 31.2 厘米（图三五，1；图版一五，6）。标本

图三二　Ca、Cb 型红（黄）陶罐

1.Ca 型（M670）　2.Ca 型（M2350）　3.Ca 型（M220）　4.Ca 型（M1958）　5.Ca 型（M1738）

6.Ca 型（M1015）　7.Ca 型（M311）　8.Cb 型（M13－2）　9.Cb 型（M1444－2）　10.Cb 型（M2521－2）

11.Cb 型（M1425－2）　12.Cb 型（M232:2）

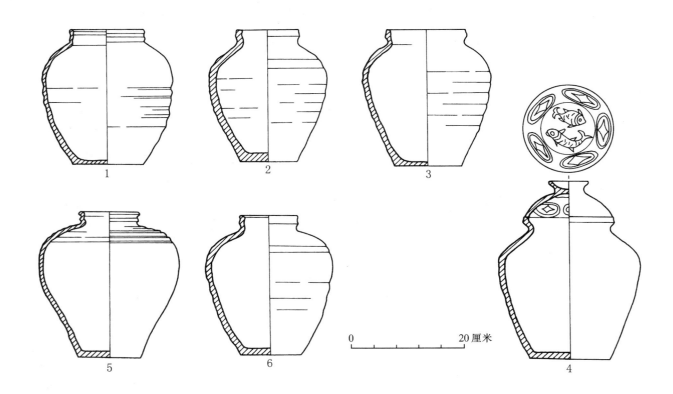

图三三　Da 型红（黄）陶罐

1.M1508　2.M674　3.M1543　4.M1565　5.M2375　6.M1742

M1482－1，红陶。口径 14.8、通高 30.4 厘米（图三五，2）。标本 M542－2，黄陶。器身及盖内侧朱书梵文，盖面刻划叉形纹。口径 14、通高 32 厘米（图三五，3）。标本 M2311，黄陶。口径 13.2、通高 29.6 厘米（图三五，4）。标本 M1231，红陶。口径 14、通高 27 厘米（图三五，5）。标本 M1168，黄陶。盖内侧朱书梵文。口径 12.2、通高 32.4 厘米（图三五，6）。

　　其他罐类葬具　12 件。标本 M2353b，红陶，肩部刻划篦纹，用红陶碗作盖。口径 15.2、通高 27.6 厘米（图三六，1；图版一六，1）。标本 M1116－2，红陶。侈口，器身饰莲瓣纹。口径 12.6、通高 27.4 厘米（图三六，2；图版一六，2）。标本 M1016，红陶，口微敛近直，素面。口径 15.6、通高 27.2 厘米（图三六，3）。标本 M657，红陶。大侈口，素面。口径 17.6、通高 29.6 厘米（图三六，4；图版一六，3）。标本 M1656，红陶。侈口，肩部戳印点纹，用一红陶盆作盖。口径 26.5、通高 40.9 厘米（图三六，5；图版一六，4）。标本 M242－2，红陶，肩部饰一周附加堆纹，器身饰莲瓣纹。口径 13.1、通高 19.5 厘米（图三六，6；图版一六，5）。标本 M617，黄陶，直口微外侈，鼓肩。口径 10.8、通高 15.2 厘米（图三六，7；图版一六，6）。标本 M271，红陶，器身刻划竖线条，用一红陶碗作盖，口、肩残（图三六，8）。

　　瓮

　　26 件。根据口部的不同分二型。

　　A 型　18 件。侈口，卷沿。因整体形状及装饰风格的差异分三亚型。

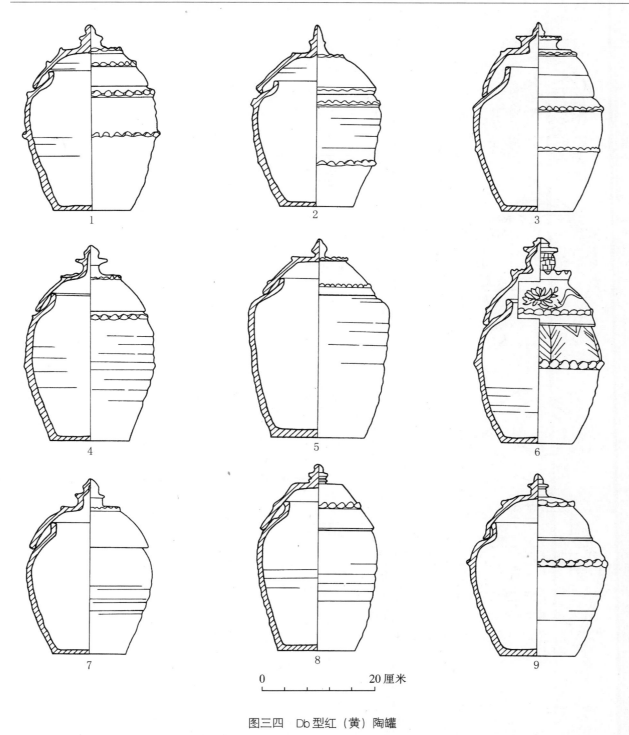

图三四 Db 型红（黄）陶罐

1.M571 2.M2546 3.M1833 4.M607 5.M543－3 6.M609 7.M2024 8.M691 9.M667

Aa 型 5 件。器身素面，鼓腹。多用盆作为器盖，部分罐身近底部有一短流。标本 M1941，红陶，素面。近底部有一短流，流已残，流孔尚存。口径 18.8、通高 30 厘米（图三七，1）。标本 M351b，红陶，素面。用红陶盆作盖。近底部有一短流，流已残，流孔尚存。口径 20.8、通高 38.6 厘米（图三七，2）。标本 M755a－1，黄陶，素面。用一黄陶匜作盖，

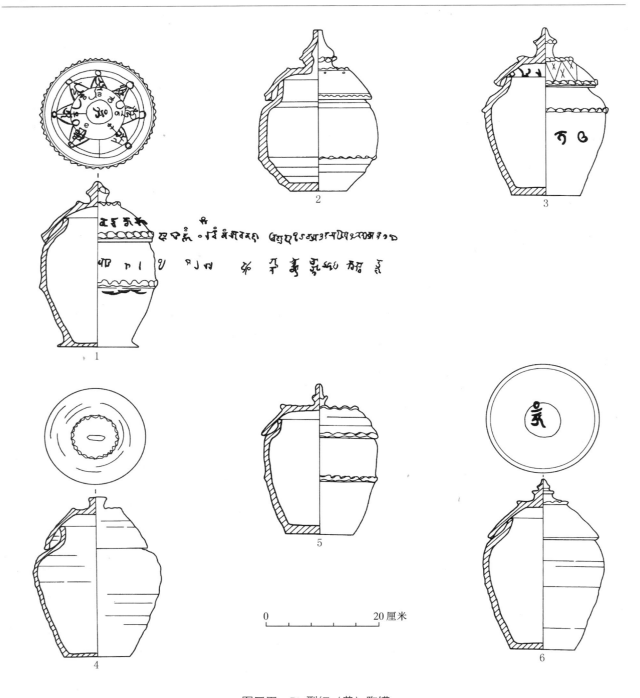

图三五　Db型红（黄）陶罐

1.M2030－2　2.M1482－1　3.M542－2　4.M2311　5.M1231　6.M1168

匜内侧刻划短线纹。口径28、通高42.4厘米（图三七，3；图版一七，1）。标本M544－1，红陶，素面。口径22.4、通高44厘米（图三七，4）。

Ab型　10件。器身、盖饰有莲瓣纹或附加堆纹，已发展为专用葬具。标本M1491－1，红陶。器身及盖饰仰、覆莲瓣纹，塔形盖纽，盖上扣一红陶盆。口径34.6、通高62厘米（图三七，5）。标本M2519－1，红陶。器身及盖饰仰、覆莲瓣纹，盖内侧有墨绘图案，模糊不

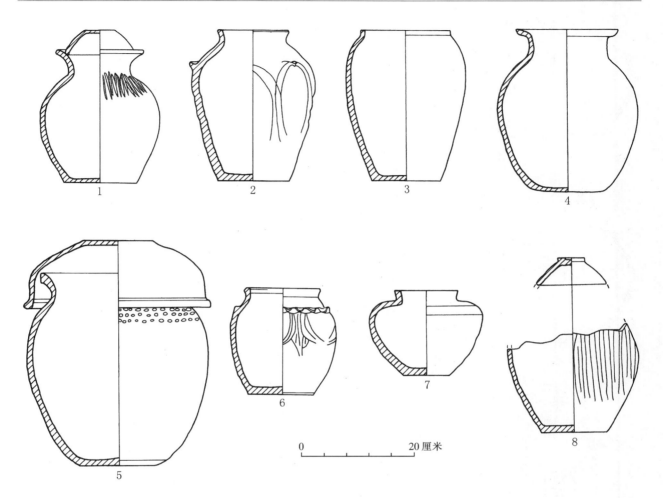

图三六 其他红（黄）陶罐

1.M2353b 2.M1116-2 3.M1016 4.M657 5.M1656 6.M242-2 7.M617 8.M271

清。口径35.6、通高62.8厘米（图三七，6；图版一七，2）。标本M1161-1，红陶。器身及盖饰仰、覆莲瓣纹。口径39.2、通高57.2厘米（图三七，7）。标本M1179-1，红陶。口径31.8、通高52.8厘米（图三八，1；图版一七，3）。标本M53-1，红陶。口径33.6、通高55厘米（图三八，2；图版一七，4）。标本M75-1，红陶。口径31.2、通高52厘米（图三八，3；图版一八，1）。标本M1736-1，红陶。口径30.4、通高48.4厘米（图三八，4）。标本M2494-1，红陶，盖残。口径34.4、通高32.2厘米（图三八，5）。标本M332b-1，红陶，盖残。口径33.6、残高46厘米（图三八，6）。

　　Ac型　3件。器身、盖除莲瓣纹外，还出现十二生肖图案。标本M1621-1，红陶。口径30、通高56.8厘米（图三八，7；图版一八，2）。标本M152-3，红陶。口径38.4、通高57.6厘米（图三八，8）。标本M1902-1，红陶。口径30.8、通高62.4厘米（图三八，9）。

　　B型　8件。敛口。因整体形状及装饰风格的差异分三亚型。

　　Ba型　5件。器身多有附加堆纹，少量素面。标本M1111-1，红陶，盖残，素面。口径26、通高30厘米（图三九，1）。标本M661-1，红陶。口径28.8、通高41.4厘米（图三九，

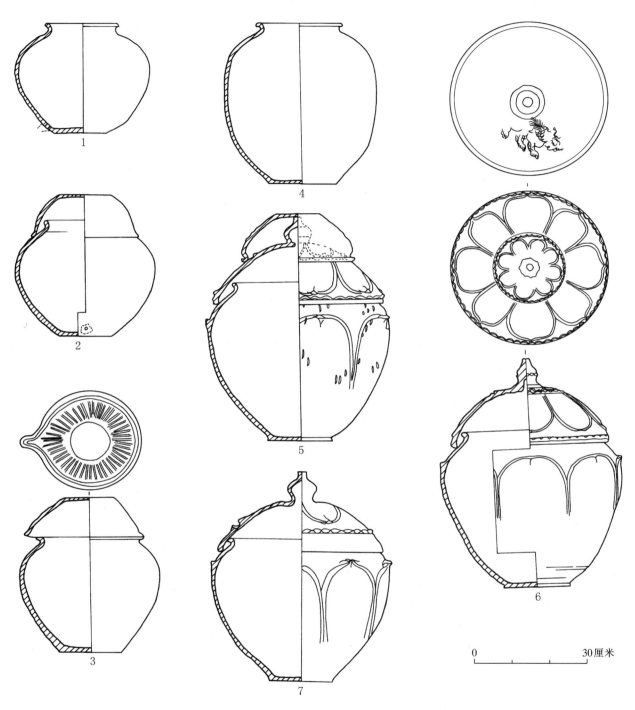

图三七　Aa、Ab 型红（黄）陶瓮

1.Aa 型（M1941）　2.Aa 型（M351b）　3.Aa 型（M755a－1）　4.Aa 型（M544－1）　5.Ab 型（M1491－1）

6.Ab 型（M2519－1）　7.Ab 型（M1161－1）

2）。标本 M2467－2，红陶，盖残。口径 34、通高 33 厘米（图三九，3）。标本 M83－1，红陶。口径 34.8、通高 46 厘米（图三九，4）。标本 M1482－1，红陶。口径 32.4、通高 44.8 厘米（图三九，5）。

图三八 Ab、Ac 型红（黄）陶瓮

1.Ab 型（M1179-1） 2.Ab 型（M53-1） 3.Ab 型（M75-1） 4.Ab 型（M1736-1） 5.Ab 型（M2494-1）

6.Ab 型（M332b-1） 7.Ac 型（M1621-1） 8.Ac 型（M152-3） 9.Ac 型（M1902-1）

　　Bb 型　2 件。器身饰莲瓣纹等。标本 M73-1，红陶，器身及盖面刻划莲瓣纹、短线纹。口径 32、通高 53.6 厘米（图三九，6）。标本 M556-1，红陶。器身饰莲瓣纹，盖面饰卷云纹及"卍"字形纹。口径 28、通高 44.8 厘米（图三九，7；图版一八，3、4）。

　　Bc 型　1 件。器身除莲瓣纹外，还出现十二生肖图案。标本 M1055－1，红陶。盖纽为狮形，盖面有雕塑铺首图案等。口径 30、通高 62.4 厘米（图三九，8；图版一九）。

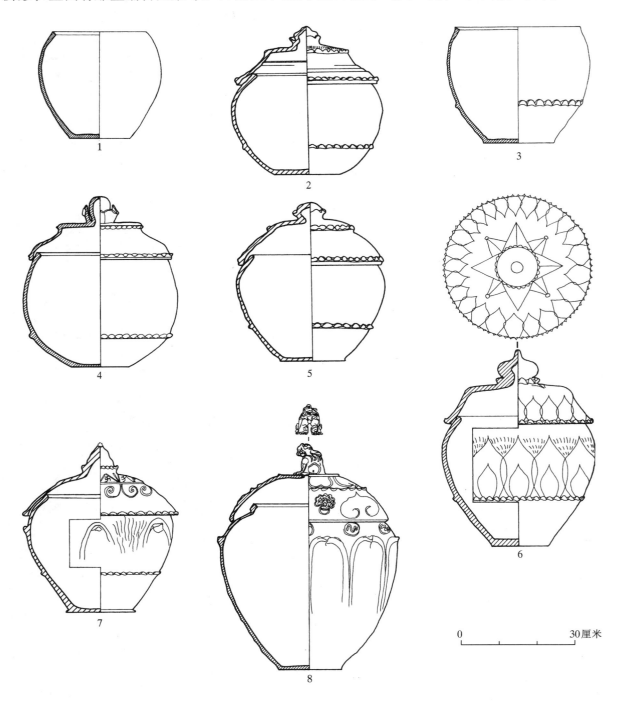

图三九　B 型红（黄）陶瓮

1.Ba 型（M1111－1）　　2.Ba 型（M661－1）　　3.Ba 型（M2467－2）　　4.Ba 型（M83－1）　　5.Ba 型（M1482－1）

6.Bb 型（M73－1）　　7.Bb 型（M556－1）　　8.Bc 型（M1055－1）

盆

68件。大多为罐盖，亦有不少盆扣盏现象。故将盆作为一类葬具介绍。根据口沿的不同分二型。

A型　38件。卷沿。器身素面或带轮纹。标本M664，红陶。口径25.4、通高13厘米（图四〇，1）。标本M2643，红陶。口径30、通高12.5厘米（图四〇，2）。标本M761a-1，红陶。口径31.2、通高13.6厘米（图四〇，3）。标本M2658，红陶。肩两侧有对称耳。口径37.6、通高14.2厘米（图四〇，4）。标本M469，红陶，肩两侧有对称耳。口径38.4、通高14厘米（图四〇，5）。标本M121-1，红陶，遗有轮纹。口径42.6、通高17.8厘米（图四

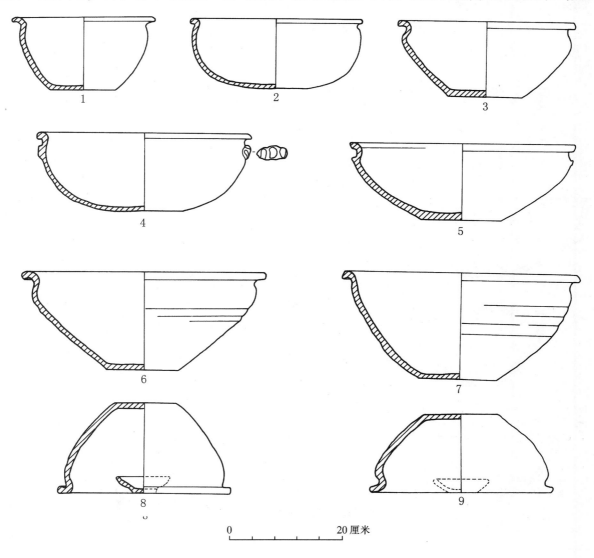

0　　　　　　　　　　20厘米

图四〇　A型红陶盆

1.M664　2.M2643　3.M761a-1　4.M2658　5.M469　6.M121-1　7.M532-1　8.M9　9.M2659

〇，6）。标本 M532－1，红陶，遗有轮纹。口径 41.6、通高 19.2 厘米（图四〇，7）。标本 M9，红陶，出土时扣一灰陶盏。口径 30.4、通高 16.4 厘米（图四〇，8；图版二〇，1）。标本 M2659，红陶，出土时扣一灰陶盏。口径 32.8、通高 14.4 厘米（图四〇，9；图版二〇，2）。

B 型　30 件。直沿。器身素面或带轮纹。标本 M2322－1，红陶。口径 31.4、通高 14 厘米（图四一，1；图版二〇，3）。标本 M782－1，红陶，身有轮纹。口径 34.8、通高 12.6 厘米（图四一，2）。标本 M2467－1，红陶，肩两侧有对称耳。口径 46.4、通高 13.8 厘米（图四一，3）。标本 M2355b－1，红陶，肩对称两侧有耳。口径 42.8、通高 15.2 厘米（图四一，4）。标本 M1176－1，红陶，身有轮纹。口径 32.8、通高 13.6 厘米（图四一，5）。标本 M2542－2，红陶，身有轮纹。口径 33.6、通高 14.6 厘米（图四一，6）。标本 M2100－1，红陶，身有轮纹。口径 36、通高 11.6 厘米（图四一，7）。标本 M1056－1，红陶，身有轮纹。口径 32、通高 14.8 厘米（图四一，8）。

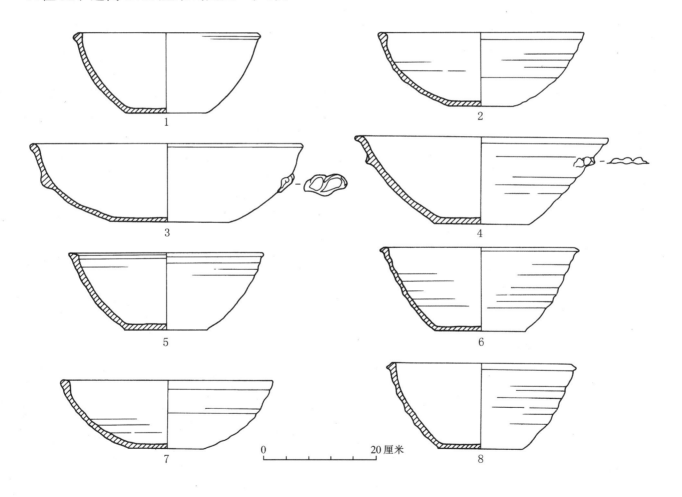

图四一　B 型红陶盆

1.M2322－1　2.M782－1　3.M2467－1　4.M2355b－1　5.M1176－1　6.M2542－2　7.M2100－1　8.M1056－1

瓶

23 件。根据口部及装饰风格的不同分三型。

A 型 3 件。喇叭形口，素面，器身留有制作时遗下的轮纹。标本 M2620，红陶。口部残，残高 32 厘米（图四二，1）。标本 M2060，红陶。口部残，残高 24.8 厘米（图四二，2；图版二〇，4）。标本 M533，红陶。口径 13.6、通高 32.4 厘米（图四二，3）。

B 型 12 件。盘口，肩部刻划覆莲纹。标本 M1799，红陶。口径 13.6、通高 31 厘米（图四二，4；图版二〇，5）。标本 M140，黄陶。口径 14.4、通高 31.6 厘米（图四二，5）。标本

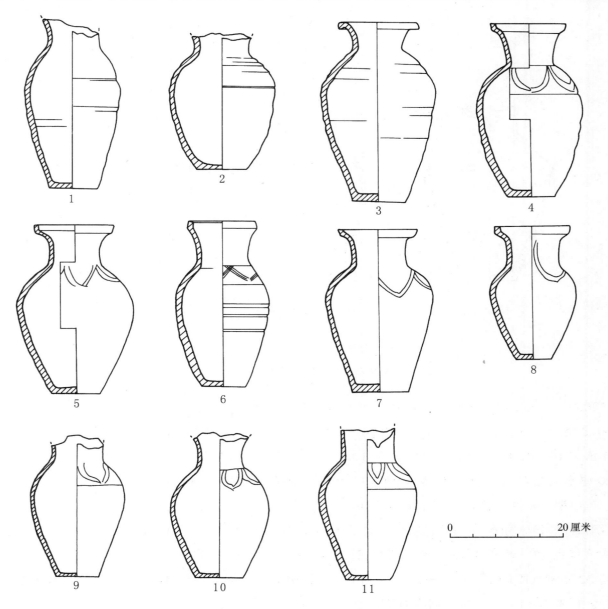

图四二 A、B 型红（黄）陶瓶

1.A 型（M2620） 2.A 型（M2060） 3.A 型（M533） 4.B 型（M1799） 5.B 型（M140） 6.B 型（M2059）
7.B 型（M32） 8.B 型（M2514） 9.B 型（M2316） 10.B 型（M2328） 11.B 型（M2359b）

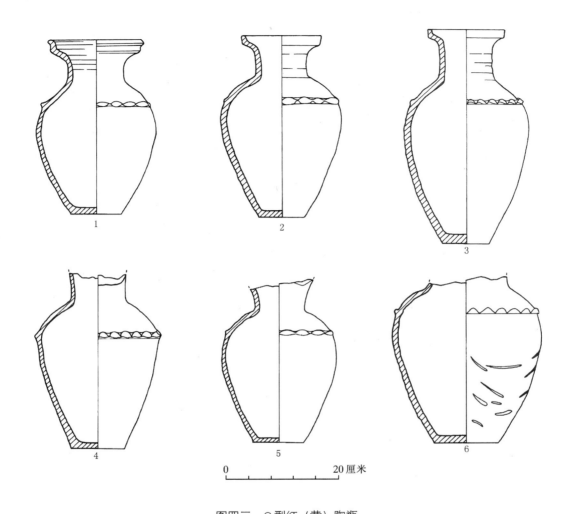

图四三　C型红（黄）陶瓶

1.M1715　2.M2432　3.M135　4.M2047　5.M64　6.M1467

M2059，红陶。口径 12、通高 30.8 厘米（图四二，6）。标本 M32，黄陶。口径 14.4、通高 30.2 厘米（图四二，7）。标本 M2514，红陶。口径 13.2、通高 24.8 厘米（图四二，8）。标本 M2316，红陶。口部残，残高 24.8 厘米（图四二，9）。标本 M2328，红陶。口部残，残高 26 厘米（图四二，10）。标本 M2359b，红陶。口部残，残高 28 厘米（图四二，11）。

　　C型　8 件。盘口，肩部饰附加堆纹。标本 M1715，黄陶。口径 17.4、通高 32.4 厘米（图四三，1）。标本 M2432，红陶。口径 14.8、通高 34.6 厘米（图四三，2）。标本 M135，黄陶。口径 14、通高 39.6 厘米（图四三，3；图版二〇，6）。标本 M2047，黄陶。口部残，残高 32 厘米（图四三，4；图版二一，1）。标本 M64，红陶。口部残，残高 30 厘米（图四三，5）。标本 M1467，红陶，器身有剔刺纹。口部残，残高 29.6 厘米（图四三，6）。

　　壶

　　3 件。未分型。均直口，曲折沿，带流，流均残缺或脱落。标本 M248，黄陶。口径 12.4、通高 26 厘米（图四四，1）。标本 M676，红陶。口径 10.4、通高 26 厘米（图四四，

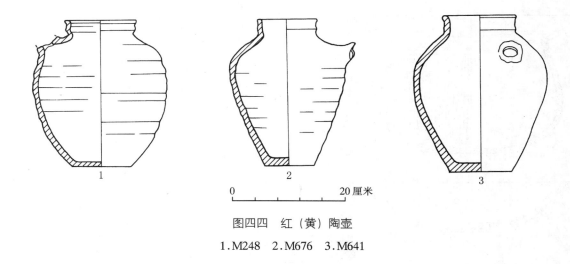

图四四 红（黄）陶壶
1.M248 2.M676 3.M641

2）。标本 M641，红陶。口径 12.8、通高 27.5 厘米（图四四，3；图版二一，3）。

其他红（黄）陶葬具

10 件。标本 M68－2，釜，红陶。器身绳纹。口径 43.2、通高 26 厘米（图四五，1；图版二一，4）。标本 M221，盘，红陶。口径 37、通高 9.6 厘米（图四五，2）。标本 M67－2，匜，红陶。器内侧有刻划太阳纹。口径 28、通高 12.8 厘米（图四五，3）。标本 M112，匜，红陶。器内侧有刻划线条。口径 37、通高 12.4 厘米（图四五，4）。标本 M90，花瓣口瓶，红陶。口径 12.8、通高 19.8 厘米（图四五，5）。标本 M2468，豆，红陶，有专用器盖，塔形盖纽。口径 35、通高 43.6 厘米（图四五，6；图版二一，5、6）。

二 绿釉陶葬具

计有罐、瓶、碗等器类。罐均为专用葬具，分为外罐、内罐两类。瓶、碗等器类为生活实用器，仅偶见。陶胎仍为红陶，多泥质（含少量细砂），火候不高，透水性强，虽装饰效果较好，然非生活实用，故大量用于专用葬具的制作。

外罐

52 件。均敛口。根据整体形状及装饰风格的不同分三型。

A 型 26 件。狮纽，器身及盖饰宝相花、降魔杵、人物俑、十二生肖等图案，少量近底部饰仰莲纹。标本 M422－1，口径 29.4、通高 52 厘米（图四六，1）。标本 M2613－1，口径 30.8、通高 49.6 厘米（图四六，2）。标本 M939－1，口径 30、通高 53.2 厘米（图四六，3）。标本 M1915－1，口径 30.2、通高 49.2 厘米（图四六，4）。标本 M2485a－1，口径 30、通高 50.6 厘米（图四六，5）。标本 M1211－1，口径 31.2、通高 51.2 厘米（图四六，6）。标本 M2424－1，口径 30、通高 53.2 厘米（图四六，7）。标本 M1774－1，口径 30、通高 53.2 厘米（图四六，8；彩版一一，1）。标本 M2020－1，口径 30、通高 45.6 厘米（图四六，9）。标本 M2236－1，口径 31.2、通高 58.4 厘米（图四七，1；彩版一一，2～6）。标本 M2430－1，口径 32、通高 50 厘米（图四七，2）。标本 M1757－1，狮纽下饰覆莲纹。口径 30.4、通高

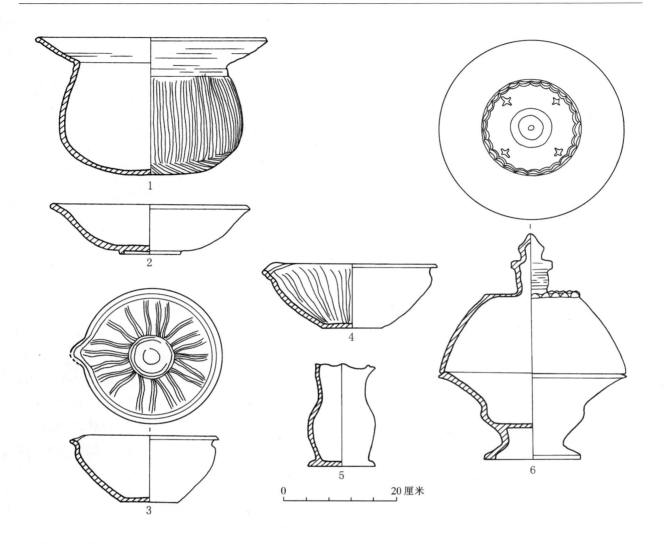

图四五 其他红（黄）陶葬具

1. 红陶釜（M68-2） 2. 红陶盘（M221） 3. 红陶匜（M67-2） 4. 红陶匜（M112）

5. 红陶花瓣口瓶（M90） 6. 红陶豆（M2468）

50.8厘米（图四七，3）。标本M1758-1，口径33.4、通高56厘米（图四七，4；彩版一二，1）。标本M887，盖上扣一灰陶盆，盖内侧有墨绘法轮及朱书梵文。口径15.2、通高36厘米（图四七，5；彩版一二，2、3）。标本M2428-1，口径29.2、通高51.2厘米（图四七，6）。标本M234c-1，口径27.6、通高47.6厘米（图四七，7）。

B型 4件。唇面内凹，盖为塔纽。因装饰差异分二亚型。

Ba型 2件。器身及盖饰莲瓣纹、牡丹花纹、附加堆纹。标本M1446-1，口径39、通高56厘米（图四八，1；彩版一二，4、5、6）。标本M106-1，口径39.2、通高58.4厘米（图四八，2；彩版一三，1）。

Bb型 2件。器身及盖饰莲瓣纹、宝相花纹、附加堆纹。标本M2300-1，盖纽残。口径33.4、残高49厘米（图四八，3；彩版一三，2）。标本M29a-1，口径35.4、通高59厘米（图四八，4；彩版一三，3、4、5）。

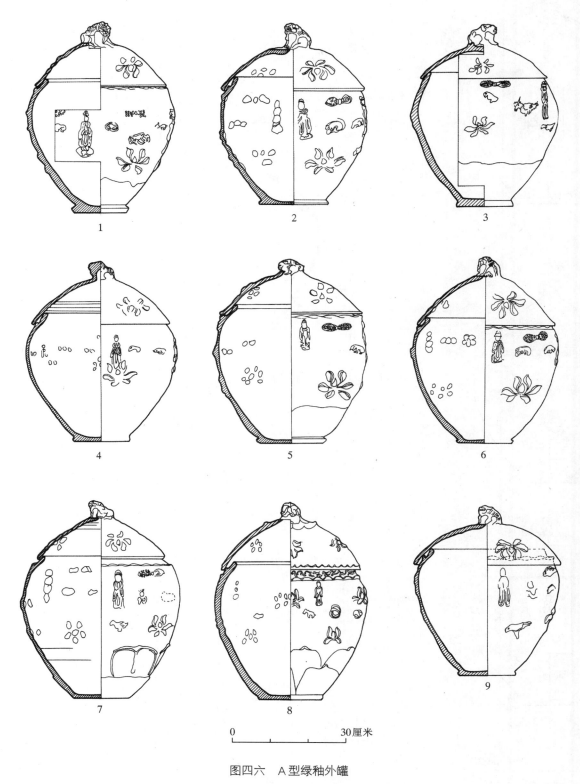

0   30厘米

图四六 A型绿釉外罐

1.M422－1   2.M2613－1   3.M939－1   4.M1915－1   5.M2485a－1   6.M1211－1   7.M2424－1   8.M1774－1
9.M2020－1

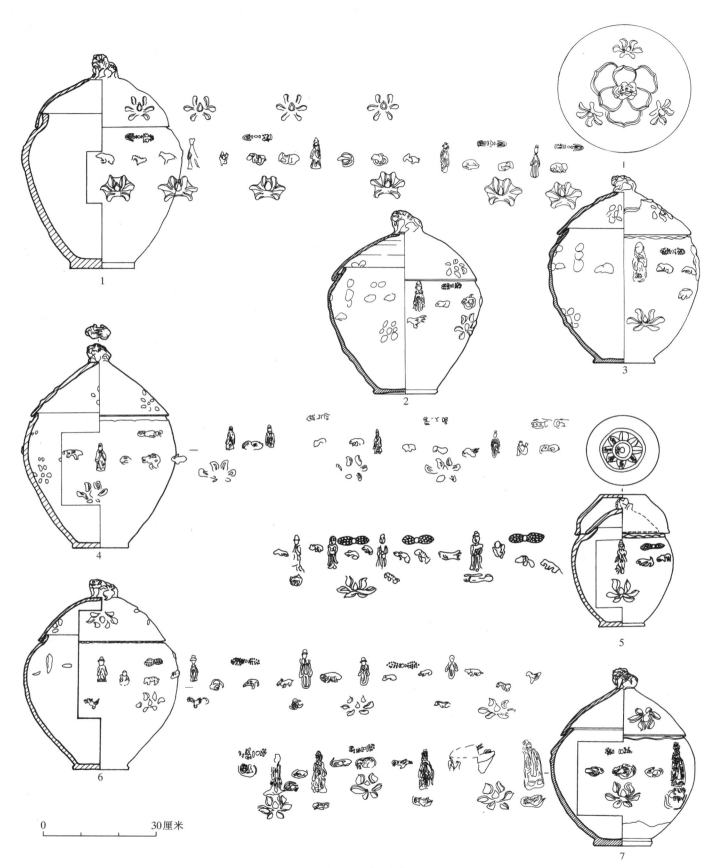

图四七　A型绿釉外罐

1.M2236－1　2.M2430－1　3.M1757－1　4.M1758－1　5.M887　6.M2428－1　7.M234c－1

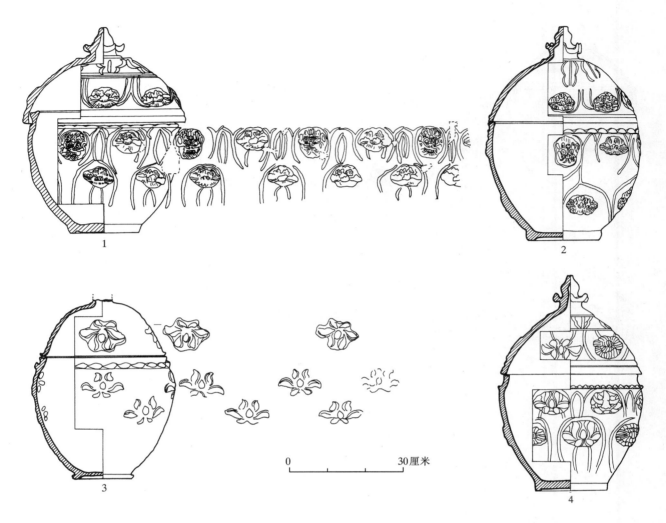

图四八 B型绿釉外罐

1.Ba 型（M1446－1） 2.Ba 型（M106－1） 3.Bb 型（M2300－1） 4.Bb 型（M29a－1）

C 型 22 件。盖为塔纽，盖、身饰附加堆纹。因装饰差异分二亚型。

Ca 型 10 件。腹部饰十二生肖图案。标本 M1530－1，口径 28、通高 48.4 厘米（图四九，1）。标本 M2323－1，身有轮纹。口径 23.8、通高 46.4 厘米（图四九，2）。标本 M1824－1，口径 25.2、通高 51 厘米（图四九，3；彩版一四、一五）。标本 M2229－1，口径 22.8、通高 46.8 厘米（图四九，4；彩版一六，1、2）。标本 M876－7，身有轮纹。口径 25、通高 46 厘米（图五〇，1；彩版一六，3）。标本 M693－1，身有轮纹。口径 26.4、通高 49.2 厘米（图五〇，2）。标本 M876－5，口径 22.4、通高 44.8 厘米（图五〇，3）。标本 M2209－1，身有轮纹。口径 23.6、通高 47.6 厘米（图五〇，4；彩版一六，4）。

Cb 型 12 件。无十二生肖装饰图案。标本 M2402－1，口径 27.2、通高 48.6 厘米（图五〇，5）。标本 M1897－1，口径 25.4、通高 49.4 厘米（图五〇，6）。标本 M2616－1，口径 26、通高 53.6 厘米（图五〇，7）。标本 M2646－1，口径 25.6、通高 46.8 厘米（图五〇，8）。

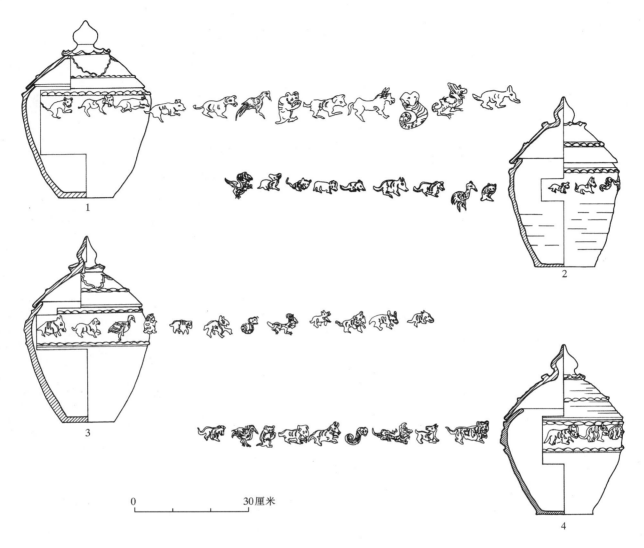

0　　　　　　　　　　　　30厘米

图四九　Ca 型绿釉外罐

1.M1530－1　2.M2323－1　3.M1824－1　4.M2229－1

内罐

333 件。均敛口。根据整体形状及装饰风格的差异分三亚型。

A 型　　65 件。

Aa 型　22 件。平底，身饰仰莲纹，盖纽多为珠球形，盖内侧多饰覆莲纹。标本 M665－2，盖内侧墨绘法轮。口径 12.4、通高 27.8 厘米（图五一，1）。标本 M53－2，盖内侧朱绘法轮。口径 17.2、通高 27.6 厘米（图五一，2；彩版一七，1、2）。标本 M1477－2，盖面饰四瓣莲纹。口径 16.8、通高 27.2 厘米（图五一，3；彩版一七，3）。标本 M75－2，盖面饰五瓣莲纹。口径 20、通高 27.6 厘米（图五一，4；彩版一七，4）。标本 M2104－2，盖内侧朱书梵文及法轮。口径 14、通高 32 厘米（图五一，5；彩版一八，1、2、3、4）。标本 M2150－2，盖面饰四瓣莲纹。口径 12.8、通高 27.6 厘米（图五一，6；彩版一八，5）。标本 M1560－2，口径 16、通高 26 厘米（图五二，1）。标本 M1130－2，口径 14.4、通高 28.6 厘米（图五二，

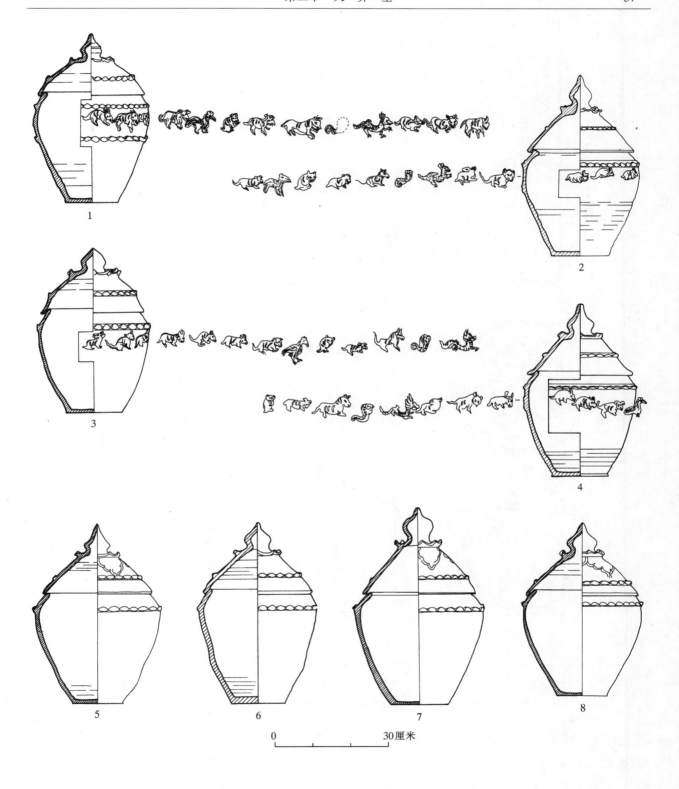

图五〇　C型绿釉外罐

1.Ca型（M876-7）　2.Ca型（M693-1）　3.Ca型（M876-5）　4.Ca型（M2209-1）　5.Cb型（M2402-1）

6.Cb型（M1897-1）　7.Cb型（M2616-1）　8.Cb型（M2646-1）

图五一　Aa 型绿釉内罐

1. M665－2　2. M53－2　3. M1477－2　4. M75－2　5. M2104－2　6. M2150－2

2)。标本 M1864－2，口径 18、通高 30.6 厘米（图五二，3；彩版一八，6）。标本 M2473－2，口径 13.2、通高 36 厘米（图五二，4）。标本 M145－2，口径 16、通高 30.2 厘米（图五二，5）。标本 M2615－2，口径 15、通高 27.2 厘米（图五二，6）。标本 M1134－2，口径 16、通高 30.8 厘米（图五二，7）。标本 M2626－2，口径 13.6、通高 30.8 厘米（图五二，8）。标本 M1139－2，口径 13.6、通高 30.2 厘米（图五二，9）。

Ab 型　30 件。平底，身除莲瓣纹外，还装饰有十二生肖图案，个别有降魔杵及人物俑图

0   20 厘米

图五二　Aa 型绿釉内罐

1.M1560－2　2.M1130－2　3.M1864－2　4.M2473－2　5.M145－2　6.M2615－2　7.M1134－2　8.M2626－2　9.M1139－2

案。盖纽除珠球形外，还有狮纽、塔形纽。标本 M1782－2，口径 14.8、通高 26.6 厘米（图五三，1）。标本 M250－2，盖内侧墨绘法轮。口径 16、通高 28.8 厘米（图五三，2）。标本 M885－2，盖内侧朱绘法轮图案，模糊不清。口径 16.4、通高 30 厘米（图五三，3）。标本 M1623－2，器身饰持笏俑。口径 12、通高 32.2 厘米（图五三，4；彩版一九，1、2）。标本

图五三　Ab 型绿釉内罐

1.M1782-2　2.M250-2　3.M885-2　4.M1623-2　5.M2647-2　6.M121-2

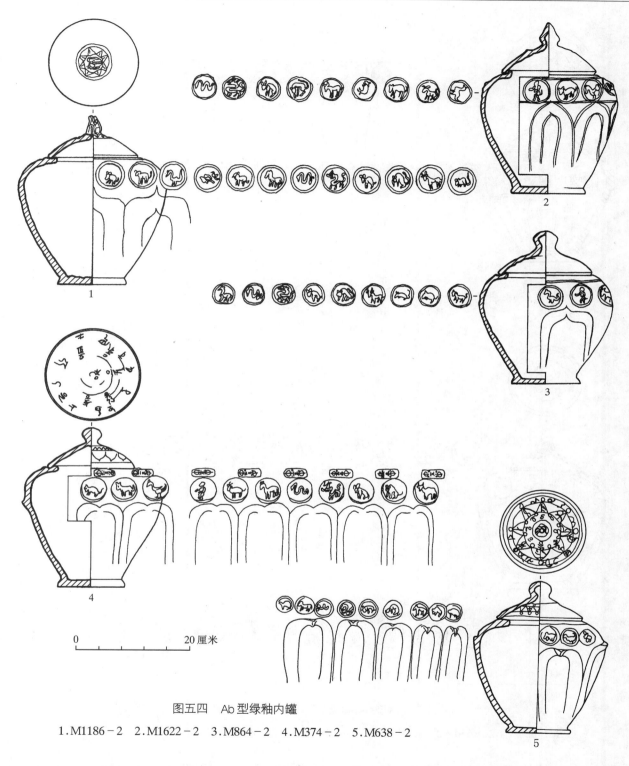

图五四　Ab 型绿釉内罐

1.M1186-2　2.M1622-2　3.M864-2　4.M374-2　5.M638-2

M2647-2，口径 16、通高 31.2 厘米（图五三，5；彩版一九，3、4）。标本 M121-2，盖内侧墨绘法轮及朱书梵文，口径 17.2、通高 27.6 厘米（图五三，6；彩版一九，5、6）。标本 M1186-2，盖内侧墨绘法轮。口径 16、通高 30.2 厘米（图五四，1）。标本 M1622-2，口径 16.6、通高 30.8 厘米（图五四，2；彩版二〇、二一）。标本 M864-2，口径 16.8、通高

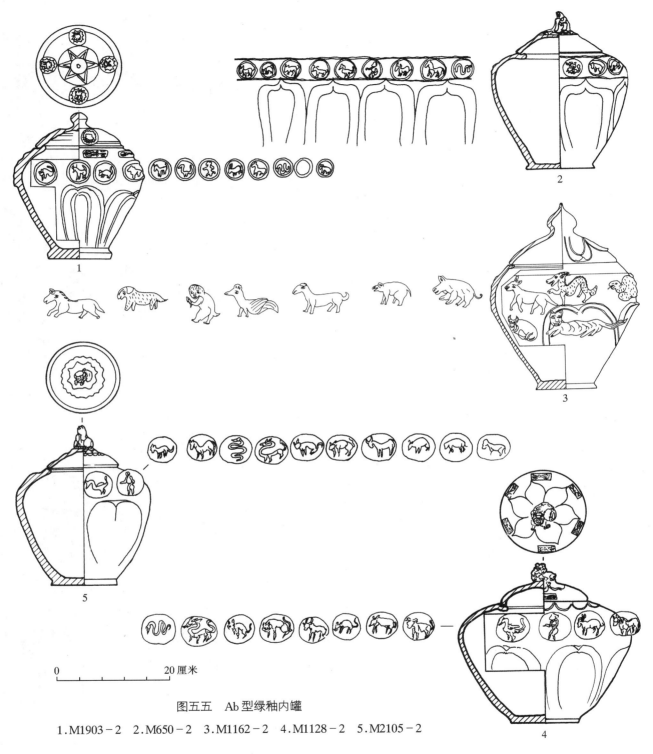

图五五　Ab 型绿釉内罐

1.M1903－2　2.M650－2　3.M1162－2　4.M1128－2　5.M2105－2

27.6 厘米（图五四，3）。标本 M374－2，盖内侧朱书梵文。口径 13.2、通高 28.6 厘米（图
五四，4）。标本 M638－2，盖内侧朱绘法轮及梵文。口径 14.8、通高 28 厘米（图五四，5）。
标本 M1903－2，盖面为法轮图案。口径 15.8、通高 27.6 厘米（图五五，1；彩版二二、二
三）。标本 M650－2，口径 14.4、通高 28 厘米（图五五，2）。标本 M1161－2，口径 19.2、

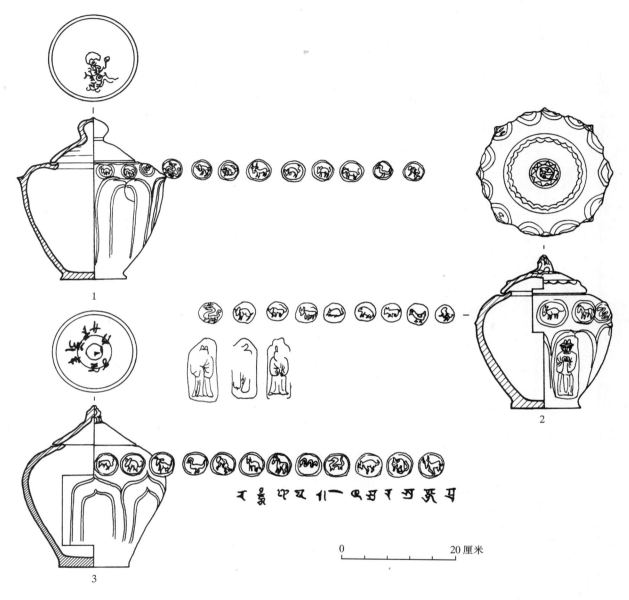

图五六 Ab 型绿釉内罐

1.M1055－2 2.M1993－2 3.M153－2

通高 34 厘米（图五五，3；彩版二四、二五）。标本 M1128－2，口径 16、通高 28.8 厘米（图五五，4；彩版二六）。标本 M2105－2，口径 12.8、通高 29.2 厘米（图五五，5；彩版二七，1）。标本 M1055－2，盖内侧有朱绘图案，模糊不清。口径 15.6、通高 29.2 厘米（图五六，1；彩版二七，2）。标本 M1993－2，罐身饰人物俑。口径 15.2、通高 28.4 厘米（图五六，2；彩版二七，3）。标本 M153－2，盖内侧朱书梵文。口径 12.6、通高 29.6 厘米（图五六，3；彩版二七，4）。

Ac 型 13 件。带圈足，器身及盖多饰莲瓣纹，盖纽均为珠球形。标本 M2202－2，口径 23.4、通高 36.4 厘米（图五七，1）。标本 M2651－2，口径 19.6、通高 34.4 厘米（图五七，

图五七　Ac 型绿釉内罐

1.M2202－2　2.M2651－2　3.M2519－2　4.M2246－2　5.M1446－2　6.M558－2　7.M2126－2　8.M1491－2

2）。M2519－2，盖内侧朱绘法轮及梵文。口径 19.6、通高 35.8 厘米（图五七，3）。标本 M2246－2，口径 19.6、通高 37.4 厘米（图五七，4）。标本 M1446－2，口径 20.8、通高 34.2 厘米（图五七，5）。标本 M558－2，口径 22.8、通高 36.8 厘米（图五七，6）。标本 M2126－2，口径 20.8、通高 34.4 厘米（图五七，7）。标本 M1491－2，口径 20.8、通高 35.2 厘米（图五七，8）。

B 型　106 件。唇面内凹。因装饰风格的差异分三亚型。

Ba 型　13 件。平底，器身及盖面以莲瓣纹为主，中饰莲蓬纹，盖纽均为珠球形。M2266－2，盖内侧墨绘法轮。口径 20.8、通高 34.8 厘米（图五八，1；彩版二七，5）。标本 M546－2，口径 19.6、通高 30.8 厘米（图五八，2）。标本 M2635－2，口径 19.2、通高 29.6 厘米（图五八，3）。标本 M1651－2，口径 20.2、通高 32 厘米（图五八，4）。

Bb 型　50 件。平底，部分底微内凹，器身多饰宝相花、牡丹花、附加堆纹、莲瓣纹及莲蓬纹。标本 M1902－2，盖面为四莲瓣纹。口径 23.2、通高 34.4 厘米（图五九，1）。标本 M225－2，口径 20.5、通高 35.3 厘米（图五九，2）。标本 M2456－2，口径 18、通高 35.2 厘米（图五九，3）。标本 M532－2，盖内侧朱绘法轮及梵文。口径 20、通高 29 厘米（图五九，5；彩版二七，6）。标本 M761a－2，盖内侧墨绘法轮及朱书梵文。口径 20、通高 33.6 厘米（图五九，4；彩版二八，1、2、3、4）。标本 M2110－2，盖内侧朱绘法轮。口径 21.6、通高 34.8 厘米（图六〇，1）。标本 M1664－2，盖内侧墨绘法轮。口径 21、通高 33.2 厘米（图六〇，2）。标本 M414－2，盖内侧墨绘法轮及朱书梵文。口径 21.2、通高 34.4 厘米（图六〇，3）。标本 M81－2，盖内侧墨绘法轮及朱书梵文。口径 20.2、通高 34.8 厘米（图六〇，4；彩版二八，5、6）。标本 M560－2，盖内侧朱绘法轮及梵文，模糊不清。口径 19.8、通高 32.4 厘米（图六〇，5；彩版二九，1、2、3）。标本 M637－2，盖内侧墨绘法轮及朱书梵文。口径 20.5、通高 34.2 厘米（图六〇，6）。标本 M2653－2，盖内侧墨绘法轮及朱书梵文。口径 20.4、通高 34 厘米（图六一，1）。标本 M428－2，盖内侧朱书梵文。口径 21.2、通高 32.4

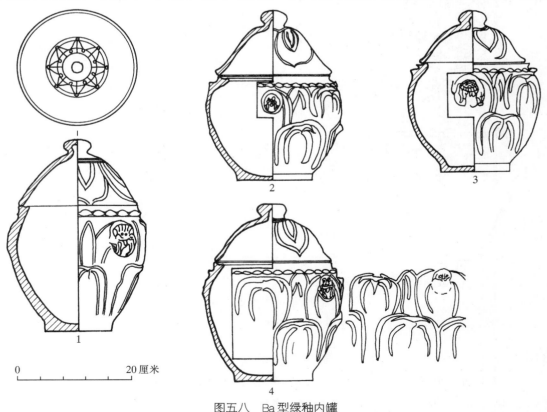

0　　　　　　　　20厘米

图五八　Ba 型绿釉内罐

1.M2266－2　2.M546－2　3.M2635－2　4.M1651－2

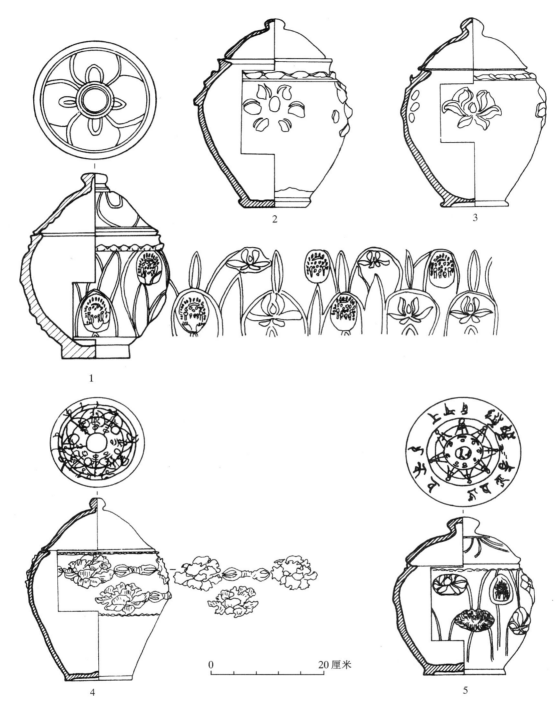

图五九　Bb 型绿釉内罐

1.M1902－2　2.M225－2　3.M2456－2　4.M761a－2　5.M532－2

厘米（图六一，2）。标本 M1621－2，盖内侧墨绘法轮及朱书梵文。口径 20、通高 28.4 厘米（图六一，3）。标本 M1553－2，口径 19、通高 35.2 厘米（图六一，4）。标本 M1955－2，盖内侧墨绘法轮。口径 19.2、通高 32.6 厘米（图六一，5）。M1747－2，盖内侧朱绘法轮及梵文，模糊不清。口径 21.2、通高 34 厘米（图六二，1；彩版二九，4、5、6）。标本 M2612－

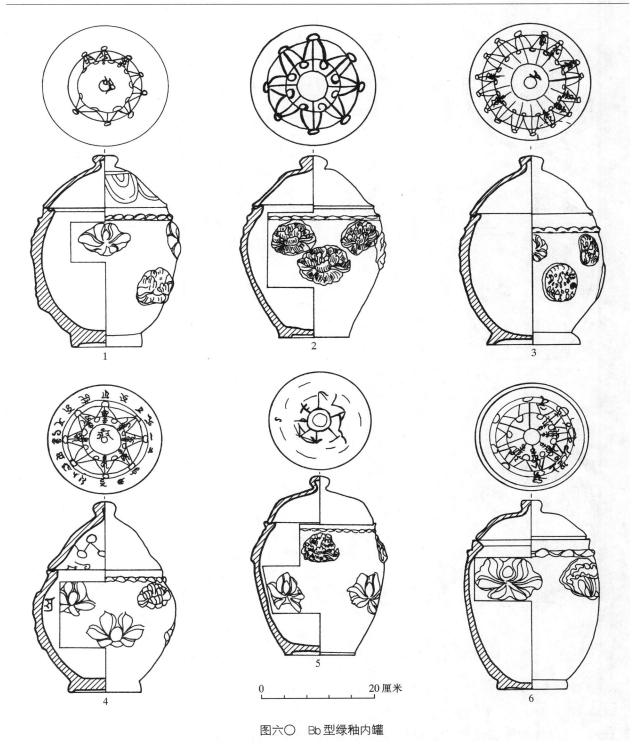

图六〇 Bb 型绿釉内罐

1.M2110－2　2.M1664－2　3.M414－2　4.M81－2　5.M560－2　6.M637－2

2，盖上饰四莲瓣纹。口径 23、通高 36.4 厘米（图六二，2；彩版三〇，1）。标本 M1721－2，口径 21.8、通高 36.4 厘米（图六二，3）。标本 M1740－2，口径 22、通高 33.6 厘米（图六二，4）。标本 M412－2，口径 20.4、通高 32.8 厘米（图六二，5）。标本 M371－2，口径 20、通高 34.4 厘米（图六二，6；彩版三〇，2）。标本 M1075－2，口径 20、通高 36 厘米（图六

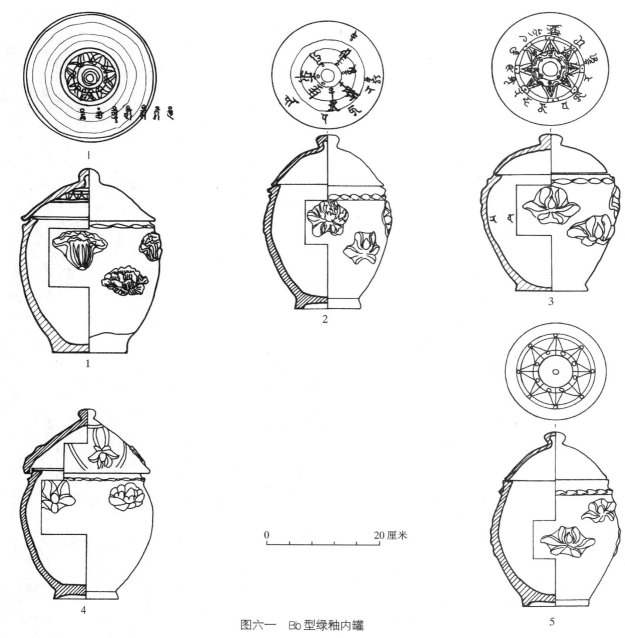

图六一 Bb 型绿釉内罐

1.M2653－2 2.M428－2 3.M1621－2 4.M1553－2 5.M1955－2

二，7）。标本 M1928－2，口径 19、通高 35.2 厘米（图六二，8）。

Bc 型 43 件。平底，部分底微内凹，器身以宝相花纹、附加堆纹、装饰为主。标本 M1634－2，盖内侧墨绘法轮。口径 18.4、通高 35.2 厘米（图六三，1）。标本 M2386－2，盖内侧墨绘法轮及朱书梵文。口径 18.6、通高 32.4 厘米（图六三，2）。标本 M1169－2，盖内侧墨绘法轮及朱书梵文。口径 20、通高 35.2 厘米（图六三，3）。标本 M755b，盖内侧及罐身内部墨绘法轮及朱书梵文。口径 18、通高 33.6 厘米（图六三，4；彩版三〇，3）。标本 M2271－2，口径 18.4、通高 32.8 厘米（图六三，5）。标本 M632－2，口径 17.8、通高 33.6 厘米（图六三，6）。标本 M54－2，盖残，罐底刻划"伍"字。口径 19.6、通高 27.4 厘米

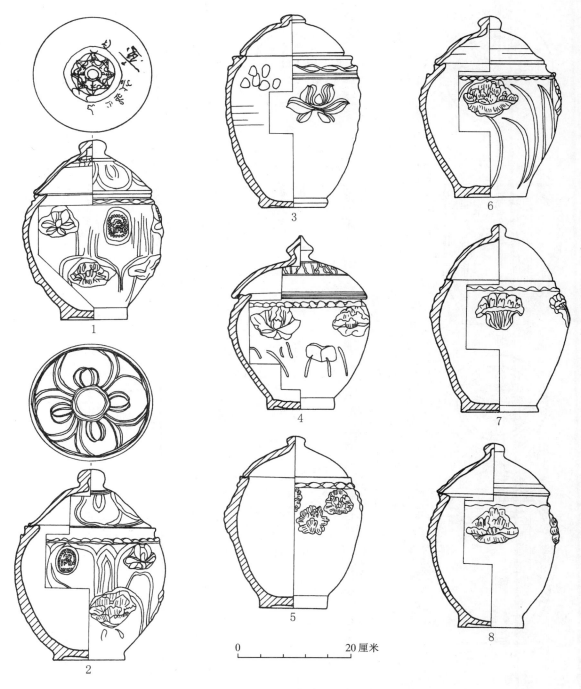

图六二 Bb 型绿釉内罐

1.M1747－2 2.M2612－2 3.M1721－2 4.M1740－2 5.M412－2 6.M371－2 7.M1075－2 8.M1928－2

（图六四，1）。标本 M1625－2，盖内侧朱绘法轮及梵文。口径 20.8、通高 32.8 厘米（图六四，2；彩版三〇，4）。标本 M1707－2，盖内侧朱书梵文，模糊不清。口径 18.2、通高 33.4 厘米（图六四，3）。标本 M2081－2，口径 21、通高 34.8 厘米（图六四，4）。标本 M400－2，口径 20、通高 30.8 厘米（图六四，5）。标本 M2166－2，口径 18.4、通高 33.6 厘米（图六四，6）。标本 M1897－2，口径 19.6、通高 31.6 厘米（图六四，7）。标本 M1760－2，盖内侧

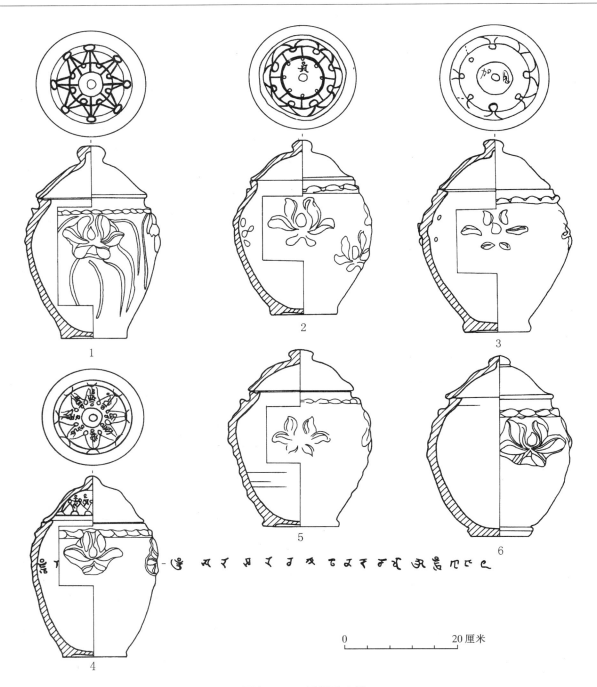

图六三　Bc 型绿釉内罐

1. M1634－2　2. M2386－2　3. M1169－2　4. M755b　5. M2271－2　6. M632－2

朱书梵文。口径 22.2、通高 36.4 厘米（图六五，1）。标本 M229－2，盖内侧墨绘法轮，身内部朱书梵文。口径 18、通高 32.2 厘米（图六五，2）。标本 M2274－2，口径 22、通高 32.4 厘米（图六五，3）。标本 M2078－2，口径 19.2、通高 30.4 厘米（图六五，4；彩版三〇，5）。标本 M350－2，盖内侧朱绘法轮及梵文。口径 20.8、通高 34.2 厘米（图六五，5；彩版三〇，6）。

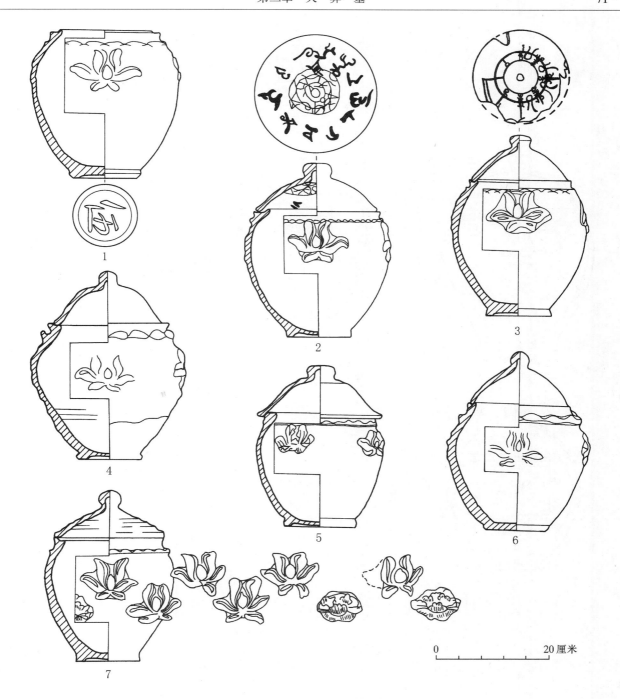

图六四　Bc 型绿釉内罐

1.M54－2　2.M1625－2　3.M1707－2　4.M2081－2　5.M400－2　6.M2166－2　7.M1897－2

C 型　63 件。敛口。因整体形状及装饰风格的差异分二亚型。

Ca 型　10 件。平底或底微凹，身饰宝相花纹。标本 M768－2，盖内侧墨绘法轮。口径 18、通高 31.6 厘米（图六六，1）。标本 M1396－2，口径 14.2、通高 36 厘米（图六六，2）。标本 M750－2，盖内侧墨绘法轮及梵文。口径 18、通高 30 厘米（图六六，3）。标本 M234c－

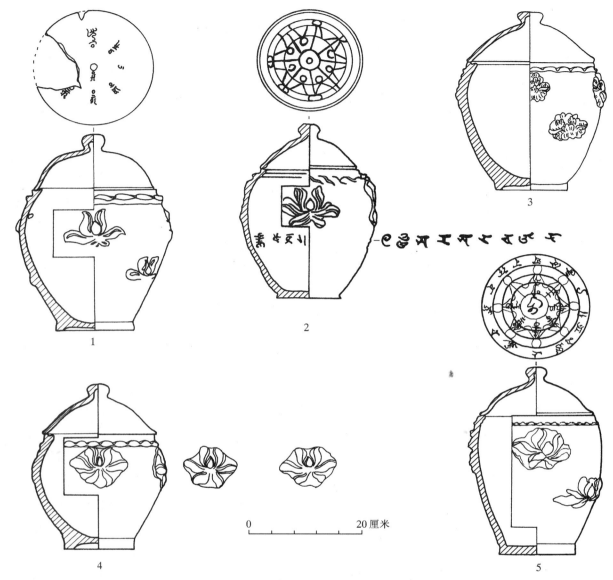

图六五　Bc 型绿釉内罐

1.M1760－2　2.M229－2　3.M2274－2　4.M2078－2　5.M350－2

4，盖残，口径13.8、通高26.2厘米（图六六，4）。标本 M346－2，盖残。口径12.6、通高
26.6厘米（图六六，5）。

　　Cb 型　53 件。均圈足，身饰莲蓬纹、团状降魔杵等，个别身还饰十二生肖图案。
M1111－2，盖内侧朱书梵文。口径17.6、通高26.6厘米（图六六，6；彩版三一，1）。标本
M695－2，口径20.8、通高35厘米（图六六，7；彩版三一，2、3）。标本 M2628－2，器身
近底部饰十二生肖图案。口径20.4、通高31.6厘米（图六六，8）。标本 M1303－2，底残。
口径20.8、通高28.8厘米（图六六，9）。标本 M2182－2，口径22.4、通高33.2厘米（图六
七，1）。标本 M1482－4，口径22.4、通高34.2厘米（图六七，2）。标本 M580－2，口径
22、通高32厘米（图六七，3）。标本 M332b－2，口径19、通高31.6厘米（图六七，4）。标

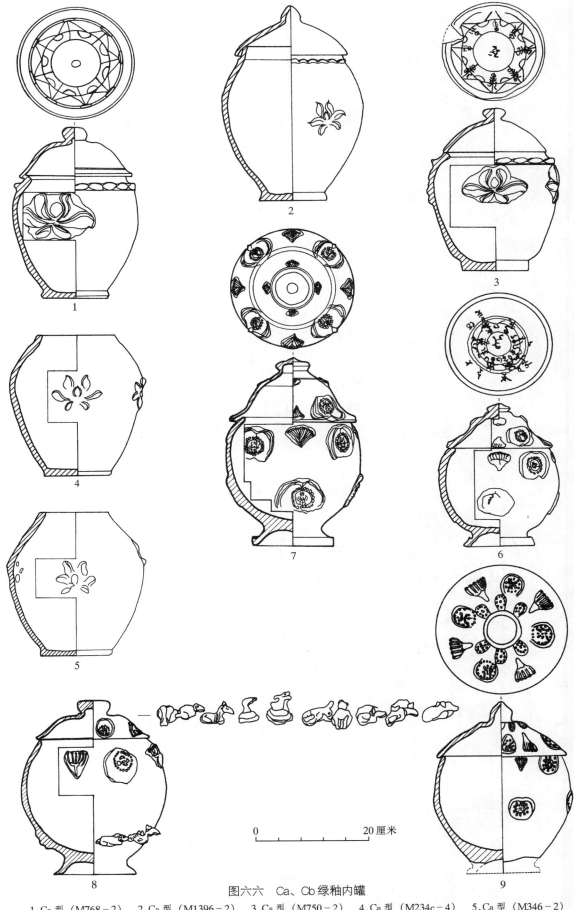

图六六　Ca、Cb绿釉内罐

1.Ca型（M768－2）　2.Ca型（M1396－2）　3.Ca型（M750－2）　4.Ca型（M234c－4）　5.Ca型（M346－2）

6.Cb型（M1111－2）　7.Cb型（M695－2）　8.Cb型（M2628－2）　9.Cb型（M1303－2）

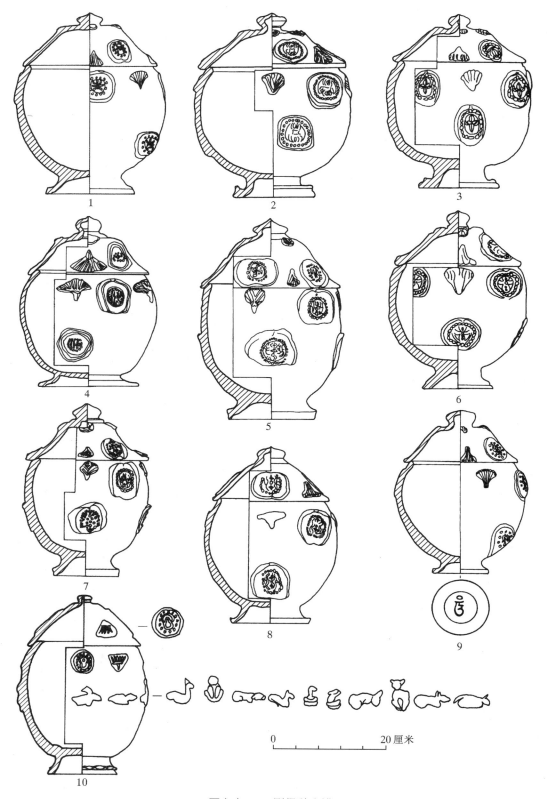

图六七　Cb 型绿釉内罐

1.M2182－2　2.M1482－4　3.M580－2　4.M332b－2　5.M2510－2

6.M531－2　7.M1185－2　8.M2484－2　9.M378－2　10.M1968－2

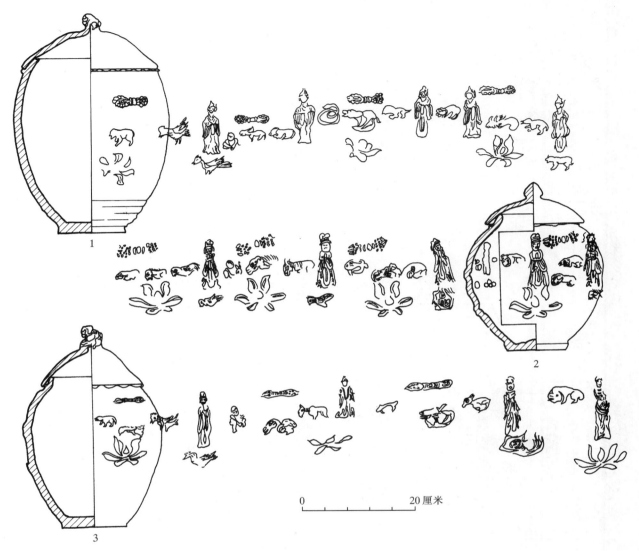

图六八　Da 型绿釉内罐
1．M1416　2．M2454－2　3．M2613－2

本 M2510－2，口径 23、通高 37.2 厘米（图六七，5）。标本 M531－2，口径 20.4、通高 32.8
厘米（图六七，6）。标本 M1185－2，口径 19、通高 32.4 厘米（图六七，7）。标本 M2484－
2，口径 18.8、通高 32.8 厘米（图六七，8）。标本 M378－2，罐底墨书一梵文。口径 18.4、
通高 30.4 厘米（图六七，9）。标本 M1968－2，腹部饰十二生肖图案。口径 16、通高 33.1 厘
米（图六七，10）。

　　D 型　75 件。子母口。因整体形状及装饰风格的差异分二亚型。

　　Da 型　11 件。身饰降魔杵、十二生肖、人物俑、宝相花等图案，盖纽主要有珠球形和狮
纽形两种。标本 M1416，口径 20、通高 40 厘米（图六八，1；彩版三一，4）。标本 M2454－
2，口径 12.6、通高 30.8 厘米（图六八，2；彩版三一，5、6）。标本 M2613－2，口径 15.2、
通高 37.2 厘米（图六八，3）。标本 M2428－2，盖内侧朱绘法轮及梵文，较模糊。口径 15、
通高 35.2 厘米（图六九，1）。标本 M2522－2，口径 14.8、通高 34.8 厘米（图六九，2）。标

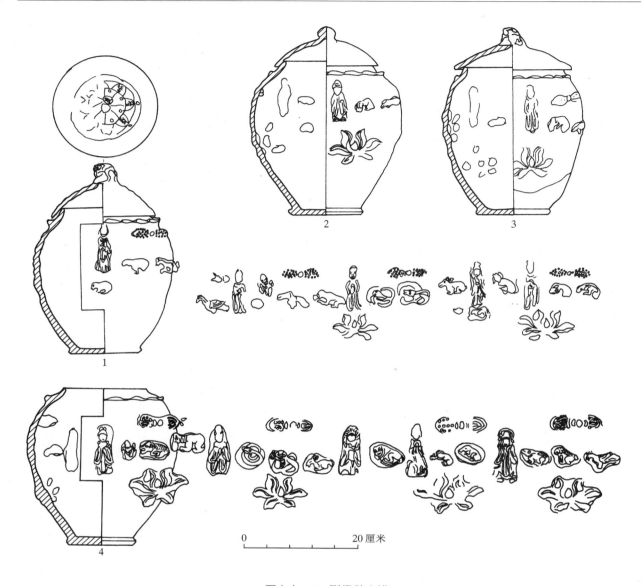

图六九　Da 型绿釉内罐

1.M2428－2　2.M2522－2　3.M2207－2　4.M2236－2

本 M2207－2，口径 17.8、通高 34.4 厘米（图六九，3）。标本 M2236－2，盖残。口径 14.6、通高 29.3 厘米（图六九，4）。

　　Db 型　64 件。身饰宝相花纹。标本 M1999－2，口径 14.8、通高 34.1 厘米（图七〇，1）。标本 M2064－2，口径 12、通高 34.4 厘米（图七〇，2；彩版三二，1）。标本 M2362－2，盖内侧及器底朱绘法轮及梵文。口径 11.4、通高 33.7 厘米（图七〇，3；彩版三二，2）。标本 M2224－2，口径 14.2、通高 36.2 厘米（图七〇，4）。标本 M536－2，口径 11.6、通高 35.2 厘米（图七〇，5）。标本 M2457－2，盖内侧朱书梵文。口径 14.6、通高 36.4 厘米（图七一，1）。标本 M422－2，盖内侧朱绘法轮及梵文。口径 17、通高 36.8 厘米（图七一，2）。标本 M897－2，盖内侧朱绘法轮，较模糊。口径 12、通高 36.4 厘米（图七一，3）。标本 M2442－2，盖内侧朱绘法轮及梵文。口径 11.6、通高 31 厘米（图七一，4）。标本 M911－2，

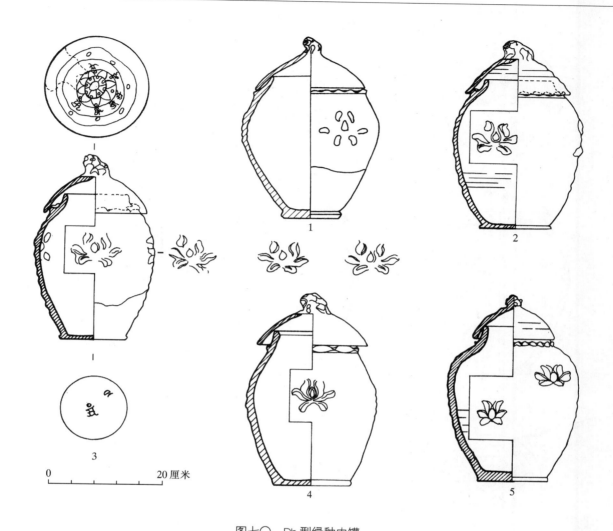

图七〇 Db 型绿釉内罐
1.M1999-2　2.M2064-2　3.M2362-2　4.M2224-2　5.M536-2

盖内侧朱绘法轮及梵文。口径 11.6、通高 35.6 厘米（图七一，5）。标本 M1642-2，盖内侧朱绘法轮。口径 17.6、通高 32.8 厘米（图七一，6；彩版三二，3）。标本 M244-2，盖内侧朱绘法轮及梵文。口径 17.4、通高 37.5 厘米（图七二，1）。标本 M849-2，盖内侧墨绘法轮及朱书梵文。口径 15.2、通高 32.8 厘米（图七二，2）。标本 M2430-2，盖内侧墨绘法轮及朱书梵文。口径 17.2、通高 29.6 厘米（图七二，3）。标本 M1757-2，口径 11、通高 34 厘米（图七二，4；彩版三二，4）。标本 M483-2，口径 13.6、通高 36 厘米（图七二，5）。标本 M1758-2，口径 13.4、通高 36 厘米（图七二，6）。标本 M2526-2，盖内侧朱绘法轮及梵文。口径 12.6、通高 35.4 厘米（图七三，1；彩版三二，5）。标本 M2313-2，口径 15.8、通高 40.8 厘米（图七三，2）。标本 M2452-2，口径 14.8、通高 34.8 厘米（图七三，3）。标本 M1020-2，盖残，内侧朱书梵文。口径 14.8、通高 34.8 厘米（图七三，4）。标本 M2020-2，盖内侧朱书梵文。口径 11.6、通高 30.8 厘米（图七三，5；彩版三二，6）。标本 M2424-2，口径 13、通高 34 厘米（图七三，6）。标本 M2486-2，口径 11.6、通高 34 厘米

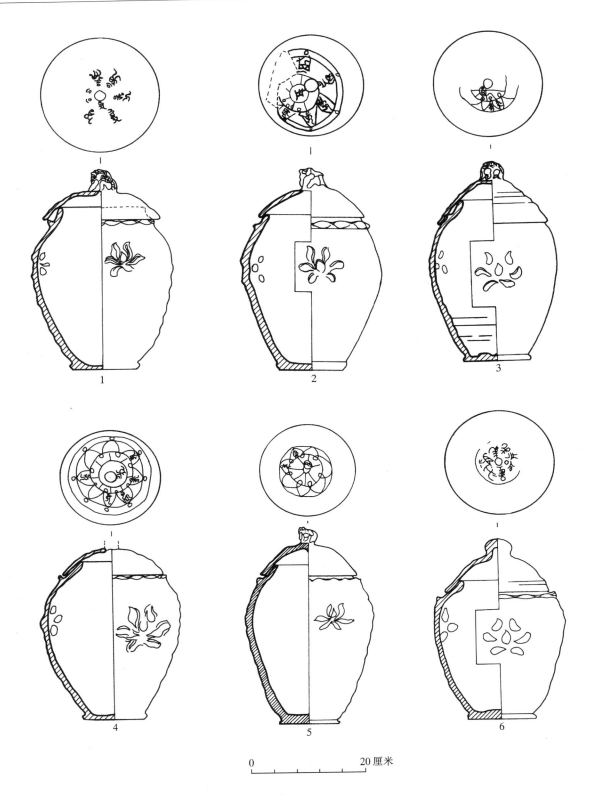

0　　　　　　　　　　　20厘米

图七一　Db 型绿釉内罐

1．M2457－2　2．M422－2　3．M897－2　4．M2442－2　5．M911－2　6．M1642－2

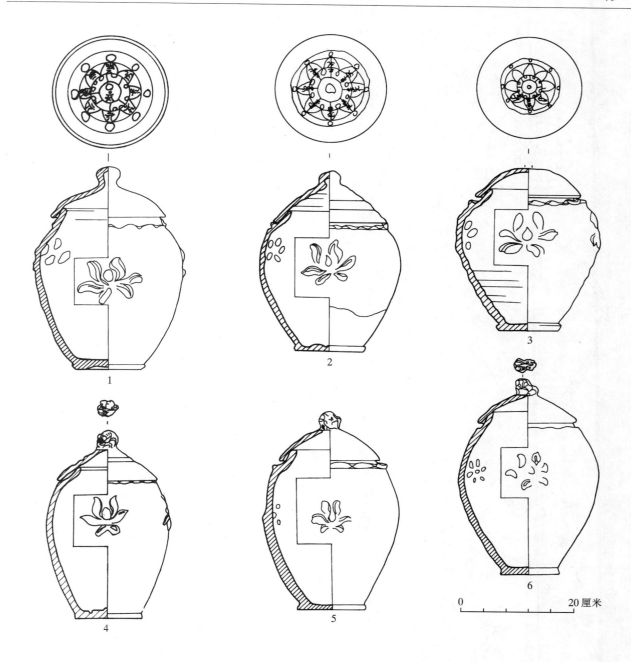

图七二 Db 型绿釉内罐

1. M244－2 2. M849－2 3. M2430－2 4. M1757－2 5. M483－2 6. M1758－2

（图七三，7）。

E 型 20 件。敛口，素面。器身留有制作时轮纹，均珠球形纽。标本 M2229－2，盖内侧朱绘法轮及梵文。口径 14.4、通高 32.8 厘米（图七四，1；彩版三三，1、2）。标本 M2513－2，盖内侧朱绘法轮及梵文。较模糊。口径 15.2、通高 32.8 厘米（图七四，2）。标本 M876－8，盖内侧及身朱书梵文。口径 14、通高 33 厘米（图七四，3）。标本 M1530－2，口径 15、通高 35.4 厘米（图七四，4；彩版三三，3）。标本 M2516－2，口径 14.4、通高 33.2 厘米

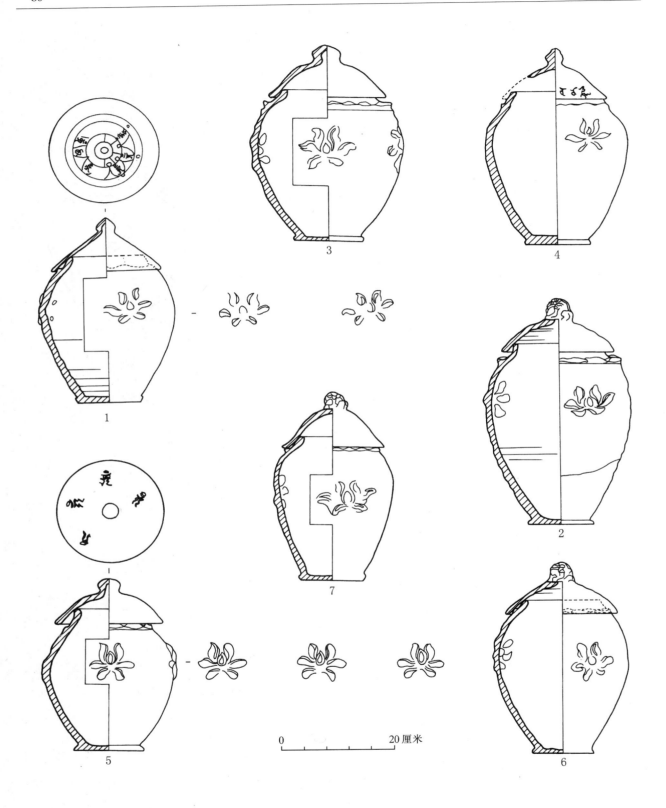

图七三　Db 型绿釉内罐

1.M2526－2　2.M2313－2　3.M2452－2　4.M1020－2　5.M2020－2　6.M2424－2　7.M2486－2

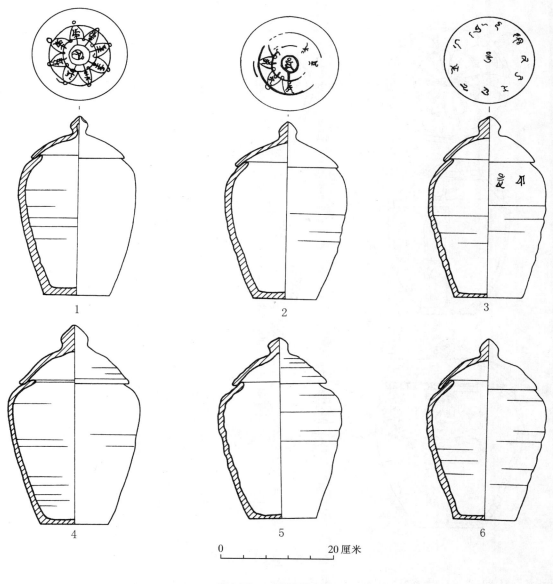

图七四　E型绿釉内罐

1.M2229－2　2.M2513－2　3.M876－8　4.M1530－2　5.M2516－2　6.M2402－2

（图七四，5）。标本 M2402－2，口径 14.4、通高 33.2 厘米（图七四，6）。

其他绿釉葬具

25 件。多数为绿釉碗、盆等，亦有绿釉瓶、匜。

异型罐　形制较特殊。标本 M1822，身及盖堆塑成仰、覆莲瓣造型，盖纽为一戒指形状。口径 16.6、通高 29.8 厘米（图七五，1；彩版三三，4、5、6）。标本 M1896，身饰人物俑及十二生肖图案，并有"前朱雀、后玄武、左青龙、右白虎"印文。口径 24、通高 35.2 厘米（图七五，2；彩版三四）。

瓶

标本 M58，口径 10.4、通高 26 厘米（图七五，3；彩版三五，1）。标本 M375，口部残，

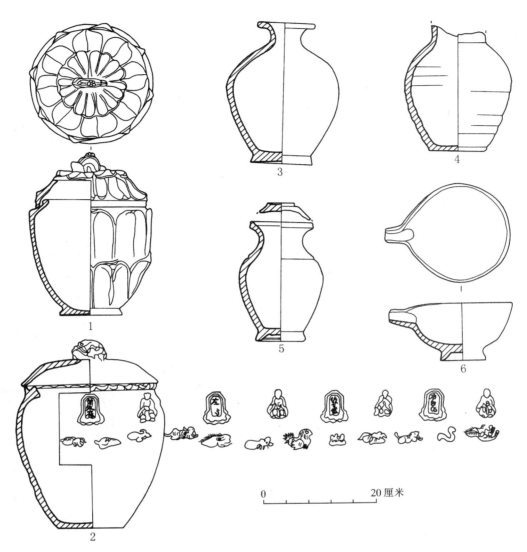

图七五　其他绿釉葬具

1. 异形罐（M1822）　　2. 异形罐（M1896）　　3. 瓶（M58）　　4. 瓶（M375）　　5. 瓶（M108－2）　　6. 匜（M1652）

器身遗有轮纹，残高23.2厘米（图七五，4；彩版三五，2）。标本 M108－2，用一绿釉碗作为盖，碗残。口径11.2、通高22.4厘米（图七五，5；彩版三五，3）。

匜

标本 M1652，口径18.8、通高10.8厘米（图七五，6；彩版三五，4）。

三　灰陶葬具

计有罐、瓮、瓶、盆、碗、盏、匜等器类。罐大多为专用葬具，分为外罐、内罐（包括单罐）两大类。亦有用生活实用器作葬具的现象。

外罐

285件。均敛口。根据整体形状及装饰风格的不同分两型。

　　A 型　264 件。盖、肩部或腹部有附加堆纹，身多遗有制作时留下的轮纹。因装饰风格的差异分三亚型。

　　Aa 型　170 件。身仅饰附加堆纹。分二式。

　　Ⅰ式：71 件。器形较扁，腹部较鼓。标本 M87－1，盖上饰卷云纹。口径 24.4、通高 41 厘米（图七六，1）。标本 M2217－1，口径 22.8、通高 40.4 厘米（图七六，2）。标本 M2408－1，口径 30、通高 44.2 厘米（图七六，3）。标本 M1415－1，口径 27.6、通高 48 厘米（图七六，4）。标本 M2037－1，盖上饰卷云纹。口径 24、通高 44.8 厘米（图七六，5）。标本 M270：1，口径 25.5、通高 40.3 厘米（图七六，6）。标本 M2414－1，盖上饰卷云纹。口

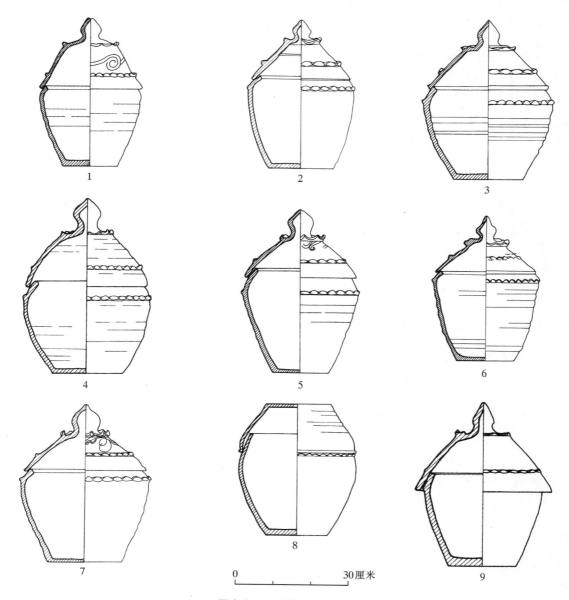

图七六　Aa 型Ⅰ式灰陶外罐

1.M87－1　2.M2217－1　3.M2408－1　4.M1415－1　5.M2037－1　6.M270－1　7.M2414－1　8.M1735－1　9.M2625－1

径 28.8、通高 42.8 厘米（图七六，7）。标本 M1735 - 1，用一灰陶盆作为盖，盖上无纽。口
径 25.6、通高 36.4 厘米（图七六，8）。标本 M2625 - 1，口径 29.8、通高 45.2 厘米（图七
六，9）。

Ⅱ式：99 件。器形较瘦高。标本 M2447，口径 19、通高 42.6 厘米（图七七，1）。标本
M2077 - 1，口径 25.5、通高 47.4 厘米（图七七，2）。标本 M1989 - 1，口径 23.9、通高
48.1 厘米（图七七，3）。标本 M1911 - 1，口径 26、通高 48.8 厘米（图七七，4）。标本
M188，盖上饰草叶纹。口径 24、通高 46.8 厘米（图七七，5）。标本 M296 - 1，口径 24、通

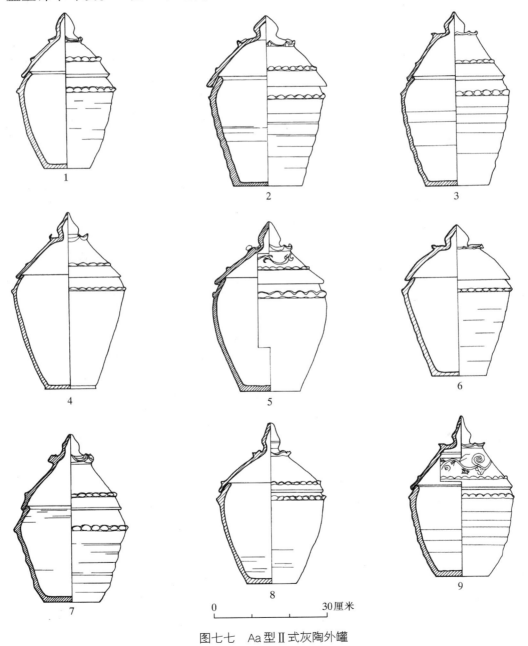

图七七　Aa 型Ⅱ式灰陶外罐

1.M2447　2.M2077 - 1　3.M1989 - 1　4.M1911 - 1　5.M188　6.M296 - 1　7.M748 - 1　8.M1566 - 1
9.M1792 - 1

高 42.2 厘米（图七七，6）。标本 M748－1，口径 24.5、通高 46 厘米（图七七，7）。标本
M1566－1，口径 23.5、通高 44 厘米（图七七，8）。标本 M1792－1，盖上饰卷云纹。口径
24.4、通高 44 厘米（图七七，9）。

Ab 型 10 件。除附加堆纹外，身还饰十二生肖图案。标本 M123－1，口径 26、通高
44.8 厘米（图七八，1）。标本 M1756－1，口径 22.5、通高 45.2 厘米（图七八，2；图版二
二）。标本 M1322，盖纽残。口径 26.2、通高 47 厘米（图七八，3；图版二三，1）。标本

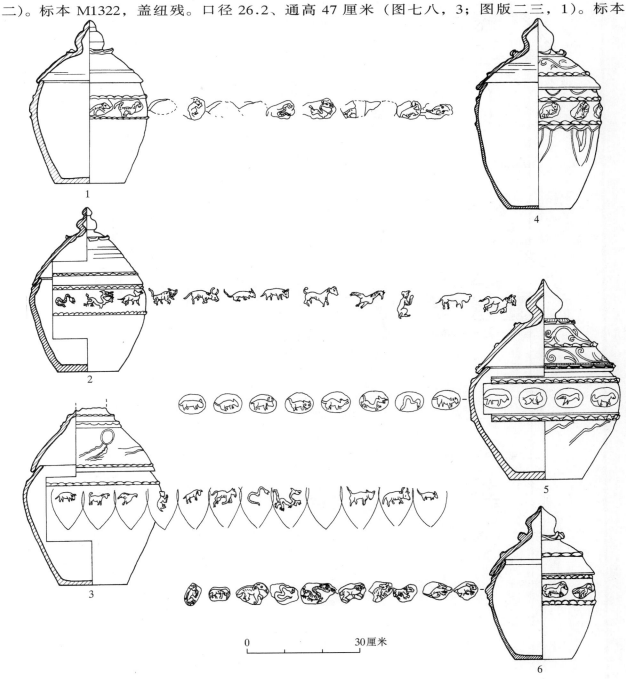

图七八 Ab 型灰陶外罐
1.M123－1 2.M1756－1 3.M1322 4.M2304a－1 5.M535－1 6.M709－1

M2304a－1，口径28、通高52.4厘米（图七八，4）。标本 M535－1，口径30、通高54.8厘米（图七八，5）。标本 M709－1，口径20、通高41.6厘米（图七八，6）。

Ac 型　84件。除附加堆纹外，盖身刻划莲瓣纹、几何形纹等。标本 M2564－1，口径28.4、通高46.8厘米（图七九，1）。标本 M1358－1，口径26、通高53.6厘米（图七九，

图七九　Ac 型灰陶外罐

1.M2564－1　2.M1358－1　3.M351a－1　4.M2195　5.M2422－1　6.M17e－1　7.M943－1　8.M134－1
9.M837－1

2)。标本 M351a－1，口径 30.6、通高 57.2 厘米（图七九，3）。标本 M2195，身饰降魔杵。口径 27.2、通高 59 厘米（图七九，4）。标本 M2422－1，口径 34、通高 57.8 厘米（图七九，5）。标本 M17e－1，口径 26.5、通高 53.4 厘米（图七九，6）。标本 M943－1，口径 25、通高 49.2 厘米（图七九，7）。标本 M134－1，盖纽残。口径 26.6、残高 44.8 厘米（图七九，8）。标本 M837－1，口径 26.4、通高 54.4 厘米（图七九，9）。标本 M1892－1，口径 21.6、通高 46.8 厘米（图八〇，1）。标本 M738－1，口径 26、通高 45.2 厘米（图八〇，2；图版二三，2）。标本 M441－1，盖纽残。口径 25.2、残高 50.8 厘米（图八〇，3）。标本 M1421－1，口径 25.6、通高 61.2 厘米（图八〇，4）。标本 M1749－1，口径 26.2、通高 58.4 厘米（图八〇，5）。标本 M1127－1，口径 29.6、通高 57.2 厘米（图八〇，6）。

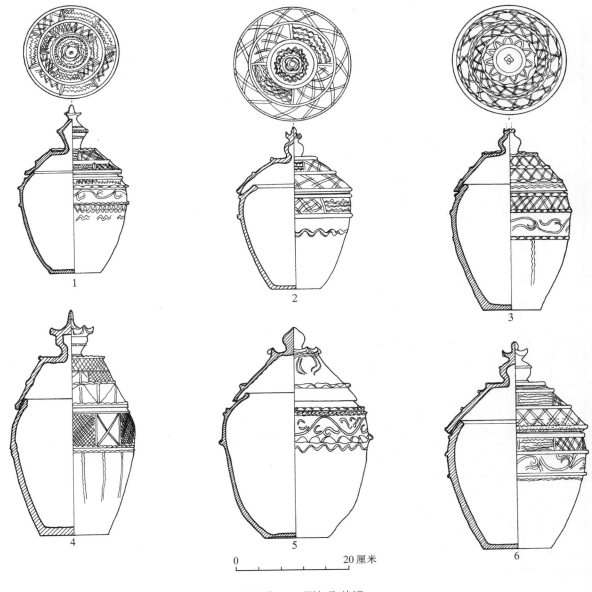

图八〇 Ac 型灰陶外罐

1. M1892－1　2. M738－1　3. M441－1　4. M1421－1　5. M1749－1　6. M1127－1

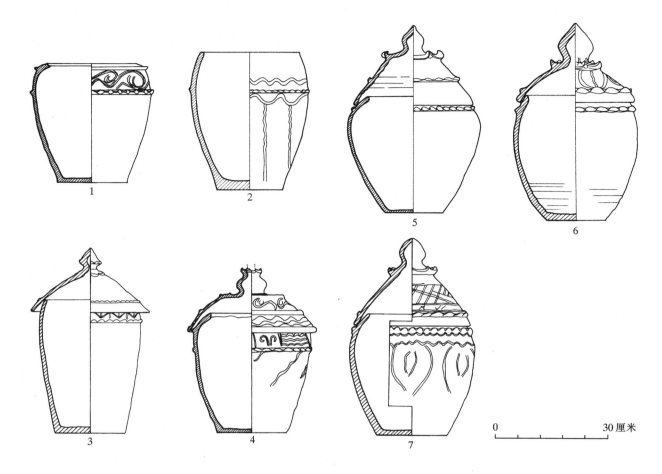

图八一　Ba 型灰陶外罐

1.Ba 型（M1714－1）　2.Ba 型（M1428－1）　3.Ba 型（M1713－1）　4.Ba 型（M811－1）

5.Bb 型（M2219－1）　6.Bb 型（M2085－1）　7.Bb 型（M194－1）

　　B 型　21 件。整体观之似桶状。因形体的差异分二亚型。

　　Ba 型　15 件。腹较平直，肩饰附加堆纹，近口部有刻划的波浪纹或卷云纹。标本 M1714－1，盖残。口径 24、通高 33 厘米（图八一，1）。标本 M1428－1，盖残。口径 26.6、通高 38 厘米（图八一，2；图版二三，3）。标本 M1713－1，口径 24.8、通高 51.6 厘米（图八一，3）。标本 M811－1，盖纽残。口径 22.4、残高 46 厘米（图八一，4）。

　　Bb 型　6 件。腹较圆鼓。标本 M2219－1，口径 24.4、通高 50.8 厘米（图八一，5）。M2085－1，身有制作时留下的轮纹。口径 26.4、通高 53.6 厘米（图八一，6；图版二三，4）。标本 M194－1，口径 23.6、通高 54 厘米（图八一，7）。

　　内罐及单罐

　　内罐大多为专用组合葬具，亦有用生活实用器为内罐的套罐组合。这类生活实用器部分还单独用作葬具（不套外罐），简称单罐（区别于套罐组合）。由于单罐时而单独使用、时而作为内罐出现，故将其与内罐归类一并介绍。完整及经修复者 570 件。

　　根据口部的不同分四型。

A型 179件。侈口，短颈。因使用情况的差异分二亚型。

Aa型 111件。多作单罐使用。因形体的变化分二式。

I式：82件。身素面，部分有制作时留下的轮纹。有的用碗、盆等作为盖，部分出现专用器盖。标本M12a，口径11.6、通高31.6厘米（图八二，1）。标本M1860，口径14.4、通高26.8厘米（图八二，2）。标本M2188，口径11.2、通高24.4厘米（图八二，3）。标本M55，口径12.8、通高29.8厘米（图八二，4）。标本M1912-2，口径10.6、通高31.1厘米

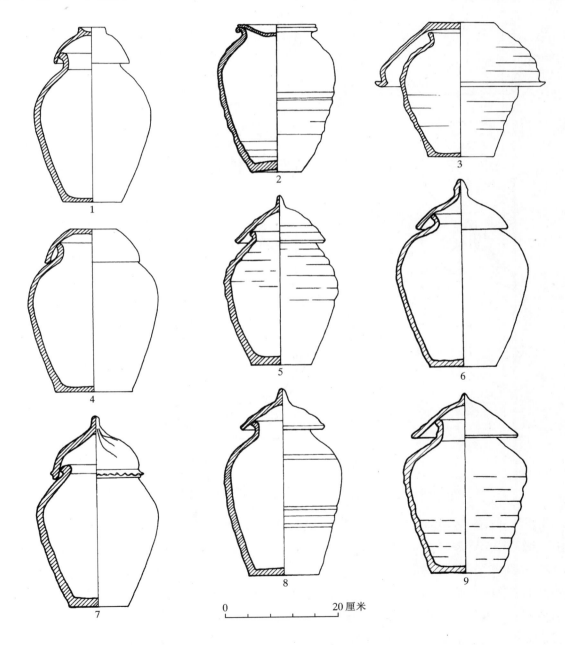

图八二　Aa型I式灰陶内罐

1.M12a　2.M1860　3.M2188　4.M55　5.M1912-2　6.M1383-2　7.M1417-2　8.M1165-2　9.M1921-2

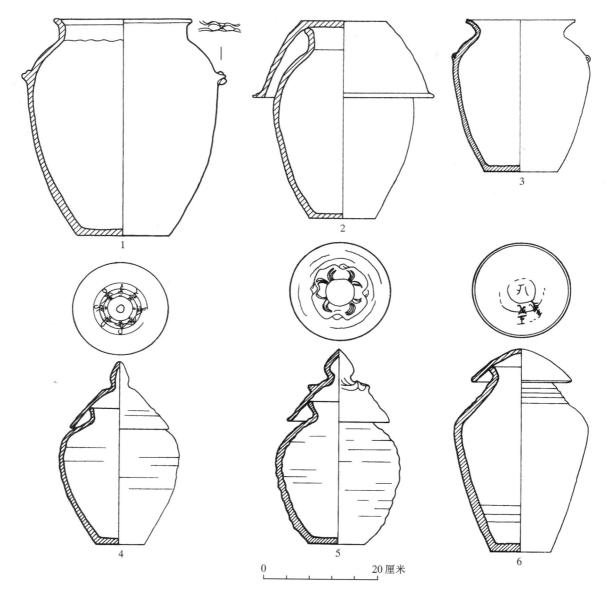

图八三　Aa 型 I 式灰陶内罐

1.M2552a　2.M7　3.M1946　4.M198－2　5.M742－2　6.M1126－2

（图八二，5）。标本 M1383－2，口径 10、通高 34.4 厘米（图八二，6）。标本 M1417－2，口径 12.8、通高 34.4 厘米（图八二，7；图版二三，5）。标本 M1165－2，口径 10.8、通高 33.8 厘米（图八二，8）。标本 M1921－2，口径 10.1、通高 32.7 厘米（图八二，9）。标本 M2552a，肩部对称两耳，盖残。口径 24.2、通高 39.6 厘米（图八三，1）。标本 M7，口径 11.6、通高 36 厘米（图八三，2；图版二三，6）。标本 M1946，盖残。口径 15.2、通高 27.6 厘米（图八三，3；图版二四，1）。标本 M198－2，内侧朱绘法轮和梵文，口径 10.6、通高 33.6 厘米（图八三，4）。标本 M742－2，口径 10.8、通高 35.2 厘米（图八三，5；图版二四，2）。标本 M1126－2，盖内侧朱书梵文，较模糊。口径 10.6、通高 37.2 厘米（图八三，

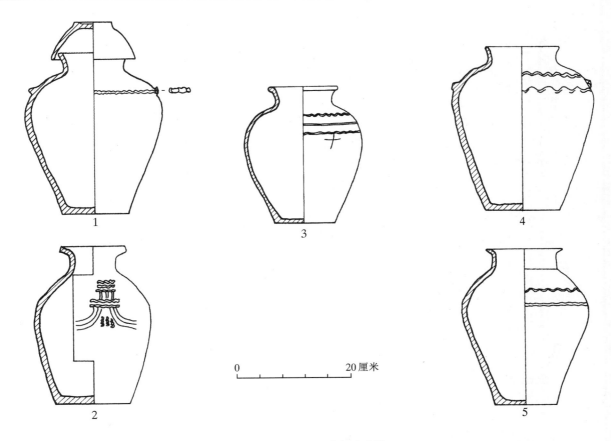

图八四　Aa型Ⅱ式灰陶内罐

1.M1719　2.M605-3　3.M1678　4.M180　5.M484

6；图版二四，3）。

Ⅱ式：29件。肩较Ⅰ式圆鼓，下收较急。肩、腹部饰有刻划水波纹、莲瓣纹等。标本M1719，口径12.6、通高34.8厘米（图八四，1）。标本M605-3，盖残。口径11.4、通高29.3厘米（图八四，2；图版二四，4）。标本M1678，肩部有"X"字纹，盖残。口径12、通高25.2厘米（图八四，3；图版二四，5）。标本M180，盖残。口径13.4、通高30.2厘米（图八四，4；图版二五，1）。标本M484，盖残。口径14.2、通高29.2厘米（图八四，5；图版二五，2）。

Ab型　68件。口微侈近直。多作内罐使用，周身多有制作时留下的轮纹，无其他装饰。标本M852-2，口径11.6、通高25.2厘米（图八五，1；图版二五，3）。标本M839-2，口径10.2、通高27.6厘米（图八五，2）。标本M1629-2，口径11.4、通高31.2厘米（图八五，3）。标本M845-2，口径12.8、通高34.4厘米（图八五，4）。标本M1823-2，口径11.8、通高33.4厘米（图八五，5）。标本M17g-2，口径12.8、通高30.8厘米（图八五，6；图版二五，4）。标本M432-2，口径11.6、通高34.4厘米（图八五，7）。标本M2053-2，口径11.8、通高32.8厘米（图八五，8）。标本M1108-2，口径11.8、通高34.8厘米（图八五，9）。标本M2408-2，盖内侧朱书梵文。口径12.6、通高33.2厘米（图八六，1；图版二五，5、6）。标本M2219-2，盖内侧及身朱绘法轮、梵文。口径11.6、通高34厘米

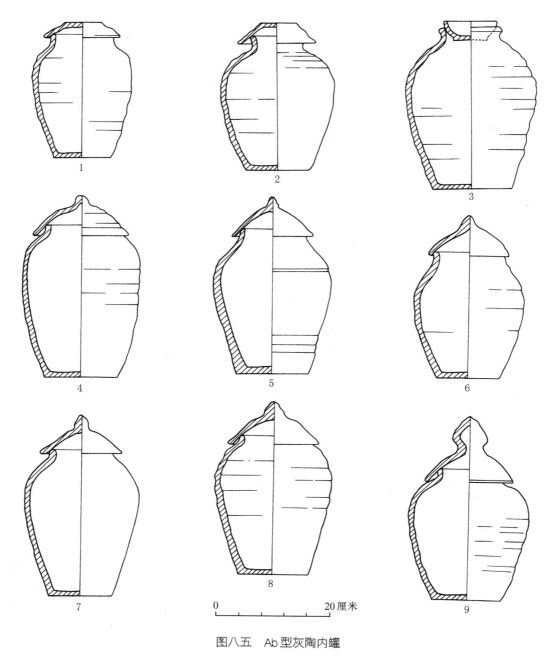

图八五　Ab 型灰陶内罐

1.M852－2　　2.M839－2　　3.M1629－2　　4.M845－2　　5.M1823－2　　6.M17g－2　　7.M432－2　　8.M2053－2
9.M1108－2

（图八六，2）。标本 M87－2，盖内侧有朱绘法轮。口径 15、通高 29 厘米（图八六，3）。标本
M2272，口径 12.4、通高 26.8 厘米（图八六，4）。标本 M1282－2，盖面朱书梵文。口径
12.8、通高 30.8 厘米（图八六，5）。标本 M123－7，口径 11.6、通高 30.4 厘米（图八六，
6）。标本 M2244－2，口径 10.4、通高 30.4 厘米（图八六，7）。标本 M493，口径 12.4、通
高 28.4 厘米（图八六，8）。标本 M748－2，身朱书汉字及梵文，盖残。口径 9、通高 24 厘米
（图八六，9）。

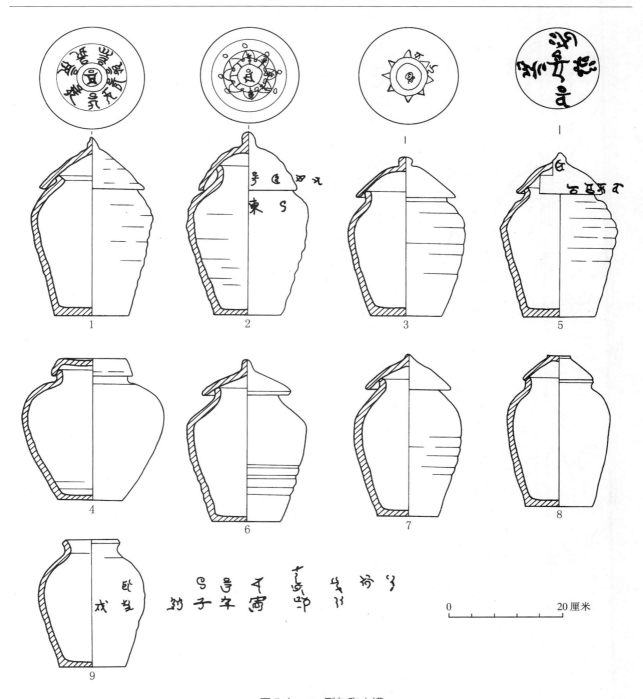

图八六　Ab 型灰陶内罐

1.M2408－2　2.M2219－2　3.M87－2　4.M2272　5.M1282－2　6.M123－7　7.M2244－2　8.M493　9.M748－2

B 型　330 件。敛口。因使用情况及形体的差异分三亚型。

Ba 型　14 件。身有突起的莲瓣纹装饰，其外罐一般为灰陶瓮。标本 M2158－2，盖内侧墨绘法轮。口径 11.2、通高 30.2 厘米（图八七，1）。标本 M2566－2，盖内侧有朱书梵文。口径 9.4、通高 34.5 厘米（图八七，2）。标本 M191－2，盖内侧朱绘法轮。口径 11.8、通高 33.8 厘米（图八七，3）。标本 M2227－2，盖内侧朱绘法轮，较模糊。口径 14、通高 37.4 厘

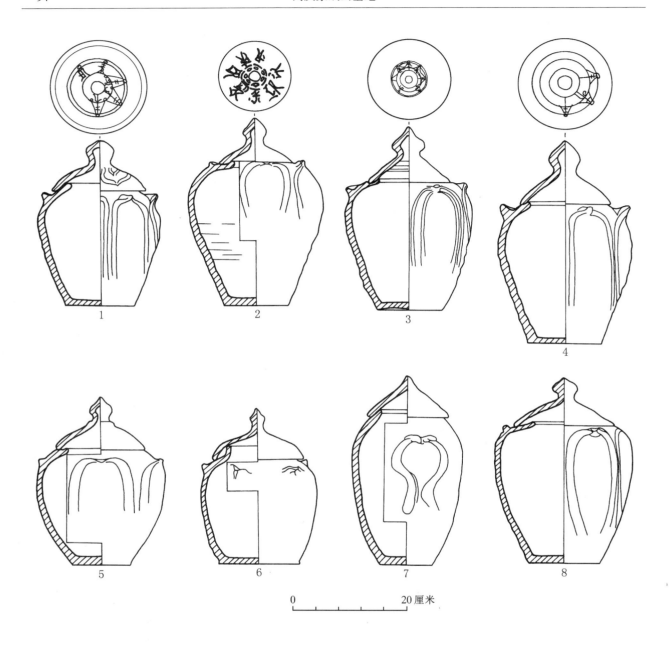

图八七　Ba 型灰陶内罐

1.M2158－2　2.M2566－2　3.M191－2　4.M2227－2　5.M57－2　6.M1661－2　7.M2159－2　8.M1468－2

米（图八七，4）。标本 M57－2，口径 12、通高 30.6 厘米（图八七，5；图版二六，1）。标本 M1661－2，口径 11.4、通高 29.2 厘米（图八七，6）。标本 M2159－2，口径 10.6、通高 35 厘米（图八七，7；图版二六，2）。标本 M1468－2，口径 19.2、通高 34.4 厘米（图八七，8；图版二六，3）。标本 M38－2，盖内、外侧、身及底朱绘法轮及梵文。口径 10.2、通高 39.8 厘米（图八八，1）。标本 M846－2，口径 11、通高 30 厘米（图八八，2；图版二六，4）。标本 M196－2，口径 11.8、通高 36 厘米（图八八，3）。标本 M843－2，盖内侧朱绘法轮。口径

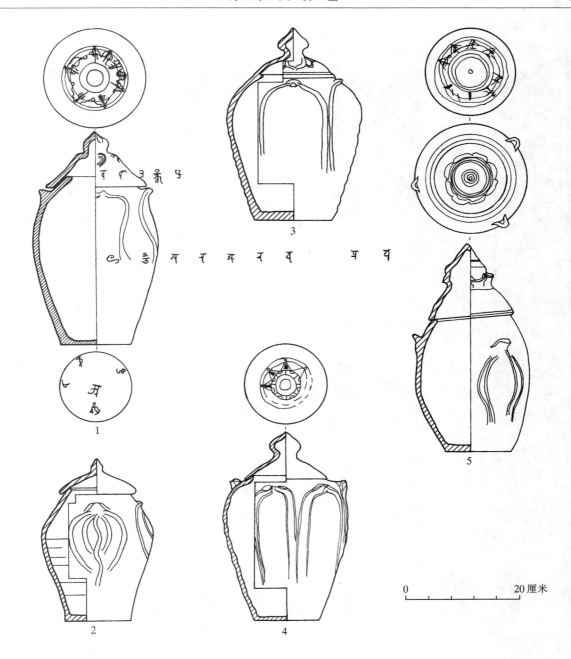

图八八　Ba 型灰陶内罐

1.M38－2　2.M846－2　3.M196－2　4.M843－2　5.M351a－2

12、通高 34 厘米（图八八，4）。标本 M351a－2，口径 14.7、通高 39 厘米（图八八，5；图版二六，5）。

Bb 型　295 件。形体较小，均为套罐之内罐。因形体及装饰风格的差异分二式。

Ⅰ式：280 件。整体瘦小，口较小。大多器表有制作时留下的轮纹，部分器表及盖内、外侧朱绘法轮及梵文。标本 M636－2，身朱书一"东"字及梵文，盖内侧亦有梵文，盖残。口径14.5、通高 33.6 厘米（图八九，1）。标本 M2250－2，盖内侧朱绘法轮及梵文。口径14.8、通高 32.8 厘米（图八九，2）。标本 M669－2，盖内侧朱绘法轮及梵文。口径 13、通高

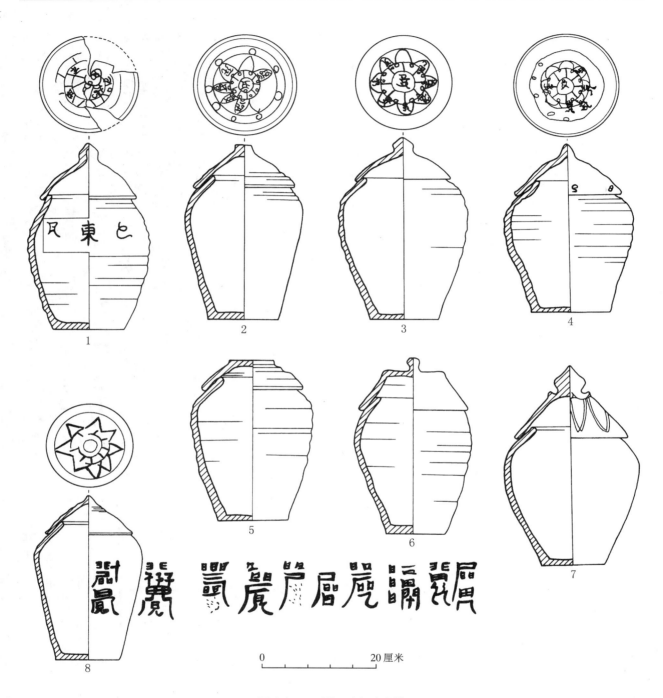

图八九　Bb 型 I 式灰陶内罐

1.M636－2　2.M2250－2　3.M669－2　4.M2425－2　5.M2453－2　6.M1357－2　7.M72－2　8.M1563－2

31.5 厘米（图八九，3）。标本 M2425－2，盖内侧朱绘法轮及梵文。口径 11、通高 30.4 厘米（图八九，4）。标本 M2453－2，口径 11.2、通高 29.2 厘米（图八九，5）。标本 M1357－2，口径 13.8、通高 32 厘米（图八九，6）。标本 M72－2，口径 13.8、通高 36.8 厘米（图八九，7）。标本 M1563－2，盖内侧朱绘法轮，器身朱书符咒。口径 10.9、通高 30.2 厘米（图八九，8）。标本 M854－2，盖内、外侧朱绘法轮及梵文。口径 14.4、通高 32 厘米（图九○，1；彩版三六，1、2）。标本 M2401－2，盖内侧及器身朱绘法轮、汉字、梵文。口径 12.8、通高 32.6 厘米（图九〇，2）。标本 M1748－2，盖内、外侧朱绘法轮及梵文。口径 11.4、通高 32.4 厘米（图九〇，3）。标本 M1803－2，器身朱书梵文。口径 13、通高 29.6 厘米（图九〇，4）。标本 M1686－2，器身朱书梵文。口径 11.6、通高 30.4 厘米（图九〇，5）。标本 M2287－2，盖内侧朱绘法轮及梵文。口径 16.4、通高 34.5 厘米（图九〇，6）。标本 M746－

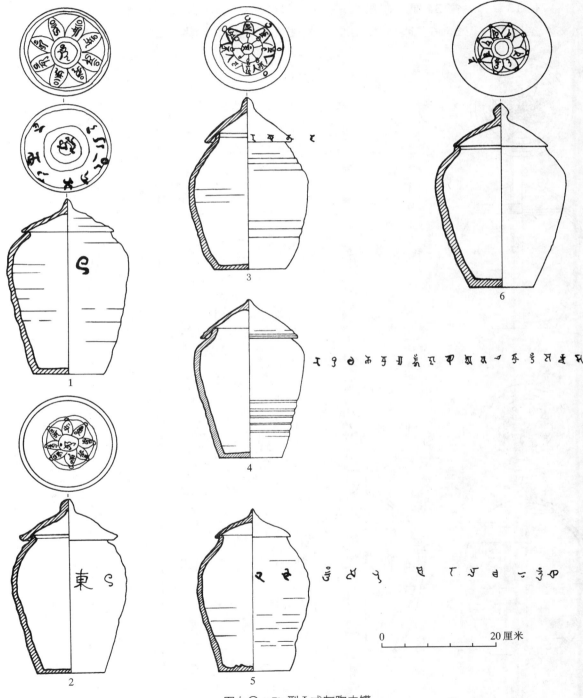

图九〇 Bb型Ⅰ式灰陶内罐

1.M854－2 2.M2401－2 3.M1748－2 4.M1803－2 5.M1686－2 6.M2287－2

2，盖内、外侧及身朱绘法轮及梵文。口径 16.8、通高 30.6 厘米（图九一，1）。标本 M1980－2，盖面朱书梵文。口径 12.6、通高 38.8 厘米（图九一，2）。标本 M2093－3，盖内侧及身朱绘法轮及梵文。口径 12.4、通高 29 厘米（图九一，3）。标本 M1415－2，盖内侧朱书梵文。口径 12、通高 32 厘米（图九一，4）。标本 M2404－2，盖内、外侧及身朱书梵文及汉字，盖残。口径 14.2、通高 33.4 厘米（图九一，5）。标本 M1269－2，盖内侧朱绘法轮及梵文。口径 13.2、通高 35 厘米（图九一，6）。标本 M415－2，盖内、外侧及身、底朱绘法轮及梵文，盖残。口径 26.6、通高 32.8 厘米（图九二，1）。标本 M2501－2，盖内侧朱书梵文。

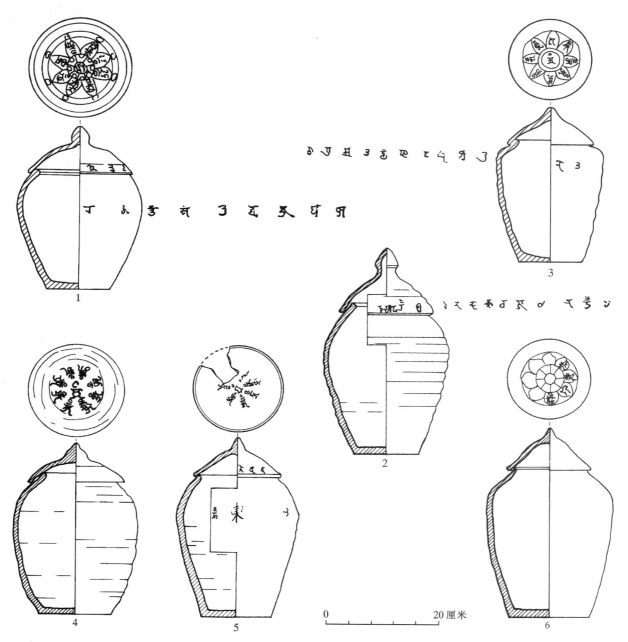

图九一　Bb 型 I 式灰陶内罐

1.M746－2　2.M1980－2　3.M2093－3　4.M1415－2　5.M2404－2　6.M1269－2

口径 11.2、通高 32 厘米（图九二，2）。标本 M123－5，身朱书"东"字。口径 12、通高 33.2 厘米（图九二，3）。标本 M873－2，盖内侧朱书梵文。口径 13、通高 33 厘米（图九二，4）。标本 M2238－2，口径 16、通高 34.2 厘米（图九二，5）。标本 M2210－2，盖内侧朱绘法轮及梵文。口径 10、通高 30 厘米（图九二，6）。标本 M2509－2，盖内、外侧及身朱绘法轮

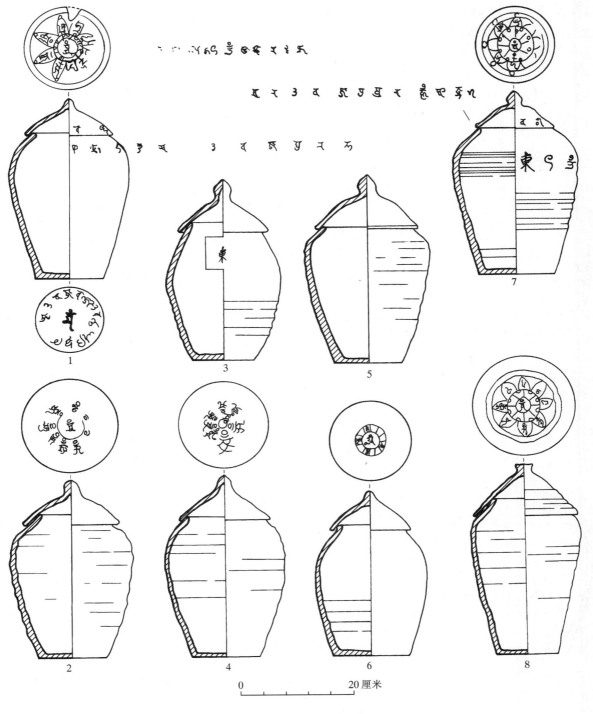

0　　　　　　　20 厘米

图九二　Bb 型 I 式灰陶内罐

1.M415－2　2.M2501－2　3.M123－5　4.M873－2　5.M2238－2　6.M2210－2　7.M2509－2　8.M896－2

及梵文、汉字。口径 12.8、通高 33.6 厘米（图九二，7）。标本 M896－2，盖内侧朱绘法轮。口径 11.2、通高 34.4 厘米（图九二，8）。标本 M123－3，盖内侧朱书梵文。口径 15、通高 35.6 厘米（图九三，1）。标本 M1954－2，盖内侧朱书梵文。口径 11、通高 33.4 厘米（图九三，2）。标本 M942－2，盖内侧朱绘法轮及梵文。口径 14、通高 30 厘米（图九三，3）。M1767－2，盖内侧朱绘法轮及梵文。口径 13.4、通高 31.6 厘米（图九三，4）。标本 M2232－2，盖内侧朱书梵文。口径 14、通高 31.6 厘米（图九三，5）。标本 M2355a－2，盖

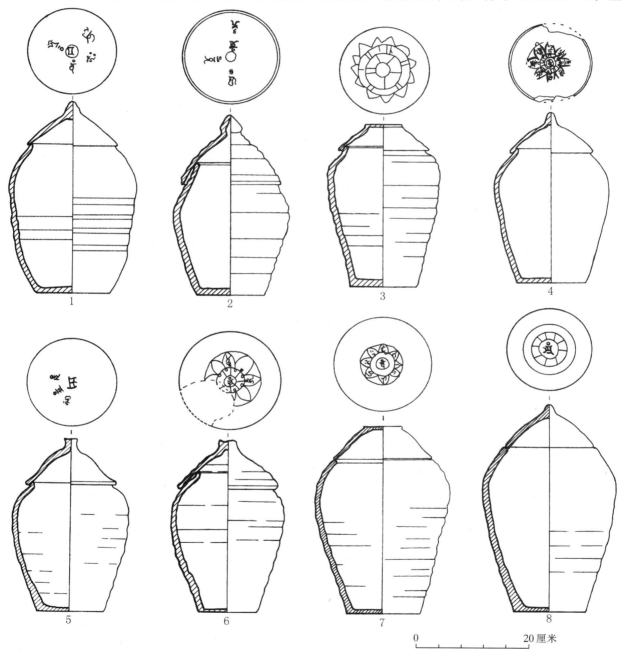

图九三　Bb 型 Ⅰ 式灰陶内罐

1.M123－3　2.M1954－2　3.M942－2　4.M1767－2　5.M2232－2　6.M2355a－2　7.M1695a－2　8.M2156－2

内侧朱绘法轮及梵文。口径 10.4、通高 31.6 厘米（图九三，6）。标本 M1695a－2，盖内侧朱绘法轮及梵文。口径 17.4、通高 34.4 厘米（图九三，7）。标本 M2156－2，盖内侧朱绘法轮及梵文。口径 16.6、通高 37.8 厘米（图九三，8）。标本 M825－2，盖内侧朱绘法轮。口径 18、通高 35.6 厘米（图九四，1）。M1967－2，盖内侧朱书梵文。口径 11、通高 35 厘米（图九四，2）。标本 M857－2，盖内侧朱绘法轮及梵文。口径 10、通高 36 厘米（图九四，3）。标本 M2405－2，盖内侧朱书梵文。口径 13.6、通高 29.2 厘米（图九四，4）。标本 M134－2，罐身朱书梵文及汉字"东"盖残。口径 18.2、罐高 27 厘米（图九四，5）。标本 M1402－2，罐身朱书梵文。口径 20、通高 33 厘米（图九四，6）。标本 M2259－2，口径 13.6、通高 35.6 厘米（图九四，7）。

Ⅱ式：15 件。口较大，一般器身刻划有水波纹，部分身及盖朱书梵文。标本 M1590－2，盖内侧及身器底朱书梵文。口径 12、通高 23 厘米（图九五，1）。标本 M811－2，口径 13.2、

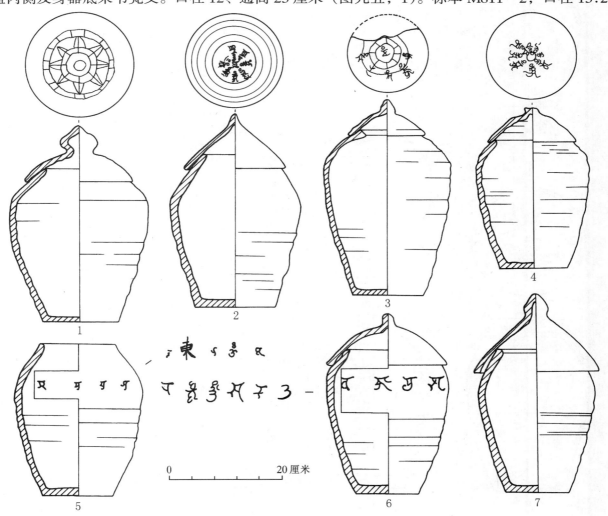

图九四　Bb 型 Ⅰ 式灰陶内罐

1.M825－2　2.M1967－2　3.M857－2　4.M2405－2　5.M134－2　6.M1402－2　7.M2259－2

通高 28 厘米（图九五，2；图版二七，1）。标本 M738－2，口径 16.8、通高 30.8 厘米（图九五，3；图版二七，2）。标本 M2239－2，口径 18.8、通高 26 厘米（图九五，4）。标本 M2041－2，盖内侧朱书梵文。口径 12.6、通高 30.4 厘米（图九五，5；彩版三六，3、4）。标本 M2427－2，盖内侧朱书梵文，盖饰两道水波纹。口径 12.8、通高 33.6 厘米（图九五，6）。标本 M587－2，口径 13.4、通高 33.6 厘米（图九五，7；图版二七，3）。标本 M1127－2，盖面及身朱书梵文。口径 19、通高 34.8 厘米（图九五，8；图版二七，4）。标本 M441－

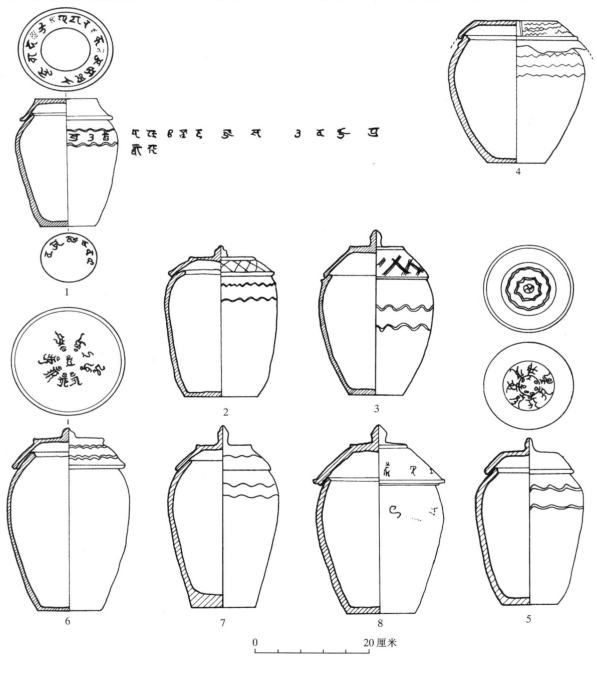

0　　　　　　　　20 厘米

图九五　Bb 型 Ⅱ 式灰陶内罐

1.M1590－2　2.M811－2　3.M738－2　4.M2239－2　5.M2041－2　6.M2427－2　7.M587－2　8.M1127－2

2，盖内、外侧及器身朱绘法轮、梵文、汉字。口径 16、通高 30.4 厘米（图九六，1）。标本
M1122－2，口径 13.6、通高 28 厘米（图九六，2）。标本 M392－2，盖残。口径 14、通高
23.2 厘米（图九六，3）。标本 M2391－2，盖残，身朱书梵文及汉字。口径 14.2、通高 24.4
厘米（图九六，4）。标本 M1749－2，身饰附加堆纹，盖饰花瓣纹。口径 11.7、通高 37 厘米
（图九六，5；图版二七，5）。标本 M1764－2，盖内侧朱书梵文，盖纽残。口径 15.4、通高

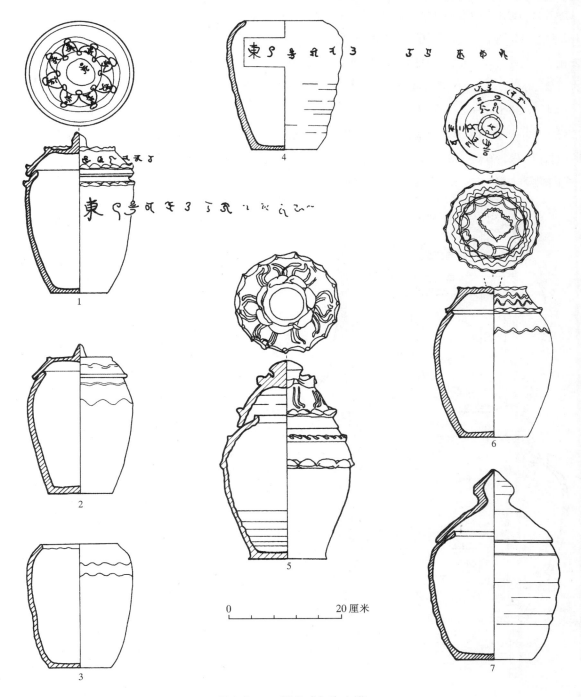

图九六　Bb 型 Ⅱ 式灰陶内罐

1. M441－2　2. M1122－2　3. M392－2　4. M2391－2　5. M1749－2　6. M1764－2　7. M647－2

28.4厘米（图九六，6）。标本 M647－2，口径 26.5、通高 35.8 厘米（图九六，7）。

Bc 型　21 件。器形较大，口亦较大，多在肩部盖上有附加堆纹，余无其他装饰花纹。标本 M1567，口径 20.5、通高 39.6 厘米（图九七，1）。标本 M1880－2，口径 18、通高 34.6 厘米（图九七，2）。标本 M1703，口径 16、通高 35.2 厘米（图九七，3）。标本 M315，口径 16.2、通高 33.6 厘米（图九七，4）。标本 M1305－2，口径 13.6、通高 31.8 厘米（图九七，5）。标本 M600，口径 19.4、通高 42 厘米（图九七，6）。

C 型　13 件。敛口，近口部突出一周外沿，形成子母口。标本 M828－2，盖内、外侧朱绘法轮及梵文。口径 20、通高 32 厘米（图九八，1）。标本 M1428－2，口径 15.2、通高 37.2 厘米（图九八，2）。标本 M2564－2，口径 18.2、通高 30.2 厘米（图九八，3；图版二七，6）。标本 M2353a－2，盖内、外侧朱书梵文。口径 14、通高 32 厘米（图九八，4）。标本 M1283－2，口径 17.6、通高 31.2 厘米（图九八，5）。标本 M1421－2，口径 15、通高 40.5 厘米（图九八，6）。标本 M815－2，口径 21.2、通高 31.8 厘米（图九八，7）。标本 M209－2，盖内侧朱书梵文。口径 18.2、通高 30 厘米（图九八，8）。标本 M2226－2，盖内侧朱绘法

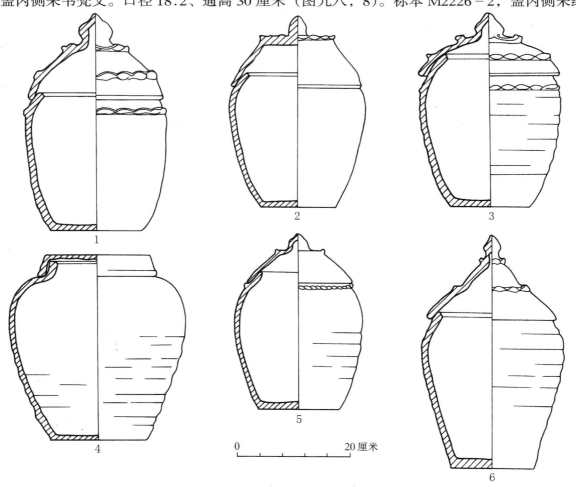

图九七　Bc 型灰陶内罐

1.M1567　2.M1880－2　3.M1703　4.M315　5.M1305－2　6.M600

图九八　C型灰陶内罐

1.M828－2　2.M1428－2　3.M2564－2　4.M2353a－2　5.M1283－2　6.M1421－2　7.M815－2　8.M209－2
9.M2226－2

轮、梵文。口径 16、通高 32 厘米（图九八，9）。

D 型　15 件。直口。因口部差异分二亚型。

Da 型　12 件。盘口。均素面，偶有器身朱书梵文。标本 M2056，口径 16.8、通高 32.4 厘米（图九九，1）。标本 M17f－2，身朱书梵文。口径 10.4、通高 26.8 厘米（图九九，2）。标本 M1895，口径 17.4、通高 32.6 厘米（图九九，3）。标本 M17j，口径 14.4、通高 24.2 厘米（图九九，4）。标本 M391，口径 13.6、通高 22.6 厘米（图九九，5）。标本 M272，口径 11、通高 24.6 厘米（图九九，6）。标本 M867，口径 13、通高 26.4 厘米（图九九，7）。标本 M60，口径 13、通高 35.8 厘米（图九九，8）。标本 M1718，口径 14、通高 25.4 厘米（图九九，9）。标本 M1253，口径 19.6、通高 36 厘米（图九九，10）。

Db 型　3 件。子母口。均素面。标本 M8，口径 9.6、通高 34.6 厘米（图九九，11）。标本 M1881，口径 9.4、通高 31 厘米（图九九，12；图版二八，1）。标本 M275，口径 10.4、通高 26.4 厘米（图九九，13）。

其他灰陶内罐

15 件。这类内罐形制各异，数量较少，为生活实用器，偶用作葬具。标本 M1601，喇叭口罐。口径 12、通高 36.4 厘米（图一〇〇，1）。标本 M124－2，侈口罐。口径 15.2、通高 19 厘米（图一〇〇，2；图版二八，2）。标本 M168，侈口罐。口径 12.8、通高 15.2 厘米（图一〇〇，3；图版二八，3）。标本 M318－1，双耳罐。口径 16.8、通高 18 厘米（图一〇〇，4；图版二八，4）。标本 M2083，侈口罐。口径 16.8、通高 12.4 厘米（图一〇〇，5；图版二九，1）。标本 M170，侈口鼓腹罐。口径 8.6、通高 16.8 厘米（图一〇〇，6）。标本 M713，桶形器，瓶身有一圆孔，足残。口径 16.8、通高 31.8 厘米（图一〇〇，7；图版二九，2）。标本 M249，单耳罐，耳残。口径 10.2、通高 9.8 厘米（图一〇〇，8；图版二九，3）。标本 M1930，陶甑，残。口径 14、通高 12.8 厘米（图一〇〇，9；图版二九，4）。

瓮

35 件。根据口部的不同分二型。

A 型　30 件。因整体形状及装饰风格的差异分三亚型。

Aa 型　11 件。均鼓腹，素面，近底部有一小流，多用盆作为盖。标本 M631－1，口径 26.4、通高 64.8 厘米（图一〇一，1）。标本 M2260，口径 28、通高 53.2 厘米（图一〇一，2）。标本 M554－1，口径 27.2、通高 45.6 厘米（图一〇一，3）。标本 M672－1，口径 39.6、通高 62.4 厘米（图一〇一，4；图版三〇，1、2）。标本 M2490－1，口径 29.2、通高 68.2 厘米（图一〇一，5；图版三〇，3、4）。标本 M152－1，口径 26、通高 52 厘米（图一〇一，6）。标本 M2100－2，口径 23.8、通高 39.2 厘米（图一〇一，7；图版三一，1、2）。标本 M531－1，口径 28、通高 61.6 厘米（图一〇一，8；图版三一，3）。标本 M680，口径 23.8、通高 36.4 厘米（图一〇一，9）。标本 M1975，口径 14.4、通高 36 厘米（图一〇一，10）。

Ab 型　15 件。均为专用葬具，盖及器身饰仰、覆莲瓣纹。标本 M74－1，口径 32 厘米、通高 50.8 厘米（图一〇二，1）。标本 M2248－1，口径 36、通高 53 厘米（图一〇二，2；图版三一，4）。标本 M1187－1，盖纽残。口径 30.4、通高 62.6 厘米（图一〇二，3）。标本 M650－1，口径 36、通高 58.4 厘米（图一〇二，4）。标本 M1468－1，口径 27.2、通高 50 厘

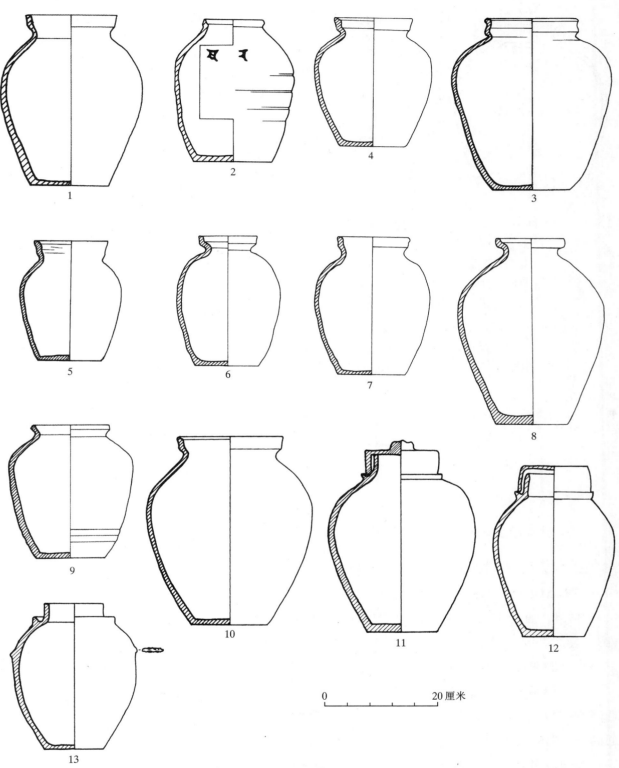

图九九　D型灰陶内罐

1.Da 型（M2056）　　2.Da 型（M17f－2）　　3.Da 型（M1895）　　4.Da 型（M17j）　　5.Da 型（M391）　　6.Da 型（M272）　　7.Da 型（M867）　　8.Da 型（M60）　　9.Da 型（M1718）　　10.Da 型（M1253）　　11.Db 型（M8）　12.Db 型（M1881）　　13.Db 型（M275）

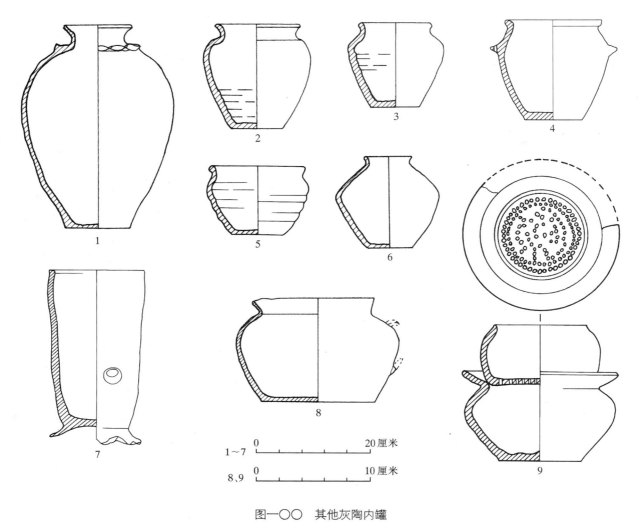

图一〇〇　其他灰陶内罐

1.M1601　2.M124-2　3.M168　4.M318-1　5.M2083　6.M170　7.M713　8.M249　9.M1930

米（图一〇二，5；图版三二，1）。标本 M1537-1，口径 29.6、通高 48.8 厘米（图一〇二，6）。标本 M1124-1，口径 24、通高 42 厘米（图一〇二，7；图版三二，2）。标本 M843-1，口径 34.4、通高 47.2 厘米（图一〇二，8）。标本 M742-1，盖纽残。口径 30、通高 60 厘米（图一〇二，9）。标本 M57-1，盖残，器身饰十二生肖。口径 36、通高 32.8 厘米（图一〇三，1；图版三二，3）。标本 M1009-1，口径 35.8、通高 62.8 厘米（图一〇三，2；图版三二，4）。标本 M1178，口径 39、通高 74 厘米（图一〇三，3）。标本 M2237-1，口径 26.6、通高 68 厘米（图一〇三，4；图版三三，1）。标本 M1575-1，器身饰十二生肖。口径 33.6、通高 62 厘米（图一〇三，5）。

Ac 型　4 件。口及底均较前两型大，部分素面，部分肩部堆塑贴耳。标本 M37-1，口径 25.6、通高 35.6 厘米（图一〇四，1）。标本 M1545，口径 16、通高 29 厘米（图一〇四，2）。标本 M124-1，口径 20、通高 32 厘米（图一〇四，3；图版三三，2）。标本 M1230-1，口径 27.6、通高 33.6 厘米（图一〇四，4；图版三三，3）。

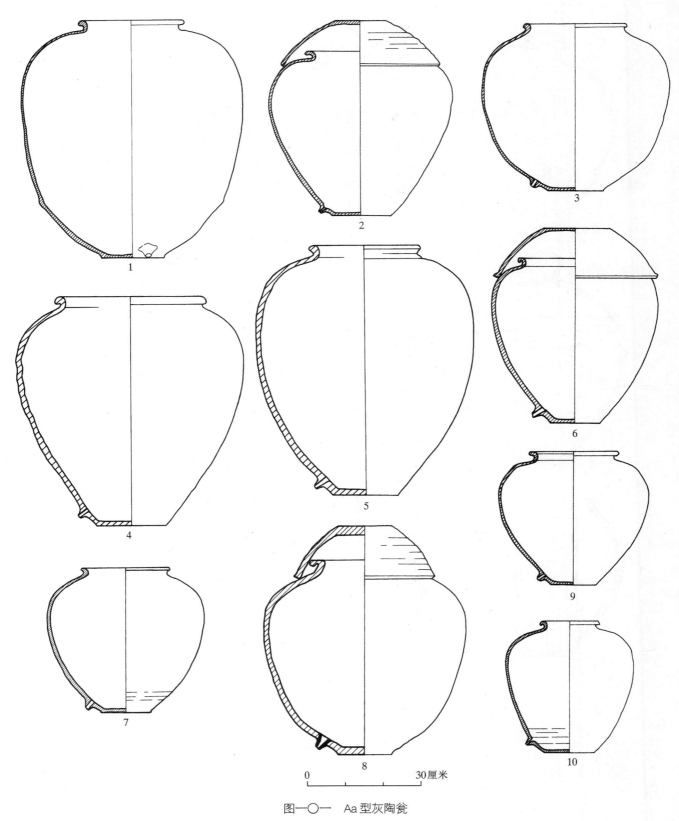

图一〇一　Aa 型灰陶瓮

1.M631－1　2.M2260　3.M554－1　4.M672－1　5.M2490－1

6.M152－1　7.M2100－2　8.M531－1　9.M680　10.M1975

图一〇二　Ab 型灰陶瓮

1. M74－1　2. M2248－1　3. M1187－1　4. M650－1　5. M1468－1　　6. M1537－1　7. M1124－1　8. M843－1

9. M742－1

B 型　5 件。敛口。因形体差异分二亚型。

Ba 型　4 件。鼓肩，器身及盖饰仰、覆莲瓣纹。标本 M101－1，口径 25.8、通高 53.6 厘

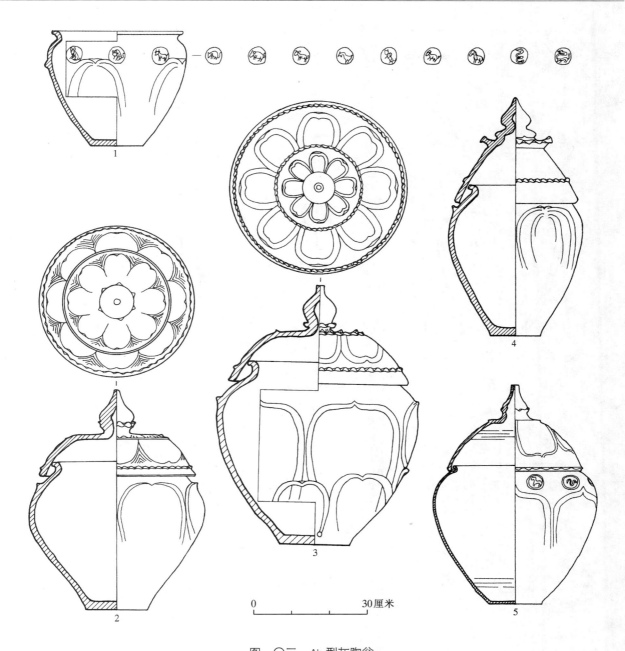

图一○三　Ab型灰陶瓮

1.M57-1　2.M1009-1　3.M1178　4.M2237-1　5.M1575-1

米（图一○四，5）。标本 M647-1，口径27.4、通高56厘米（图一○四，6）。标本 M2517-1，口径32.8、通高54.4厘米（图一○四，7；图版三三，4）。标本 M1664-1，盖残。口径26.8、通高32.4厘米（图一○四，8）。

Bb型　1件。标本 M1746，肩堆塑两耳，束腹。口径26.4、通高53.2厘米（图一○四，9；图版三四，1）。

瓶

117件。根据口部及装饰差异分三型。

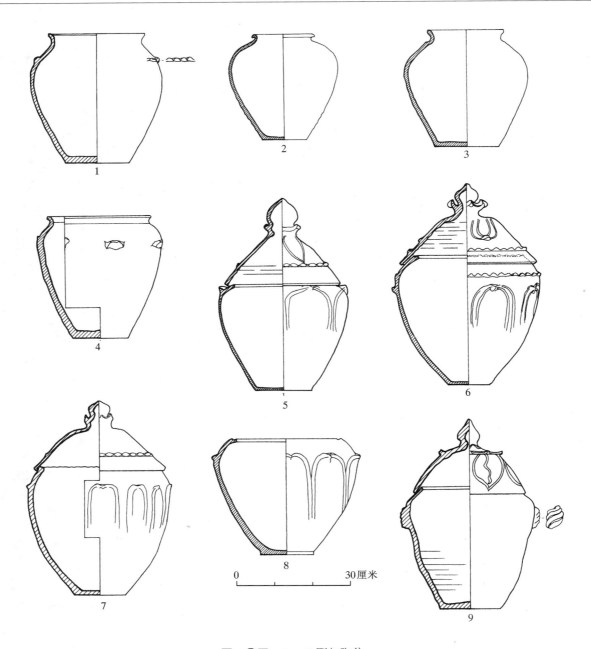

图一〇四　Ac、B 型灰陶瓮

1.Ac 型（M37-1）　2.Ac 型（M1545）　3.Ac 型（M124-1）　4.Ac 型（M1230-1）　5.Ba 型（M101-1）
6.Ba 型（M647-1）　7.Ba 型（M2517-1）　8.Ba 型（M1664-1）　9.Bb 型（M1746）

　　A 型　7 件。口部多残，有盘口，可能也有侈口。肩部饰莲瓣纹，肩腹部较圆鼓。标本 M2283，口残。残高 28 厘米（图一〇五，1；图版三四，2）。标本 M635，口残。残高 28.8 厘米（图一〇五，2；图版三四，3）。标本 M69，口残。残高 34 厘米（图一〇五，3）。标本 M642，口残。残高 33.6 厘米（图一〇五，4；图版三四，4）。标本 M2091，口残。残高 23.6 厘米（图一〇五，5）。

　　B 型　57 件。均盘口。因装饰风格差异分二亚型。

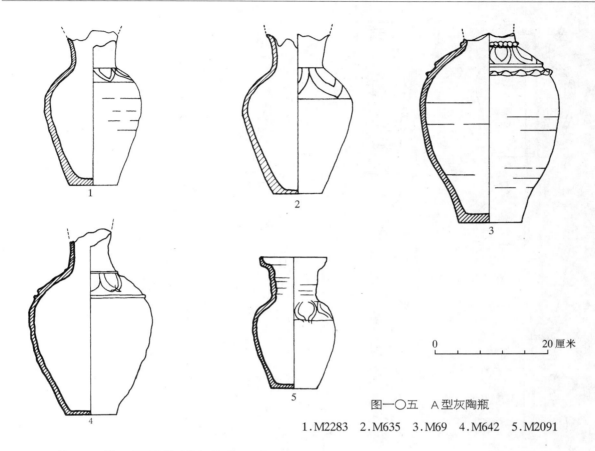

图一〇五　A型灰陶瓶

1. M2283　2. M635　3. M69　4. M642　5. M2091

Ba型　48件。因形体的变化分三式。

Ⅰ式：7件。均素面，器形较矮小，肩、腹部较圆鼓。标本M1663－2，口径13.2、通高25.6厘米（图一〇六，1）。标本M1927，口径12.2、通高25.2厘米（图一〇六，2；图版三五，1）。标本M1265－1，口径11.2、通高22.4厘米（图一〇六，3；图版三五，2）。标本M1917，口残。残高26厘米（图一〇六，4）。标本M847，口残。残高31厘米（图一〇六，5）。

Ⅱ式：18件。开始在肩或口沿转折处出现附加堆纹，器形较Ⅰ式瘦高。标本M239，口径14.4、通高32.5厘米（图一〇六，6）。标本M337，口径16.4、通高31厘米（图一〇六，7）。标本M1120，口径16、通高30.4厘米（图一〇六，8）。标本M857－3，口径14.4、通高30厘米（图一〇六，9；图版三五，3）。标本M692，口径14.2、通高25.7厘米（图一〇六，10）。标本M238，口径14.5、通高27.2厘米（图一〇六，11；图版三五，4）。标本M1339，口径15.2、通高28厘米（图一〇六，12；图版三六，1）。

Ⅲ式：23件。器形较Ⅱ式更为瘦高，近底部内收更明显，一般在口沿转折处有附加堆纹，肩、腹部有一周或两周附加堆纹。标本M17h，口径16、通高42厘米（图一〇七，1）。标本M592，口径16.8、通高38.4厘米（图一〇七，2）。标本M287，口径20.2、通高34.5厘米（图一〇七，3；图版三六，2）。标本M1054，口径13.6、通高38.4厘米（图一〇七，4）。标本M2190－2，口径22.4、通高39厘米（图一〇七，5）。标本M82，口径19.4、通高40厘米（图一〇七，6；图版三六，3）。

0   20厘米

图一〇六　Ba型Ⅰ、Ⅱ式灰陶瓶

1.Ⅰ式（M1663-2）　2.Ⅰ式（M1927）　3.Ⅰ式（M1265-1）　4.Ⅰ式（M1917）　5.Ⅰ式（M847）　6.Ⅱ式
（M239）　7.Ⅱ式（M337）　8.Ⅱ式（M1120）　9.Ⅱ式（M857-3）　10.Ⅱ式（M692）　11.Ⅱ式（M238）
12.Ⅱ式（M1339）

　　Bb型　9件。均花边口，肩部装饰突出的莲瓣纹，亦有其他刻划的纹饰。标本M1438，口径18、通高35厘米（图一〇八，1）。标本M1429，口径19.2、通高40厘米（图一〇八，2；图版三六，4）。标本M403，口径23.2、通高40.6厘米（图一〇八，3；图版三七，1）。标本M492，口残。残高45.6厘米（图一〇八，4；图版三七，2）。标本M1255，口径25.2、通高40厘米（图一〇八，5；图版三七，3、4）。标本M12d，口残。残高53.6厘米（图一〇八，6；图版三八，1、2、3）。标本M1594，口径19、通高35厘米（图一〇八，7）。标本M2411，口残。残高31厘米（图一〇八，8）。

　　C型　53件。喇叭形花边口。因形体及装饰风格的变化分二式。

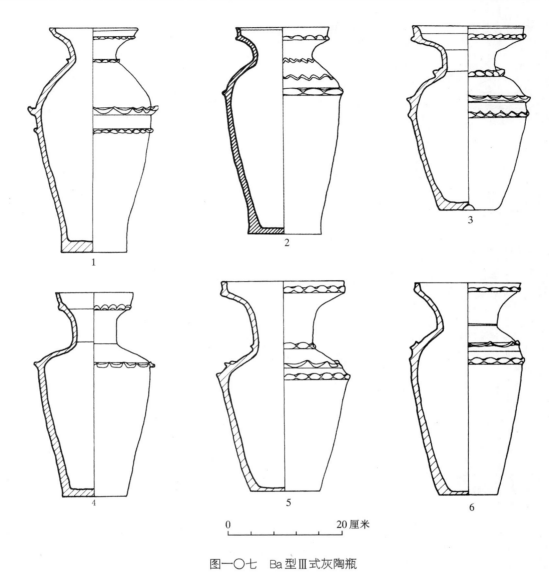

图一〇七 Ba型Ⅲ式灰陶瓶

1.M17h 2.M592 3.M287 4.M1054 5.M2190-2 6.M82

Ⅰ式：34件。肩、腹部较圆鼓，近底处下收较缓。肩部饰一周或两周附加堆纹。标本 M719，口径14.8、通高32厘米（图一〇九，1）。标本 M2090，口径15.6、通高38.4厘米（图一〇九，2）。标本 M30，口径16、通高40.8厘米（图一〇九，3；图版三九，1）。标本 M1998，口径16.8、通高38.4厘米（图一〇九，4）。标本 M1992，口径17.8、通高35.4厘米（图一〇九，5；图版三九，2）。标本 M1991，口径14.8、通高33.3厘米（图一〇九，6）。标本 M178，口径15.2、通高37厘米（图一〇九，7）。标本 M1615，口径13.6、通高33.2厘米（图一〇九，8；图版三九，3）。标本 M2243，口径17.2、通高35.2厘米（图一〇九，9）。

Ⅱ式：19件。整体较Ⅰ式瘦高，收腰较明显。花边口装饰夸张，并在肩、腹部装饰刻划纹饰。标本 M97，口径15.6、通高33.2厘米（图一一〇，1）。标本 M594，口径19、通高34厘米（图一一〇，2）。标本 M240，口径22、通高35厘米（图一一〇，3）。标本 M2412，口

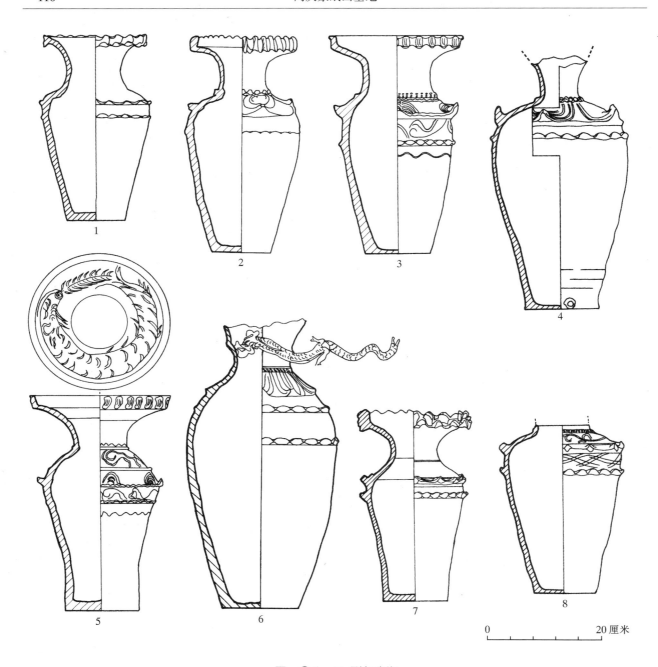

图一〇八　Bb 型灰陶瓶

1. M1438　2. M1429　3. M403　4. M492　5. M1255　6. M12d　7. M1594　8. M2411

径 19.4、通高 35.2 厘米（图一一〇，4）。标本 M130，口径 18.8、通高 38.8 厘米（图一一〇，5；图版四〇，1）。标本 M837－3，口残。口径 19.2、残高 38.4 厘米（图一一〇，6）。标本 M1464，口径 22、通高 36 厘米（图一一〇，7）。标本 M1690，口径 21.4、通高 34 厘米（图一一〇，8；图版四〇，2）。标本 M297，口径 17.6、通高 31.2 厘米（图一一〇，9）。

盆

19 件。根据口部的差异分三型。

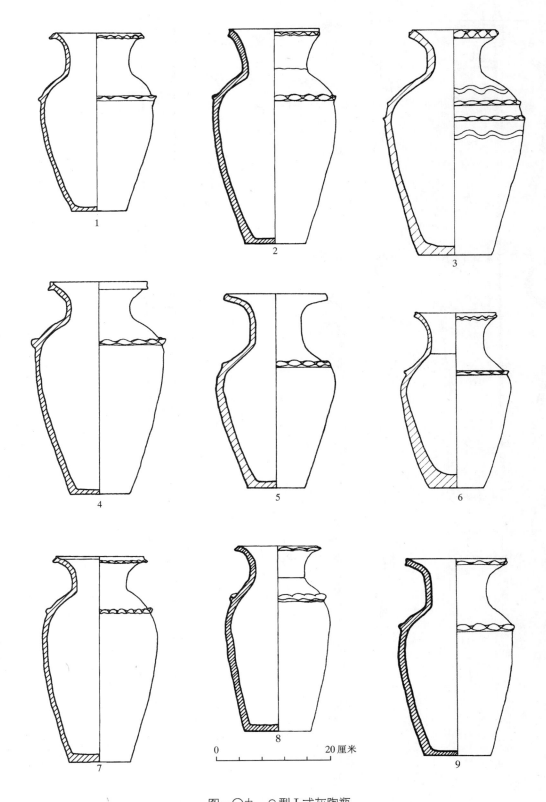

图一〇九 C型Ⅰ式灰陶瓶

1.M719　2.M2090　3.M30　4.M1998　5.M1992　6.M1991　7.M178　8.M1615　9.M2243

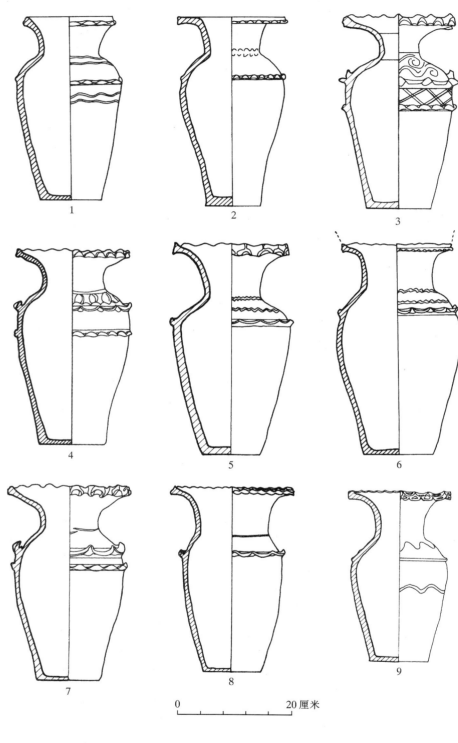

图——○　C型Ⅱ式灰陶瓶
1.M97　2.M594　3.M240　4.M2412　5.M130
6.M837-3　7.M1464　8.M1690　9.M297

A 型　13 件。侈口，卷沿，部分器身留有制作时遗下的轮纹。标本 M2566 - 1，口径 38、通高 18.8 厘米（图———，1）。标本 M1726 - 2，口径 18、通高 11.6 厘米（图———，2）。标本 M2495 - 1，口径 34.4、通高 16.6 厘米（图———，3）。标本 M2290 - 1，口径 28、通高 13.2 厘米（图———，4）。标本 M2233a，口径 24、通高 12 厘米（图———，5）。标本 M2236 - 3，口径 30.6、通高 14.4 厘米（图———，6）。标本 M1140，口径 28.8、通高 12.2 厘米（图———，7）。标本 M2654 - 1，口径 30.2、通高 13.2 厘米（图———，8）。标本 M2282 - 1，口径 25.6、通高 12.6 厘米（图———，9）。标本 M1193 - 2，口径 27.4、通高 13 厘米（图———，10）。标本 M2330 - 2，口

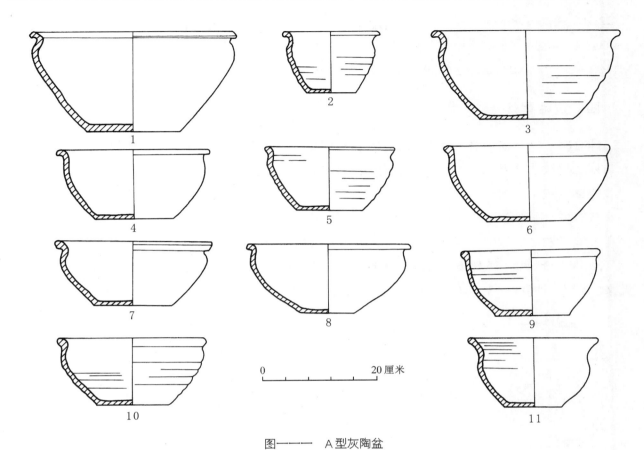

图一一一 A型灰陶盆

1.M2566-1 2.M1726-2 3.M2495-1 4.M2290-1 5.M2233a 6.M2236-3 7.M1140 8.M2654-1
9.M2282-1 10.M1193-2 11.M2330-2

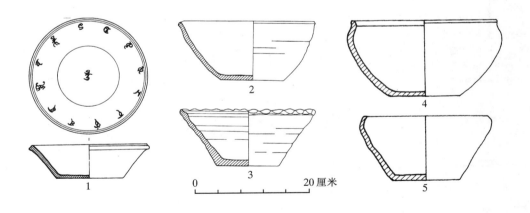

图一一二 B、C型灰陶盆

1.B型（M1892-2） 2.B型（M1265-2） 3.B型（M1476）

4.C型（M37-2） 5.C型（M1193-1）

径24、通高13.2厘米（图一一一，11）。

B型 2件。直敞口。标本M1892-2，内朱书梵文。口径19.6、通高6厘米（图一一二，1）。标本M1265-2，口径22.4、通高10.8厘米（图一一二，2）。标本M1476，花边口。口径 22.8、通高 9.8 厘米（图一一二，3）。

C 型　4 件。敛口。标本 M37 - 2，口径 25.6、通高 13.8 厘米（图一一二，4）。标本 M1193 - 1，口径 21.6、通高 11.6 厘米（图一一二，5）。

四　黄釉葬具

计有罐、瓶、碗等器类。罐大多为专用葬具，器身多格式化模印十二生肖及梵文，少量为刻划几何纹。烧制火候较高，陶质坚硬。分为外罐（包括单罐）、内罐两类。

外罐（包括单罐）

113 件。作为专用葬具套罐组合的外罐，均为敛口。单罐则均为侈口，似生活实用器。

A 型　77 件。敛口。因整体形状及装饰风格的差异分四亚型。

Aa 型　35 件。器身矮扁圆鼓，多珠球形纽，偶有塔形纽。器身饰格式化模印十二生肖及梵文。标本 M103 - 3，口径 28.4、通高 38.2 厘米（图一一三，1；彩版三七，1）。标本

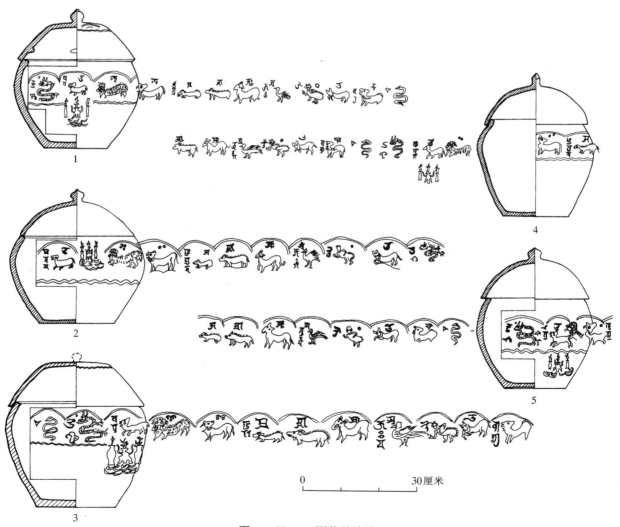

图一一三　Aa 型黄釉外罐

1. M103 - 3　2. M2203　3. M1851 - 1　4. M1403 - 1　5. M2109a - 1

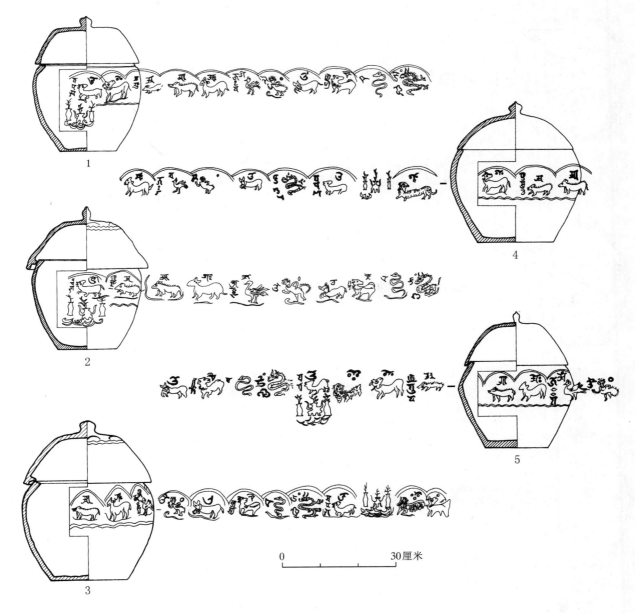

图一一四 Aa 型黄釉外罐

1. M2415　2. M298－1　3. M17a－1　4. M2154－1　5. M1809－1

M2203，口径 30.2、通高 36.8 厘米（图一一三，2）。标本 M1851－1，盖纽残。口径 31.2、残高 42 厘米（图一一三，3）。标本 M1403－1，口径 25、通高 39.4 厘米（图一一三，4；彩版三七，2）。标本 M2109a－1，口径 25.6、通高 38 厘米（图一一三，5）。标本 M2415，口径 24.4、通高 36.8 厘米（图一一四，1）。标本 M298－1，口径 25.2、通高 39 厘米（图一一四，2）。标本 M17a－1，口径 28、通高 43.6 厘米（图一一四，3；彩版三七，3、4）。标本 M2154－1，口径 30、通高 38.4 厘米（图一一四，4）。标本 M1809－1，口径 24.8、通高 37.6 厘米（图一一四，5）。标本 M1787－1，口径 26.8、通高 37.2 厘米（图一一五，1）。标本 M818－3，口径 25.6、通高 40.8 厘米（图一一五，2）。标本 M1783－1，口径 26.6、通高

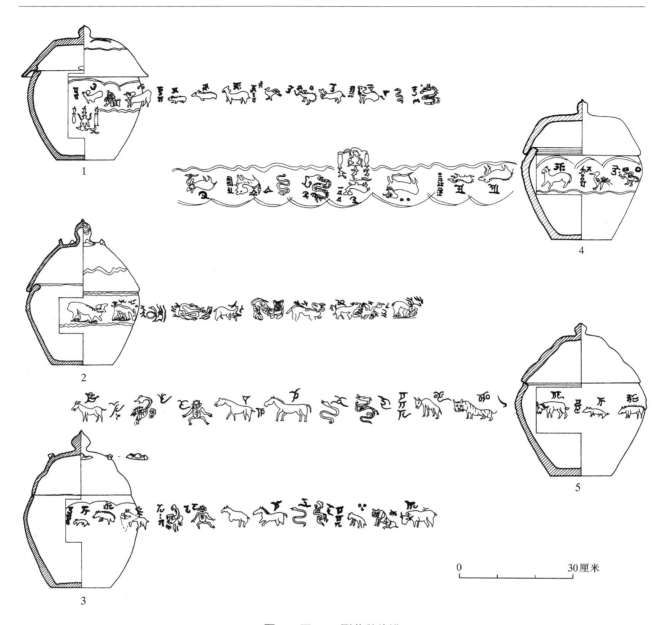

图一一五　Aa 型黄釉外罐

1.M1787-1　2.M818-3　3.M1783-1　4.M2570-1　5.M585-1

44.4 厘米（图一一五，3；彩版三七，5）。标本 M2570-1，口径 26.6、通高 38.7 厘米（图一一五，4）。标本 M585-1，口径 30.8、通高 42.4 厘米（图一一五，5）。标本 M167-1，盖纽残。口径 24.6、残高 40.4 厘米（图一一六，1）。标本 M588-1，口径 26、通高 50.4 厘米（图一一六，2）。标本 M309-1，口径 26.4、通高 43.2 厘米（图一一六，3）。标本 M234a-1，口径 31.6、通高 40.8 厘米（图一一六，4；彩版三七，6）。标本 M853-1，口径 28、通高 48.4 厘米（图一一六，5）。

　　Ab 型　19 件。器身瘦高，有珠球形纽、塔形纽、兽面形纽等。器身饰格式化模印十二生肖及梵文。标本 M1511，口径 17.2、通高 36 厘米（图一一七，1；彩版三八，1）。标本

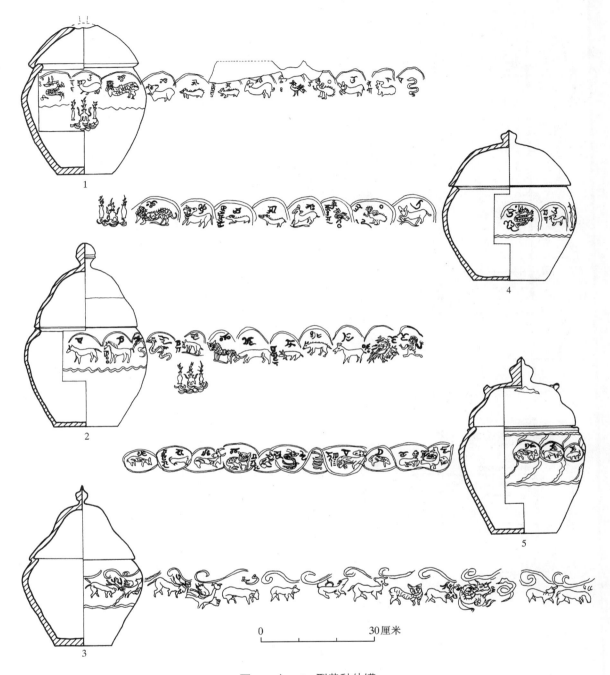

图一一六 Aa 型黄釉外罐

1.M167-1 2.M588-1 3.M309-1 4.M234a-1 5.M853-1

M2106-1，口径24.2、通高48.8厘米（图一一七，2；彩版三八，2）。标本 M1763-1，口径21.8、通高43.6厘米（图一一七，3；彩版三八，3、4、5）。标本 M199-1，口径17.2、通高47.2厘米（图一一七，4）。标本 M419-1，口径21.4、通高41.2厘米（图一一七，5）。标本 M1800，口径20.8、通高44.8厘米（图一一八，1；彩版三九）。标本 M1773-1，口径26.4、通高42.4厘米（图一一八，2）。标本 M1422，盖残。口径17.6、通高28.8厘米（图

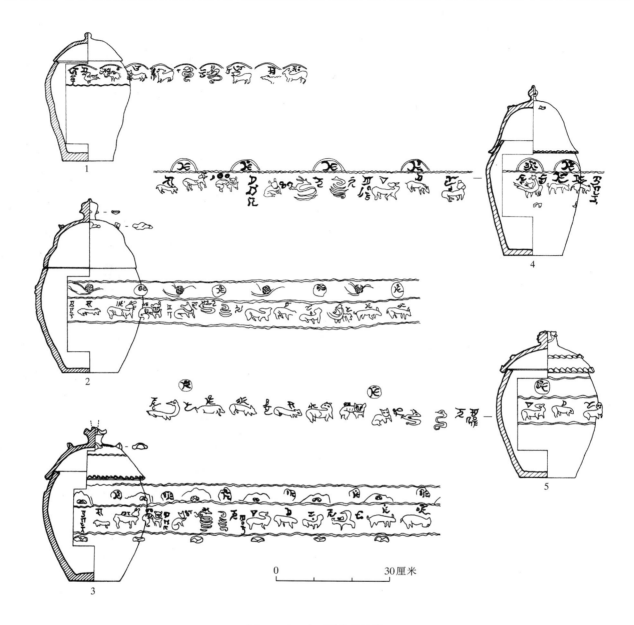

图一一七　Ab 型黄釉外罐

1. 标本 M1511　2. 标本 M2106－1　3. 标本 M1763－1　4. 标本 M199－1　5. 标本 M419－1

一一八，3）。标本 M1785－1，口径 26.4、通高 45.6 厘米（图一一八，4；彩版四〇）。标本 M1536－1，口径 22.4、通高 46 厘米（图一一八，5）。

Ac 型　14 件。口部起沿领近直，盖面多有几何形刻划纹，器身有格式化模印十二生肖及梵文。标本 M1260－1，口径 24.8、通高 45.6 厘米（图一一九，1）。标本 M289－1，口径 25.8、通高 47.6 厘米（图一一九，2）。标本 M2488－1，口径 17.4、通高 52 厘米（图一一九，3）。标本 M1898－1，盖纽残。口径 24.4、通高 47.4 厘米（图一一九，4）。标本 M1264－1，口径 26.6、通高 46.8 厘米（图一一九，5）。

Ad 型　9 件。子母口，肩、腹部饰附加堆纹，个别有十二生肖，无模印梵文，部分器身

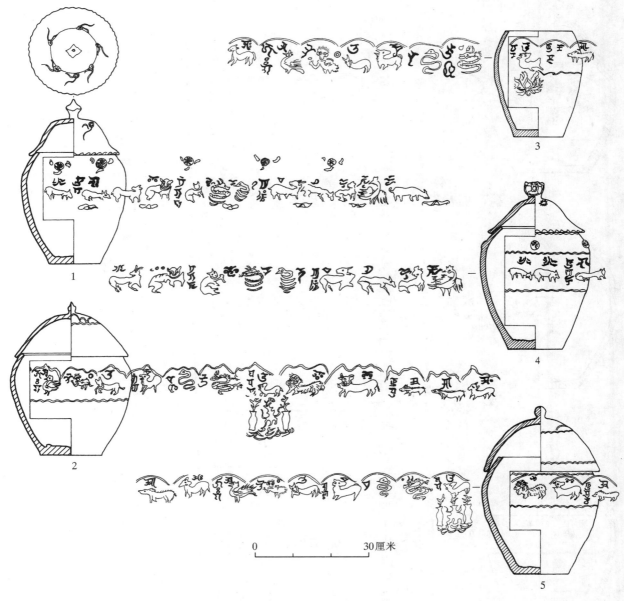

图一一八 Ab 型黄釉外罐

1. 标本 M1800 2. 标本 M1773－1 3. 标本 M1422 4. 标本 M1785－1 5. 标本 M1536－1

刻划几何形图案。标本 M1663－1，塔形纽，器身有十二生肖图案。口径 22、通高 56 厘米（图一二〇，1；彩版四一，1）。标本 M2563－1，珠球形纽。口径 26.4、通高 46.4 厘米（图一二〇，2；彩版四一，2）。标本 M494－3，塔形纽。口径 25.2、通高 48.4 厘米（图一二〇，3）。标本 M601，口径 26、通高 49.2 厘米（图一二〇，4；彩版四一，3、4、5）。标本 M813－1，塔形纽。口径 29.2、通高 61.2 厘米（图一二〇，5）。标本 M2241－1，塔形纽，盖内侧朱书梵文。口径 21.6、通高 47.2 厘米（图一二〇，6；彩版四一，6）。标本 M1529－1，塔形纽，器身饰十二生肖。口径 22.8、通高 55.2 厘米（图一二〇，7）。标本 M115－1，塔形纽，器身饰十二生肖。口径 22.4、通高 52.8 厘米（图一二〇，8；彩版四二，1）。

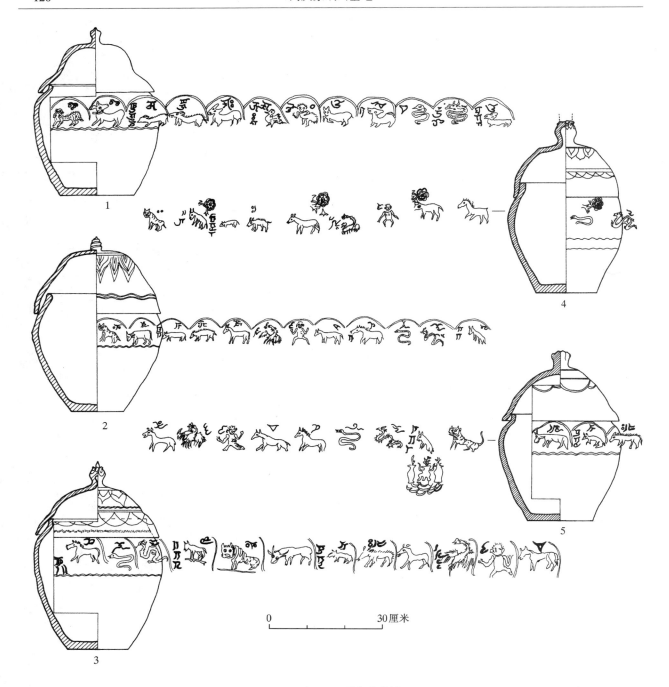

图一一九　Ac 型黄釉外罐

1.M1260－1　2.M289－1　3.M2488－1　4.M1898－1　5.M1264－1

　　B 型　36 件。侈口，绝大多数素面。为单罐葬具，似生活实用器，无专用器盖。标本 M2175，口径 12.8、通高 32.2 厘米（图一二一，1）。标本 M2177，口径 11.8、通高 27.8 厘米（图一二一，2）。标本 M17c，口径 9.6、通高 19.8 厘米（图一二一，3）。标本 M1381，用一黄釉盆作为盖，腹部带对称两耳。口径 21.8、通高 43.4 厘米（图一二一，4）。标本 M43－1，口径 11.6、通高 27.4 厘米（图一二一，5）。标本 M1888－1，肩部刻划一"大"字。口径

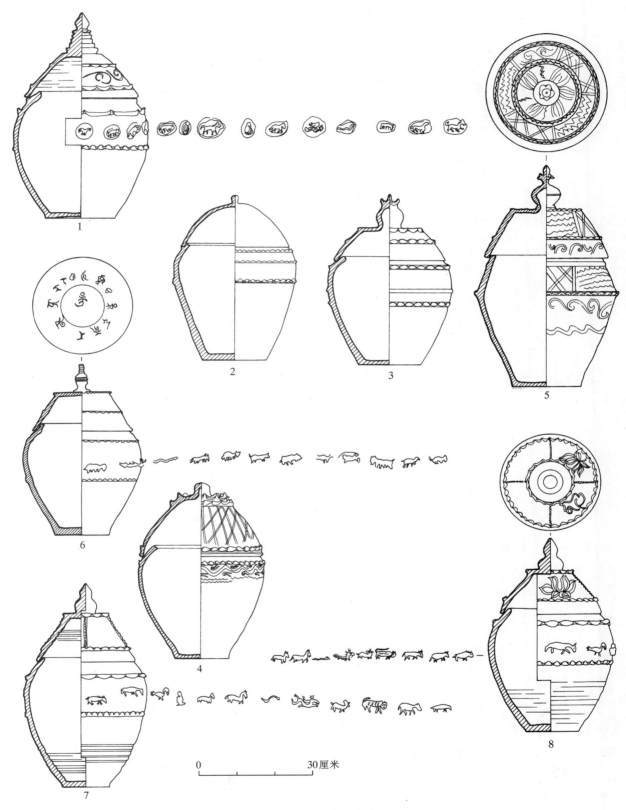

图一二〇 Ad 型黄釉外罐

1.M1663－1 2.M2563－1 3.M494－3 4.M601 5.M813－1 6.M2241－1 7.M1529－1 8.M115－1

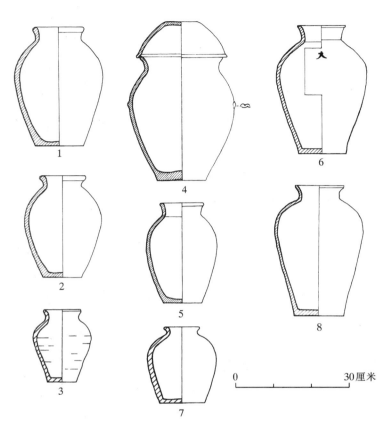

图一二一　B型黄釉外罐

1.M2175　2.M2177　3.M17c　4.M1381

5.M43-1　6.M1888-1　7.M120　8.M88

12.8、通高 34.8 厘米（图一二一，6）。标本 M120，口径 11.6、通高 21.2 厘米（图一二一，7；彩版四二，2）。标本 M88，口径 12.8、通高 36 厘米（图一二一，8）。

内罐

62 件。根据整体形状及装饰风格的不同分二型。

A 型　44 件。敛口，腹部饰模印花纹。标本 M199-2，盖内侧朱书梵文。口径 15.4、通高 33.5 厘米（图一二二，1；彩版四二，3、4）。标本 M247-2，盖残。口径 17、通高 27 厘米（图一二二，2）。标本 M111-2，口径 14.2、通高 35.4 厘米（图一二二，3）。标本 M2488-2，口径 16.8、通高 32.8 厘米（图一二二，4）。M1851-2，口径 18.5、通高 36.2 厘米（图一二二，5；彩版四二，5）。标本 M167-2，口径 17.4、通高 33.2 厘米（图一二二，6）。标本 M122-2，底部有朱书梵文。口径

14.8、通高 38 厘米（图一二二，7）。标本 M1783-2，口径 14、通高 33.8 厘米（图一二二，8）。标本 M423-2，口径 14.6、通高 38 厘米（图一二三，2；彩版四二，6）。标本 M1763-2，口径 14.4，通高 33.8 厘米（图一二三，1；彩版四三，1、2、3）。标本 M1898-2，口径 16.4、通高 34.6 厘米（图一二三，3）。标本 M1785-2，口径 15.2、通高 24 厘米（图一二三，4；彩版四三，4、5）。标本 M1794-2，口径 17.2、通高 35.6 厘米（图一二三，5）。标本 M2072，口径 16.6、通高 34.4 厘米（图一二三，6）。标本 M1809-2，口径 16、通高 32.8 厘米（图一二三，7）。标本 M1403-2，口径 16、通高 32 厘米（图一二三，8）。

B 型　18 件。敛口，器身无模印花纹。标本 M309-2，口径 15、通高 31.8 厘米（图一二四，1）。标本 M419-4，口径 8.8、通高 29.2 厘米（图一二四，2；彩版四四，1）。标本 M2058-2，盖残，罐底朱书梵文。口径 10.2、通高 25.4 厘米（图一二四，3）。标本 M115-2，钵形盖，器身朱书梵文。口径 10.4、通高 33.4 厘米（图一二四，4）。标本 M853-2，口径 14、通高 36.4 厘米（图一二四，5）。标本 M1529-2，钵形盖。口径 10.2、通高 34 厘米（图一二四，6；彩版四四，2）。标本 M1521-2，口径 12、通高 30.6 厘米（图一二四，7；彩版四四，3、4）。标本 M818-4，盖、身颈部刻划水波纹。口径 12、通高 27.2 厘米（图一二

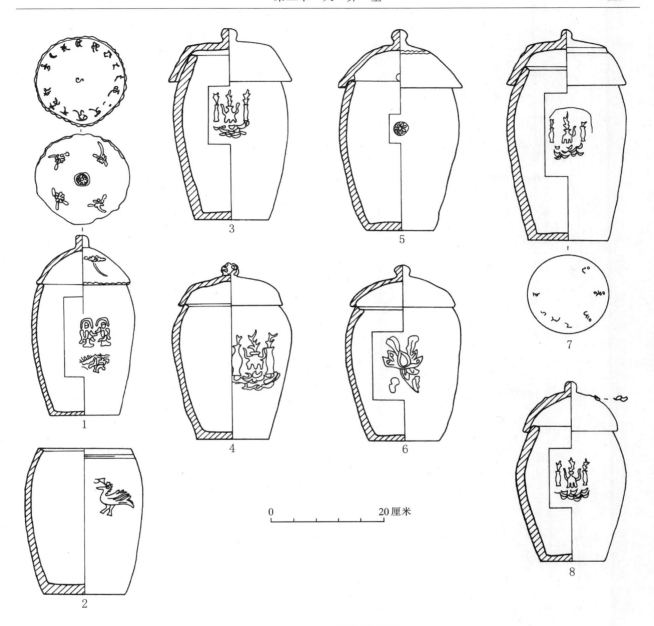

图一二二　A 型黄釉内罐

1.M199－2　2.M247－2　3.M111－2　4.M2488－2　5.M1851－2　6.M167－2　7.M122－2　8.M1783－2

四，8；彩版四四，5）。

瓶

21 件。根据整体形状的不同分二型。

A 型　12 件。因装饰风格的差异分三型。

Aa 型　4 件。花边口，肩部多饰刻划波浪纹、卷云纹。标本 M1596a，口径 17.5、通高 33.4 厘米（图一二五，1；彩版四五，1）。标本 M401，口径 18.4、通高 32 厘米（图一二五，2；彩版四五，2、3）。标本 M1885，口径 18.4、通高 36 厘米（图一二五，3；彩版四五，4）。标本 M1762，口径 21.4、通高 37 厘米（图一二五，4）。

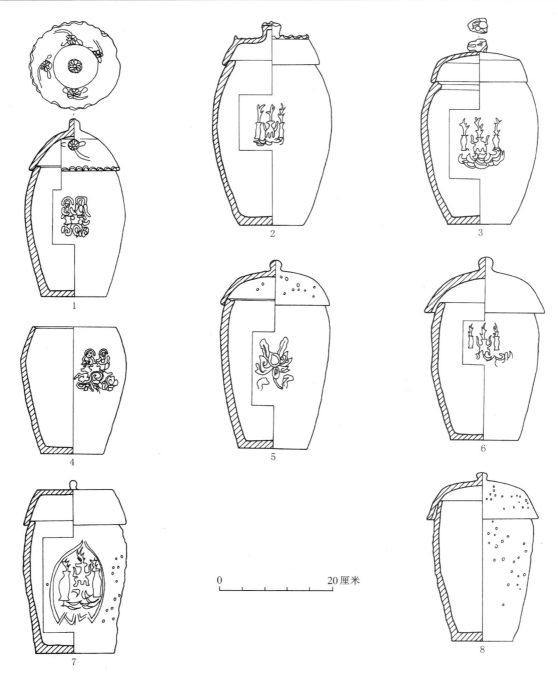

图一二三　A 型黄釉内罐

1.M1763−2　2.M423−2　3.M1898−2　4.M1785−2　5.M1794−2　6.M2072　7.M1809−2　8.M1403−2

　　Ab 型　7 件。花边口，肩部有附加堆纹。标本 M2216，口径 16.4、通高 28.2 厘米（图一二五，5；彩版四五，5）。标本 M1，肩部釉底有一刻划叉形纹。口径 16.4、通高 32 厘米（图一二五，6；彩版四五，6）。标本 M387，口径 16.9、通高 35 厘米（图一二五，7；彩版四六，1）。标本 M1761，口径 16.8、通高 41.4 厘米（图一二五，8）。标本 M1672，口径 23、通高 53.2 厘米（图一二五，9；彩版四六，2）。

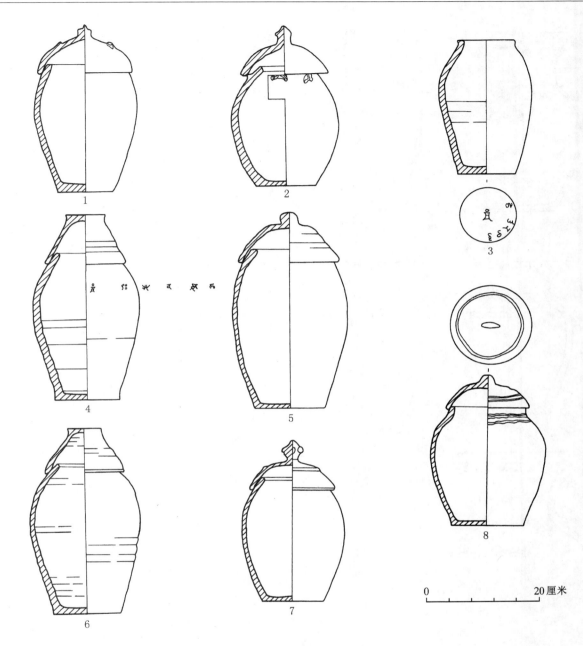

图一二四　B型黄釉内罐

1. M309－2　2. M419－4　3. M2058－2　4. M115－2　5. M853－2　6. M1529－2　7. M1521－2　8. M818－4

Ac型　1件。标本M1286，花边口，肩部饰突出尖棱，器身饰满刻划纹、水波纹、卷云纹。口径21、通高37厘米（图一二五，10；彩版四六，3、4、5）。

B型　9件。肩部带双耳，多花边口，部分瓶肩釉底刻划一"上"字。标本M2039－1，口径14.8、通高29.8厘米（图一二六，1；彩版四七，1）。标本M1888－2，口径17.4、通高31.2厘米（图一二六，2）。标本M1595，口径16.5、通高37.4厘米（图一二六，3；彩版四七，2）。标本M1884，口径16.4、通高38.8厘米（图一二六，4；彩版四七，3、4）。标本M1770a，口径17.6、通高38.4厘米（图一二六，5；彩版四七，5）。标本M12b－2，口径

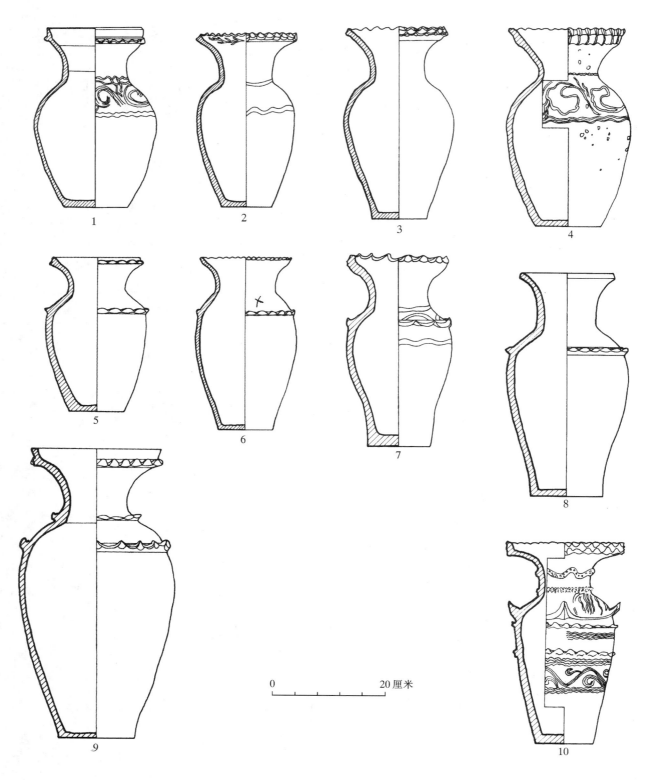

图一二五　A 型黄釉瓶

1. Aa 型（M1596a）　　2. Aa 型（M401）　　3. Aa 型（M1885）　　4. Aa 型（M1762）　　5. Ab 型（M2216）

6. Ab 型（M1）　　7. Ab 型（M387）　　8. Ab 型（M1761）　　9. Ab 型（M1672）　　10. Ac 型（M1286）

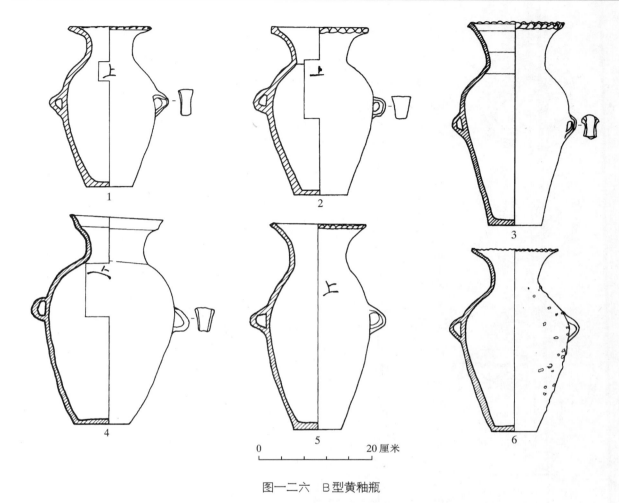

图一二六 B型黄釉瓶

1.M2039－1 2.M1888－2 3.M1595 4.M1884 5.M1770a 6.M12b－2

15.2、通高 34 厘米（图一二六，6；彩版四七，6）。

五 其他类型葬具

其他类型葬具主要为青釉瓷、青花瓷及铜质葬具。这类葬具数量不多，未分型式。

青釉瓷内罐

12 件。部分为专用葬具，部分似生活实用器。标本 M769－2，塔形纽，盖及器身有附加堆纹，盖内侧朱绘法轮及梵文。口径 13.2、通高 37.2 厘米（图一二七，1；彩版四八，1）。标本 M1681－2，塔形纽。口径 14.8、通高 36.4 厘米（图一二七，2；彩版四八，2）。标本 M2517－2，塔形纽，盖面刻划卷云纹。口径 12.1、通高 37.9 厘米（图一二七，3；彩版四八，3）。标本 M876－2，珠球形纽。口径 14.8、通高 42.8 厘米（图一二七，4；彩版四八，4）。标本 M2051，无盖。口径 11、通高 19.6 厘米（图一二七，5；彩版四八，5）。标本 M1143－2，无盖。口径 10.8、通高 20.8 厘米（图一二七，6；彩版四八，6）。标本 M268，无盖。口径 10.4、通高 20 厘米（图一二七，7；彩版四九，1）。标本 M333，无盖。口径 9.2、通高 27.6 厘米（图一二七，8；彩版四九，2）。标本 M19，无盖。口径 9.4、通高 18.2

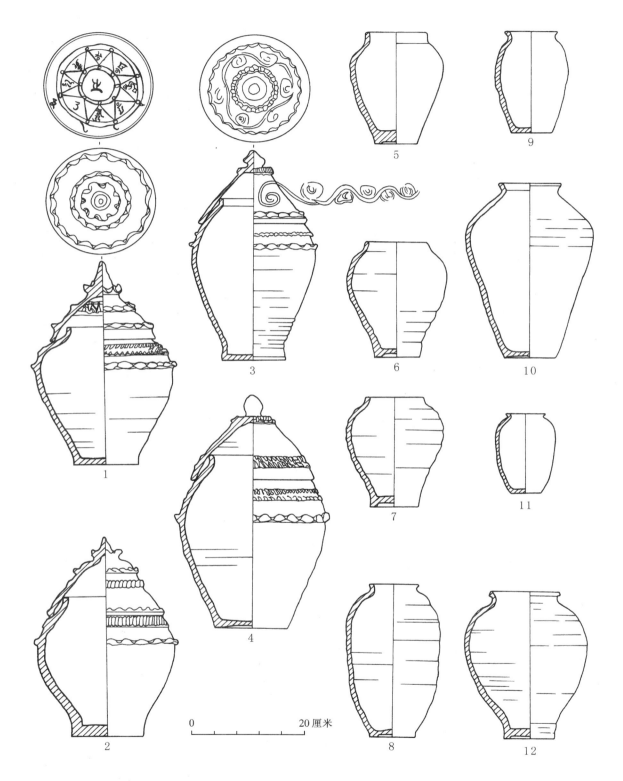

图一二七　青釉瓷内罐

1.M769－2　2.M1681－2　3.M2517－2　4.M876－2　5.M2051　6.M1143－2　7.M268　8.M333　9.M19
10.M1459　11.M914　12.M2282

厘米（图一二七，9）。标本 M1459，无盖。口径 11、通高 31.6 厘米（图一二七，10；彩版四九，3）。标本 M914，无盖。口径 6.8、通高 14.4 厘米（图一二七，11；彩版四九，4）。标本 M2282，无盖。口径 12.4、通高 26.6 厘米（图一二七，12；彩版四九，5）。

青花瓷碗

6件。均云南本地产品，青花色暗泛灰，以花卉、草叶纹为主。标本 M457，口径 15、通高 6.8 厘米（图一二八，1）。标本 M1447，口径 12、通高 7.8 厘米（图一二八，2；彩版五〇，1）。标本 M2073，口径 14.0、通高 6.8 厘米（图一二八，3；彩版五〇，2）。标本 M318-2，口径 14、通高 6.5 厘米（图一二八，4；彩版五〇，3）。标本 M12b-1，口径 13、通高 6.2 厘米（图一二八，5）。

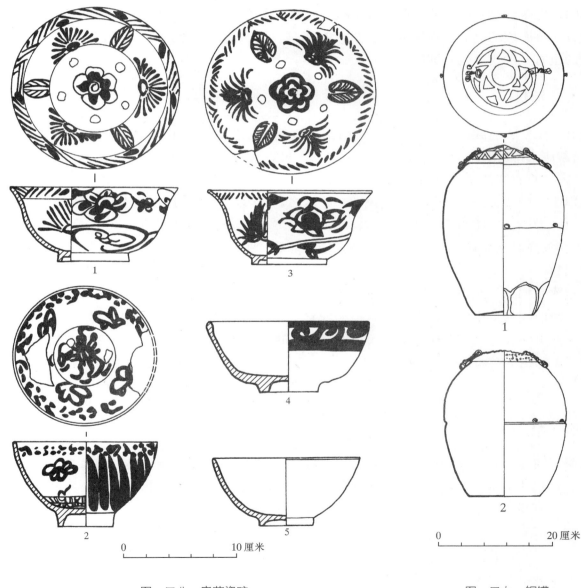

图一二八　青花瓷碗
1.M457　2.M1447　3.M2073　4.M318-2　5.M12b-1

图一二九　铜罐
1.M672-2　2.M1005-2

铜罐

2 件。标本 M672－2，盖用铜铰扣固定，身分两段，焊接而成。底部刻划莲瓣纹。口径12.8、通高 31.2 厘米（图一二九，1；彩版五〇，4）。标本 M1005－2，盖用铜铰扣固定，身分两段，焊接而成。口径 12、通高 26.8 厘米（图一二九，2；彩版五〇，5）。

第四节　随葬品

象眠山火葬墓的随葬品，种类不多，数量亦较少。大概可分为海贝、陶瓷器、金属器、玛瑙料珠、砖瓦等 5 个大类。随葬品摆放的位置基本可分三种方式：放置在内罐中；在内外罐之间；在罐外。在内罐的一般放置于罐的底部，上部或夹杂在烧骨间；放在内外罐之间的，多放置在罐底或罐侧面；在罐外的，放置在罐顶、罐侧面或墓坑填土中等。有的墓中随葬品略多的也有几种摆放现象同时出现。

一　海贝

又名蚆字，白族语称其"蚆"，从南诏大理国直至明末，云南等地一直把它当作货币使用。《新唐书·南诏传》载："以缯帛及贝市易。贝者大若指，十六枚为一觅。"《云史本纪》上说："云南行省赛典赤以改定云南诸路名号来上。又言云南贸易与中州不同，钞法实所未谙，莫若以交会蚆子，公私通行，庶为民便。并从之。"李京《云南志略》："交易用贝子，俗呼为蚆。以一为庄，四庄为手，四手为苗，四苗为索。"置于鹤庆朝霞寺的《朝霞寺极乐庵常住碑记》，存放在县文化馆的《大云阁碑记》，分别记录"明万历三十六年"、"天启康戌"用"蚆"购田之事。

这次发掘共出土海贝 12960 余枚，在给出的 2367 个火葬墓田野编号中，有 506 座墓出海贝，各个时期的墓中均有海贝随葬，但早期墓中要少些。随葬海贝数量从 1 枚到数百枚不等，最多一座墓 M236 达 363 枚。海贝大小不一，大的长 2.8、宽 1.9、高 1.5 厘米，小的长 1.4、宽 0.7、高 0.4 厘米，有少量海贝上涂有金粉和被烧过。

二　陶、瓷器

（一）陶器

陶器随葬品以瓦片和砖的数量较多，而其他种类的仅有小陶罐、碗、镇墓兽、陶豆、陶盏等。瓦片共出土 228 件，多在内、外罐间，均为青色，基本为板瓦。或残，完整，大小规格不一，厚 0.9～2 厘米，内有布纹，少量正面写有朱书，但较模糊。

青色板瓦

标本 M62a：1，完整。长 24、宽 20～14、厚 1.1 厘米。标本 M1211－1：1，青色板瓦，专门制成半截。瓦面有朱书，最右为一大符咒，但字较模糊。小字从中部开始写，共 10 行，直书，右起，字可辨的为："□□年二□□□□如青女为□律，□□一百四十年后□…□，堂男豪□…□符故气□…□使千秋无□…□者也者也□…□道路将军□…□九千九百文买得三十亩□…□地下□…□"。从内容上看应为一买地券（彩版五一，1）。

标本 M1335：4，青灰色瓦片，正面饰缠枝花卉，略残。长 30、宽 13.3、厚 1.5 厘米。

砖

均为青色，大小厚薄不一，有正方形、长方形、三角形等。少量砖上印有梵文或者写有朱字。

标本 M2118：2，梵文砖。保存完好，长方形。长 37、宽 19、厚 5.5 厘米。正面模印直书文字 8 行，第 1 行为汉字"□□阿弥陀佛，戊申年造"，其余 7 行均梵文（图一三〇；彩版五一，2）。

标本 M1334：3，青砖。长方形，完整。长 31.4、宽 17、厚 4.2 厘米。标本 M1837：3，青砖。正方形，完整。宽 35.7、厚 4.8 厘米。

其他各种陶器

共 15 件。

标本 M864：1，镇墓兽。模制。中空，平底，施绿釉，大多残落。倦伏一椭圆形平板上，作回头张望状。圆眼，头、身刻线纹、圆圈纹。通高 5、底长 8、宽 6 厘米（图一三一，1；彩版五一，3、4、5、6）。

标本 M540：1，陶质降魔杵。保存完整，泥质灰陶。涂金粉，一面有纹饰，一面平整，两头尖、束腰，腰两边饰连珠纹。通长 6 厘米（图一三一，2；彩版五二，1 上）。

标本 M540：2，陶质降魔杵。略残，形状和 M540：1 基本一致，通长 6.5 厘米（图一三一，3；彩版五二，1 下）。

标本 M1681：1，陶砚。泥质褐陶。长方形，正面有两个一大一小的椭圆形浅坑。砚长 8.5、宽 5、厚 2.6 厘米。小坑深 0.5、大坑深 0.4 厘米（图一三一，4；彩版五二，2）。

标本 M2104：1，灰陶小罐。泥质灰陶。圆唇，口微侈，短颈，鼓肩，平底，口径 7.4、最大腹径 10.5、底径 5.8、通高 5.2 厘米（图一三一，5）。

标本 M628：1，灰陶豆。泥质灰陶，侈口，束腰，平底。口径 9.9、底径 7、通高 5.3 厘米（图一三一，6；彩版五二，3）。

标本 M43：1，灰陶盏。敛口，弧腹，平底。口径 9、底径 6、通高 3 厘米（图一三一，7；彩版五二，4）。

标本 M39：1，陶罐。泥质灰陶。侈口，圆唇，短颈，鼓腹，平底。口径 8、最大腹径 12.4、底径 7.4、通高 8 厘米（图一三一，8；彩版五二，5）。

标本 M567：1，绿釉小罐。泥质陶。上半部施绿釉，口微侈，圆唇，鼓腹，圈足，有对称双耳，耳肩结合部饰小花。口径 4.8、最大腹径 8、底径 4.2、通高 6.2 厘米（图一三，9）。

标本 M2539：1，灰陶盏。深灰泥质陶。敛口，尖唇，弧形底。口径 7、通高 2.6 厘米（图一三一，10）。

标本 M491：1，灰陶盏。深灰泥质陶。敞口，圆唇，斜腹，平底。口径 8.8、底径 5、通高 2.4 厘米（图一三一，11）。

标本 M2261：1，灰陶盏。深灰泥质陶。敞口，圆唇，斜腹，平底。口径 8、底径 3.4、通高 1.8 厘米（图一三一，12）。

图一三〇　梵文砖拓片（M2118∶2）

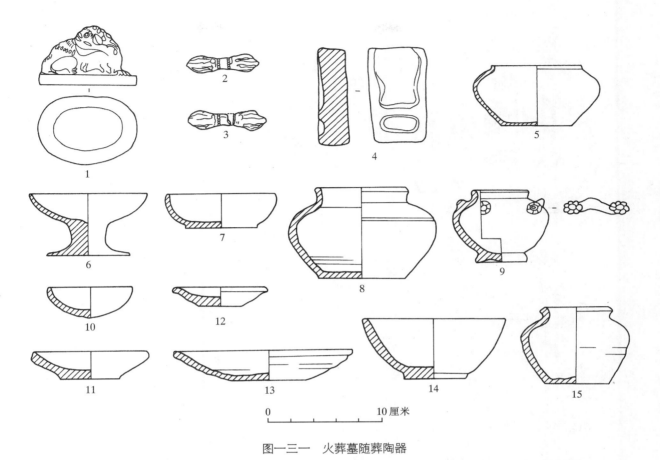

图一三一 火葬墓随葬陶器

1.镇墓兽（M864:1） 2、3.陶质降魔杵（M540:1、M540:2） 4.陶砚（M1681:1） 5.灰陶小罐（M2104:1）
6.灰陶豆（M628:1） 7.灰陶盏（M43:1） 8.灰陶小罐（M39:1） 9.绿釉小罐（M567:1） 10.灰陶盏
（M2539:1） 11.灰陶盏（M491:1） 12.灰陶盏（M2261:1） 13.灰陶盏（M1708:1） 14.绿釉碗（M1253:1）
15.灰陶罐（M2100:1）

标本 M1708:1，灰陶盏。泥质灰陶。敞口，圆唇，平底，身有弦纹。口径 15、底径 6.2、
通高 2.6 厘米（图一三一，13）。

标本 M1253:1，绿釉碗。内外壁施绿釉，外壁釉不及底。侈口，浅圈足。口径 12、底径
5.2 厘米（图一三一，14）。

标本 M2100:1，灰陶罐。泥质灰陶。器形小，圆唇，束颈，鼓腹，平底。口径 6、最大腹
径 8.8、底径 5.2、通高 6.4 厘米（图一三一，15）。

（二）瓷器

共 34 件，分两类，一类为器物，均地方窑烧制，烧成温度高，但胎含杂质。器类有罐、
瓶两种，共 5 件。另一类为瓷片，多在早期墓中出，均为中原瓷，胎土较纯，釉较均匀，釉
色圆润，多刻有暗花纹，共计 29 件。

器物

标本 M2040:1，青花玉壶春瓶。盘口，方唇，细长颈，鼓腹，圈足。颈部及腹部对称饰
两组花草纹，青花色偏黑，通体施青釉。口径 4.8、最大腹径 11.4、底径 6.4、通高 17 厘米

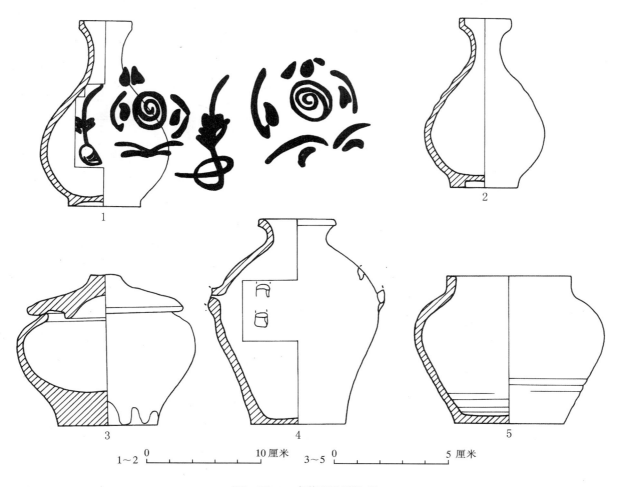

图一三二　火葬墓随葬瓷器

1.青花玉壶春瓶（M2040:1）　2.青花玉壶春瓶（M2040::2）　3.青釉瓷罐（M2591:1）　4.青釉瓷罐（M2203:
1）　5.青釉瓷罐（M2561:1）

（图一三二，1；彩版五三，1、2）。

　　标本 M2040:2，青花玉壶春瓶。盘口，方唇，细长颈，鼓腹，圈足，通体施青釉。口径
4.6、最大腹径 10.8、底径 6、通高 15.4 厘米（图一三二，2；彩版五三，1右）。

　　标本 M2591:1，青釉瓷罐。带盖，矮直口，鼓肩，假圈足，大部施青釉。口径 6、最大腹
径 8、底径 4.5、通高 7 厘米（图一三二，3；彩版五三，3）。

　　标本 M2203:1，青釉瓷罐。三系，系及流均残。束颈，鼓腹，平底。口径 3.4、最大腹径
7.6、底径 4.2、通高 9.5 厘米（图一三二，4）。

　　标本 M2561:1，青釉瓷罐。矮直口，鼓肩，深腹，平底。口径 5.5、最大腹径 8.5、底径
4.8、通高 6.8 厘米（图一三二，5；彩版五三，4）。

　　碎瓷片

　　标本 M2468:1，白瓷片。器物口沿片，刻饰仰莲纹，施豆青色釉。形状不规则（图一三
三，1；彩版五三，5）。

标本 M1234:1，白瓷片。器物底，矮圈足，浅青色釉，底部未施釉。形状不规则（图一三三，2）。

标本 M1860:1，青釉瓷片。器物口沿片，施青釉，有细碎开片纹（图一三三，3）。

标本 M695:1、标本 M695:2，青釉瓷片。2片，口沿、底各1片，口沿片较薄，豆青色釉，刻有暗花，形状不规则（图一三三，4、5）。

图一三三　火葬墓随葬瓷片

1.M2468:1　2.M1234:1　3.M1860:1　4.M695:1　5.M695:2　6.M799:1　7.M799:2　8.M799:3　9.M2334:1
10.M864:2　11.M1001:1　12.M699:1　13.M1218:1　14.M653:1　15.M653:2　16.M1901:1　17.M1622:1
18.M1483:1　19.M1405:1　20.M1039:1　21.M1704:1

标本 M799：1、标本 M799：2、标本 M799：3，白瓷片。共 3 片，较碎，浅青色釉，刻暗花（图一三三，6～8）。

标本 M2334：1，白瓷片。口沿片，较碎，略厚（图一三三，9）。

标本 M864：2，青釉瓷。口沿片，豆青色釉，釉层较厚（图一三三，10）。

标本 M1001：1，白瓷片。口沿片，略厚，可和 M2334 中的白瓷片拼对上（图一三三，11）。

标本 M699：1，白瓷片。器物底瓷片，略厚（图一三三，12）。

标本 M1218：1，白瓷片。器物底瓷片，底未施釉（图一三三，13）。

标本 M653：1、标本 M653：2，白瓷片。2 片，浅青色釉，刻暗花（图一三三，14、15）。

标本 M1901：1，白瓷片。口沿片（图一三三，16）。

标本 M1622：1，青釉瓷片。口沿片，豆青色釉，釉层厚（图一三三，17）。

标本 M1483：1，白瓷片。口沿片，较薄（图一三三，18）。

标本 M1405：1，青釉瓷片。浅青色釉，器物颈部片，刻暗花（图一三三，19）。

标本 M1039：1，青釉瓷片。口沿片，较薄，浅青色釉，刻暗花（图一三三，20）。

标本 M1704：1，白瓷片。器物底，矮圈足，底未施釉（图一三三，21）。

三　金属器

共 398 件。分为锡器、铜器、银器、铁器 4 类。

（一）锡器

共 9 件。仅在两座墓中出土，均非实用器。

标本 M1446：1，提梁壶。提梁及流均残，带盖，矮直口，鼓肩，底微凹。口径 3、最大腹径 5.8、底径 3、通高 5.2 厘米（图一三四，1）。

标本 M1446：2，壶。把残，无盖，敛口，细长颈，平底。口径 2.5、底径 4.7、通高 8.4 厘米（图一三四，2）。

标本 M1290：1，杯。应为带盏杯之杯。敞口，平底。口径 5.6、底径 2、通高 2 厘米（图一三四，3；彩版五四，1 上排右）。

标本 M1290：2，执壶。保存较完整，带盖，侈口，束颈，斜肩，圈足，口径 4、底径 5.6、通高 11.6 厘米（图一三四，4；见彩版五四，1 上排左）。

标本 M1290：3，执壶。保存较完好，带盖、矮直口，鼓腹，底稍凹。口径 4，最大腹径 7.6、底径 4.6、通高 7.6 厘米（图一三四，5；见彩版五四，1 上排中）。

标本 M1290：4，盏。敞口，平底。口径 8.6、底径 5.2、通高 1 厘米（图一三四，6；见彩版五四，1 中排左）。

标本 M1290：5，盏。敞口，平底。口径 8.2、底径 5、通高 1 厘米（图一三四，7；见彩版五四，1 中排右）。

标本 M1290：6，盏。敞口，平底。口径 8.8、底径 5.6、通高 1 厘米（图一三四，8；见彩版五四，1 中排中）。

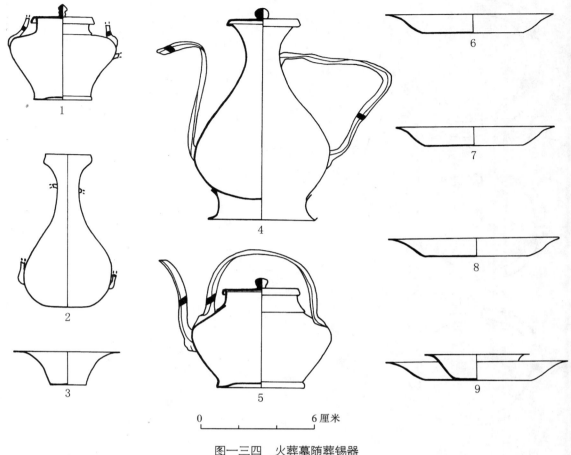

图一三四　火葬墓随葬锡器

1. 提梁壶（M1446:1）　2. 壶（M1446:2）　3. 杯（M1290:1）　4. 执壶（M1290:2）　5. 执壶（M1290:3）

6. 盏（M1290:4）　7. 盏（M1290:5）　8. 盏（M1290:6）　9. 带杯盏（M1290:7）

标本 M1290:7，带杯盏。杯盏均敞口，平底。杯口径 5.6、底径 3、通高 1.4 厘米。盏口径 9.8、底径 6、通高 1 厘米（图一三四，9；见彩版五四，1 下排右）。

（二）铜器

共计 230 件。是随葬品中数量最多的，种类有镯、戒指、耳环、铜镜、铜片等。

镯

共计 59 件。多为素面。

标本 M608:1，近似圆形，剖面为圆形。最大直径 7.1、剖径 0.6 厘米（图一三五，1；彩版五四，2 第三排右）。

标本 M2260:1，近似圆形，两端呈钩状，剖面圆形。最大直径 5.6、剖径 0.6 厘米（图一三五，2）。

标本 M575:1，近似圆形，为三股铜丝绞合而成。最大直径 7.2 厘米（图一三五，3；彩版五四，3 下）。

标本 M728:1，近似圆形，剖面为圆形，两端呈钩状，阴刻精细的网纹。最大直径 5.6、

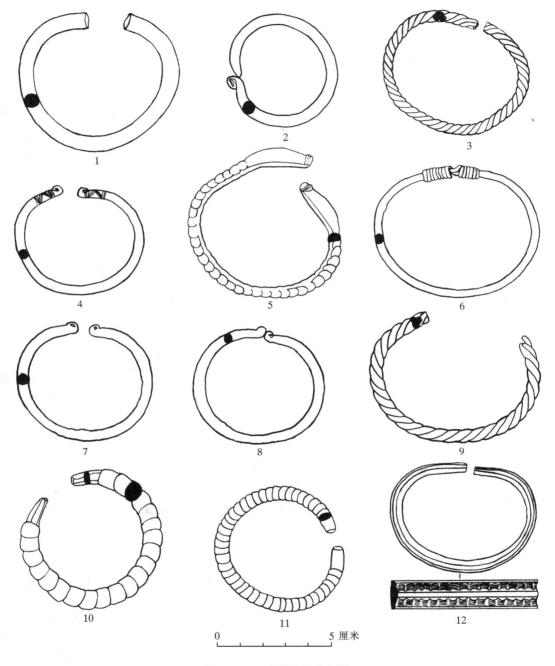

图一三五　火葬墓随葬铜镯

1.M608：1　2.M2260：1　3.M575：1　4.M728：1　5.M1116：1　6.M160：1　7.M2127：1　8.M2127：2　9.M972：1
10.M1361：1　11.M1361：2　12.M273：1

剖径 0.3 厘米（图一三五，4）。

　　标本 M1116：1，近圆形，镯身为串珠形状，两端呈鸭嘴形。最大直径 7.1、边宽 0.4 厘米
（图一三五，5）。

　　标本 M160：1，近似圆形，剖面圆形，两端用细铜丝绕圈绞合在一起。最大直径 7.2、剖
径 0.4 厘米（图一三五，6）。

标本 M2127:1，近似圆形，剖面圆形，两端呈钩状。最大直径 6、剖径 0.6 厘米（图一三五，7）。

标本 M2127:2，近似圆形，剖面圆形，两端呈钩状。最大直径 6、剖径 0.6 厘米（图一三五，8）。

标本 M972:1，椭圆形，为三股铜丝绞合成。最大直径 7.6 厘米（图一三五，9）。

标本 M1361:1，近似圆形，镯身为串珠形状，两端呈圆锥状。最大直径 6 厘米（图一三五，10；彩版五四，4 上右）。

标本 M1361:2，近似圆形，镯身为串珠形状，两端呈圆柱状。最大直径 5.7 厘米（图一三五，11；见彩版五四，4 上左）。

标本 M273:1，椭圆形，面上阴刻精细水波纹。最大直径 6.4、边宽 1.1 厘米（图一三五，12；彩版五四，5 上右）。

铜夹、耳勺、戒指、耳环等铜饰

标本 M2260:2，夹、耳勺。为一铜环上穿有夹及耳勺，均铜片制成，夹长 7.5、耳勺残长 6.2 厘米（图一三六，1）。

标本 M1764:1，戒指。戒面边刻小花瓣纹，内镶彩石。戒环最大直径 2.1、通高 2.2 厘米（图一三六，2；彩版五四，6 上左）。

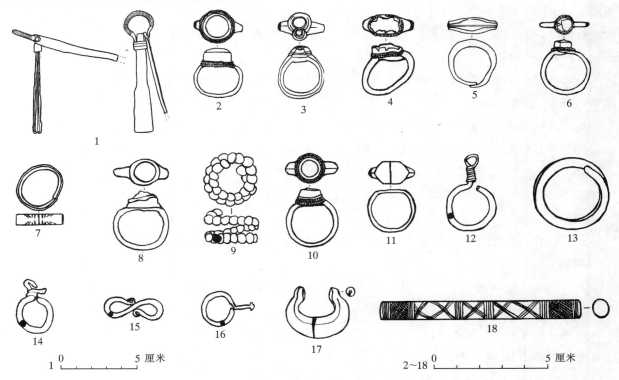

图一三六 火葬墓随葬铜器

1. 夹、耳勺（M2260:2） 2. 戒指（M1764:1） 3. 戒指（M1361:3） 4. 戒指（M300:1） 5. 戒指（M850:1）
6. 戒指（M1772:1） 7. 戒指（M575:2） 8. 戒指（M2391:1） 9. 环（M1223:1） 10. 戒指（M1733:1）
11. 戒指（M840:1） 12. 饰器（M840:2） 13. 环（M927:1） 14. 耳环（M2559:1） 15. 饰器（M828:1）
16. 耳环（M1674:1） 17. 饰器（M2129:1） 18. 管（M2129:2）

标本 M1361：3，戒指。戒面镶两颗彩石。戒环最大直径 1.9、通高 2.3 厘米（图一三六，3；见彩版五四，4 下）。

标本 M300：1，戒指。戒面边刻小花瓣，内镶嵌物脱落。戒环最大直径 2.2、通高 2.2 厘米（图一三六，4；彩版五五，1 右）。

标本 M850：1，戒指。近圆形，戒面略变宽，刻线纹。最大直径 2、戒面宽 0.7 厘米（图一三六，5）。

标本 M1772：1，戒指。戒面上镶彩石。戒环直径 2.1、通高 2.4 厘米（图一三六，6）。

标本 M575：2，戒指。近圆形，边上刻细线纹。最大直径 2、边宽 0.5 厘米（图一三六，7；见彩版五四，3 上左）。

标本 M2391：1，戒指。戒面上镶彩石。戒环直径 2.3、通高 2.6 厘米（图一三六，8）。

标本 M1223：1，环。圆形，以串珠形状绕 2 圈而成。直径 2 厘米（图一三六，9）。

标本 M1733：1，戒指。戒环圆形，戒面圆形，边上刻小花瓣纹，内镶彩石。直径 2.3、通高 2.6 厘米（图一三六，10）。

标本 M840：1，戒指。戒面略宽，平直，为六边形。戒环直径 2、戒面宽 1 厘米（图一三六，11）。

标本 M840：2，饰器。呈弯钩形，下端为圆形，上端用细铜丝绕合成小圆圈。环直径 2.1、通高 3.2 厘米（图一三六，12）。

标本 M927：1，环。圆形，以铜条绕 2 圈而成。直径 3.2 厘米（图一三六，13；彩版五五，2 右）。

标本 M2559：1，耳环。下端为圆形环，上端残，为两铜丝绞合而成。环径 1.6、通高 2.3 厘米（图一三六，14）。

标本 M828：1，饰器。平面呈"8"字，两端钩状。长 1.5 厘米（图一三六，15）。

标本 M1674：1，耳环。下端为圆形环，上端直立。环径 1.5、通高 2.2 厘米（图一三六，16）。

标本 M2129：1，饰器。半环状，上边两端有穿。最大径 1.8、高 1.8 厘米（图一三六，17）。

标本 M2129：2，管。中空，外阴刻精细网格纹。长 8.5、管径 0.8 厘米（图一三六，18）。

铜镜

共 11 面。除两面有铭文"为善最乐"外，其余均为圆形薄铜片制成，除少许锈蚀外，大部分镜面平滑光亮。

标本 M1801：1、标本 M1772：2，"为善最乐"铭文镜，各出 1 面，平窄缘，银锭形纽。直径 8.6、厚 0.3 厘米（图一三七，1、2；彩版五五，3）。

标本 M608：2，铜镜。较薄，边有两个小穿孔。直径 7.2、厚 0.2 厘米（图一三七，3）。

标本 M298：1，铜镜。窄缘无纽。直径 8.5、厚 0.1 厘米（图一三七，4）。

标本 M2119：1，铜镜。较薄，略残，边有两个小穿孔。直径 10 厘米（图一三七，5）。

标本 M1630：1，铜镜。边有两个小穿孔。直径 11 厘米（图一三七，6；彩版五五，4）。

标本 M2391：2，铜镜。边有两个小穿孔。直径 10.5 厘米（图一三七，7）。

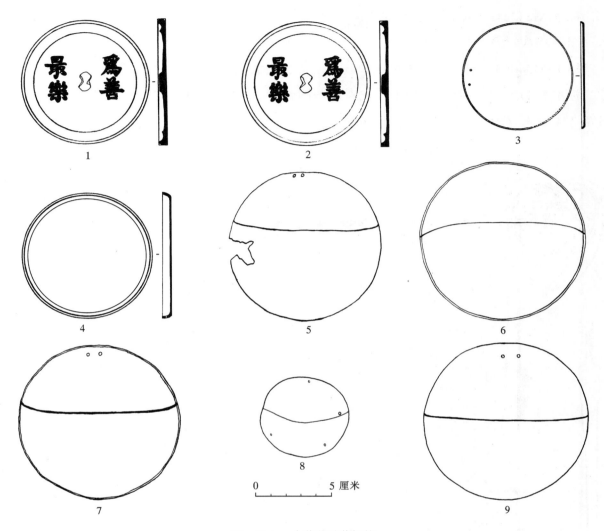

图一三七　火葬墓随葬铜镜

1.M1801:1　2.M1772:2　3.M608:2　4.M298:1　5.M2119:1　6.M1630:1　7.M2391:2　8.M2371:1

9.M2500:1

标本 M2371:1，铜镜。边有四个小穿孔。直径 5.9 厘米（图一三七，8）。

标本 M2500:1，铜镜。边有两个小穿孔。直径 10.9 厘米（图一三七，9；彩版五五，5）。

铜片及铜饰

铜片多较薄，形状各异，有的铜片上有朱书符咒。铜饰多为器物上构件。

标本 M1517:1，铜饰。残，似铜勺，一面阴刻有花，内凹。长 6.4、宽 4.4 厘米（图一三八，1）。

标本 M1723:1，铜耳勺。宝剑状。长 12.7 厘米（图一三八，2；彩版五五，6）。

标本 M1300:1，铜片。平面似四花瓣，背面有三短钉，有长条形穿孔。最长径 4.5、厚 0.3 厘米（图一三八，3；彩版五六，1右、2）。

标本 M2422:1，铜器。由两部分组合成，均为铜片制作，下部有钩。应为器物构件。长 6.5 厘米（图一三八，4）。

标本 M2422:2，铜器。由两部分插合成，应为器物构件。长 4.5、宽 3.5、最厚处 0.3 厘米（图一三八，5）。

标本 M540:3，铜片。八角星状。最长径 4.3 厘米（图一三八，6；彩版五六，3、4 左）。

标本 M419:1，铜片。纺锤形，上有两条凸弦纹，画有 2 个白色圆圈，似眼睛状。长 7.1、最宽 3.4 厘米（图一三八，7；彩版五六，5 上）。

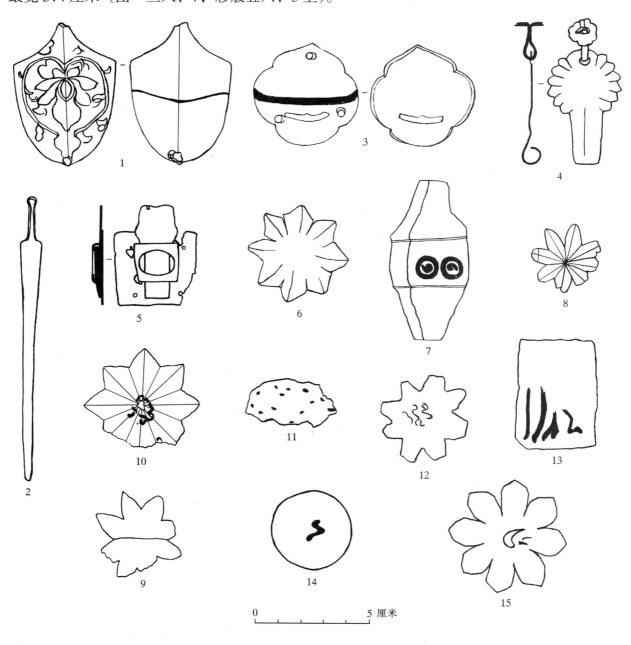

0 ————— 5 厘米

图一三八　火葬墓随葬铜器

1.M1517:1　2.M1723:1　3.M1300:1　4.M2422:1　5.M2422:2　6.M540:3　7.M419:1　8.M632:1　9.M1621:1
10.M2191:1　11.M2191:2　12.M2115:1　13.M2115:2　14.M558:1　15.M558:2

标本 M632:1，铜片。残，八角星状。最长径 3 厘米（图一三八，8；彩版五六，6 右）。

标本 M1621:1，铜片。残，八角星状。最长径 4 厘米（图一三八，9）。

标本 M2191:1，铜片。略残，八角星状，上有少量朱书。最长径 5 厘米（图一三八，10；彩版五七，1 右）。

标本 M2191:2，铜片。不规则。长 5 厘米（图一三八，11；彩版五七，1 左）。

标本 M2115:1，铜片。莲花形，上有模糊朱书。最长径 4 厘米（图一三八，12；彩版五七，2 右）。

标本 M2115:2，铜片。长方形，上有模糊朱书。长 4.9、宽 3.5 厘米（图一三八，13；见彩版五七，2 左）。

标本 M558:1，铜片。上有模糊朱书。直径 3.6 厘米（图一三八，14）。

标本 M558:2，铜片。八瓣莲花状。直径 5 厘米（图一三八，15）。

标本 M2557:1，铜片。长方形，上有朱书符咒。长 8.4、宽 4.6 厘米（图一三九，1；彩版五七，3）。

标本 M440:1，铜片。圆形，略残，有朱书符咒。直径 7.7 厘米（图一三九，2）。

标本 M440:2，铜片。较残。长 7.5、最宽 4.5 厘米（图一三九，3）。

标本 M632:2，铜片。长方形，有朱书符咒。长 5.5、宽 3.5 厘米（图一三九，4；见彩版五六，6）。

标本 M694:1，铜片。不规则，有朱书符咒。长 7.9、最宽 4.2 厘米（图一三九，5；彩版五七，4 左）。

标本 M694:2，铜片。不规则，有模糊朱书。长 5、最宽 3 厘米（图一三九，6；彩版五六，4 右）。

标本 M38:1，铜片。略残，有模糊朱书。长 6、宽 3.2 厘米（图一三九，7）。

标本 M355:1，铜片。略残，有朱书符咒。长 5.4、宽 3 厘米（图一三九，8）。

标本 M28:1，铜片。不规则，有朱书符咒。长 7.6、宽 4.2 厘米（图一三九，9；彩版五七，5）。

标本 M1967:1，铜片。长方形，有模糊朱书。长 6.5、宽 3.3 厘米（图一三九，10；彩版五七，6）。

标本 M887:1，铜片。长方形，有朱书符咒。长 4.4、宽 1.7 厘米（图一三九，11；彩版五八，1）。

标本 M1249:1，铜片。圆形，有模糊朱书。直径 6.3 厘米（图一三九，12）。

标本 M397:1，铜片。长方形。长 5.3、宽 1.9 厘米（图一三九，13）。

标本 M1084:1，铜片。长方形，有朱书。长 12、宽 3.5 厘米（图一三九，14）。

标本 M540:4，铜片。长方形，有模糊朱书。长 5.5、宽 4.2 厘米（图一三九，15）。

标本 M327:1，铜片。长方形，上有 6 个小穿孔。长 5.2、宽 4.7 厘米（图一三九，16）。

标本 M323:1，铜片。不规则，有两道弦纹。长 8.5、宽 3.2 厘米（图一三九，17）。

标本 M2591:2，铜片。椭圆形，上钉有四个铁扣，边有 7 个穿孔。长 7.8、宽 4 厘米（图一三九，18）。

标本 M782：1，铜片。长方形，有 1 小孔。长 4.1、宽 3.3 厘米（图一三九，19）。

标本 M2524：1，铜片。不规则形。长 5.4、宽 4 厘米（图一三九，20）。

标本 M204：1，铜片。三角形，有 2 小孔及点纹。长 6.3、最宽 3.5 厘米（图一三九，21）。

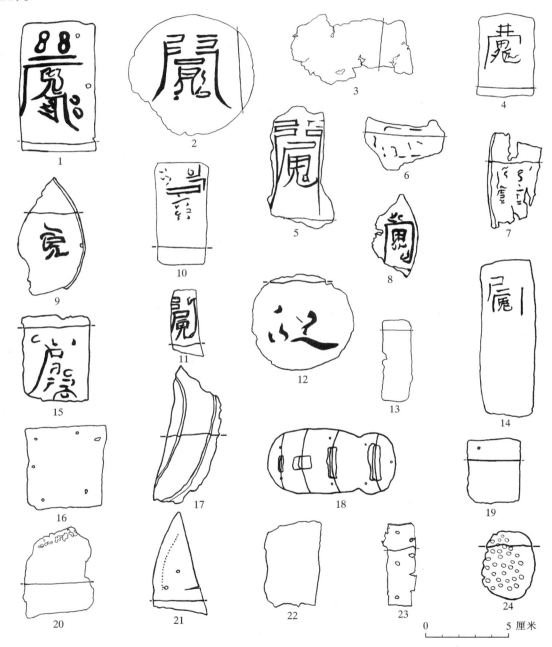

图一三九　火葬墓随葬铜片

1.M2557：1　2.M440：1　3.M440：2　4.M632：2　5.M694：1　6.M694：2　7.M38：1　8.M355：1　9.M28：1

10.M1967：1　11.M887：1　12.M1249：1　13.M397：1　14.M1084：1　15.M540：4　16.M327：1　17.M323：1

18.M2591：2　19.M782：1　20.M2524：1　21.M204：1　22.M2312：1　23.M2154：1　24.M2367：1

标本 M2312：1，铜片。长方形。长 5.5、宽 3.5 厘米（图一三九，22）。

标本 M2154：1，铜片。长方形，残，有 3 个小穿孔。长 5.1、宽 2 厘米（图一三九，23）。

标本 M2367：1，铜片。椭圆形，有多个小孔。长 4.5、宽 3.3 厘米（图一三九，24）。

（三）银器

较少，共 4 件。有戒指、银片、耳环等。

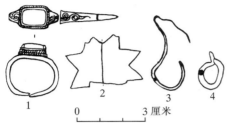

图一四〇　火葬墓随葬银器

1. 戒指（M2233b:1）　2. 银片（M106:1）

3. 耳环（M41:1）　4. 耳环（M1764:2）

标本 M2233b：1，戒指。指环椭圆形，环边阴刻卷云纹，戒面长方形，边刻小花瓣纹，内镶彩石。环最大径 2.3、戒面长 1.4、宽 1.1，通高 4.9 厘米（图一四〇，1）。

标本 M106：1，银片。较残，八角星形。最长径 3.2 厘米（图一四〇，2）。

标本 M41：1，耳环。呈弯钩状，下端圆形，上端变细。直径 1.5、通高 3.5 厘米（图一四〇，3）。

标本 M1764：2，耳环。椭圆形，剖面圆形。最大直径 1.5、剖径 0.2 厘米（图一四〇，4；见彩版五四，6 上右）。

（四）铁器

共计 164 件。铁片较多，为长方形、不规则形等，铁片上多裹有布纹，少量铁片上有稻谷印痕。铁片制作随意，有的直接从某器物上取下，如锯片等。另外还有少量铁饰品及生活实用器。

标本 M1975：1，镰。保存基本完好，但锈蚀，弧形，刃部有锯齿。长 27.3、刃宽 2.3 厘米（图一四一，1）。

标本 M1959：1，镰。残，锈蚀，弧形。残长 16.6、刃宽 2 厘米（图一四一，2）。

标本 M540：5，小刀。保存完好，斜刃，折柄。长 8.7、刃最宽处 1.4 厘米（图一四一，3；彩版五八，2）。

标本 M797：1，小刀。保存完好，斜刃，折柄。长 12.7、刃最宽处 1.9 厘米（图一四一，4）。

标本 M2002：1，剪刀。尖头，和现代剪刀无异，柄上裹布纹。长 20 厘米（图一四一，5）。

标本 M203：1，箭镞。尖残，锋为棱形，长铤。通长 8.2、刃最宽处 1.2 厘米（图一四一，6；彩版五八，3）。

标本 M271：1，镯。椭圆形，似串珠状。最大直径 7.5 厘米（图一四一，7；彩版五八，4）。

标本 M17g：1，镯。有锈痕，圆形，两端有小钩，剖面为圆形。直径 5.9 厘米（图一四一，8）。

标本 M1215：1，镯。椭圆形，有锈痕，残留少量布纹。最大直径 7 厘米（图一四一，9）。

标本 M609：1，镯，椭圆形，剖面为方形，最大直径 8、边宽 0.7 厘米（图一四一，10）。

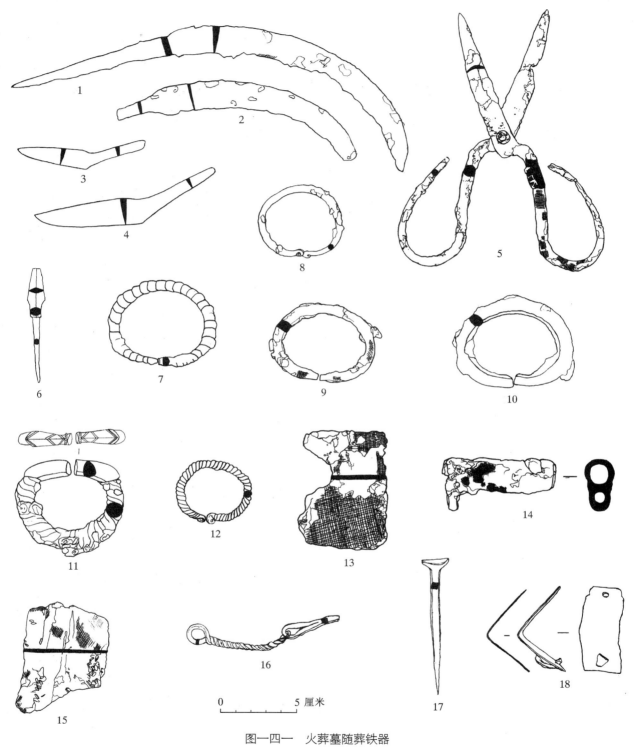

图一四一　火葬墓随葬铁器

1. 镰（M1975:1）　2. 镰（M1959:1）　3. 小刀（M540:5）　4. 小刀（M797:1）　5. 剪刀（M2002:1）　6. 箭镞

（M203:1）　7. 镯（M271:1）　8. 镯（M17g:1）　9. 镯（M1215:1）　10. 镯（M609:1）　11. 镯（M2360b:1）

12. 镯（M912:1）　13. 铁片（M549:1）　14. 锁（M2353a:1）　15. 铁片（M1443:1）　16. 铁器（M2531:1）

17. 钉（M538:1）　18. 铁片（M404:1）

标本 M2360b：1，镯。椭圆形，镯身为铁丝绞合成，两端变细，上阴刻折线纹。最大直径7.5厘米（图一四一，11）。

标本 M912：1，镯。椭圆形，为铁丝绞合成，两端有小钩。最大直径 5 厘米（图一四一，12）。

标本 M549：1，铁片。基本为长方形，上残留大量布纹。长 8.4、宽 6、厚 0.2 厘米（图一四一，13）。

标本 M2353a：1，锁。为铁锁下部构件，中空，锈蚀严重，残留有少量布纹。长 7.7、最宽 3.7 厘米（图一四一，14）。

标本 M1443：1，铁片。基本为长方形，上残留布纹和稻谷印痕。长 8、宽 5.8、厚 0.2 厘米（图一四一，15）。

标本 M2531：1，铁器。由两部分组合成，应为器物扣件。长 10.4 厘米（图一四一，16）。

标本 M538：1，钉，保存完好，方钉。通长 9.5 厘米（图一四一，17）。

标本 M404：1，铁片。长方形，铁片折成直角状，似角铁，两端有钉孔。宽 2.7 厘米（图一四一，18）。

（五）玛瑙、料珠等杂项

共计 83 件。主要为装饰品，依质地有料珠、玛瑙、石珠、骨饰等。颜色多为红色、浅红色、白色。

标本 M1622：2，料珠。圆形，中部开孔。厚 1、直径 1.6 厘米（图一四二，1）。

标本 M1116：2，料珠。圆形，中部开孔。厚 1.4、直径 1.4 厘米（图一四二，2）。

标本 M1116：3，料珠。圆形，中部开孔。厚 1、直径 1.5 厘米（图一四二，3）。

标本 M1164：1，玛瑙珠。椭圆形，中部开孔。厚 1.6、直径 1.1 厘米（图一四二，4）。

标本 M911：1，石珠。圆形，中部开孔。厚 1.1、直径 1.1 厘米（图一四二，5）。

标本 M911：2，石珠。圆形，中部开孔。厚 1.8、直径 1.1 厘米（图一四二，6）。

标本 M1551：1，料珠。圆形，中部开孔。厚 0.8、直径 0.9 厘米（图一四二，7）。

标本 M197：1，玛瑙珠。椭圆形，无孔。厚 0.8、直径 1 厘米（图一四二，8）。

标本 M632：3，玛瑙珠。圆形，中部开孔。厚 0.8、直径 0.9 厘米（图一四二，9）。

标本 M632：4，琥珀。不规则。最长 1.5、最宽 1.3 厘米（图一四二，10）。

标本 M2181：1，玛瑙珠。圆形，中部略凹，有开孔。直径 1.1 厘米（图一四二，11）。

标本 M652：1、标本 M652：2、标本 M652：3、标本 M652：4、标本 M652：5，玛瑙珠。5件，圆形，中部开孔。厚 0.4、直径 0.9 厘米（图一四二，12~16）。

标本 M2513：1，玛瑙珠。圆形，中部开孔。厚 0.5、直径 0.8 厘米（图一四二，17）。

标本 M1786：1，料珠。圆形，中部开孔。厚 0.2、直径 0.7 厘米（图一四二，18）。

标本 M1786：2，料珠。圆形，中部开孔。厚 0.5、直径 0.8 厘米（图一四二，19）。

标本 M831：1，料珠。圆形，中部开孔。厚 0.5、直径 0.7 厘米（图一四二，20）。

标本 M2453：1，料珠。圆形，中部开孔。厚 0.7、直径 0.7 厘米（图一四二，21）。

标本 M2453：2，料珠。圆形，中部开孔。厚 0.7、直径 1 厘米（图一四二，22）。

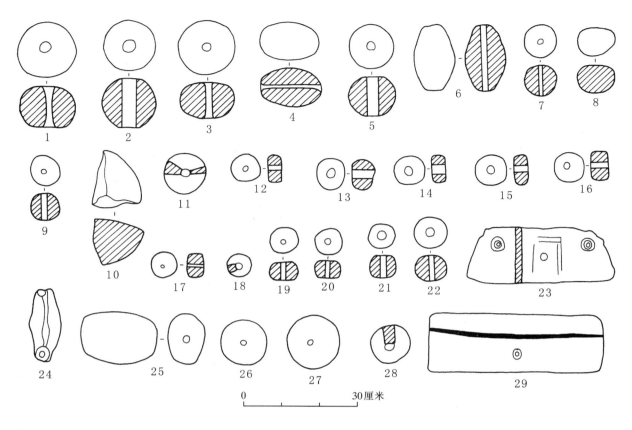

0　　　　　　　30厘米

图一四二　火葬墓随葬玛瑙、料珠、石珠、骨饰

1.料珠（M1622:2）　2、3.料珠（M1116:2、M1116:3）　4.玛瑙珠（M1164:1）　5、6.石珠珠（M911:1、M911:2）　7.料珠（M1551:1）　8.玛瑙珠（M197:1）　9.玛瑙珠（M632:3）　10.琥珀（M632:4）　11.玛瑙珠（M2181:1）　12～16.玛瑙珠（M652:1、M652:2、M652:3、M652:4、M652:5）　17.玛瑙珠（M2513:1）　18、19.料珠（M1786:1、M1786:2）　20.料珠（M831:1）　21.玛瑙珠（M2453:1）　22.玛瑙珠（M2453:2）　23.骨饰（M2631:1）　24.料珠（M2127:3）　25、26.料珠（M419:2、M419:3）　27.料珠（M419:4）　28.料珠（M1553:1）　29.骨饰（M407:1）

标本 M2631:1，骨饰。长方形，上钻 3 个孔。长 4、宽 1.5、厚 0.2 厘米（图一四二，23）。

标本 M2127:3，料珠。菱形，中部有孔。长 2、厚 1 厘米（图一四二，24）。

标本 M419:2，料珠。圆柱形，中部开孔。长 2、宽 1.5 厘米（图一四二，25；见彩版五六，5 下左 1）。

标本 M419:3，料珠。圆形，中部开孔。直径 1.2 厘米（图一四二，26；见彩版五六，5 下左 2）。

标本 M419:4，料珠。圆形，中部开孔。直径 1.5 厘米（图一四二，27；见彩版五六，5 下左 3）。

标本 M1553:1，料珠。圆形，中部开孔。厚 0.3、直径 1 厘米（图一四二，28）。

标本 M407:1，骨饰。长方形，中部钻孔。长 4.6、宽 1.7 厘米（图一四二，29）。

第五节 碑刻、符录

一 碑刻

据当地人介绍，一直到解放初期象眠山上还碑幢林立，20世纪60年代金墩等地生产队曾将部分碑刻撬去铺打场。1964年县上修建漾弓江上的石门坎水利工程时，大量墓碑、经幢被抬去垒砌石墙及桥墩。原来在石门坎的水沟边还丢有几块象眠山火葬墓碑，1994年县文物管理所已将碑运回县城，安放在现文化馆后院的碑栏内。这次发掘，除了有两座经幢保存完好，未被移动过外，已经没有安放在原地的碑刻、经幢发现。揭除土表后暴露了一些断碣残碑，这些碑刻虽残且被移动过，但属该墓地之物应该无异，我们将有文字的碑刻不论大小已全部采集。对于①层下、②层中发现的没被移动的大量碑座，多在平面遗迹图上标绘出位置，纹饰好的也已收集回来。

（一）经幢

共收回4件，有2件原来就立在火葬墓上，采集2件。

M573，青石，无碑座，发掘前大部埋在土中，立在M573上方，宝珠形顶，顶上刻有梵文，顶下被雕成八角亭状，亭厦面上各刻有一个梵文。再下被刻成八棱柱状，八个面上所刻字均剥蚀。再下段为略粗的圆柱状均匀刻有4个小龛，龛内所雕之物模糊，最下段为高12厘米的锥状榫，通高93厘米（图一四三，1）。

M1842，沙石，发掘前大部埋在土中，立在M1842上方，方形碑座，顶最上部残，下半部刻成一仰莲座状，再下刻成八角亭状，亭厦刻有一圈仰莲纹饰。再下部分被刻成八棱柱状，有四边要大些，大面对称的两面各刻有一佛母和佛像，其余各面刻有梵文，下部均模糊。再下部分刻成须弥座，最下为边长22厘米的方形榫。通高100厘米（图一四三，2）。

T0308②:1，经幢残片，冰花石质，最上雕三层仰莲纹，中部为须弥座，中间雕一坐狮，最下雕卷云纹，剥蚀严重，经幢上下两头均刻有榫孔，原来经幢为几个部分组合成。长32、宽28、厚7厘米（图一四三，3）。

T0209②:5，在地层中出土，冰花石质，馒头形顶，顶上刻有梵文，两面对称刻两小龛，龛中刻佛像和佛母，较模糊，束腰，再下部略粗，饰刻印莲纹，插榫部分残缺。残高54厘米（图一四三，4）。

（二）碑刻

碑刻分为两部分，一部分为地层中出土，多数残损。一部分是《鹤庆碑刻辑录》中收录出自象眠山的。本节所录碑刻均为本次发掘出土。其余详见本书附录二。

"迢终奇特尹情"墓碑

碑文如下：

迢终奇特尹情墓碑志 陋巷婆罗门秩禄述文（一行）苍天太簇上浣九日，幺僧坐

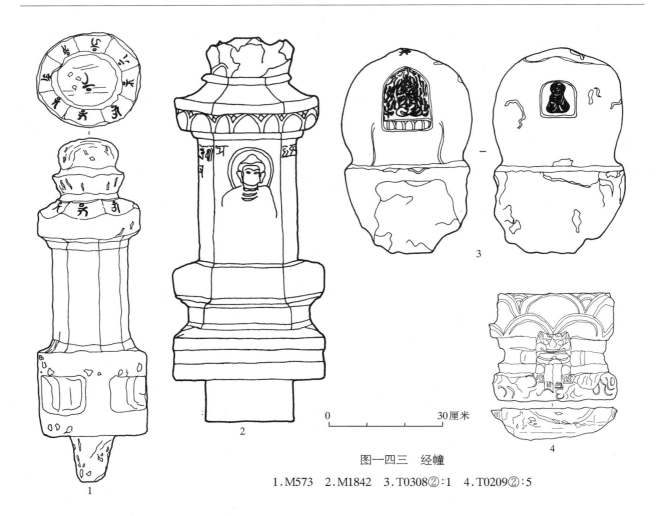

图一四三　经幢

1. M573　2. M1842　3. T0308②:1　4. T0209②:5

堂轩，忽见叔侄潜神抽出□□家（二行）谱，擅（揎）而言曰："有公存日，颇有德
　　行，气裹温良，志纯忠孝，□情义（三行）烈艳，生我劬劳，无伸报答，以尽其礼，
　　谒乞碣志。"默然。世上丈（四行）夫之智，可谓孝矣。盖□天水郡之苗裔，讳情，
　　以庚申年生，适（五行）杨氏曰花，育三男：公茜殒，鼗三日节，见存。鞠六女：
　　苞能息连（六行）姮，金聘伟族。茜娶李氏柳，谨恂公婆，生四男：福、瞻、圭、
　　寿。毓一（七行）女：圆，配于奕族三。节娶上登杨老人次女，曰妙瑾，贞洁妇道
　　（八行），巧妙女红。椿堂迄宣德七年，大限五十二载，不幸于夏六月（九行）中浣
　　三日天命俄终，辋车暨葬于凤顶之阳，亲戚赙送尽礼（十行）矣。以继铭曰：太簇
　　九日于上旬，叔侄抽出家谱原（十一行），天水郡丈夫之智，尽终孝礼以周全，置立
　　碑志扬名世（十二行），螽斯子嗣胝连绵。孝妻杨氏妪花　大理匠人杨禄刊（十三
　　行），天顺三年太簇□□孝子尹节孝孙尹福尹瞻尹圭尹寿等立石（十四行）。

说明：碑石石质为大理石，高62、宽38、厚7厘米。碑文直行右起，共14行，首行空一
格起，二、三行顶格，各24字，其余23字，末行为25字（蚀2字）（图一四四）。

天顺三年为1459年，太簇为一月。

背面为梵文经咒，横书，最上一行为汉字，从右至左为：佛顶尊胜陀罗尼神咒曰。第九

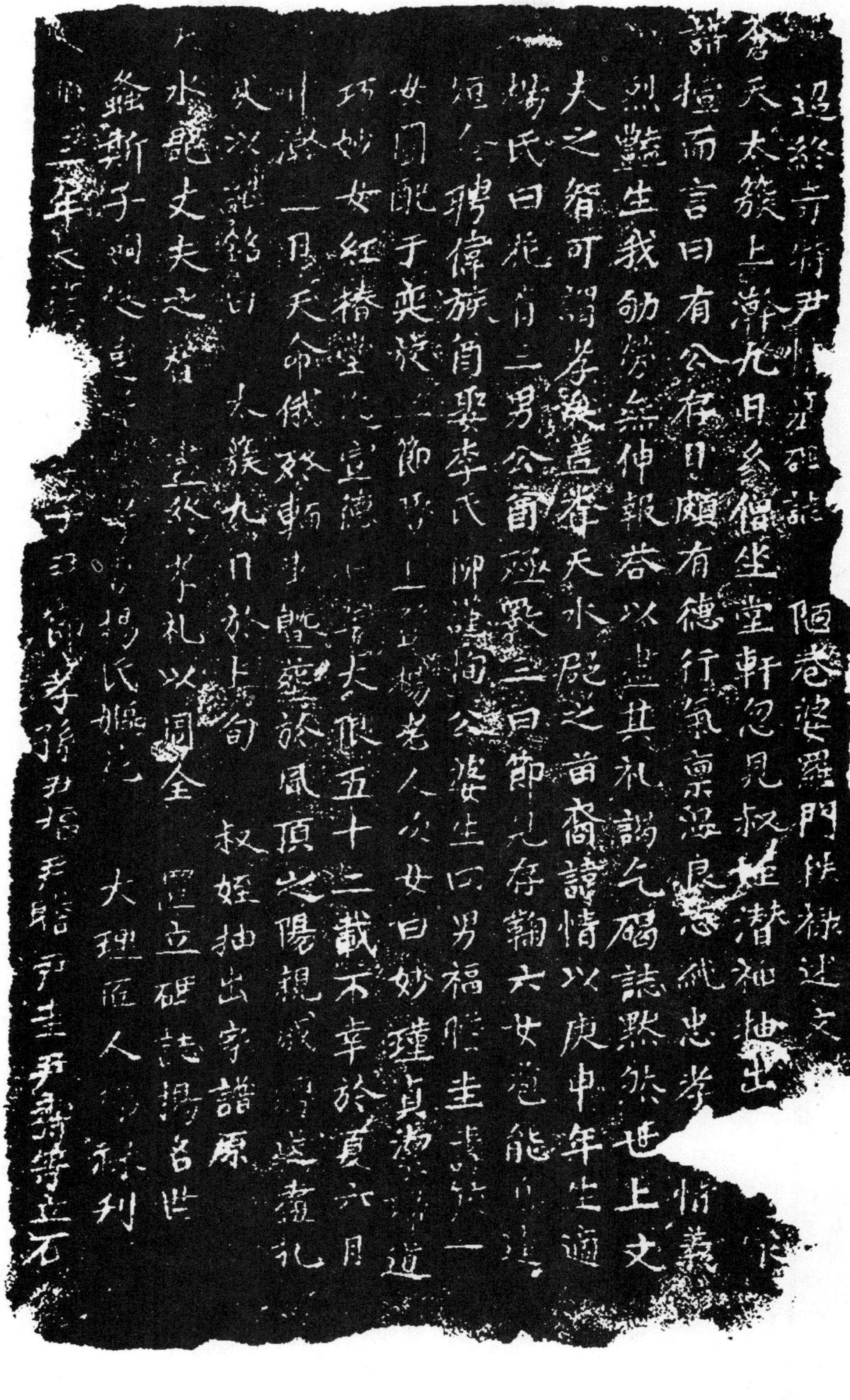

图一四四　　"迢终奇特尹情"墓碑拓片（正面）

图一四五　　"迢终奇特尹情"墓碑拓片（背面）

行亦为汉字，从左至右为"追为迢终亡过显考尹情之识往生极乐净邦"，共 18 个字。经咒约 24 行（下节剥蚀，约有 10 行文字已模糊不清，图一四五）。

"神识"碑

正中书：追为亡人杨文景神识。

右书：父杨通　母赵氏　女庆　。

左书：叔杨文才婶母张氏□连。

整体类似亡灵牌位，四周有卷草纹。

碑高 31、宽 27 厘米，末端有楔，长 10、宽 14 厘米（图一四六）。背面为梵文经咒，中间有一行汉字："追为亡人杨文景神识。"字迹模糊。

"故杨公"碑

碑额为半圆形，正中有一"佛"字，外有双圆圈，外有 3 朵莲花，外圈有 5 枚钱币纹和

图一四六　"神识"墓碑拓片

卷草纹，呈半圆形包围。

　　残碑仅存一三角形，内存 4 行直书文字：

　　右行为"鹤庆"。

　　次行为"盖□□□"。

中为"故杨公□"。

左行为"之后"。

背面大部剥蚀，唯外圈有 5 个经咒图形，尚可辨识（图一四七）。石质为冰花石，厚 10、宽 40、高 32 厘米。

"李公"墓碑

残存 7 行字，每行 1 字：鹤有父日受方守。

残宽 23、高 31、厚 3～5 厘米。

正中有 1 个"佛"字在莲花纹上，另有 3 个梵文经咒，外有圆圈。

从左至右有"佛顶尊胜陁"5 字，下有一行梵文经咒。

残高 31、宽 23 厘米，不规则形状（图一四八）。

半圆形碑额

此碑与组合形碑不同，碑与额为一体，惜碑已断，仅剩 12 行字，右书，每行 2 字：窃闻 在（睹）非亲 龟城 也扬 可以 美出 三宝 目今 续后 礼义 阿弥（下截断）（图一四九，1）。

半圆形碑额正中有一佛像，左右有两尊菩萨和两座塔，外缘有 8 个梵文经咒，均有圆圈，其余为卷草纹。背面亦为一佛二菩萨，唯正面两塔之处为云纹，外缘卷草纹同，梵文经咒只有 5 字（图一四九，2）。此正反两面之不同之处。

碑额宽 49、高 32、厚 6 厘米。碑宽 31、残长 5、厚 5 厘米。

碑额残片

碑身缺失，仅留碑额残片，正面为 3 字梵文经咒，并有花枝（瓶）等图案。背面为 2 字梵文，并有花瓶及缠枝花（蕙）卉等纹饰装饰。石质为大理石。残碑高 40、宽 30、厚 9 厘米（图一五〇）。

（三）碑座

即安放碑幢的座子，多在①、②层土中发现，大部分未被移动过，在下面及周围均有火葬墓发现。石质为青石、砂石、冰花石不等。形状为方形、长方形、圆形等，仅有一个雕成贝蠃状。座上的榫孔为方形、圆形两种，不一定打通，座上多饰莲瓣纹图案。采一：圆形、表面装饰莲瓣纹，榫孔位于中央，圆形、未打通。直径 55、厚 16 厘米。（图一五一）

二　符录

主要是指写、画在火葬罐上、随葬铜片上、骨骸上的梵文、符咒和汉字等，以内罐的盖、身上发现最多。

铜片上均为朱书符咒，似汉字，手写，字写得变形和夸张，字中似乎均含"鬼"字。

罐盖外壁的，均为朱书梵文，紧靠口沿。均手书，间距排列。罐盖内的，常画法轮纹，法轮为朱色画、墨画不等，也有两种色同画在一起。梵文多写在中部和外轮纹间，中间多为

图一四七 "故杨公"墓碑拓片

图一四八 "李公"墓碑拓片

1. 正面

2. 背面

图一四九　半圆形碑额拓片

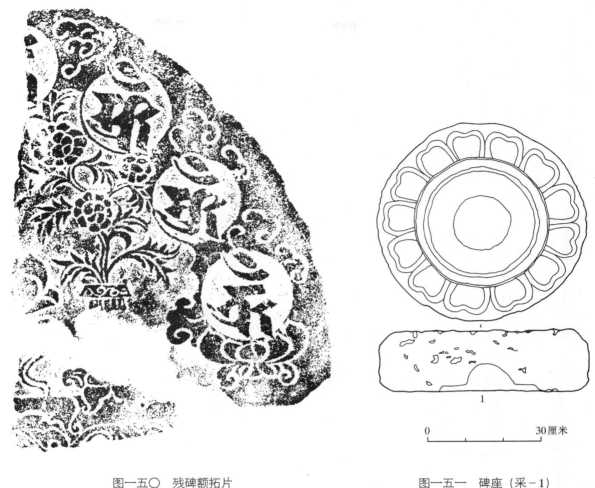

图一五〇 残碑额拓片　　　　　　　　　　图一五一 碑座（采-1）

0　　　　　　　30厘米

一梵文，外边梵文常环绕成一圆圈。盖内不画法轮纹的，在中部常写一朱色梵文，外环写一圈朱色梵文，字数不等。

罐身上的，在外壁、内壁、底都有发现。但以外壁中部出现的最多。均朱色，手写，基本为梵文，数字不等。也有少量汉字"东"及"东、南、西、北"等。

烧骨上的，均为朱书梵文，有的骨块字迹尚清晰可辨，多数较模糊。

第六节　典型火葬墓

发掘的火葬墓，从墓坑形制看，分圆形、椭圆形、不规则形坑三种。多单人葬，也有部分合葬。我们选出部分各时期、各类型及特殊墓葬作介绍。

M1

圆形坑，位于 T0207 南部，北部打破 M21。直径 59、深 42、墓口距地表 5 厘米。填土为红褐色黏土，松软。葬具为黄釉瓶，无盖，无随葬品（图一五二）。

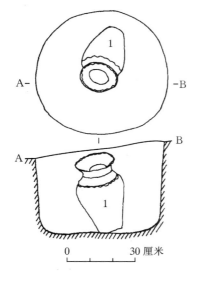

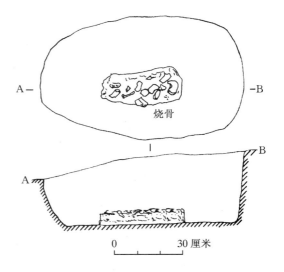

图一五二　火 M1 平、剖面图
1. 黄釉瓶

图一五三　火 M48 平、剖面图

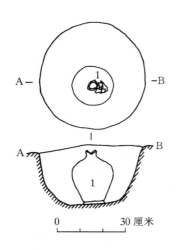

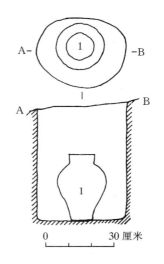

图一五四　火 M58 平、剖面图
1. 绿釉瓶

图一五五　火 M85 平、剖面图
1. 黄釉罐

M48

椭圆形坑，位于 T0204 东南部。长径 90、短径 56、最深 32、墓口距地表 60 厘米。填土为红褐色黏土，松软。葬具可能为木盒，已朽，无随葬品（图一五三）。

M58

椭圆形坑，位于 T0209 中部，东部打破 M346，北部打破 M554。长径 49、短径 46、深52、墓口距地表 35 厘米。填土为浅红色黏土，夹少量炭屑，土质略硬。葬具为绿釉瓶，无盖，无随葬品（图一五四）。

注：火葬墓打破关系见第一章探方平面图，火葬墓由于布方原因，均不加指北针。

M85

椭圆形坑，位于 T0209 东北部，南部被现代迁坟打破，打破 M364。长径 40、短径 37、深 56、墓口距地表 45 厘米。填土为浅红色黏土，夹少量炭屑，土质略硬。葬具为黄釉罐，无盖，无随葬品（图一五五）。

M103

合葬墓，不规则形坑。位于 T0207 西北角，东面打破 M19，南部打破 M244，北部打破 M601。最大径 110、短径 70、坑深 53、墓口距地表 25 厘米。填土为红褐色，松软。葬具均为黄釉套罐，北面罐侧立长方形青砖一块（图一五六）。

M105

椭圆形坑，位于 T0208 东南部。长径 70、短径 62、深 50、墓口距地表 60 厘米。填土为红色黏土，松软。葬具为黄釉罐，无随葬品（图一五七）。

M120

椭圆形坑，位于 T0108 西南部。长径 52、短径 48、坑深 34、墓口距地表 20 厘米。填土为红褐色黏土，夹少量炭屑，土质松软。葬具为黄釉罐，无盖，无随葬品（图一五八）。

M244

圆形坑，位于 T0207 西北部，东面被 M103 打破，南面被 M184 打破，北面被 M1480 打破。直径 71、深 55、墓口距地表 60 厘米。填土为红褐色黏土，松软。葬具为绿釉套罐，内外罐间放瓦片、铁片。烧骨放在内罐中，骨上贴金箔，内罐中随葬铜片 1 件，铜片上有朱书（图一五九）。

M297

椭圆形坑，位于 T0206 西北部。长径 50、短径 45、坑深 45、墓口距地表 30 厘米。填土为红色黏土，松软。葬具为灰陶瓶，瓶北部立长方形青砖 1 块，无盖（图一六〇）。

M320

圆形坑，位于 T0112 西部。直径 50、深 32、墓口距地表 50 厘米。填土为红褐色黏土，夹大量炭屑。土质略硬。葬具为红陶罐，罐身保存完好，罐盖碎，底垫 3 块小石，无随葬品（图一六一）。

M323

圆形坑，位于 T0112 南部。直径 50、深 45、墓口距地表 35 厘米。填土为红色黏土，夹少量炭屑，土质略硬。葬具为灰陶套罐，烧骨放在内罐中，骨上贴金箔，罐西侧垫青瓦碎片，内外罐间放铜、铁各 1 件、海贝数枚（图一六二）。

M375

圆形坑，位于 T0210 南部，东部被 M70 打破。直径 45、深 41、墓口距地表 60 厘米。填土为红色黏土，松软。葬具为绿釉瓶，罐底侧放 3 块小石，无盖，无随葬品（图一六三）。

M419

合葬墓，椭圆形坑，位于 T0307 中部，东部被 M387 打破，西部打破 M2405，北部被

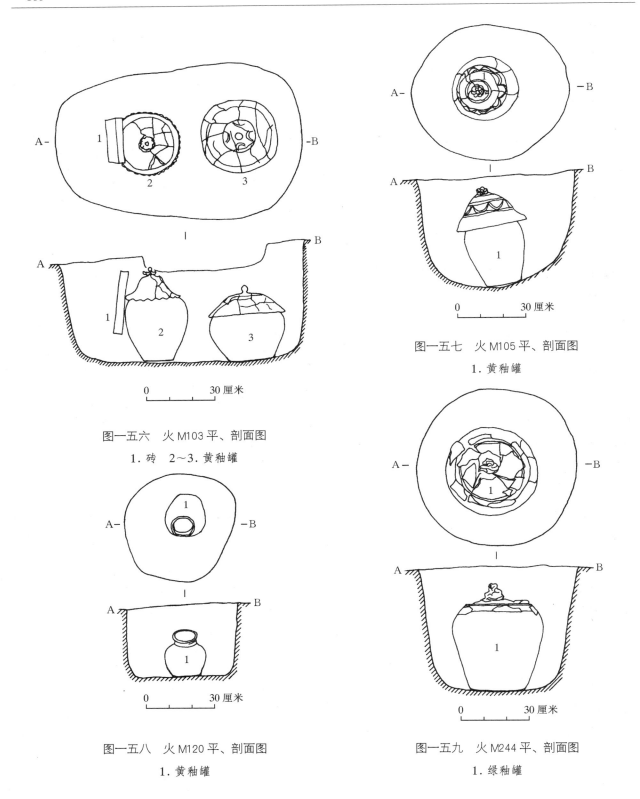

图一五六　火 M103 平、剖面图

1.砖　2～3.黄釉罐

图一五七　火 M105 平、剖面图

1.黄釉罐

图一五八　火 M120 平、剖面图

1.黄釉罐

图一五九　火 M244 平、剖面图

1.绿釉罐

M1783 打破。长径 95、短径 66、深 59、墓口距地表 40 厘米。填土为红褐色黏土，夹少量炭屑，土质较硬。葬具均为黄釉套罐，烧骨均位于内罐内。东面罐烧骨上贴金箔，朱书梵文，随葬海贝数枚、铜片 1 件，料珠数颗、绿松石 1 颗。西面罐内烧骨上贴金箔，随葬海贝 33 枚、

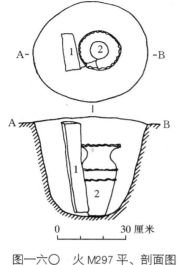

图一六〇　火 M297 平、剖面图

1. 青砖　2. 灰陶瓶

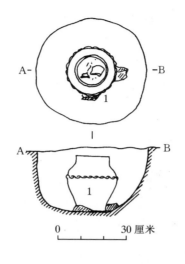

图一六一　火 M320 平、剖面图

1. 红陶罐

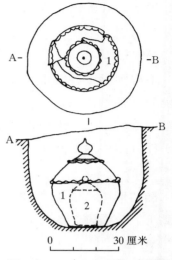

图一六二　火 M323 平、剖面图

1. 灰陶外罐　2. 灰陶内罐

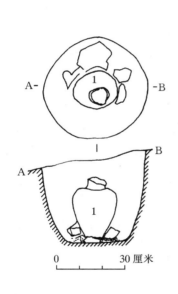

图一六三　火 M375 平、剖面图

1. 绿釉瓶

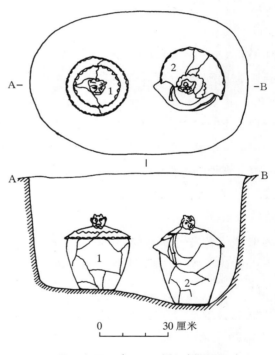

图一六四　火 M419 平、剖面图

1. 黄釉套罐　2. 黄釉套罐

铜片 2 件（图一六四）。

M457

椭圆形坑，位于 T0112 东南角。长径 45、短径 38、深 43、墓口距地表 50 厘米。填土为红褐色，夹大量炭屑，土质略硬。葬具为灰陶罐，青花瓷碗作为盖，无随葬品（图一六五）。

M492

椭圆形坑，位于 T0211 中部，打破 M1357。长径 55、短径 47、深 47、墓口距地表 40 厘米。填土为红褐色，夹大量炭屑，松软。葬具为灰陶瓶，无盖，顶部立长方形天然石条，无随葬品（图一六六）。

M573

不规则形坑，位于 T0209 东北角。长径 70、短径 50、深 35 厘米、墓口距地表 80 厘米。填土为红褐色，夹大量炭屑，松软。葬具为套罐，外罐灰陶罐，内罐绿釉罐。罐上方立经幢，经幢侵蚀严重，字迹模糊。烧骨放于内罐，骨上有朱书梵文，贴金箔，随葬有海贝数枚、铜片 1 件（图一六七）。

M587

椭圆形坑，位于 T0409 南部。长径 65、短径 60、深 55、墓口距地表 12 厘米。填土为红色黏土，土质硬。葬具为灰陶套罐，无随葬品（图一六八）。

M713

圆形坑，位于 T0211 南部，被 M322 打破。直径 30、深 37、墓口距地表 45 厘米。填土为红色黏土，土质硬。葬具为灰陶杯形器，罐形状特殊，似一杯形，中部有圆孔。无随葬品（图一六九）。

M721

近圆形坑，位于 T0212 南部。直径 50、深 34、墓口距地表 40 厘米。填土为红褐色、含大量炭屑，土质略硬。葬具为黄陶罐，罐垫有 2 块小石，无盖，无随葬品（图一七〇）。

M769

圆形坑，位于 T0210 西北部，西面打破 M1015，北面打破 M1297。直径 70、深 50、墓口距地表 50 厘米。填土为红色泥土，土质硬。葬具为套罐，外罐灰陶罐，较破碎，内罐青釉瓷罐，较完好。烧骨放在内罐中，骨上贴金箔。书朱色梵文。随葬玛瑙珠数粒、海贝数枚（图一七一）。

M931

椭圆形坑，位于 T0409 东南部。长径 49、短径 47、深 50、墓口距地表 30 厘米。填土为红色黏土，较硬。葬具为灰陶瓶，瓶口盖一残砖，无随葬品（图一七二）。

M1124

椭圆形坑，位于 T0208 中部，北部被 M26 打破，南部被 M890 打破。长径 90、短径 80、深 66、墓口距地表 80 厘米。填土为红褐色黏土，夹杂大量炭屑，土质松软。葬具为套罐，外罐灰陶瓮，内罐绿釉罐。外罐盖残，口沿西北侧盖青瓦。烧骨放于内罐，烧骨贴金箔，内外罐间有铁片 1 件（图一七三）。

M1140

椭圆形坑，位于 T0208 西部，上有现代迁坟坑，北部打破 M1146。长径 55、短径 50、深 38、墓口距地表 60 厘米。填土为红褐色黏土，夹炭屑。葬具为灰陶罐，上盖灰陶盆，已残，下垫灰陶盆，完好。烧骨上贴金箔，随葬海贝数枚（图一七四）。

M1179

椭圆形坑，位于 T0208 东南部，其上被 M3 打破，西面打破 M1488。长径 70、短径 59、

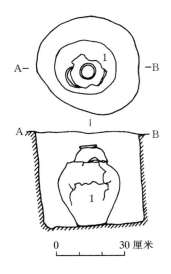

图一六五　火 M457 平、剖面图

1. 灰陶罐　2. 青花瓷碗

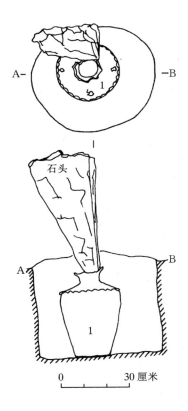

图一六六　火 M492 平、剖面图

1. 灰陶瓶

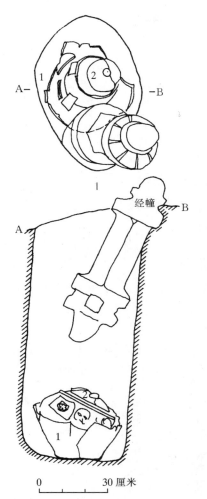

图一六七　火 M573 平、剖面图

1. 灰陶外罐　2. 绿釉内罐

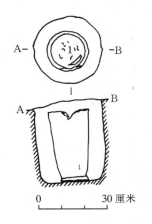

图一六九　火 M713 平、剖面图

1. 灰陶罐

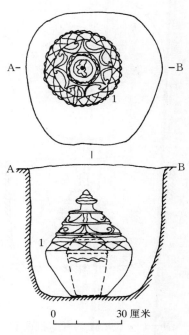

图一六八　火 M587 平、剖面图

1. 灰陶套罐

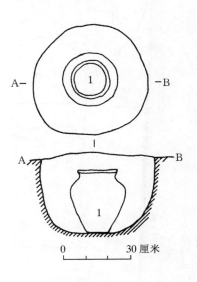

图一七〇　火 M721 平、剖面图

1. 黄陶罐

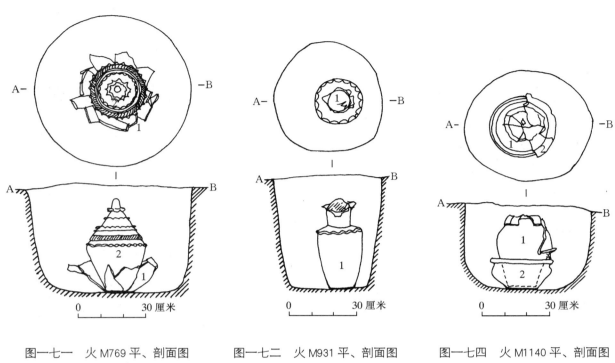

图一七一　火 M769 平、剖面图

1. 灰陶外罐　2. 青釉瓷内罐

图一七二　火 M931 平、剖面图

1. 灰陶瓶

图一七四　火 M1140 平、剖面图

1. 灰陶罐　2. 灰陶盆

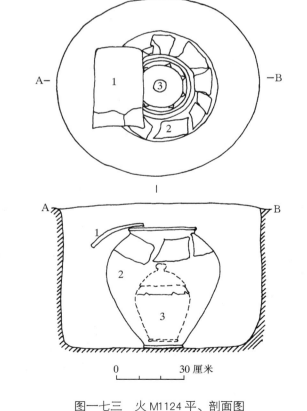

图一七三　火 M1124 平、剖面图

1. 青瓦　2. 灰陶瓮　3. 绿釉内罐

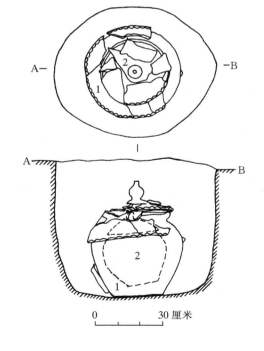

图一七五　火 M1179 平、剖面图

1. 红陶瓮　2. 绿釉内罐

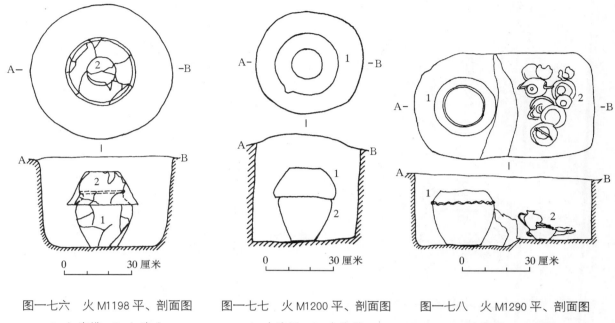

图一七六　火 M1198 平、剖面图　　　图一七七　火 M1200 平、剖面图　　　图一七八　火 M1290 平、剖面图

　　1. 红陶罐　2. 红陶盆　　　　　　　1. 灰陶匜　2. 灰陶罐　　　　　　　1. 灰陶罐　2. 锡器

深 61、墓口距地表 85 厘米。填土为红褐色黏土，夹少量炭屑，松软。葬具为套罐，外为红陶瓮，内为绿釉罐，外罐底垫 3 块小石，南侧放残瓦 1 块。烧骨放于内罐，骨上有朱书梵文，贴金箔，随葬海贝数枚、铜片 2 件（图一七五）。

M1198

　　圆形坑，位于 T0208 中部。直径 60、深 40、墓口距地表 80 厘米。填土为红褐色，夹杂少量炭屑。葬具为红陶罐，盖为红陶盆，底部垫有 3 块小石，无随葬品（图一七六）。

M1200

　　圆形坑，位于 T0207 南部。直径 45、深 50、墓口距地表 80 厘米。填土为红褐色黏土，略硬。葬具为灰陶罐，盖为灰陶匜，罐中随葬海贝数枚（图一七七）。

M1290

　　不规则形坑，位于 T0210 西北部，东部被 M1273 打破，西部被 M1022 打破，打破 M1401。长径 79、短径 48、深 30、墓口距地表 56 厘米。填土为红色黏土，松软。葬具为灰陶罐，盖残，在罐西北部随葬有锡器一套，其中小壶 2 件、杯 1 件、盏 7 件（图一七八；见图版三，1）。

M1421

　　椭圆形坑，位于 T0407 东部壁内。长径 70、短径 60、深 66、墓口距地表 20 厘米。填土为红色黏土，较硬。葬具为灰陶套罐，无随葬品（图一七九）。

M1468

　　近圆形坑，位于 T0309 西部，南面打破 M2656，北面打破 M2478。直径 70、深 54、墓口距地表 30 厘米。填土为红褐色，夹少量炭屑，较硬。葬具为灰陶套罐，外罐北侧立板瓦 1 片，烧骨放于内罐中，骨上有朱书梵文，贴金箔，随葬长方形铜片 1 件（图一八○；见图版

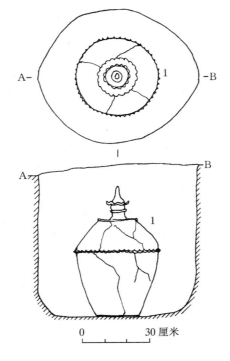

图一七九　火 M1421 平、剖面图

1. 灰陶套罐

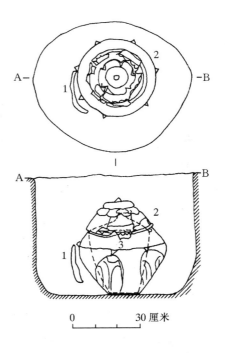

图一八〇　火 M1468 平、剖面图

1. 青瓦　2. 灰陶外罐　3. 灰陶内罐

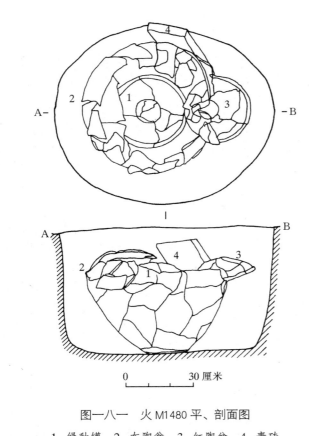

图一八一　火 M1480 平、剖面图

1. 绿釉罐　2. 灰陶瓮　3. 红陶盆　4. 青砖

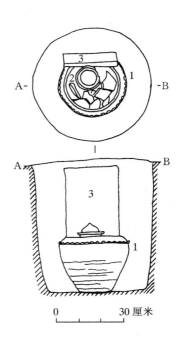

图一八二　火 M1500 平、剖面图

1. 灰陶外罐　2. 灰陶内罐　3. 青砖

三，2）。

M1480

椭圆形坑，位于 T0208 东北角，北部被 M1185 打破。长径 101、短径 87、深 61、墓口距地表 99 厘米。填土为红褐色炭灰土，松软。葬具为套罐，外罐灰陶瓮，红陶盆盖，瓮东部立青砖 1 块。内罐为绿釉罐，烧骨放于内罐中，骨上贴金箔，随葬铁片 1 件，数枚海贝（图一八一；见图版三，3）。

M1500

圆形坑，位于 T0207 西北部。直径 53、深 61、墓口距地表 102 厘米。填土为红褐色，夹大量炭屑。葬具为灰陶套罐，外罐口沿南部立长方形青砖 1 件。烧骨放于内罐内，骨上贴金箔，随葬铁片 2 件、数枚海贝及瓦片（图一八二；见图版三，4）。

M1511

椭圆形坑，位于 T0410 东北部。长径 67、短径 63、深 58、墓口距地表 60 厘米。填土为红色黏土，土质松软。葬具为黄釉罐，罐底垫青砖 1 块，罐周围立青砖 5 块，顶盖方砖 1 块，砖外西南部立有板瓦 1 块。烧骨上贴金箔，随葬有铜片 2 件，大量海贝（图一八三；见图版四，1）。

M1521

圆形坑，位于 T0411 东北部。直径 60、深 83、墓口距地表 60 厘米。填土为红色黏土，土质较软。葬具为黄釉套罐，外罐顶立青砖 1 块，底垫有 3 个小石块。骨灰放于内罐，骨上贴金箔，朱书梵文（图一八四；见图版四，2）。

M1569

近圆形坑，位于 T0213 东北部。直径 53、深 36、墓口距地表 70 厘米。填土为红褐色黏土，土质松软。葬具为灰陶罐，外面由两个黄陶盆扣合而成，坑内烧骨较多（图一八五）。

M1601

圆形坑，位于 T0306 西北部，东面打破 M1616。直径 66、深 36、墓口距地表 50 厘米。填土为红色黏土，土质松软。葬具为灰陶罐，盖为青花碗，残，随葬品为海贝若干（图一八六；见图版四，3）。

M1672

圆形坑，位于 T0310 南部。直径 60、深 68、墓口距地表 35 厘米。填土为黑色炭灰土，夹杂少量黏土，松软。葬具为黄釉瓶，盖为板瓦碎片及灰陶片。随葬品为填土中的 1 件铜镯（图一八七；见图版四，4）。

M1746

圆形坑，位于 T0211 南部，东部打破 M1758，北部被 M1724 打破。直径 50、深 66、墓口距地表 60 厘米。填土为红褐色黏土，土质较硬。墓壁上有 1 块立石。葬具为双耳灰陶套罐，内罐盖内侧有朱书、符咒，骨上有朱书、金箔（图一八八；见图版五，1）。

M1756

合葬墓，椭圆形坑，位于 T0211 东南角，东部打破 M1976，西部被 M1962 打破。长径

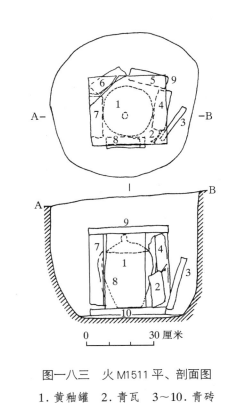

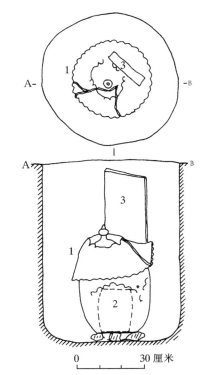

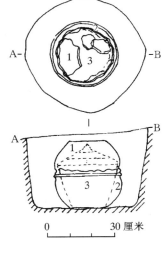

图一八五　火 M1569 平、剖面图

1．黄陶盆　2．黄陶盆　3．灰陶罐

图一八三　火 M1511 平、剖面图

1．黄釉罐　2．青瓦　3～10．青砖

图一八四　火 M1521 平、剖面图

1．黄釉外罐　2．黄釉内罐　3．青砖

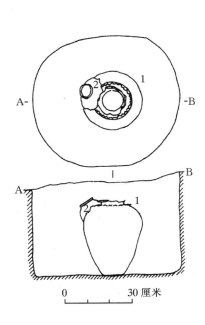

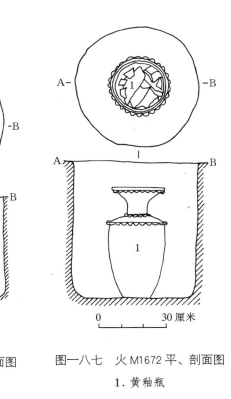

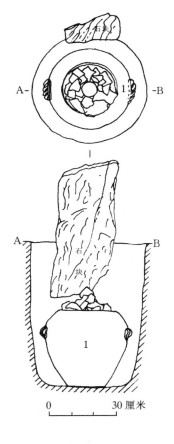

图一八六　火 M1601 平、剖面图

1．灰陶罐　2．青花碗

图一八七　火 M1672 平、剖面图

1．黄釉瓶

图一八八　火 M1746 平、剖面图

1．双耳灰陶套罐（盖残）

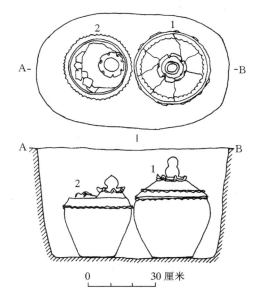

图一八九　火 M1756 平、剖面图

1. 灰陶套罐　2. 灰陶套罐

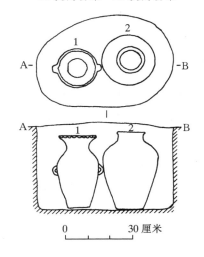

图一九一　火 M1888 平、剖面图

1. 黄釉瓶　2. 黄釉罐

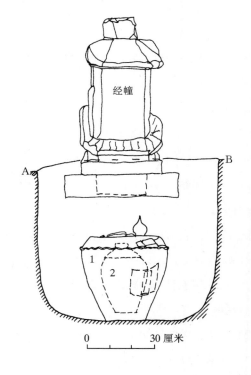

图一九〇　火 M1842 平、剖面图

1. 灰陶罐　2. 绿釉罐

85、短径 52、深 51、墓口距地表 55 厘米。填土为红褐色黏土，夹杂少量炭屑，土质略硬。葬具均为灰陶套罐，残，无随葬品（图一八九；见图版五，2）。

M1842

圆形坑，位于 T0410 北部。直径 80、深 74、墓口距地表 80 厘米。填土为红褐色泥土，夹杂少量炭屑，土质松软。墓顶部立放有沙石质经幢，经幢移走后，下挖 20 厘米即露出葬具。葬具为套罐，外罐为灰陶罐，内罐为绿釉罐，内、外罐间放板瓦 1 块，骨灰放于内罐，骨上贴金箔，朱书梵文（图一九〇；见彩版九）。

M1888

合葬墓，椭圆形坑，位于 T0308 北部，东面打破 M2394。长径 62、短径 40、深 36～38、墓口距地表 80 厘米填土为红色黏土，略硬。葬具为黄釉瓶和黄釉罐，均无盖，无随葬品（图一九一；见图版五，3）。

M1949

椭圆形坑，位于 T0310 西北部，南部打破 M2115，西南部打破 M2350，西北部打破

M2531，北部打破 M2660。长径 90、短径 60、深 52、墓口距地表 30 厘米。填土为红色黏土，松软。葬具较特殊，为砖石垒成。东西 2 面用两块砖横放，顶部用 2 块砖斜放组合在一起，南北面立 2 块条状石块，垒砌成房子结构。底部未铺砖石，骨灰直接放于垒成的砖石室内部，无随葬品（图一九二；见彩版一〇，2、3）。

M1952

圆形坑，位于 T0211 东南部。直径 60、深 60、墓口距地表 50 厘米。填土为红褐色，夹杂大量炭屑，土质略硬。葬具为灰陶套罐，罐底垫长方形青砖 1 块。烧骨放于内罐中，骨上贴金箔，随葬铜、铁片各 1 件，海贝 32 枚（图一九三；见图版五，4）。

M1994

圆形坑，位于 T0308 南部，西部打破 M2051。直径 50、深 50、墓口距地表 25 厘米。填土为红褐色黏土，夹杂少量炭屑，土质较硬；墓壁中立有一石块。葬具为灰陶套罐，罐上置 1 石块，内罐装有大量烧骨、海贝 45 枚、铁片 1 件（图一九四）。

M1998

圆形坑，位于 T0308 西北部。直径 40、深 36、墓口距地表 25 厘米。填土为红褐色黏土，夹杂少量炭屑，土质较硬。葬具为灰陶瓶，瓶口立有 1 半截青砖，无其他随葬品（图一九五）。

M2039

椭圆形坑，位于 T0311 西北部。南部打破 M2191。长径 64、短径 53、深 40、墓口距地表 35 厘米。填土为红色黏土，夹杂少量炭屑，土质较硬。葬具为黄釉双耳瓶一对，均无盖，无随葬品（图一九六；见图版六，1）。

M2040

椭圆形坑，位于 T0311 中部，南部打破 M2546。长径 55、短径 50、深 40、墓口距地表 40 厘米。填土为红色黏土，土质较硬。葬具为灰陶套罐，在罐北侧随葬 2 件玉壶春瓶。罐内烧骨上有朱书梵文，随葬铜镯 1 件、海贝若干枚（图一九七；见图版六，2）。

M2051

圆形坑，位于 T0308 南部，东部被 M1994 打破，西部打破 M2625。直径 30、深 23、墓口距地表 30 厘米。填土为红褐色黏土，夹杂大量炭屑，松软。葬具为青釉瓷罐，无盖，无随葬品。骨灰少，骨片薄。疑为小孩墓（图一九八；见图版六，3）。

M2188

圆形坑，位于 T0311 东北部。直径 50、深 33、墓口距地表 60 厘米。填土为红色黏土，土质较硬。葬具为灰陶内罐，灰陶盆作为盖，无随葬品（图一九九）。

M2203

近圆形坑，位于 T0307 中部。直径 60、深 38、墓口距地表 50 厘米。填土为红色黏土，土质略硬。葬具为套罐，黄釉外罐中随葬件 1 青釉瓷罐（图二〇〇；见图版六，4）。

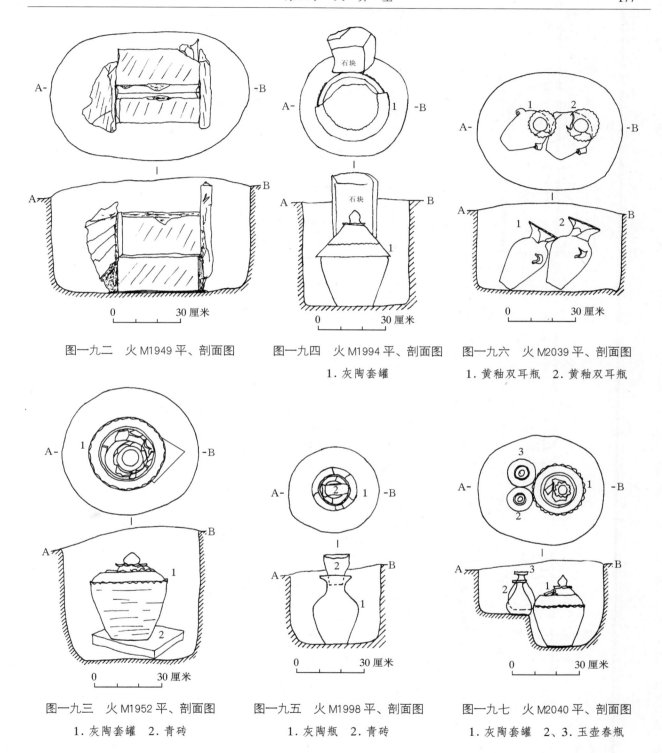

图一九二 火 M1949 平、剖面图

图一九三 火 M1952 平、剖面图
1. 灰陶套罐 2. 青砖

图一九四 火 M1994 平、剖面图
1. 灰陶套罐

图一九五 火 M1998 平、剖面图
1. 灰陶瓶 2. 青砖

图一九六 火 M2039 平、剖面图
1. 黄釉双耳瓶 2. 黄釉双耳瓶

图一九七 火 M2040 平、剖面图
1. 灰陶套罐 2、3. 玉壶春瓶

M2209

近圆形坑，位于 T0307 中部。直径 60、深 45、墓口距地表 55 厘米。填土为红色黏土，土质略硬。葬具为套罐，外罐为绿釉罐，内罐为红陶罐，随葬海贝 36 枚（图二〇一；见图版七，1）。

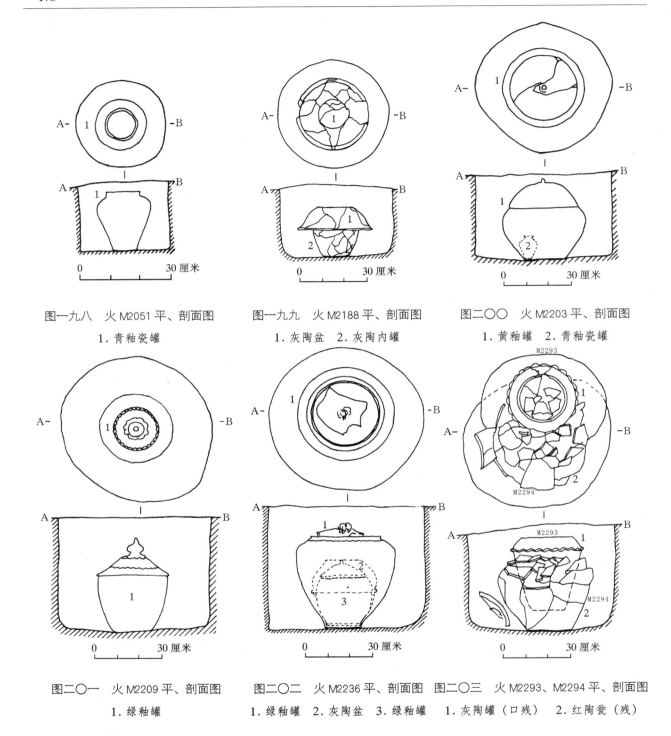

图一九八　火 M2051 平、剖面图　　　图一九九　火 M2188 平、剖面图　　　图二〇〇　火 M2203 平、剖面图

1. 青釉瓷罐　　　　　　　　　　1. 灰陶盆　2. 灰陶内罐　　　　　　1. 黄釉罐　2. 青釉瓷罐

图二〇一　火 M2209 平、剖面图　　　图二〇二　火 M2236 平、剖面图　　图二〇三　火 M2293、M2294 平、剖面图

1. 绿釉罐　　　　　1. 绿釉罐　2. 灰陶盆　3. 绿釉罐　　1. 灰陶罐（口残）　2. 红陶瓮（残）

M2236

　　圆形坑，位于 T0307 西南部。直径 70、深 56、墓口距地表 50 厘米。填土为红色黏土，土质略硬。葬具为绿釉套罐，内罐上套一灰陶盆，内、外罐间放有瓦片，烧骨放于内罐中，骨上贴金箔，随葬铜 1 件、海贝数枚（图二〇二；见图版七，2）。

M2293

　　圆形坑，位于 T0308 中部，西面被 M2099 打破，南面被 M2294 打破。直径 55、深 40、墓口距地表 50 厘米。填土为红褐色黏土，夹杂大量炭屑。葬具为灰陶罐，无随葬品。标本 M2293 葬放时直接将 M2294 挖烂，放在 M2294 上（图二〇三；见图版七，3）。

M2294

圆形坑，位于 T0308 中部，打破 M2293，西面被 M2099 打破。直径 55、深 46、墓口距地表 65 厘米。填土为红褐色黏土，夹杂大量炭屑。葬具为套罐，由于被 M2293 打破，M2294 内、外罐上部均残。外罐为红陶瓮，内罐为绿釉罐。外罐西北侧垫放板瓦 1 片，内、外罐间放铁片 1 件，烧骨放于内罐中，随葬海贝 22 枚（见图二〇三）。

M2322

圆形坑，位于 T0311 北部，被 M2190 打破。直径 50、深 43、墓口距地表 50 厘米。填土为红褐色黏土，土质较硬。葬具为红陶罐，罐上扣一红陶盆，无随葬品（图二〇四）。

M2488

圆形坑，位于 T0308 东南部，直径 50、深 63、墓口距地表 65 厘米。填土为红褐色黏土，土质较硬。葬具为黄釉套罐，大量骨骼破碎散乱，无任何随葬品（图二〇五）。

M2563

圆形坑，位于 T0308 东南部，东面被 M2064 打破。直径 50、深 53、墓口距地表 80 厘米。填土为褐红色黏土，夹杂少量炭屑，土质松软。葬具为黄釉套罐，骨灰放于内罐中，随葬海贝 24 枚、铜镯 1 件（图二〇六；见图版七，4）。

M2570

圆形坑，位于 T0308 西南部，东部打破 M2651，北部打破 M2645，上部有现代迁坟坑。直径 50、深 55、墓口距地表 80 厘米。填土为红褐色黏土，土质较硬，夹有少量炭屑，葬具为黄釉套罐，在罐口南部直立 1 块青砖。内罐装有烧骨和少量海贝（图二〇七）。

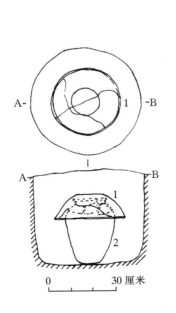

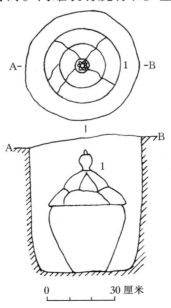

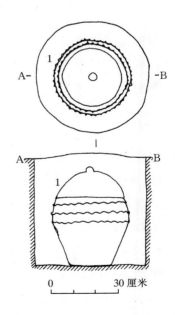

图二〇四 火 M2322 平、剖面图　　　图二〇五 火 M2488 平、剖面图　　　图二〇六 火 M2563 平、剖面图

1. 红陶盆　2. 红陶罐　　　　　　　　1. 黄釉套罐　　　　　　　　　　1. 黄釉套罐

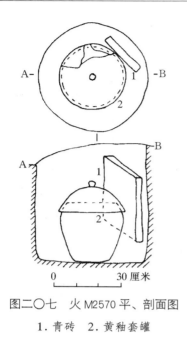

图二〇七　火 M2570 平、剖面图

1. 青砖　2. 黄釉套罐

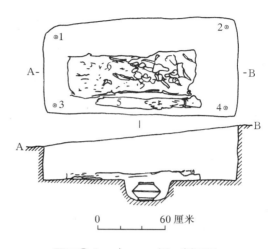

图二〇八　　火 M306 平、剖面图

1、2、3、4. 乾隆通宝　5. 朽木　6. 烧骨

M306

长方形竖穴土坑，位于 T0103 西北部，长 170、宽 90、深 25～50 厘米。填土为黄褐色黏土。葬具为木棺（匣），内装烧骨。有腰坑，内置一风水罐。墓坑底部四角放置 4 枚"乾隆通宝"。该墓为土坑墓葬式，但棺内放置的仍是烧骨，故仍将其归入火葬墓，应该是由火葬向土葬转变的一种过渡形式（图二〇八；见彩版一〇，1）。

第七节　葬具的组合及演变

四种类型的葬具代表了不同的各个历史阶段，其葬具的组合变化，特别是两种不同质地的葬具重叠则反映出更加细微的时代变化，为墓地的分期提供了逻辑依据。为此我们总结了较为典型的八组葬具组合。

1. Aa 型、Ab 型、Ac 型、Ad 型、Ba 型、Ca 型、Da 型红黄陶葬具。这些葬具均作为单罐使用，没有套罐现象，器身亦无佛教色彩的装饰，均用碗或盆为罐盖，似生活实用器而非专用葬具。

2. Ae 型、Bb 型、Bc 型、Cb 型、Db 型红、黄陶葬具。这些葬具大多数作为单罐使用，但也出现用 Aa 型红陶瓮等组合成套罐使用。器身出现附加水波形堆纹，Cb 型罐身出现仰莲纹，盖亦出现塔形专用器盖。

3. Aa 型、Ab 型、Ac 型、Ba 型、Bb 型、Bc 型、Cb 型绿釉内罐，这些绿釉葬具多与各型红陶瓮、灰陶瓮或 Ba 型、Bb 型绿釉外罐为组合，器身多装饰莲瓣纹、宝相花纹等佛教色彩图案，显示出这一时期火葬葬俗的繁盛及佛教影响的深入。

4. Ab 型灰陶瓮与 Ba 型灰陶内罐的组合，器身均饰莲瓣纹。

5. A 型绿釉外罐内套 Ca 型、Da 型、Db 型绿釉内罐的组合，Ca 型、Cb 型 绿釉外罐内套

E型绿釉内罐的组合，这些组合较为稳定。器身饰莲瓣纹的现象已较少见，为较固定的宝相花、金刚杵组合装饰。

6. Aa型Ⅰ式、Ab型、Ac型、Ba型、Bb型灰陶外罐与Aa型Ⅰ式、Ab型、Bb型Ⅰ式、Bc型、C型灰陶内罐的组合，这些组合数量较多，亦较稳定。罐身多饰以刻划的几何图形，并饰有十二生肖图案。

7. Aa型、Ab型、Ac型、Ad型黄釉外罐与A型、B型黄釉内罐的组合。罐身多模印十二生肖及梵文。

8. 黄釉B型罐、黄釉B型瓶葬具。此时罐身或瓶身均无任何装饰图案，亦无专用器盖，似生活器而非专用葬具。罐或瓶均作为单个葬具出现，简单且类型极少，表现出火葬葬俗的衰退。

在红陶、黄陶、绿釉、灰陶、黄釉这四种不同风格的葬具在不同的时期出现时，大量的新器形随之出现，亦有少量器形是延续发展演变的。其中瓶类器物的发展演变一脉相承，贯穿始终。Aa型、Ab型绿釉内罐的出现延续了Cb型红、黄陶罐的器形，Ca型、Cb型绿釉外罐则影响了灰陶外罐的基本造型。Ad型黄釉外罐显然是继承了Ac型灰陶外罐的器形。

第八节　火葬墓的分期、年代与小结

象眠山墓地墓葬数量众多，分布十分密集，叠压、打破关系复杂到实际操作中确实难以辨认的地步。然四大类型陶器群的阶段性出现，使田野发掘的直观发现有了规律性认识。如黄釉陶葬具出现时间最晚，因而所发掘的黄釉葬具墓保存最完整，几无破损。灰陶葬具墓除受土坑墓打破较多外，完整器显然多于绿釉葬具。红（黄）陶葬具墓的总数并不算少，然完整器寥寥无几，是因受到叠压、打破的机率最高的缘故。结合地层情况，这一判断亦有多组关系可以印证。绿釉葬具虽器表施了釉色，其胎仍为红陶。灰陶葬具仅略晚于红（黄）陶葬具出现，然最初仅限于瓮、瓶等少量器形。

由于墓地的碑、幢等（可能存在纪年的材料）两次遭到大规模破坏而无存。在我们进行考古发掘前，因建设迁坟通知又将墓地地表再次破坏。在我们发掘的资料中缺乏绝对的纪年材料。这些原因使墓地分期缺乏直接证据。所幸的是鹤庆县的文史爱好者早年曾辑录了部分出自象眠山的墓志，我们亦采集了少量散落在墓地的残碑（见第二章第五节），这些材料不能与墓葬一一对应，但可充作参考。举几例：①□□□□寿宗碑志，为至正十九年（1359年）九月立。②北胜州判官赵护墓志铭，为洪武二十三年（1390年）病终，永乐元年（1403年）立碑。③故李氏墓碑志，为洪武三十一年（1398年）辞世，宣德五年（1430年）立碑。④鹤州杨现存生坟墓碑铭，为洪武辛酉年（1381年）死，景泰四年（1453年）立石。⑤故段氏墓碑志，成化十六年（1480年）立石。⑥孝子廉史祀乡贤赵德宏墓碑（李元阳撰），"为嘉靖壬寅年（1542年）十月二十日卒，以明年十二月二十日葬于象眠山"。⑦迺终奇特尹情墓碑志，为宣德七年（1432年）夏六月卒，天顺三年（1459年）立石。

上述年代除一例为元朝外，余为明初至明中期纪年。这些纪年由于不能与墓葬材料相对应，故并不能反映墓地使用年代的真实情况。有研究者认为带纪年的葬俗可能始于大理后期，前期无此葬俗，以后元、明时期纪年火葬墓就比较多了，分布地区也较为广泛。[①]

根据四大类葬具的发展演变及组合关系情况，我们将象眠山火葬墓陶质葬具分为四期 9 段（图二○九）：

第一期　均为红（黄）陶葬具。

1 段　大多似生活实用器，多素面，多用盆、碗为器盖，无专用器盖出现，均做单罐使用，无套罐。器型有：Aa 型、Ab 型、Ac 型、Ad 型、Ba 型、Ca 型、Da 型红、黄陶罐及 A 型红、黄陶瓶。

2 段　已演化为专用葬具，器身多有附加水波堆纹，个别器身出现莲瓣纹，有专用器盖，也用盆、碗做盖。部分器型仍作为单罐使用，亦与红陶瓮相组合形成套罐。器型有：Ae 型、Bb 型、Bc 型、Cb 型、Db 型红（黄）陶罐及 Aa 型红（黄）陶瓮及 B 型、C 型红（黄）陶瓶。

第二期　绿釉葬具开始大量出现。红陶瓮及灰陶瓮亦常见到，器身上具有佛教色彩装饰大量出现。

3 段　以仰覆莲瓣纹装饰最富特点。器物分型有：Aa 型、Ab 型、Ba 型绿釉内罐及 Ab 型、Ac 型、Ba 型红陶瓮、Aa 型、Ab 型、Ac 型灰陶瓮的组合。

4 段　以莲蓬、宝相花装饰为最多。器物分型有：Ba 型、Bb 型绿釉外罐、Ac 型、Bb 型、Bc 型、Cb 型绿釉内罐及 Ab 型、Ac 型、Ba 型、Bb 型、Bc 型红陶瓮；Aa 型、Ab 型、Ac 型、Ba 型、Bb 型灰陶瓮的相互组合。

第三期　绿釉葬具开始衰退，灰陶葬具逐渐增多。

5 段　使用红陶瓮、灰陶瓮套绿釉内罐现象基本消失，取而代之的是较稳定的绿釉套罐的出现。然此时绿釉制品较为粗糙。釉色薄且呈无光的豆绿，以简洁的宝相花、人物俑、金刚杵或十二生肖为基本图案。器物分型有 A 型、Ca 型、Cb 型绿釉外罐及 Ca 型、Da 型、Db 型、E 型绿釉内罐的组合。

6 段　灰陶葬具大量出现，绿釉葬具基本消失。器物分型有 Aa 型Ⅰ式、Ab 型、Ac 型、Ba 型、Bb 型灰陶外罐及 Aa 型Ⅰ式、Ab 型、Bb 型Ⅰ式、Bc 型、C 型灰陶内罐的组合。

7 段　灰陶葬具的佛教色彩装饰减少，器型简洁。器物分型有 Aa 型Ⅱ式灰陶外罐、Aa 型Ⅱ式、Bb 型Ⅱ式灰陶内罐的组合。

第四期　黄釉陶葬具出现，灰陶消失。

8 段　黄釉陶葬具以固定的模印花纹和内外罐组合为基本特点。器物分型有 Aa 型、Ab 型、Ac 型黄釉外罐套 A 型黄釉内罐，或 Ad 型黄釉外罐套 B 型黄釉内罐。

9 段　黄釉陶已无专用葬具出现，取而代之的是 B 型生活实用器。

墓地火葬墓的各期年代，由于缺乏直接证据，无法做准确判断。我们只能对比周邻火葬墓地情况，对象眠山火葬墓年代做一大概推断。

象眠山部分 Ab 型绿釉内罐如 M1623－2、M1993－2 肩饰一周模印十二生肖图案，器身

[①]　黄德荣：《谈谈大理国纪年火葬墓的几个问题》，《云南文物》2001 年 2 期。

模印五个执笏俑像，盖纽边模印圈状花纹。这种装饰风格与四川西昌[①] 三坡火葬墓较为相似。西昌三坡火葬墓纪年为盛德二年（1177 年），Ab 型绿釉内罐的年代与之应较相近。

象眠山 Cb 型绿釉内罐的造型与大丰乐三期 MaⅠ式罐造型相当[②]，大丰乐三期年代为元中期至元末。

象眠山 A 型绿釉外罐的造型与大丰乐五期"S"形罐造型相同，大丰乐五期年代为明早期偏晚至中期。

象眠山 Ac 型灰陶外罐内随葬一枚弘治通宝，该墓的年代上限应为明弘治以后。

因此，我们将象眠山火葬墓陶质葬具的四期年代大致推断为：

第一期　1 段由于该段葬具尚多为生活实用器，无佛教装饰色彩，其年代约为南诏晚期至大理国中期。2 段，专用葬具及莲瓣纹装饰开始出现，表明佛教含义的火葬仪式开始推行，其年代约为大理国中后期。

第二期　绿釉葬具大量出现，葬具上的佛教色彩装饰风格浓厚，与红陶瓮、灰陶瓮的组合形式较多，表明该期是在一种佛教信仰主导下的火葬形式，其年代约为大理国后期至元末。

第三期　绿釉葬具开始衰退，灰陶套罐逐渐成为主流葬具，其年代约为明初至明中后期。

第四期　黄釉葬具自出现起，先是以格式化模印图案和较固定的内外罐组合为特点，很快，这种专用套罐葬具便停止生产，稍后有一短暂时期使用作为生活实用器的黄釉罐为火葬葬具，表明火葬葬俗已至尾声，该期年代约为明末至清初。

南诏后期社会矛盾空前激化，为摆脱危机，南诏统治者对外发动一系列战争；对内则大力提倡佛教，在《僰古通记浅述·墓氏世家谱》（方国瑜：《云南史料丛刊》，云南大学出版社，1998 年）"于是建大寺八百，谓之兰若，小寺三千，谓之伽蓝，遍于云南境中，家知户到，皆以敬佛为首务"。唐咸通四年（863 年）编成的《云南志》亦载："蒙舍及诸乌蛮，不墓葬。凡死后三日焚尸，其余灰烬，掩以土壤，唯收两耳。南诏家则贮以金瓶，又重以银为函盛之，深藏别室，四时将出祭之。其余家或铜瓶、铁瓶盛耳藏之也。"这说明至迟南诏后期具佛教色彩的火葬风格就应出现。更重要的是上述史料所提及的"其余灰烬，掩以土壤"一句与大理地区火葬墓地普遍发现的炭灰坑（无葬具）之间有无联系呢？即一部分在墓地焚烧的尸骨装入容器后并未下葬，而是"深藏别室，四时将出祭之"，只将"灰烬，掩以土壤"。

象眠山墓地红陶葬具及黄釉葬具的大量出现是其他火葬墓地所少见的，表明其延续使用时间较长。然在其他墓地所常见的青花瓷葬具及玉壶春瓶等，在象眠山墓地不见或少见。有少量土坑墓被黄釉葬具的火葬墓所打破，表明火葬风俗与土坑墓有过一段共存关系。标本 M306 虽是土坑墓的形式，木棺（匣）内盛的却是烧骨。标本 M10 用一大黄釉罐装入未烧的尸骨。这些现象表明在制度约束下，人们观念的过渡性转变。

---

① 黄永宗：《四川西昌三坡火葬墓调查记》，《考古》1983 年 3 期。
② 云南省文物考古研究所、大理洲博物馆：《大理大丰乐》，云南科技出版社，2002 年。

第九节 瓮棺葬

整个发掘区仅发现 1 例，编号 M10。墓坑为椭圆形，位于 T0206 西南部，长径 86、短径 64、深 30～40、墓口距地表深 20 厘米。墓坑填土为红色黏土，略硬。葬具为黄釉陶瓮，瓮平放于墓坑内，用一长方形青砖堵口（图二一〇）。瓮内放有完整骨块，未被烧过，无随葬品。清理时瓮身已碎裂，肩部有一小耳，侈口，短颈，溜肩，鼓腹，底微内凹。通高 58.4 厘米（图二一一）。

该墓应为由火葬墓向土坑墓葬俗过渡的一种形式，尸骨迫于制度约束未经焚烧，却又以火葬墓风俗将尸骨盛于容器内下葬。该墓时代为清朝初期。

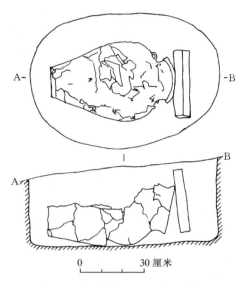

图二一〇 瓮棺葬 M10 平、剖面图

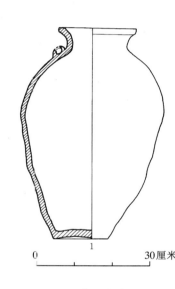

图二一一 黄釉陶瓮（M10）

第三章　土坑墓

第一节　综　述

象眠山火葬墓地存在大量火葬墓的同时，还有不少的土坑墓，其时代从明中后期一直延续到现代，只是现代的土坑墓在大丽铁路划定征地范围后才迁走。我们发掘时，现场迁坟坑横七竖八，碎石、残砖随处可见，在迁坟坑底部遗留的风水罐中甚至还发现了近几年的硬币。发掘时我们除将少量被主人迁漏的现代墓迁走外，对时代略早的土坑墓都给了编号，进行正规的科学发掘。

这次发掘一共给出土坑墓编号 309 个，土坑墓在整个发掘区均有分布，但南北两面数量要多些。由于墓葬间相互打破及雨水冲刷等原因，多数土坑墓的地表封土及垒石已毁。少量有封土和垒石土坑墓的墓碑也已毁，垒石坍塌，封土堆上长满了灌木荆棘。

土坑墓一般为单人葬，也有少量合葬墓，墓宽一般在 50～90、长 190～220、深 40～150 厘米，合葬墓要更宽些。多数土坑墓头向靠象眠山顶，为东偏南。

第二节　葬　具

因酸性土壤腐蚀等原因，多数土坑墓葬具已不存，仅有棺钉、漆皮及板灰痕迹发现，也还有少量墓残留有棺木板，综合这几个因素推测，该墓地的土坑墓葬具应为木棺。

第三节　葬　式

该次发掘的 309 座土坑墓中，多数为单人葬，共有 292 座，合葬墓 14 座。合葬墓死者基本为一男一女，应为夫妻合葬。另外 M454、M1059、M1610 为儿童墓。葬式均为仰身直肢葬，双手多放于下腹部或腿两侧。有身体略侧或头略偏的土坑墓发现，但应为棺木移动所致，并非人为有意放置。

第四节　葬　俗

整个墓地土坑墓基本为长方形竖穴，多单人葬，也有夫妻合葬现象。除 M1364、M1712

为石灰浇筑墓穴外，无砖、石等垒石砌墓穴现象发现。

早、中期墓不全用风水罐，风水罐均放于棺下土坑内，位置、数量不一，多放于腰下、头下、头部两侧、脚两侧等处，数量有 1 件、2 件、3 件或 5 件不等，风水罐均较小或用两个瓷碗相扣合而成。后期墓一般用 1 件风水罐，罐略大，多放于腰坑中。有的风水罐中还残留有钱币、矿石、玉石、玛瑙、银制小鱼、小鸟、水银、米粒、鸡蛋等物。

早期墓中随葬有专门制作的明器，如冥钱、成套的锡器等。冥钱放置在死者身上，位置不一。锡器为成套组合，有壶、杯、盏、桌、椅等，均放于木棺外，在墓坑底、墓坑侧、墓坑前后两端等。但以在死者头部后墓坑边出现的数量最多，有的还专门挖头龛摆放。

早期的部分墓中，在死者头周围腿两侧放有木炭。少量墓中死者头下、腿两侧放有瓦片、砖块等，有一砖块上写有朱字，但字迹不可辨。

有的墓葬俗较特别，但在该墓地不是普遍现象。如 M77，风水罐放于棺木上部；M1582 死者为女性，头下垫土坯，腰下枕筒瓦；M1584，死者口中含放戒指一枚，左手肘部放海贝一枚；M1827，墓坑较小，骨骼堆放，不见头骨；M1845 墓中部立放墓碑。

第五节　随葬品

随葬品出土数量不多，共计 638 件（其中锡器、玛瑙、矿石等碎片不做统计或统计时数量有出入）。随葬品分两种类型：一类为死者随身之物，如头饰、耳环、手镯、戒指、纽扣等；一类为表示某种特定意义而专门放置的，如风水罐（包括风水罐中物品）、锡器、钱币等。按质地可分为陶瓷器、金属器、玛瑙、玉石器等三类。

一　陶、瓷器

种类有陶罐、瓷碗、瓷盏、青砖、瓦片等，共计 191 件。

陶罐

均为土坑墓底的风水罐，共计 108 件，可分带流罐、釉陶罐、小陶罐三种。其中带流罐和釉陶罐烧制火候高，陶质硬，多施黄釉或酱釉，部分有耳，有专门用罐盖或小陶盏、青花瓷盏作为盖。小陶罐有素面和施釉两种，陶质不坚硬，式样各异，均无盖。

标本 M2295：1，黄釉瓷罐。带盖，盖有短纽，口微侈，直颈，鼓腹，罐身有弦纹，平底，身大部施黄釉。口径 2.6、最大腹径 14.4、底径 8.4、通高 18.4 厘米（图二一二，1）。

标本 M154：1，三耳罐。带盖，侈口，圆唇，三耳，腹略鼓，身有制作时未抹平的弦纹，平底，罐外施黄釉。口径 10、最大腹径 15.6、底径 10.8、通高 17.6 厘米（图二一二，2）。

标本 M2082：1，带流罐。侈口，圆唇，束颈，单耳，腹略鼓，平底，罐外施黄釉。口径 6.6、最大腹径 7.8、底径 4.8、通高 9.7 厘米（图二一二，3）。

标本 M2574：1，黄釉小罐。侈口，方唇，束颈，鼓腹，平底，罐外施黄釉。口径 5.6、最大腹径 7.6、底径 4.8、通高 8 厘米（图二一二，4）。

标本 M1577：1，灰陶小罐。侈口，束颈，鼓腹，平底。口径 4、最大腹径 6.6、底径 3.6、

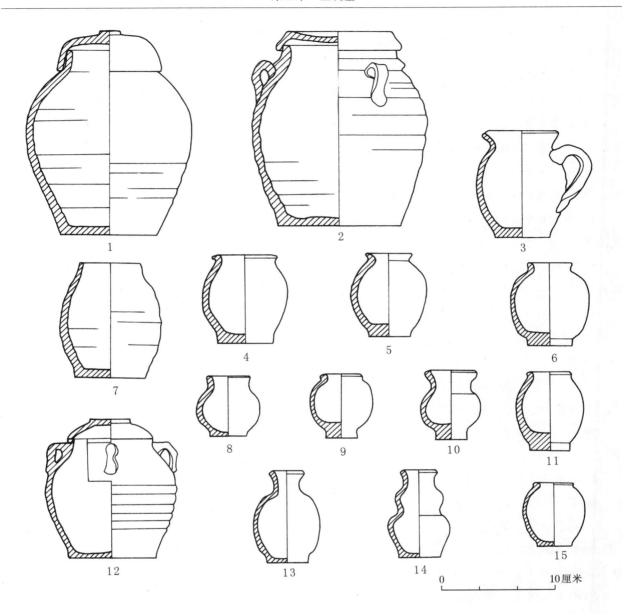

图二一二 土坑墓随葬风水罐

1.M2295∶1 2.M154∶1 3.M2082∶1 4.M2574∶1 5.M1577∶1 6.M2009∶1 7.M1829∶1 8.M265∶3 9.M265∶4
10.M265∶2 11.M2374∶1 12.M399∶1 13.M1392∶1 14.M2141∶1 15.M265∶1

通高7.6厘米（图二一二，5）。

标本M2009∶1，青釉小罐。侈口，尖唇，束颈，鼓腹，平底，罐外施黄釉。口径3.8、最大腹径6.8、底径3.8、通高7.6厘米（图二一二，6；彩版五九，1上左、2左）。

标本M1829∶1，黄釉小罐。敛口，圆唇，直颈，腹略平，罐身上有制作时未抹平的弦纹，平底，罐外施黄釉。口径5.6、最大腹径9、底径6.2、通高10.6厘米（图二一二，7）。

标本M265∶3，黑釉小罐。侈口，圆唇，颈微束，鼓腹，平底，身施黑釉。口径3.8、最大腹径5.6、底径3.2、通高5.5厘米（图二一二，8；彩版五九，3上左）。

标本 M265：4，绿釉小罐。侈口，圆唇，束颈，鼓腹，假圈足，身大部施绿釉。口径 3.8、最大腹径 5.6、底径 2.8、通高 5.8 厘米（图二一二，9；见彩版五九，3 下右）。

标本 M265：2，红釉小罐。敛口，方唇，束颈，鼓腹，假圈足，身外施红釉。口径 4.6、最大腹径 5.4、底径 2.8、通高 6.3 厘米（图二一二，10；见彩版五九，3 上右）。

标本 M2374：1，黄釉小罐。口微侈，圆唇，鼓腹，平底，罐外大部施黄釉。口径 3.8、最大腹径 6、底径 3.6、通高 7.6 厘米（图二一二，11；彩版五九，4）。

标本 M399：1，酱釉罐。青花碟作为盖，侈口，圆唇，有四耳。腹微鼓，身有弦纹，平底，身外施酱釉。口径 7.2、最大腹径 11.6、底径 7.2、通高 12.6 厘米（图二一二，12）。

标本 M1392：1，灰陶小罐。侈口，圆唇，束颈，径略长，鼓肩圆腹，平底。口径 3、最大腹径 5.8、底径 3.6、通高 8.4 厘米（图二一二，13；彩版五九，5 上左）。

标本 M2141：1，葫芦形小罐。侈口，圆唇，束颈和束腰，平底，罐外施黄釉。口径 3.6、最大腹径 5.4、底径 3.8、通高 8 厘米（图二一二，14；彩版五九，6）。

标本 M265：1，黑釉小罐。侈口，圆唇，束颈，颈较短，鼓腹，平底，身大部施黑釉。口径 3.6、最大腹径 5.4、底径 3、通高 5.8 厘米（图二一二，15；见彩版五九，3 下中）。

瓷碗

共计 70 件，两件碗扣合在一起作风水罐，均地方窑烧制，有支钉痕，多敞口，少量敛口，多为弧腹，矮圈足，部分碗上饰青花，青花较简单，色偏黑，均釉下彩。

标本 M1501：1，青花碗。底有青花写成的"心"字。口径 11.6、底径 5.8、通高 5 厘米（图二一三，1）。

标本 M1673：1，青釉瓷碗。口径 11.2、底径 5.6、通高 4.6 厘米（图二一三，2）。

标本 M474：1，青花碗。口沿内外壁饰长条点状青花，内壁饰一条粗长线状青花。口径 11.2、底径 5.8、通高 4.8 厘米（图二一三，3）。

标本 M1638：1，青花碗。口沿内外壁饰长条点状青花，内壁饰一粗长线状青花。口径 10.6、底径 4.8、通高 4.4 厘米（图二一三，4）。

标本 M425：1，青花碗敛口。外壁饰云纹。口径 12.4、底径 5.6 通高 5 厘米（图二一三，5；彩版六〇，1）。

标本 M224：1，青花碗。敛口，外壁饰云纹。口径 11.6、底径 5.6、通高 5.6 厘米（图二一三，6；彩版六〇，2 上、3 右）。

标本 M217：1，青釉瓷碗。敛口。口径 10.4、底径 5.8、通高 4.4 厘米（图二一三，7）。

标本 M1377：1，青釉瓷碗。敛口。口径 10.4、底径 6.4、通高 4.2 厘米（图二一三，8）。

标本 M2230：1，青花碗。口沿内外壁饰长条点状青花，内壁饰一粗长线状青花。口径 10.6、底径 5.8、通高 4 厘米（图二一三，9）。

标本 M1611：1，白瓷碗。口径 12.4、底径 4.8、通高 3.8 厘米（图二一三，10；彩版六〇，4）。

标本 M1151：1，青花碗。外壁饰少量云纹。口径 12.6、底径 5.8、通高 5.2 厘米（图二一三，11）。

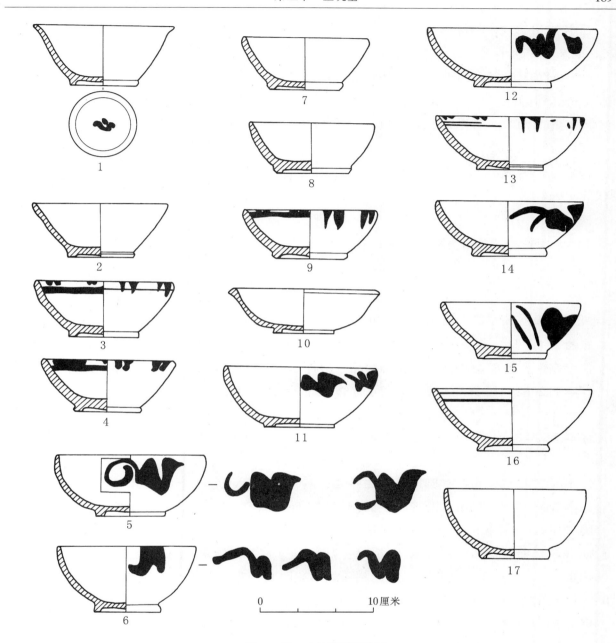

图二一三　土坑墓随葬瓷碗

1.M1501:1　2.M1673:1　3.M474:1　4.M1638:1　5.M425:1　6.M224:1　7.M217:1　8.M1377:1　9.M2230:1
10.M1611:1　11.M1151:1　12.M807:1　13.M1275:1　14.M2008:1　15.M2008:2　16.M717:1　17.M1151:2

　　标本 M807:1，青花碗。外壁饰少量云纹。口径 14、底径 6、通高 5 厘米（图二一三，12）。

　　标本 M1275:1，青花碗。口沿内外壁饰长条点状青花，内壁饰两条长线状青花。口径12.4、底径5.8、通高4.6厘米（图二一三，13）。

　　标本 M2008:1，青花碗。和标本 M2008:2 为一套组合，外壁饰少量长条纹和云纹。口径12.2、底径6.2、通高4.6厘米（图二一三，14）。

标本 M2008：2，和标本 M2008：1 为一套，外壁饰少量长条纹和云纹。口径 11.6、底径 5.6、通高 4.8 厘米（图二一三，15）。

标本 M717：1，青花碗。内壁饰两条细线青花纹饰。口径 13.2、底径 6、通高 5.4 厘米（图二一三，16）。

标本 M1151：2，青釉瓷碗。敛口。口径 11.6、底径 5.6、通高 6 厘米（图二一三，17）。

瓦

10 件。均青瓦，其中板瓦 1 件，已碎。筒瓦保存完好，式样和现代瓦比较一致，只是比现代瓦更长。

砖

3 件。均青砖，其中方砖 2 件，保存完好。

二　金属器

可分为银器、铜器、锡器、铁器共约 405 件。

银器

保存完整，器形均小，多为随身饰品，共计 121 件。

标本 M2068：1，冥币。圆形，两面饰弧形纹饰，中部有穿孔。直径 3 厘米（图二一四，1）。

标本 M2543：1，冥币。圆形，正面刻“月”字，有穿孔。直径 4 厘米（图二一四，2；彩版六〇，5 上右）。

标本 M2543：2，冥币。圆形（图二一四，3；见彩版六〇，5 上中）。

标本 M2543：3，冥币。圆形，正面刻“阿弥陀佛”，对读，中部有方形穿孔。直径 4.2 厘米（图二一四，4；见彩版六〇，5 下右）。

标本 M1585：1，鱼。银片刻印成小鱼。长 7.4、宽 3.4 厘米（图二一四，5）。

标本 M307：1，饰。椭圆形，正面刻印成莲花图案，背焊有“8”字银丝为穿。长 3.3、宽 2.6 厘米（图二一四，6）。

标本 M1207：1，饰。呈锥形，中空，三层饰小花瓣纹。底径 3.3、通高 2.1 厘米（图二一四，7；彩版六〇，6 中排右 1）。

标本 M1207：2，饰。呈半球形，中空，外饰菊花瓣纹，应和标本 M1207：1 组合一起，为一帽饰。底径 3.3、通高 1 厘米（图二一四，8；见彩版六〇，6 中排左 1）。

标本 M283：1，饰。锥形，底空，三层，均饰花瓣纹。底径 1.8、通高 1.1 厘米（图二一四，9）。

标本 M78：1，饰。锥形，底空，五层，均饰花瓣纹。底径 2.1、通高 1.8 厘米（图二一四，10；彩版六一，1 上排左）。

标本 M1207：3，饰。半圆形，顶有穿。直径 1.4、高 0.8 厘米（图二一四，11；见彩版六〇，6 下排左 1）。

标本 M472：1，纽。正面为实心半球形，饰小花瓣纹，背面有系。直径 5、通高 1.7 厘米

图二一四　土坑墓随葬银器

1. 冥币（M2068：1）　2. 冥币（M2543：1）　3. 冥币（M2543：2）　4. 冥币（M2543：3）　5. 鱼（M585：1）
6. 饰（M307：1）　7. 饰（M1207：1）　8. 饰（M1207：2）　9. 饰（M1283：1）　10. 饰（M78：1）　11. 饰
（M1207：3）　12. 纽（M472：1）

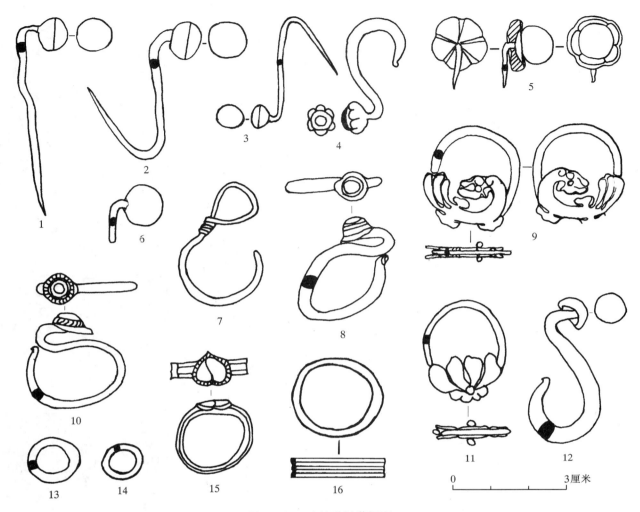

图二一五　土坑墓随葬银器

1. 饰（M282∶1）　2. 饰（M285∶1）　3. 饰（M52∶1）　4. 耳环（M52∶2）　5. 耳环（M282∶2）　6. 耳环（M282∶3）　7. 耳环（M529∶1）　8. 耳环（M603∶1）　9. 耳环（M1207∶4）　10. 耳环（M476∶1）　11. 耳环（M283∶2）　12. 耳环（M2068∶2）　13. 环（M529∶2）　14. 环（M52∶3）　15. 戒指（M1584∶1）　16. 戒指（M1378∶1）

（图二一四，12）。

标本 M282∶1，饰。钉形，顶有一小圆球。长5.5、球径1厘米（图二一五，1）。

标本 M285∶1，饰。钉形，折成"S"状，顶有小圆球。长3.8、球径1厘米（图二一五，2）。

标本 M52∶1，饰。钉形，折成"S"状，顶有小圆球。长3、球径0.6厘米（图二一五，3）。

标本 M52∶2，耳环。钩形，呈"S"状，顶刻成小花状，镶有彩石。长3.2、花径0.9厘米（图二一五，4）。

标本 M282∶2，耳环。钉形，顶有一小圆球，穿有一圆形刻花玉片。长1.7、球径1、玉片径1.5厘米（图二一五，5）。

　　标本 M282：3，耳环。钉形，下部残，顶有一小圆球。长 1.5、球径 1.1 厘米（图二一五，6）。

　　标本 M529：1，耳环。钩形，尾部绞合成椭圆形穿。通高 3.4 厘米（图二一五，7）。

　　标本 M603：1，耳环。呈"S"形，顶镶彩石。通高 2.8 厘米（图二一五，8）。

　　标本 M1207：4，耳环。圆形，下半部浇铸成凤状。直径 2.4 厘米（图二一五，9；见彩版六〇，6 中排左 2）。

　　标本 M476：1，耳环。呈"S"形，顶镶彩石。通高 2.6 厘米（图二一五，10）。

　　标本 M283：2，耳环。近圆形，下半部饰花形图案。直径 2.2、通高 2.8 厘米（图二一五，11）。

　　标本 M2068：2，耳环。钩形，呈"S"状，顶有半圆球。通高 4、球径 0.8 厘米（图二一五，12）。

　　标本 M529：2，环。圆形，剖径圆形。直径 1.4 厘米（图二一五，13）。

　　标本 M52：3，环。圆形，剖径圆形。直径 1.1 厘米（图二一五，14）。

　　标本 M1584：1，戒指。圆形，桃形戒面。直径 2、戒面径 1 厘米（图二一五，15）。

　　标本 M1378：1，戒指。圆形，戒面为带状，上刻直线纹。直径 2.4、戒面宽 0.5 厘米（图二一五，16）。

　　标本 M285：2，耳环。近圆形，浇铸成双龙抢宝状。直径 2.6 厘米（图二一六，1）。

　　标本 M282：4，耳环。近圆形，浇铸成双龙抢宝状。直径 2.8 厘米（图二一六，2）。

　　标本 M217：2，耳环。圆形，浇铸成双龙抢宝状。直径 2.4 厘米（图二一六，3）。

　　标本 M78：2，饰。半圆形银片，上刻两组花草纹，顶镶三颗彩石。展开长 18.6、宽 2.5 厘米（图二一六，4；见彩版六一，1 上排右）。

　　标本 M78：3，饰。正面呈长方形，刻有花三朵，背为银丝焊成"8"字形穿。长 4.4、宽 2.5 厘米（图二一六，5；见彩版六一，1 上排中）。

　　标本 M1587：1，簪。呈一小宝剑状，曲柄，剑身上刻一"寿"字。长 11.8 厘米（图二一六，6；彩版六一，2）。

　　标本 M1207：5，镯。椭圆形，剖面为长方形，上刻花草纹。长径 7、短径 5.7、剖径 0.4 厘米（图二一六，7；见彩版六〇，6 上右）。

　　标本 M1207：7，鸟。银片压成小鸟状。长 2.1、宽 1.4 厘米（图二一六，8）。

　　标本 M1207：6，鱼。银片压印成小鱼状。长 1.8、宽 2.6 厘米（图二一六，9）。

　　标本 M78：4，扣。球形，中空，面刻为方格状，带系。径 1.3、通高 1.8 厘米（图二一六，10；见彩版六一，1）。

　　标本 M78：5，耳环。圆形，似戒指状，正面长方形，上刻花纹，穿有圆形玉片。耳环径 2.9 厘米，玉片径 2.4 厘米（图二一六，11；见彩版六一，1 下排左 3）。

　　标本 M539：1，叶形饰。刻成一植物叶片状，上叶脉清晰。长 4、高 3 厘米（图二一六，12；彩版六一，3）。

　　标本 M472：2，耳环。近圆形，浇铸成双龙抢宝状。直径 2.7 厘米（图二一六，13）。

　　标本 M224：2，银饰。椭圆形银片，正面刻印莲花图案，背用银丝焊成"8"字形穿。长

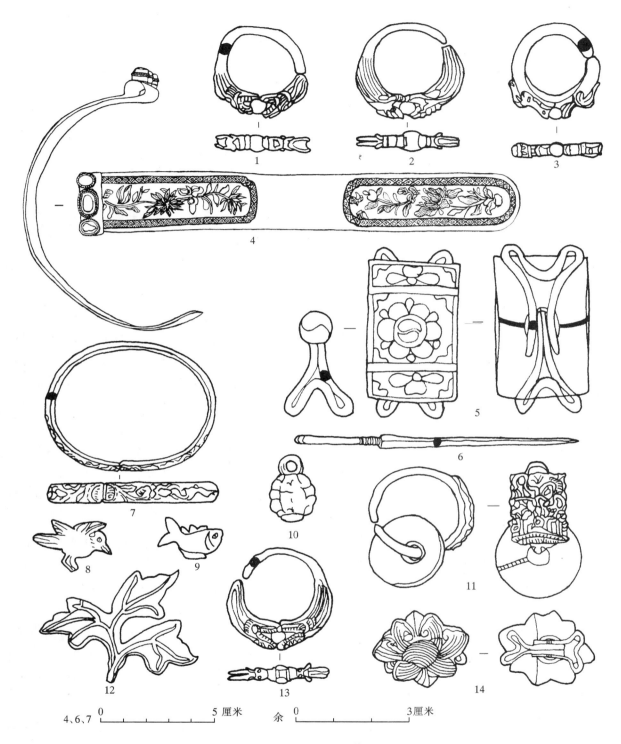

图二一六　土坑墓随葬银器

1.耳环（M285：2）　2.耳环（M282：4）　3.耳环（M217：2）　4.饰（M78：2）　5.饰（M78：3）　6.簪（M1587：1）　7.镯（M1207：5）　8.鸟（M1207：7）　9.鱼（M1207：6）　10.扣（M78：4）　11.耳环（M78：5）　12.叶形饰（M539：1）　13.耳环（M472：2）　14.饰（M224：2）

2.6、宽 2.1 厘米（图二一六，14）。

铜器

标本 M1498：1、标本 M1498：2、标本 M1498：3　雍正通宝三枚，正面汉文，背面满文。直径 2 厘米（图二一七，1、2、3）。

标本 M1458：1，康熙通宝。正面汉文，背面满文及"云"字。直径 2 厘米（图二一七，4）。

标本 M1584：2，洪化通宝。正面汉文。直径 2.2 厘米（图二一七，5）。

标本 M1392：2，万历通宝。正面汉文。直径 2.2 厘米（图二一七，6；彩版六一，4下右）。

标本 M472：3，纽。球形，素面，两半扣合成，带系。直径 1.5、通高 2 厘米（图二一

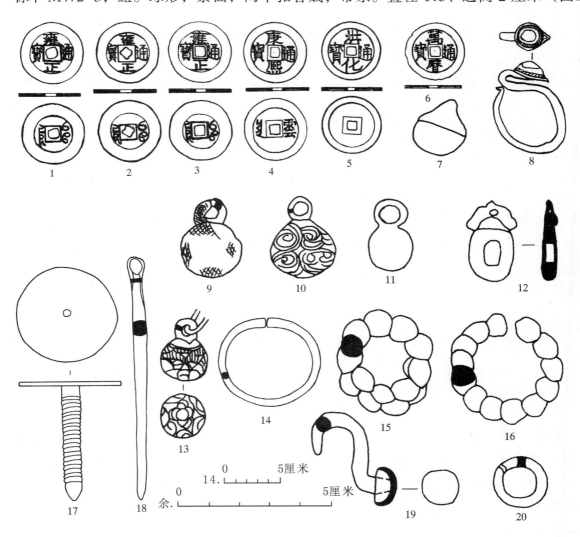

图二一七　土坑墓随葬铜器

1. 雍正通宝（M1498：1）　2. 雍正通宝（M1498：2）　3. 雍正通宝（1498：3）　4. 康熙通宝（M1458：1）　5. 洪化通宝（M1584：2）　6. 万历通宝（M1392：2）　7. 纽（M472：3）　8. 耳环（M717：2）　9. 纽（M476：2）　10. 纽（M281：1）　11. 纽（M438：1）　12. 饰（M2001：1）　13. 纽（M307：2）　14. 镯（M282：5）　15. 环（M1344：1）　16. 环（M1934：1）　17. 饰（M281：2）　18. 耳勺（M1573：1）　19. 耳环（M1189：1）　20. 耳环（M448：1）

七，7）。

标本 M717：2，耳环。铜丝制作成"5"字形，上部为圆形，镶嵌一浅红色半圆彩石。通高 3.3 厘米（图二一七，8）。

标本 M476：2，纽。球形，中空，带系。外裹有布纹。直径 2、通高 2.6 厘米（图二一七，9）。

标本 M281：1，纽。球形，中空、带系外饰压印卷云纹。直径 2.3、通高 2.6 厘米（图二一七，10）。

标本 M438：1，纽。球形，素面中空，带系。直径 1.5、通高 2.5 厘米（图二一七，11）。

标本 M2001：1，饰。下为椭圆形环，上有一带穿的半圆形环，应为挂饰之用。环径 0.9～1.2、通高 2.6 厘米（图二一七，12）。

标本 M307：2，纽。球形，中空，带系，外饰压印小花。直径 1.1、通高 1.6 厘米（图二一七，13）。

标本 M282：5，镯。形状近似圆形，剖面为圆形。直径 9、剖径 0.6 厘米（图二一七，14）。

标本 M1344：1，环。圆形，以串珠状环绕两圈而成。直径 3.4 厘米（图二一七，15；彩版六一，5）。

标本 M1934：1，环。圆形，半球形。直径 3.6 厘米（图二一七，16）。

标本 M281：2，饰。呈钉形，钉帽为圆片状，上刻有转榫，应为饰品部分构件。直径 2.6、钉长 3.1 厘米。（图二一七，17）。

标本 M1573：1，耳勺。柄为圆柱形，和现代耳勺差别不大。长 8.1 厘米（图二一七，18）。

标本 M1189：1，耳环。钩形，圆形铜条制成，顶有一半球形铜片装饰。通高 2.6 厘米（图二一七，19）。

标本 M448：1，耳环。形状为圆形，剖径为圆形。直径 1.5、剖径 0.3 厘米（图二一七，20）。

标本 M2082：2～9，圆形片。较薄，内略凹，均刻字，字为双边线，分别为"神"、"丘"、"之"、"墓"、"亭"、"堂"、"幽"、"长"字，排列顺序有待进一步考识。铜片大小一致。直径为 4.7 厘米（图二一八，1～8）。

标本 M2082：10，镜。圆形，窄缘，桥形纽，外圈饰梵文，共 10 字，内圈饰八卦图案。直径 6、厚 0.2 厘米（图二一八，9）。

锡器

多为成套组合，共有 26 套，计 280 件器物，锈蚀严重。非实用器，较常见的为壶、盏、带杯盏等。另外出桌、椅、烛台、盅、尊等。壶嘴、柄、杯盏之间均焊接而成。

标本 M1586：1，壶。无盖。柄、嘴均残。敛口，束颈，鼓腹，圈足。口径 1.8、最大腹径 4.8、底径 3.6、通高 8.4 厘米（图二一九，1）。

标本 M550：4，壶。带盖，柄残，敛口，束颈，斜肩，鼓腹，底略凹。口径 3.4、最大腹

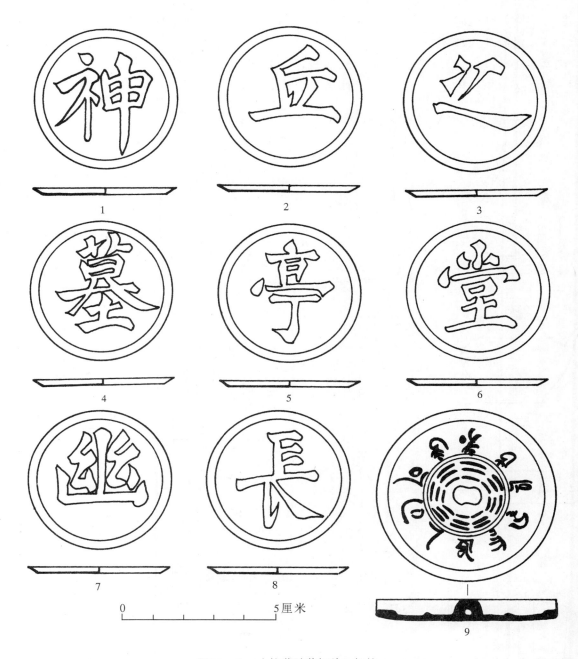

图二一八　土坑墓随葬铜片、铜镜

1. 片（M2082：2）　2. 片（M2082：3）　3. 片（M2082：4）　4. 片（M2082：5）　5. 片（M2082：6）

6. 片（M2082：7）　7. 片（M2082：8）　8. 片（M2082：9）　9. 镜（M2082：10）

径 5.6、底径 3.9、通高 9.4、流长 6 厘米（图二一九，2）。

标本 M1136：1，壶。流残缺，带盖，直口，束颈，斜肩，鼓腹，底微凹。口径 3.5、最大腹径 4.4、底径 3.3 厘米（图二一九，3）。

标本 M1937：1，壶。无盖，流缺，敛口，束颈，斜肩，鼓腹，平底。口径 3.2、最大腹径 5.3、底径 3.5、通高 9.4 厘米（图二一九，4）。

　　标本 M550：1，壶。带盖，把残，束颈，鼓腹，平底。口径 3.3、最大腹径 6、底径 3.1、流长 1.5、直径 0.4 厘米（图二一九，5）。

　　标本 M1984：5，壶。带盖，柄、流已残，口微侈，直颈，弧腹，平底。口径 1.8、最大腹径 3、底径 2 厘米（图二一九，6；彩版六一，6 上右）。

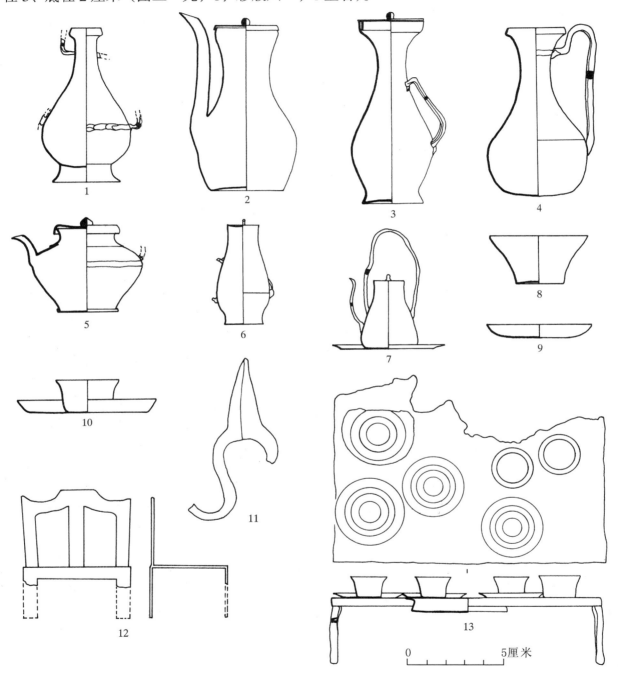

图二一九　土坑墓随葬锡器

1. 壶（M1586：1）　2. 壶（M550：4）　3. 壶（M1136：1）　4. 壶（M1937：1）　5. 壶（M550：1）　6. 壶（M1984：5）　7. 带盏提梁壶（M1984：6）　8. 杯（M550：3）　9. 盏（M550：2）　10. 带杯盏（M1586：3）　11. 剪刀（M1984：4）　12. 椅（M1586：2）　13. 案（M1984：1）、盏（M1984：2）、杯（M1984：3）

标本 M1984：6，带盏提梁壶。壶带盖，口微侈，直颈，斜肩，弧腹。口径 1.6、最大腹径 3、底径 2.8、通高 6.6、流长 3 厘米。盏敞口，平底。口径 6、底径 5、通高 0.2 厘米（图二一九，7；见彩版六一，6 上左）。

标本 M550：3，杯。侈口，斜腹，底微凹。口径 5.2、底径 2.6、通高 2.6 厘米（图二一九，8）。

标本 M550：2，盏。敛口，弧腹，平底。口径 5.5、底径 4、通高 0.7 厘米（图二一九，9）。

标本 M1586：3，带杯锡盏。一侈口杯焊接在一敞口盏内，杯口径 3.3、底径 2.5、通高 1.8 厘米，盏口径 7.3、底径 6.4、通高 0.7 厘米（图二一九，10）。

标本 M1984：4，剪刀。尖头，弯柄，单片锡片制作成，宽窄不一。最宽处约 5、高 9 厘米（图二一九，11；见彩版六一，6 下左）。

标本 M1586：2，椅。前腿均残，靠背呈反扣的"山"字。长 4、宽 5.7、高 6.5 厘米（图二一九，12）。

标本 M1984：1～3，由案面上的带杯盏 4 件、杯 2 件组成。标本 M1984：1，案，仅两腿完好，面略残。长 14.5、宽 10.4、高 3.5 厘米。标本 M1984：2，带杯盏 4 件，大小基本一致。杯口径 2、底径 1.2、高 1.1 厘米。盏口径 3.5、底径 2.9、高 0.2 厘米。标本 M1984：3，杯 2 件，侈口，平底。口径 2.2、底径 1.8、高 1.3 厘米（图二一九，13；见彩版六一，6 上左、下右）。

标本 M1839：1，提梁壶。带盖，敛口，束颈，斜肩，鼓腹，圈足。口径 4、最大腹径 7.6、底径 5 厘米（图二二〇，1）。

标本 M2034：1，带杯盏。杯敛口，平底。盏敞口，平底。杯口径 3.6、底径 2.6、通高 2 厘米。盏口径 6.8、底径 4.8、通高 0.8 厘米（图二二〇，2；彩版六二，1 第三排左 3）。

标本 M1839：2，杯。侈口，平底。口径 7、底径 2.6、通高 2.3 厘米（图二二〇，3）。

标本 M1839：3，带杯盏。杯侈口，平底。口径 4.8、底径 2.8、通高 2 厘米。盏敞口，平底。口径 8.2、底径 6、通高 0.8 厘米（图二二〇，4）。

标本 M2034：2，带杯盏。杯敛口，平底。口径 2.6、底径 1.6、通高 1.4 厘米。盏敞口，平底。口径 5.6、底径 5.4、通高 0.4 厘米（图二二〇，5；彩版六二，1 第三排左 1）。

标本 M2005：1，提梁执壶。无盖，侈口，斜肩，鼓腹，圈足。口径 3.2、最大腹径 7、底径 5、通高 11.2、流长 8 厘米（图二二〇，6；彩版六二，2 第一排左 1）。

标本 M2005：2，带杯盏。杯敛口，平底。口径 3.6、底径 1.8、通高 1.6 厘米。盏敞口，平底。口径 5.6、通高 0.6 厘米（图二二〇，7；见彩版六二，2 第二排右 1）。

标本 M2005：3，带杯盏。杯敛口，平底。口径 4、底径 2.8、通高 2 厘米。盏敞口，平底。口径 6.8、底径 4、通高 0.6 厘米（图二二〇，8；见彩版六二，2 第三排左 3）。

标本 M1839：4，盏。广口，平底。口径 9.6、底径 5.8、通高 1.2 厘米（图二二〇，9）。

标本 M1839：5，提梁执壶。带盖，斜肩，浅圈足。口径 4.2、最大腹径 7.4、底径 4.8、通高 7.6、流长 4 厘米（图二二〇，10）。

标本 M2034：3，双耳壶。敛口，束颈，鼓腹，圈足。口径 2.6、最大腹径 4.6、底径 3.4、通高 8.4 厘米（图二二〇，11；见彩版六二，1 第二排左 3）。

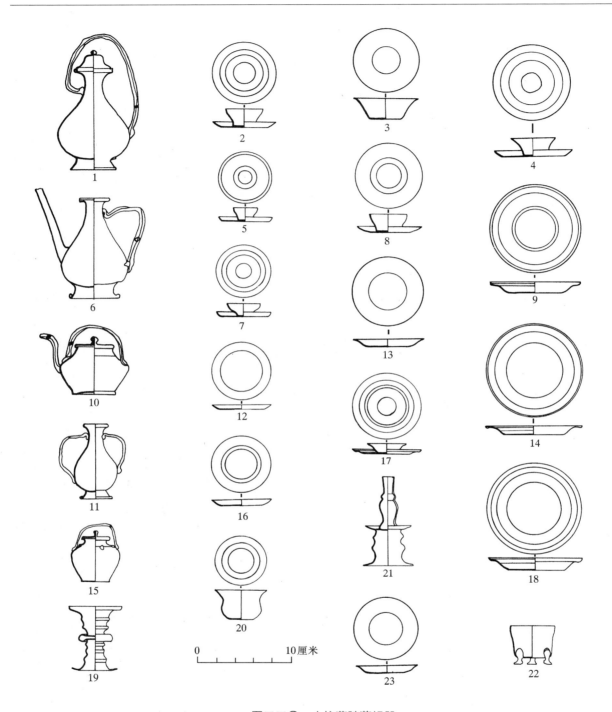

图二二〇　土坑墓随葬锡器

1. 提梁壶（M1839：1）　2. 带杯盏（M2034：1）　3. 杯（M1839：2）　4. 带杯盏（M1839：3）　5. 带杯盏
（M2034：2）　6. 提梁执壶（M2005：1）　7. 带杯盏（M2005：2）　8. 带杯盏（M2005：3）　9. 盏（M1839：4）
10. 提梁执壶（M1839：5）　11. 双耳壶（M2034：3）　12. 盏（M2005：4）　13. 盏（M1839：6）　14. 盏（M2034：
4）15. 提梁壶（M2034：5）　16. 盏（M2034：6）　17. 带杯盏（M2005：5）　18. 盏（M2005：6）　19. 烛台
（M2005：7）　20. 盅（M2005：8）　21. 烛台（M2005：9）　22. 鼎（M2005：10）　23. 盏（M1839：7）

标本 M2005:4，盏。敞口，平底。口径 6.2、底径 4.8、通高 0.6 厘米（图二二〇，12；见彩版六二，2 第三排右 1）。

标本 M1839:6，盏。广口，平底。口径 7.6、底径 4.8、通高 0.8 厘米（图二二〇，13）。

标本 M2034:4，盏。广口，平底。口径 10、底径 6、通高 1 厘米（图二二〇，14；见彩版六二，1 第二排左 2）。

标本 M2034:5，提梁壶。带盖，束颈，鼓腹，平底。口径 3、最大腹径 5、底径 3、通高 6.4 厘米（图二二〇，15；见彩版六二，1 第二排左 1）。

标本 M2034:6，盏。敞口，平底。口径 6.4、底径 4.2、通高 0.6 厘米（图二二〇，16；见彩版六二，1 第三排左 2）。

标本 M2005:5，带杯盏。杯敞口。平底。口径 4、底径 2、通高 1 厘米。盏广口，平底。口径 7.2、底径 4.8、通高 0.6 厘米（图二二〇，17；见彩版六二，2 第二排左 1）。

标本 M2005:6，盏。广口，平底。口径 9.8、底径 6、通高 1.4 厘米（图二二〇，18；见彩版六二，2 第三排左 2）。

标本 M2005:7，烛台。口底均空，呈喇叭形，束腰饰五道粗弦纹。口径 5.4、底径 4.8、通高 7 厘米（图二二〇，19；见彩版六二，2 第一排右 1）。

标本 M2005:8，盅。敞口，束颈，腹略鼓，平底。口径 5.4、最大腹径 4、底径 3、通高 3 厘米（图二二〇，20；见彩版六二，2 第二排左 3）。

标本 M2005:9，烛台。最上为长颈瓶状，中为一小盏，下为喇叭形底。底径 5、通高 9.8 厘米（图二二〇，21；见彩版六二，2 第二排左 2）。

标本 M2005:10，鼎。敛口，斜腹，平底，三足。口径 4.8、底径 2.8、通高 4.2 厘米（图二二〇，22；见彩版六二，2）。

标本 M1839:7，盏。敞口，平底。口径 6.8、底径 4、通高 0.8 厘米（图二二〇，23）。

铁器

共 4 件，其中剪刀 2 件、铁片 1 件、铁环 1 件。

标本 M1328:1，剪刀。平头和现代剪刀差异不大，柄上残留少量布痕。通长 23、柄宽 11 厘米（图二二一，1）。

标本 M1323:1，剪刀。残损，和现代剪刀差异不大。残长 15 厘米（图二二一，2）。

标本 M438:2，片。残损，呈半圆形。长 5.9、宽 2.4、厚 0.5 厘米（图二二一，3）。

标本 M550:5，环。椭圆形，保存基本完好。长 6.4、宽 2.3 厘米（图二二一，4）。

三　玛瑙、玉石器

共计 54 件，包括玛瑙、玉镯、玉牌、玉环、矿石等。

标本 M472:4，玉镯。圆形，属翡翠类。直径 7.9、剖径 1 厘米（图二二二，1；彩版六二，3）。

标本 M78:6，玉镯。圆形，剖面呈圆形，属翡翠类。直径 8.4、剖径 1.3 厘米（图二二二，2；见彩版六一，1 下右 2）。

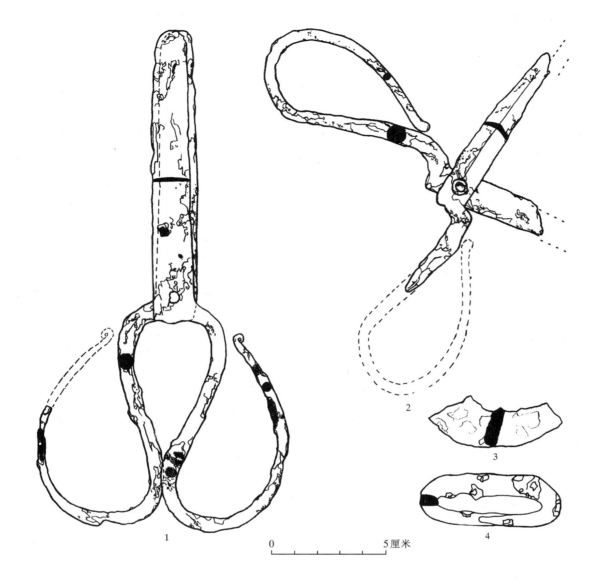

0　　　　　　　　　　5厘米

图二二一　土坑墓随葬铁器

1. 剪刀（M1328：1）　2. 剪刀（M1323：1）　3. 片（M438：2）　4. 环（M550：5）

标本 M1207：8，玉镯。圆形，剖面呈圆形，属翡翠类。直径 7.5、剖径 0.9 厘米（图二二二，3；见彩版六〇，6 上左）。

标本 M224：3，"寿"字玉牌，椭圆形，玉质白润，透雕成"寿"字。长 4.1、宽 3.2、厚 0.5 厘米（图二二二，4；彩版六二，4）。

标本 M475：1，玉戒指。圆形，戒面略宽。直径 2.7 厘米（图二二二，5；彩版六二，5）。

标本 M1593：1，矿石。形状不规则，似铜矿石。长 2.2、宽 1.4 厘米（图二二二，6）。

标本 M1593：2，矿石。形状不规则，似铜矿石。长 3.2、宽 2 厘米（图二二二，7）。

标本 M603：2，矿石。形状不规则，似铜矿石。长 2.5、宽 1.4 厘米（图二二二，8）。

标本 M1207：9，玉镯残片。为一小段残损玉镯，剖面呈圆形。长 1.9、剖径 1.1 厘米（图

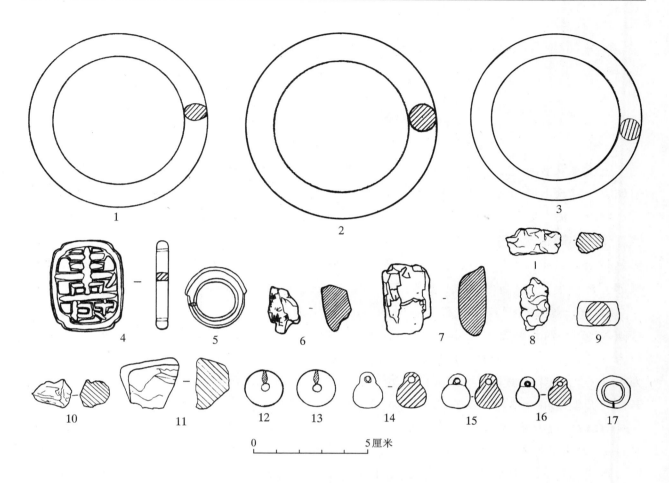

图二二二　土坑墓随葬玉石、玛瑙器

1. 玉镯（M472:4）　2. 玉镯（M78:6）　3. 玉镯（M1207:8）　4. "寿"字玉牌（M224:3）　5. 玉戒指（M475: 1）　6. 矿石（M1593:1）　7. 矿石（M1593:2）　8. 矿石（M603:2）　9. 玉镯残片（M1207:9）　10. 琥珀（M1207:10）　11. 玛瑙（M1207:11）　12. 圆形玉耳环（M283:4）　13. 圆形玉片（M283:5）　14. 玛瑙扣（M50:1）　15. 玛瑙扣（M475:2）　16. 玛瑙扣（M475:3）　17. 石环（M1573:2）

二二二，9）。

标本 M1207:10，琥珀。形状不规则，浅红色。直径 1.8、宽 1.4 厘米（图二二二，10；见彩版六〇，5 下左 3）。

标本 M1207:11，玛瑙。形状不规则，红色。长 2.6、宽 1.3 厘米（图二二二，11；见彩版六〇，5 下左 2）。

标本 M283:4、标本 M283:5，圆形玉耳环。两片，圆形，中间有穿孔，属翡翠类。直径 1.6 厘米（图二二二，12、13；彩版六二，6）。

标本 M50:1，玛瑙扣。球状，有系。直径 1.3、通高 1.7 厘米（图二二二，14）。

标本 M475:2，玛瑙扣。球状，有系。直径 1.3、通高 1.6 厘米（图二二二，15；彩版六三，1 下左 1）。

标本 M475:3，玛瑙扣。球状，有系。直径 1、通高 1.3 厘米（图二二二，16；见彩版六三，1下左2）。

标本 M1573:2，石环，圆形，白色，辨不清是何类石质。直径 1.5 厘米（图二二二，17；彩版六三，2）。

第六节　典型土坑墓

土坑墓共 310 座，分单人葬和双人葬两种。我们选择了有代表性及特殊墓葬 9 座分别介绍如下，其余墓葬基本情况见附录二。

M47　长方形竖穴土坑墓。墓向 125°。位于 T0203 西北部，其下打破土坑墓，由于该土坑墓仅存小部，人骨全无，所以不给编号。墓口长 2.10、宽 0.78、深 0.4～0.5 米。填土为红褐色黏土，土质松软，葬具已朽，底部出 5 颗铁棺钉。人骨保存基本完整，为仰身直肢葬。腰部下有一小腰坑，放一酱釉陶风水罐（图二二三；图版八，1）。

M136　长方形竖穴土坑墓。墓向 50°。位于 T0110 东北部，部分延伸至 T0210 中，南部打破 M265，西北部打破火葬墓 M264，东北部打破 M352。墓口长 2、宽 1.2、深 0.4 米。填土为红色黏土，土质松软，葬具已朽，有漆皮及铁棺钉发现。双人合葬，右面为男性，左面为女性，均仰身直肢葬，头部靠向右侧。男性双手放于身两侧，女性双手交叉放于胸部。在男性身旁发现铜纽 7 件，头部右侧出圆形穿孔银片 1 件（图二二四；图版八，2）。

M217　长方形竖穴土坑墓。墓向 125°。位于 T0109 东南部。墓口长 2.1、宽 0.6、深 0.4～0.9 米（在坡上，东高西低）。填土为红色黏土，夹大量石灰，葬具已朽，墓底出 4 枚棺钉。葬式为仰身直肢葬，双手交叉放于下腹部，头部右侧出银耳环一对。在腰下有一小腰坑，放两碗扣合的风水罐（图二二五；图版九，1）。

M224　长方形竖穴土坑墓。墓向 132°。位于 T0110 东南部，部分延伸到 T0210。墓口长 2、宽 0.5～0.84（东宽西窄）、深 0.5～0.8 米（东深西浅）。填土为红色泥土，土质疏松，夹少部分炭屑，仰身直肢葬，双手放于腹部。其头南侧有 1 块棺板未朽，另有 5 枚棺钉出土。在头部东、南、北三面放有 6 节粗大的栗炭，小腿两侧各放 1 块筒瓦，南侧 1 块瓦头向东，北侧一块瓦头向西，腰下部挖一小腰坑，放有青釉瓷碗和黄釉瓷罐相扣成的风水罐，碗中放有米粒、2 块矿石墓内随葬有"寿"字玉牌、银饰。（图二二六；图版一〇）。

M265　长方形竖穴土坑墓。墓向 123°。位于 T0110 东北部，部分延伸到 T0210，部分叠压在 M136 之下。墓口长 2.2、宽 0.8、深 0.55 米。填土为红色黏土，夹杂大量石灰，棺木已朽，墓底出 5 枚棺钉。葬式为仰身直肢葬，双手放于下腹部。在头部东、南、北三面各放有 1 块木炭，小腿两侧各放有木炭。随葬品为 4 件釉陶风水罐、锡器 1 套。风水罐分别位于墓底，死者头部两侧、脚部两侧及腰下。锡器位于头部后部，有壶、盏、杯等，多残碎（图二二七；图版九，2）。

M307　长方形竖穴土坑墓。墓向 127°。位于 T0103 西部，墓口长 2.24、宽 0.4～0.64（东宽西窄）、深 0.5～0.6 米（东深西浅）。填土为红褐色黏土，土质松软，棺木已朽，仅有板灰痕迹。死者为女性，葬式为仰身直肢葬，双手放于下腹部。随葬品为铜纽扣、铜手镯和

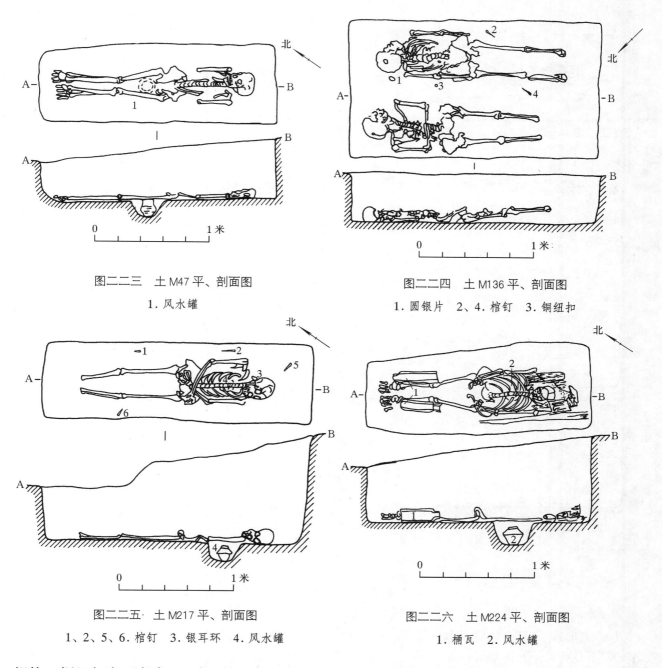

图二二三 土 M47 平、剖面图

1.风水罐

图二二四 土 M136 平、剖面图

1.圆银片 2、4.棺钉 3.铜纽扣

图二二五· 土 M217 平、剖面图

1、2、5、6.棺钉 3.银耳环 4.风水罐

图二二六 土 M224 平、剖面图

1.桶瓦 2.风水罐

银饰，铜纽扣在死者身上，铜手镯戴于死者左手（图二二八；图版一一，1）。

M1391 长方形竖穴土坑墓。墓向 98°。位于 T0206 西南部，北部被 M1155、M1159 打破，墓口长 2.2、宽 0.7~0.8（东宽西窄）、墓深 0.48~1.00 米（东深西浅）。头部上方 0.22 米处挖有一半圆形头龛，龛长 0.4、宽 0.5、高 0.36 米。坑内填土为红褐色黏土，较松软，棺木已朽，仅有棺钉 10 枚。葬式为仰身直肢葬，双手放于下腹部。随葬品为锡制明器 1 套，平放于头龛内，有提梁小壶、执壶、小盏、小杯等（图二二九；图版一一，2）。

M1845 长方形竖穴土坑墓。墓向 285°。位于 T0410 西北部，东部被 M1841 打破，南部打破 M1457，西部打破 M1830。墓口在地表下 0.3 米处，无垒石和封土现象，在墓中部有一

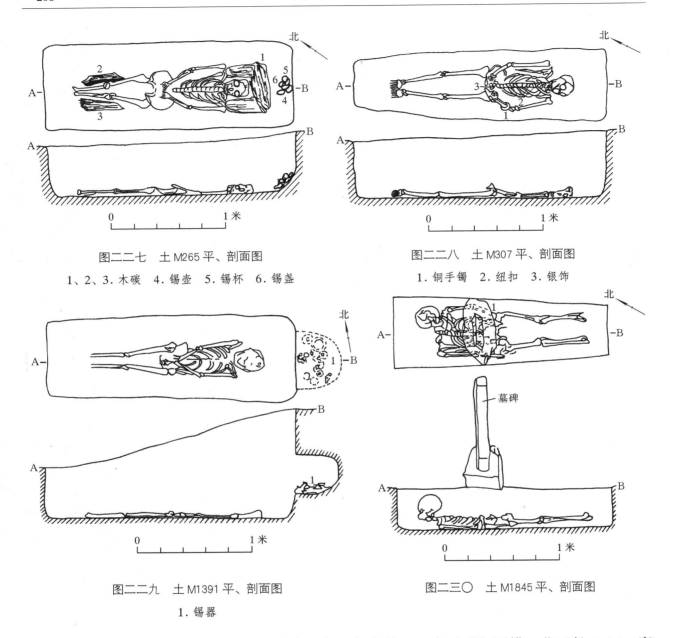

图二二七　土 M265 平、剖面图

1、2、3. 木碳　4. 锡壶　5. 锡杯　6. 锡盏

图二二八　土 M307 平、剖面图

1. 铜手镯　2. 纽扣　3. 银饰

图二二九　土 M1391 平、剖面图

1. 锡器

图二三〇　土 M1845 平、剖面图

带座的圭形碑，碑边饰卷草纹，碑心书字一行，仅有最上一字"殒"可辨。墓口长 1.94、宽 0.45～0.65（南宽北窄）、深 0.35 米。墓坑填土为红色黏土，夹杂细石颗粒，略硬，棺木已朽，仅有板灰痕迹。葬式为仰身直肢葬，双手放于下腹部。无随葬品出土（图二三〇）。

第七节　土坑墓的分期、年代与小结

象眠山土坑墓地根据墓葬特征及随葬品变化分为三期。

早期　墓中不出风水罐，随葬品较少，且随葬品和火葬墓中的相近，多葬有成套锡器，有火葬墓风俗延续现象存在，如 M1837，头下垫方砖，砖上有朱书。M1845，墓无封土，墓碑立放在墓中部。M1834，骨架右侧放锡器，左手肘部放海贝。另外在 M490 中出弘治钱 1

枚，M2079 出锡器 1 套，弘治钱 3 枚，这些有纪年的钱币为明中后期遗物。综合这些情况，本期年代定为明中期至明末。

中期　随葬锡器现象继续存在，但已变少，墓中多出风水罐，但罐之体形较小，有部分风水罐为双碗扣合成，风水罐数量、位置不一。有头部周围放炭、瓦现象。部分墓中出清代铜钱，如 M1498 出"雍正通宝" 3 枚，M1374 出"康熙通宝" 1 枚。综合这些情况，本期年代定为清初至清中期。

晚期　风水罐较大，多为黄釉和酱釉罐，罐中多放有某些特殊物品，且风水罐位置较固定，即在腰坑中，墓中放炭和随葬锡器现象基本消失，晚期其年代相当于清后期至民国。

这一批土坑墓虽然时代晚，但也充分印证了自明中后期起，鹤庆地区葬俗的变化，即明中期以后，由于种种原因，土葬现象开始出现，时间愈推后，数量愈增多，直至清初完全替代了火葬墓。

第四章 结　语

自唐代至明末，云南地区具有佛教色彩的火葬习俗一直流行，除了南诏、大理国时期的统治阶级及广大民众信仰方面的原因外，与氐羌系统民族自古就存在的火葬传统亦有着密切关系。同时这一习俗还影响了南诏、大理统治区域既没有信教亦无火葬历史的其他民族，如苗瑶、壮傣语族的民族。

第一节　氐羌民族系统自古就有火葬习俗

氐羌民族系统的一些分支自古就有火葬习俗。氐羌民族的构成较为复杂，分支众多，其葬俗种类亦较多，一般认为屈肢葬、解肢葬、乱骨葬、石棺葬、树葬、水葬、天葬等奇异葬俗都与氐羌民族集团有关，火葬只是其中部分支系民族的传统。《吕氏春秋·义赏篇》："氐羌之民其虏也，不忧其系累，而忧其死不焚也"。《太平御览》卷七引《庄子》："羌人死，燔而扬其灰。"《墨子》："秦之西，有仪渠之国者，其亲戚死，聚柴薪而焚之，熏上，谓之登遐。"今从纳西族东巴经《寻找父母死后葬法》中可窥见氐羌民族的不同葬俗："相传在糯于伴普时代，糯于伴娶克都木思为妻，生四子，分别叫俄、崩、普、纳，他们的母亲死后，不会处理尸体，于是把母尸分作四块，俄把他分得的那块埋在地下；崩把他分得的那块挂在松树上；普把他分得的那块吃了；纳把他分得的那一块拿去，用青麻秆来烧，结果，皮没有烧焦，血不能烧干，于是纳把母尸丢弃水中，尸被水冲去，漂到董神和塞神那儿。于是董神和塞神给纳传授了处理尸体的方法：'男人死了用九筒柴来烧；妇女死了用七筒柴来烧。照此办理。焚尸方可见白骨，焚尸方可留黑炭。'纳遵从了二神的教导。此后便学会了火葬的方法，后来，这四个儿子分派，俄有了土葬法，崩有了天葬法，普作餐尸葬法。纳则有了火葬法。"

据徐嘉瑞《大理古代文化史稿》（中华书局，1978年）一书研究认为："羌人火葬之俗，其根原在宗教。巫经《天路指明》云'火山焚体观'，'飞仙由火化'，'火山人归化'，'命父火九层，命母火七层'，此乌蛮相信人心必须经火的净化，方能至天国也。《天路指明》一书，虽近日始著于篇，但巫经所载必为较古之信仰也。蒙氏本乌蛮，故大理火葬坟极多，火葬坟乃本之羌族宗教思想，其原始之形式，想极简单，及佛教输入以后，而火葬坟之形式乃变为佛教的仪式，盖僧侣亦火葬。故羌族文化，不知不觉之中，乃与印度文化合流，终于为印度文化所掩，而不知其来源所自矣……羌族所以必须火葬之故，实由于宗教上之信仰，以为必须火焚，然后能上天，此《列子》所谓'登遐'，而后世著录之巫'经亦云'飞仙由火化"，即《列子》所谓'登遐也。'"如是，从目的来看，羌人原始的火葬与佛教的火葬是相通的，都为死后灵魂能登天。

在考古材料中，云南发现的早期火葬墓实物年代是东汉时期，《剑川鳌凤山古墓发掘报告》中称"瓮棺葬与火葬墓多分布在鳌凤山顶，叠压在土坑墓之上。从埋葬的层位和葬俗来看，显然是晚于土坑墓的另一种文化类型。但从陶器的陶质、制法、器型等方面相比较，则与土坑墓时期又有某些相似之处（似可解释为氐羌系统不同分支民族之差异）……鳌凤山的火葬罐，形式不统一，有单耳、双耳和无耳，大小也不一致，与生活用具区别不大。它比南诏及其以后时期的火葬墓要原始得多，是迄今云南省发现较早时期的火葬墓。其相对年代大致在东汉时期。倘若部分氐羌支系虽行火葬，如'燔而扬其灰'，并不将烧骨盛入容器下葬，那么这种火葬风俗，我们是难寻其踪迹的。"[①]

第二节 具有佛教色彩的火葬习俗在中国的出现

佛教从汉代开始传入我国，佛教艺术也随之而来。《中国陶瓷史》（中国硅酸盐学会编著，文物出版社，1982年）载："值得提出的是南京甘家高场出土的一件堆塑陶罐，该器共分三层，除塑有常见的殿阙之外，每层皆有坐佛，且有背光。据《江宁府志》记载，在孙权赤乌四年（241年），西域康居国僧会来建康前，"'中国未有象教，'乃于'秦淮西南建建初寺'，这是江南建立的第一座佛寺……这件堆塑罐应是我国南方地区现存最早的佛教艺术品"。"三国西晋时在瓷器装饰上已有所表现，谷仓、罐和碗、钵等器物出现了佛造像和忍冬纹的装饰……莲花是佛教艺术题材之一，南朝青瓷中普遍以莲花为装饰，在碗、盏、钵的外壁和盘面常常划饰重线仰莲，形似一朵盛开的荷花。""北朝陶瓷装饰的主流，是最常见的莲瓣纹。上面谈到的莲花罐所堆贴的莲瓣纹，与造型融合为一体，既加强了造型的美感，又发掘了装饰的效果，比刻划莲瓣纹更胜一筹。……这些莲瓣纹饰的广泛流行，自然是和北朝的佛教影响有密切关系。北朝统治者大量开凿石窟，兴建寺院，佛教艺术因而深入到各个领域，各种工艺品的莲花题材就成为当时最时兴的装饰。"魏晋北朝时期，陶瓷品所反映出的佛教影响已相当的广泛，然而是否这时已出现一般人使用的佛教含义的火葬习俗，由于考古资料的不足，还不敢下此结论。中原地区至迟在唐末，已有了"戒火自焚"的佛教火葬形式。徐苹芳先生早年的一篇文章《宋元时代的火葬》详细地介绍了史料反映的与佛教有关的火葬[②]，《新五代史·晋高祖皇后李氏传》："高祖皇后李氏，唐明宗皇帝女也。……汉乾祐二年（949年），其二月，徙帝、太后于建州。……明年（950年）三月，太后寝疾，无医药。……八月，疾亟，谓帝曰：'我死焚其骨，送范阳佛寺，无使我为边地鬼也。'遂卒。帝与皇后、宫人、宦者、东西班皆披发徒跣，扶舁其枢，至赐地，焚其骨，穿地而葬焉。"徐文认为从北宋初年至元、明之际，火葬是非常盛行的，在东北、北京、山西、河南、福建、四川等地均已发现火葬墓，是受佛教影响的。并且连道家也受此影响有了火葬的例子。在《马可·波罗行记》（方国瑜、

① 阚勇、熊瑛：《剑川鳌凤山古墓发掘报告》，《考古学报》1990年2期。
② 徐苹芳：《宋元时代的火葬》，《文物参考资料》1956年9期。

林超民著，民族出版社，1994年）里记载了诸如敦煌、杭州等地的火葬情况："君等应知世界之一切偶像教徒皆有焚尸之俗。焚前，死者之亲属在丧柩经过之道中，建一木屋，复以金锦绸绢。柩过此屋时，屋中人呈献酒肉及其他食物于尸前，盖以死者在彼世享受如同生时。至焚尸之所，亲属等先行预备纸扎之人马骆驼钱币，与尸共焚。据云，死者在彼世因此得有奴婢牲畜钱财等若所焚之数。柩行时，鸣一切乐器。""其焚尸也，必须请星者选择吉日。未至其日，停尸于家，有时停止六月之久。""其停尸也，方法如下：先制一匣，匣壁厚有一掌。接合甚密。施以绘画。置樟脑香料不少于匣中，以避臭气。施以美丽布帛复于尸上。停丧之时，每日必陈食于柩前桌上，使死者之魂饮食。陈食之时，与常人食相等。其尤怪者，卜人有时谓不宜从门出丧，必须破墙而出，此地之一切偶教徒焚尸之法皆如是也。"这些记载"不但叙述了火葬的仪式，更重要的是它指出了使用火葬的人与偶像崇拜的关系，马可·波罗所见到的焚尸的人全都是偶像崇拜者"。需要说明的是，南诏、大理国时期统治阶级及广大民众普遍信奉佛教，故云南地区的火葬是一种普遍的、主流的埋葬习俗。这一习俗一直延续到明朝后期。而云南之外的中国其他地区，火葬仅限于两种情况：一是信奉偶像教（佛教）的人；另一种是没有土地的贫民（这些人焚化时连棺木一同烧，骨灰撒于水中，因此没有坟墓。故徐文认为目前所发现的火葬墓绝对不是这种方式的火葬）。

第三节　云南地区有关火葬习俗的史料

自唐代樊绰《云南志·蛮夷风俗》首次记载了蒙舍及诸乌蛮火葬习俗后，宋、元、明直至清代有各种史料反映了云南地区十分流行的、各民族均有的火葬情况。《云南志·蛮夷风俗》："西爨及白蛮死后，三日内埋殡，依汉法为墓。稍富室广栽杉松。蒙舍及诸乌蛮不墓葬。凡死后三日焚尸，其余灰烬，掩以土壤，唯收两耳。南诏家则贮以金瓶，又重以银为函盛之，深藏别室，四时将出祭之。其余家或铜瓶、铁瓶盛耳藏之也。"元代李京《云南志略·诸夷风俗》："人死浴尸，束缚，令坐，棺如方柜，击铜鼓送丧，以剪发为孝，哭声如歌而不哀，既焚，盛骨而葬。"《菖蒲通志》："怒子，人死后，齐集亲友，制一木柜，将死者盘坐柜中，送往荒郊，暂为浅葬，俟冬季农隙时，仍集亲友，请喇嘛念经，将尸挖出，置于宽敞平地上，用火连尸柜烧化，将骨灰置于灰罐中，座埋于偏坡上，上砌四方石一堆，高约二尺，作为坟。旁竖一木杆，悬麻布一幅，上书藏经。不为饰终之典，亦无祭扫之礼。"这类记载非常丰富，不一一列举。从现有考古资料来看，自南诏后期，以大理洱海为中心，云南大多数地区及四川西昌等地均出现了这种具佛教色彩的火葬墓地，其规模之大、数量之多、延续时间之长为全国其他地区所罕见。

需要注意的是，可能在一些佛教并未传入或并不信仰佛教的氐羌后代分支民族中，早期的火葬习俗一直保留下来直至近代，譬如倮倮。清代倪蜕纂录《滇小记·滇云夷种》曰："黑倮倮……葬，贵者裹虎皮，贱者羊皮，焚诸野，弃其灰。""窝泥亦曰翰泥（今称哈尼），男环耳跣足…丧无棺，吊者击锣鼓，摇铃，插鸡毛跳舞，名曰洗鬼，忽泣忽饮，三日，采松为架，

注：第三节后所引用古文献均转引自方国瑜：《云南史料丛刊》，云南大学出版社，1998年。

焚而葬其骨。”“麽些，丽江之夷，总称麽些（今称纳西），而永北、禄丰亦有其类…人死，以竹箦舁至山下，无贵贱皆焚之。黑干夷，宣威有之……死则裹毡焚之，于夷中为最贱种。”

第四节　云南其他民族的火葬习俗

不单氐羌的后代分支民族及信教民众有火葬习俗。有材料反映，苗瑶语族、壮傣语族的一些民族亦有火葬习俗。《滇小记·滇云夷种》：“苗子，凡九种，黔省为多，在滇则宣威、镇雄有之，都是花苗……死则毡裹，舁而焚诸野。”清代董善庆《云龙记往》：“夷有三种，摆夷十之七，阿昌十之二。蒲蛮十之一……，有丧则以其所用什物同死者焚于野，生者移他处。”有研究者怀疑其“摆夷”不是傣族而是阿昌族先民古浪峨人，其实全省许多傣族地区直至清末仍有火葬习俗保存，在考古及调查材料中均有反映。元、明、清三代，因受大理国风俗影响，壮族葬制，亦实行火葬。康熙《师宗州志》：“沙人……死用火化，不葬不祭。”道光《广南府志》：“白沙人……丧葬用火。”乾隆《开化府志》：“依人……亲死素食麻衣，土巫卜期，火葬不拘日月远近，岁终服即除。”民国《个旧县志》：“依人……亲死，素食麻衣，土巫卜期火葬，岁终即除。”

故此，西南地区的火葬习俗，既有氐羌民族的早期遗风的沿袭，譬如一些地区彝族的火葬，似乎与佛教含义的火葬并无太多关系；又多南诏、大理国时期统治阶级及广大民众因佛教信仰而出现的具佛教色彩的火葬墓地；还有在大理国的统治和影响范围内其他民族的火葬形式。这些民族早先历史上没有火葬习俗，也不一定有佛教信仰，更大程度上是受大理国统治阶级及主流民族影响后的跟风行为，这在地域分布上有着明显区别，大理国范围外的黔、桂两省的苗、壮等民族少见有火葬的记录。

第五节　具有佛教色彩的火葬形式

具有佛教色彩的火葬形式，其葬具一般选择有佛教装饰图案的专用葬具，在葬具的内盖上、罐身上多有朱书的梵文咒语，部分烧骨上还贴有金箔或朱书梵咒。墓上立经幢或梵文墓碑，亦有梵、汉两种文字共存的碑刻。明景泰《云南志》卷一《云南府风俗》：“土人则浴尸束缚，置方棺中，或座或侧卧，以方布令有室僧阿吒力者书咒八字，其上曰：‘地水风火，常乐我净，’而包布以五彩，覆之于棺，不问僧俗，皆送之野而焚之，或五日，或七日，收骨贮瓶中，择日而葬之。”同书卷四《镇南州风俗》亦载：“境内僰人。人死置于堂中，请阿吒力僧诵咒之，三日焚于野，取骨贴以金箔，书梵咒其上，以瓷瓶盛而葬之。”据民族学调查材料显示，小凉山彝族老人死后，即将尸体停放在松木扎成的木棒上，接着以羊肚、羊肝、羊骨和苦荞粑敬献死者，然后请毕摩为死者开路念经。烧尸时间一般是距死期三五天，若日子不吉利也有二三月后才烧尸的。[①]《马可·波罗行记》里亦反映了择日烧尸的情况：“其焚尸也，

① 白兴发：《彝族文化史》，云南民族出版社，2000年。

必须请星者选择吉日。未至其日，停尸于家，有时停止六月之久……其停尸也，方法如下：先制一匣，匣壁厚有一掌。接合甚密。施以绘画。置樟脑香料不少于匣中，以避臭气。施以美丽布帛复于尸上。停丧之时，每日必陈食于枢前桌上，使死者之魂饮食。陈食之时，与常人食相等。其无怪者，卜人有时喂不宜从门出丧，必须破墙而出，此地之一切偶教徒焚尸之法皆如是也。"

必须注意的是，在明朝中后期，佛教色彩在火葬形式上渐渐淡化，特别是一些边远民族虽受到火葬风俗的影响，然不一定具有佛教含义，乃把这种风俗加入到自己本民族的宗教中，用自己的"土巫"或"毕摩"主持丧葬仪式，与佛教兴盛时请"阿叱力"主持丧葬有了差别。曾经的羌人火葬之俗（亦源于宗教），因佛教的传入，"不知不觉之中，乃与印度文化合流，终于为印度文化所掩"，在向大理国周边其他民族着传播时，又被各种土著民族融合吸收，演变成为这些民族自己的宗教及丧葬形式。

第六节　对于火葬的禁令

在佛教式火葬兴盛前，汉族虽视火葬为"惨虐至极，无复人道，"然毕竟属于个别民族的传统习俗，并未引起统治者的特别关注。佛教式火葬的出现，影响了汉人的传统礼制，故此自一出现，便遭禁止。宋、元、明、清四代，均有禁令。宋初王备《东都事略·卷二》："（建隆）三年（962年）……三月丁亥，诏曰：'王者设棺椁之品，建封树之制，所以厚人伦而一风化也。近代以来，遵用夷法，率多火葬，甚愆典礼，自今家宜禁之。"《宋史·礼志》载南宋绍兴二十八年（1158年）"户部侍郎荣薿言：'比因臣僚请禁火葬，令州郡置荒闲之地，使贫民得以收葬，诚为善政，臣闻吴越之俗，葬送费广，必积累而后办。至于贫下之家，送终之具，唯务从简，是以从来率以火化为便，相习成风，势难遽革。况州县休息之久，生众日繁，所用之地，必须宽广。仍附郭近便处，官司以艰得之故，有未行标拨者。既葬埋未有处所，而行火化之禁，恐非人情所安。欲乞除豪富士族申严禁止外，贫下之民并客旅远方之人，若有死亡，姑从其便。候将来州县标拨到荒闲之地，别行取旨。'诏依……"

《大元圣政国朝典章·礼部·丧礼》禁约焚尸条云："至元正十五年（1278年）正月，行台准御史台咨，承奉中书省劄付近准北京等路行中书省咨，北京路同知高朝列牒：伏见北京路百姓，父母身死，往往置于柴薪之上，以火焚之。照得古者圣人治丧，具棺椁而厚葬之。今本路，凡人有丧，以火焚之，实灭人伦，有乖丧礼。本省看详，今后除从军边远，或为羁旅从便焚烧外，据久居著之家，若准本路所申，相应准此送礼部议得，四方之民，风俗不一，若便一体禁约，似有未尽。参详比及通行定夺以来，除从军应役，并远方客旅、诸色目人，许从本俗不须禁约外，据土著汉人，拟合禁止。如遇丧事，称家有无，置备棺椁。依礼埋葬，以厚风俗。及据礼部呈随路广院寄顿骸骨，合无明立条教，以革火焚之弊，俾民以时丧葬，若贫民无地葬者，听于官荒地内埋了，若无人收葬者官为埋瘗。本部议得，除火焚之弊已行禁止外，其贫民无地葬者，则于官荒地内埋，无人收葬者，官为埋瘗，似为相应，都省准呈，仰遍行合蜀依上实行。"

明朝时朱元璋下令严禁火葬。《明太祖实录·卷五十三》："谕礼部臣曰：古者圣王治天下，有掩胳埋胔之令，推恩于及朽骨。近世狃于习俗，死者或以火焚之，而投其骨于水。于……伤恩败俗，莫此为甚。其禁止之。若贫民无地者，所在官司择近城宽闲地为义冢，俾之埋葬。或有宦游远方不能归葬者，官给力费以归葬之。"

然对于中央王朝的禁令，云南地区似从未有过反应，火葬之风并未得到遏制。直至嘉靖，专制政权已高度统一，中央王朝又明令革除火葬习俗，仿汉法，兴棺椁葬，对违犯者，实行"杖一百"、"杖一百流三千里，"直至斩首示众的各种刑罚（《大明律·礼律》）。万历《云南通志·全省风俗》称："今则以法律之，不复火化矣。""在统治阶级的政令压力下，加之儒家思想的深入，少数民族的上层人物以及知识阶层，为了参与政权，通达仕途，已逐步改行棺葬，明以后则因清初曾禁止火葬，所以大理地区凡在府、州、县治所在地的经济、文化区域，火葬之风逐渐衰落。然而，火葬作为一种民族意识观念所形成的习俗，是根深蒂固的，它不因社会的发展变化而消失，也不因民族的融合、文化的交流而死亡，所以，火葬习俗并没因为皇朝的诏书御文而绝迹，它在许多边远的少数民族地区牢固的承袭下来，如至今在大部分彝族山区，仍然保持着火葬的习俗"。[1]

云南地区的一些边远少数民族直至民国初年，仍保存着火葬的风俗。

第七节　土坑墓葬俗的推广

明洪武十五年（1382 年）经大理之战后，明平定大理、鹤庆。洪武二十四年（1391 年）置鹤庆卫。洪武三十年（1397 年），改鹤庆府为军民府。正统年间所发生的土知府高伦与明设在鹤庆政权机构的冲突，反映了明对地方势力的最终打击。"高氏族人无可继者，帝命于流官中择人，以绥远蛮。乃擢泸州知府林逎节为知府。鹤庆之改流官自此始。"[2]

明朝大军的进入，将明的政治、军事、文化等制度带入。部分客死他乡的明军政人员，当以汉制埋葬，是鹤庆新式土坑墓的发端。明将地方势力清除干净后，明的法令开始施行，部分有文化、有身份的当地人士不得不遵守明的法令而改变葬俗，这种改变已近明朝中期，并且这种改变有一些特殊形式的过渡和变通。如李元阳墓，是将火葬罐装入棺椁之中再行土葬。明末清初，火葬风俗在统治可以深入的城镇坝区日渐衰微，土坑墓葬俗得以普遍使用。

---

① 马雁：《试说大理地区火葬习俗的下限问题》，《云南文物》总第 34 期。
② 张廷玉：《明史·云南土司传》，中华书局，1958 年。

附表一　火葬墓登记表

墓号	分期分段	位置	墓口尺寸口径－深	墓口形状	葬具	随葬品
M1	四期8段	T0207	59－42	圆形	Ab型黄釉瓶	
M2	三期6段	T0208	91－48	圆形	外罐残、Bb型Ⅰ式灰陶内罐	铜片2件
M3	三期6段	T0208	（64～78）－69	椭圆形	Ac型灰陶外罐 Bb型Ⅰ式灰陶内罐	
M4	四期8段	T0208	77－70	近圆形	Ab型黄釉外罐带盖，盖残 B型黄釉内罐带盖	海贝
M5	＊	T0207	79－55	不规则	灰陶罐（残）	海贝
M6	三期5段	T0206	（57～77）－（48～52）	椭圆形	Ba型Ⅲ式灰陶瓶	

注：表中"＊"表示分期分段不详者，下同。有些墓葬上面有经幢、石块，由于不能判断其与墓葬的准确关系，故本登记表中不作登记。

（续表）

墓号	分期分段	位置	墓口尺寸 口径－深	墓口形状	葬　具	随葬品
M7	三期 6 段	T0205	74－57	圆形	Aa 型 I 式灰陶内罐	海贝
M8	三期 7 段	T0204	(70～60)－(68～74)	椭圆形	Db 型灰陶内罐	海贝
M9	三期 * 段	T0206	(64～54)－60	不规则	A 型红陶盆、灰陶盏	
M11	三期 7 段	T0207	(79～67)－61	不规则	Aa 型 II 式灰陶外罐 内罐残	海贝
M12a	三期 6 段	T0207	134－90	近椭圆	Aa 型 I 式灰陶内罐	海贝、铜片、青瓦（残）
M12b	四期 9 段	T0207			盖为青釉瓷碗 B 型黄釉瓶	
M12c	*	T0207			灰陶外罐、灰陶内罐（均残）	

（续表）

墓号	分期分段	位置	墓口尺寸口径－深	墓口形状	葬　具	随葬品
M12d	三期7段	T0207			Bb型灰陶瓶	
M12e	三期6段	T0207			Ac型灰陶外罐 Bb型Ⅰ式灰陶内罐	
M12f	*	T0207			红陶罐（残）	
M13	二期3段	T0207	(56~63)－50	近椭圆	灰陶瓮（残） Cb型黄陶罐 Ad型黄陶罐	海贝
M14	三期6段	T0208	52－78	近圆形	Aa型Ⅰ式灰陶外罐 Bb型Ⅰ式灰陶内罐	
M15	一期1段	T0207	70－76	椭圆形	Ca型黄陶罐 盖为B型黄陶盆	
M16	三期6段	T0207	96－57	不规则	Ab型灰陶内罐 Ba型Ⅰ式灰陶瓶	

（续表）

墓号	分期分段	位置	墓口尺寸口径－深	墓口形状	葬　具	随葬品
M17a	四期 8 段	T0208	218－（74～98）	不规则	Aa 型黄釉外罐 A 型黄釉内罐	残瓦 1 件、铁片 1 件、铜器 1 件、铜片 2 件
M17b	三期 6 段				Aa 型 I 式灰陶内罐	
M17c	四期 9 段				B 型黄釉外罐	
M17d	三期 6 段				Aa 型 I 式灰陶外罐 Bb 型 I 式灰陶内罐	
M17e	三期 6 段				Ac 型灰陶外罐 C 型灰陶内罐 Aa 型 I 式灰陶外罐 Bb 型 I 式灰陶内罐	
M17f	三期 7 段				Aa 型 I 式灰陶外罐 Da 型灰陶内罐	

（续表）

墓号	分期分段	位置	墓口尺寸口径－深	墓口形状	葬具	随葬品
M17g	三期 7 段				Ab 型灰陶内罐 Aa 型 II 式灰陶外罐	铁镯
M17h	三期 5 段				Ba 型 III 式灰陶瓶	
M17i	三期 6 段				Bb 型 I 式灰陶内罐	
M17j	三期 7 段				Da 型灰陶内罐	
M17k	三期 6 段				Aa 型 I 式灰陶外罐	手镯 1 件
M17l	四期 8 段				Aa 型黄釉外罐 B 型黄釉内罐	

（续表）

墓号	分期分段	位置	墓口尺寸口径－深	墓口形状	葬 具	随葬品
M17m	三期＊段				1. 灰陶外罐 2. C型I式灰陶瓶	
M18	三期5段	T0207	53－55	圆形	C型I式灰陶瓶	
M19	三期7段	T0207	68－39	近圆形	青釉瓷罐	
M20	三期5段	T0207	70－75	椭圆形	Ba型III式灰陶瓶	
M21	一期1段	T0207	53－49	近圆形	Ca型黄陶罐	
M22	一期2段	T0207	56－87	近圆形	Ae型红陶罐	

（续表）

墓号	分期分段	位置	墓口尺寸口径－深	墓口形状	葬　　具	随葬品
M23a	三期7段	T0208	73－80	圆形	Aa型Ⅱ式灰陶外罐 Bb型Ⅰ式灰陶内罐	海贝
M23b	一期二段	T0208			灰陶盆、Cb型红陶罐（均残）	
M24	*	T0208	85－71	圆形	Aa型红陶瓮、绿釉内罐（均残）	铁片1件、青瓦1件
M25	*	T0208	（60～94）－52	不规则	灰陶罐、灰陶罐（均残）	
M26	一期1段	T0208	（60～83）－52	椭圆形	Ba型黄陶罐	
M27	三期6段	T0208	（67～101）－85	近椭圆	Aa型Ⅰ式灰陶外罐 Bb型Ⅰ式灰陶内罐	海贝、铜饰
M28	三期6段	T0208	（64～116）－85	椭圆形	Ab型灰陶内罐、灰陶外罐（残）、Bb型Ⅰ式灰陶内罐、Ba型Ⅲ式灰陶瓶、Ac型灰陶外罐、C型灰陶内罐	耳环、料珠、铜镯、铜片
M29a	二期4段	T0108	70－80	圆形	Bb型绿釉外罐 Bb型绿釉内罐	铁片
M29b	*	T0108			红陶罐（残）	

（续表）

墓号	分期分段	位置	墓口尺寸口径－深	墓口形状	葬　　具	随葬品
M30	三期＊段	T0108	（68～145）－60	不规则	4组灰陶罐（均残）C型Ⅰ式灰陶瓶	
M32	一期2段	T0210	40－50	圆形	B型黄陶瓶	
M33	＊	T0210	54－45	圆形	盖为黄釉瓷碗	
M34	＊	T0209	45－50	圆形	灰陶瓶（残）	
M35	＊	T0210	48－53	圆形	黄陶罐（残）	瓦片
M36	三期6段	T0210	53－52	圆形	Aa型Ⅰ式灰陶内罐	海贝
M37	二期3段	T0210	60－70	圆形	Ac型灰陶瓮盖为C型灰陶盆	
M38	三期6段	T0209	60－76	圆形	Ac型灰陶外罐Ba型灰陶内罐	海贝、铜片1件

（续表）

墓号	分期分段	位置	墓口尺寸口径-深	墓口形状	葬　具	随葬品
M39	三期 * 段	T0210	45－32	圆形	其他灰陶罐（无骨灰）	灰陶小罐
M40	二期3段	T0210	50－55	圆形	A型灰陶瓶	
M41	三期6段	T0204	13－62	圆形	Aa型Ⅰ式灰陶内罐	银耳环1件、海贝
M42	四期9段	T0204	20－45	圆形	B型黄釉罐	
M43	四期9段	T0204	20－37	圆形	B型黄釉外罐	灰陶盏
M45	四期9段	T0204	（70～65）－51	近圆形	B型黄釉瓷瓶（双耳）	
M48	*	T0204	（56～90）－32	椭圆形	无葬具的火葬墓，有骨灰	

（续表）

墓号	分期分段	位置	墓口尺寸口径－深	墓口形状	葬　具	随葬品
M53	二期3段	T0209	(77～89)－75	椭圆形	Ab型红陶瓮 Aa型绿釉内罐	海贝
M54	三期＊段	T0210	57－45	圆形	灰陶外罐（残） Bc型绿釉内罐	
M55	三期6段	T0209	(40～55)－64	椭圆形	Aa型Ⅰ式灰陶内罐	
M56	三期5段	T0209	(50～55)－55	椭圆形	C型Ⅰ式灰陶瓶	
M57	三期5段	T0209	68－70	圆形	Ab型灰陶瓮 Ba型灰陶内罐	残铜片
M58	二期3段	T0209	49－52	椭圆形	其他绿釉瓶	

（续表）

墓号	分期分段	位置	墓口尺寸口径－深	墓口形状	葬　具	随葬品
M59	三期 6 段	T0210	40－48	圆形	Ab 型灰陶内罐	
M60	三期 7 段	T0210	60－50	圆形	Da 型灰陶内罐	
M61	*	T0210	50－46	圆形	红陶罐（残）	
M62a	三期 7 段	T0209	（12～117）－70	不规则圆形	2 组灰陶套罐：Aa 型 II 式灰陶外罐 Bb 型 I 式灰陶内罐	1～2 号有海贝、3～4 号无、板瓦 1
M62b	一期 2 段				Bc 型黄陶罐	
M63	*	T0209	（20～37）－53	椭圆形	灰陶罐（残）	
M64	一期 2 段	T0209	59－69	圆形	C 型红陶瓶	
M65	二期 4 段	T0209	78－68	圆形	1 组套罐：外罐灰陶瓮、内罐 Bc 型绿釉罐（均残）	

（续表）

墓号	分期分段	位置	墓口尺寸口径－深	墓口形状	葬　具	随葬品
M66	＊	T0209	60－55	圆形	灰陶罐（残） A 型红陶盆盖	铜耳环 1 件
M67	一期＊段	T0210	70－50	圆形	A 型红陶盆盖 红陶匜	
M68	一期＊段	T0210	70－75	圆形	B 型红陶盆 绳纹红陶釜	
M69	二期 3 段	T0209	50－66	圆形	A 型灰陶瓶	瓦片
M70	一期 1 段	T0210	45－55	圆形	Aa 型红陶罐	
M71	一期 2 段	T0210	（40~47）－60	椭圆形	B 型红陶瓶	

（续表）

墓号	分期分段	位置	墓口尺寸口径－深	墓口形状	葬　具	随葬品
M72	三期 6 段	T0210	45－70	圆形	Ba 型灰陶外罐 Bb 型 I 式灰陶内罐	铜片 1 件
M73	二期 3 段	T0209	68－72	圆形	Bb 型红陶瓮 红陶内罐（残）	海贝若干、铜片 1 件
M74	三期 5 段	T0210	66－70	圆形	Ab 型灰陶瓮 Ba 型灰陶内罐	
M75	三期 3 段	T0210	70－80	圆形	Ab 型红陶瓮 Aa 型绿釉内罐	海贝、铜片 1 件
M79	二期 4 段	T0209	80－74	圆形	Bb 型绿釉内罐（盖残）	海贝若干、瓦片
M80	＊	T0209	36－50	圆形	灰陶罐（残）	
M81	二期 4 段	T0210	64－71	圆形	外罐为 Aa 型灰陶瓮（残） 内罐为 Bb 型绿釉罐	铜片 1 件、耳环 1 件

（续表）

墓号	分期分段	位置	墓口尺寸口径－深	墓口形状	葬　　具	随葬品
M82	三期 5 段	T0210	75 – 81	圆形	Ba 型Ⅲ式灰陶瓶	
M83	二期 4 段	T0209	(65 – 80) – 44	椭圆形	Ba 型红陶瓮　Ac 型绿釉内罐	铁刀 1 件
M84	三期 6 段	T0209	42 – 36	圆形	Ab 型灰陶内罐	
M85	四期 9 段	T0209	(37 – 40) – 56	椭圆形	B 型黄釉外罐	
M86	三期 6 段	T0209	71 – 47	圆形	Ab 型灰陶外罐（残）　Db 型绿釉内罐	铁片
M87	三期 6 段	T0209	(50 – 60) – 32	椭圆形	Aa 型Ⅰ式灰陶外罐　Ab 型灰陶内罐	铜片 1 件、海贝

（续表）

墓号	分期分段	位置	墓口尺寸口径－深	墓口形状	葬　具	随葬品
M88	四期9段	T0209	45－50	圆形	B型黄釉外罐	
M89	四期8段	T0209	50－42	圆形	Ab型黄釉瓶	海贝若干
M90	一期*段	T0209	40－60	圆形	花瓣口红陶瓶	
M91	*	T0206	55－45	圆形	灰陶罐（残）	
M92	*	T0205	60－45	圆形	灰陶罐（残）	
M93	一期*段	T0206	58－50	圆形	A型红陶盆	
M94	*	T0206	45－36	圆形	Ba型灰陶瓶（残）	
M95	三期6段	T0206	52－53	圆形	Ab型灰陶内罐	

（续表）

墓号	分期分段	位置	墓口尺寸口径－深	墓口形状	葬　具	随葬品
M96	三期5段	T0206	50－57	圆形	C型I式灰陶瓶	
M97	三期6段	T0206	(38－48)－67	椭圆形	C型II式灰陶瓶	
M98	三期5段	T0206	(75－80)－65	不规则	Ba型III式灰陶瓶	
M99	三期6段	T0206	43－66	圆形	Ab型灰陶内罐	
M100	三期6段	T0206	52－57	圆形	Ab型灰陶内罐	
M101	三期6段	T0108	(56－67)－77	椭圆形	Ba型灰陶瓮 Bb型I式灰陶内罐	铁片1件、铜片1件、料珠1颗、戒指1件、瓦片
M102	*	T0108	62－62	近圆形	灰陶罐带盖（残）	

（续表）

墓号	分期分段	位置	墓口尺寸口径－深	墓口形状	葬　具	随葬品
M103	四期 9 段	T0207	（70－110）－53	不规则	Aa 型黄釉外罐配 A 型黄釉内罐 B 型黄釉外罐配 A 型黄釉内罐	
M104	二期 4 段	T0108	（62－76）－50	不规则	Ba 型Ⅱ式灰陶瓶、Ba 型Ⅰ式灰陶瓶（残）	
M105	四期 * 段	T0208	（62－70）－50	椭圆形	黄釉外罐（残） A 型黄釉内罐	
M106	二期 4 段	T0108	（70－80）－85	椭圆形	Ba 型绿釉外罐 Bb 型绿釉内罐	铜片、海贝、瓦片、银片
M107	*	T0208	（40－50）－44	椭圆形		灰陶罐（残）
M108	三期 5 段	T0208	（44－75）－55	不规则	绿釉外罐（残） Ca 型绿釉内罐 其他绿釉瓶	
M109	三期 5 段	T0208	（50－55）－68	近圆形	Cb 型绿釉外罐 E 型绿釉内罐	
M110	三期 6 段	T0208	（63－52）－68	椭圆形	Aa 型Ⅰ式灰陶外罐 Bb 型Ⅰ式灰陶内罐	

（续表）

墓号	分期分段	位置	墓口尺寸口径－深	墓口形状	葬　具	随葬品
M111	四期8段	T0208	60－84	近圆形	Aa型黄釉外罐 A型黄釉内罐	铜片、青瓦
M112	二期3段	T0208	52－60	近圆形	A型灰陶瓶（残） 红陶匜为盖	
M113	*	T0208	(37－50)－44	椭圆形	Ba型灰陶瓶（残）	
M114	三期6段	T0107	(70－85)－66	椭圆形	Aa型Ⅰ式灰陶外罐 Bb型Ⅰ式灰陶内罐	铜镯
M115	四期8段	T0207	(52－60)－92	椭圆形	Ad型黄釉外罐 B型黄釉内罐	铜片、瓦片
M116	*	T0208	(48－50)－35	不规则	灰陶罐2件（均残）	
M117	*	T0208	(52－65)－57	椭圆形	绿釉陶罐带盖，可能有外罐、A型红陶盆盖（均残）	
M118	*	T0208	(51－59)－50	椭圆形	黄陶罐（残）	
M119	一期2段	T0108	(40－48)－53	椭圆形	B型红陶瓶	

（续表）

墓号	分期分段	位置	墓口尺寸口径－深	墓口形状	葬　具	随葬品
M120	四期 9 段	T0108	（48－52）－34	椭圆形	B 型黄釉外罐	
M121	二期 3 段	T0210	80－80	圆形	Aa 型灰陶瓮（残） A 型红陶盆 Ab 型绿釉内罐	铜片 1 件
M122	四期 8 段	T0210	61－85	圆形	Aa 型黄釉外罐 A 型黄釉内罐	海贝
M123	三期 7 段	T0210	（117－58－84）－80	不规则（两个圆形相连）	4 组灰陶套罐：Ab 型灰陶外罐、Aa 型 I 式灰陶外罐配 Bb 型 I 式灰陶内罐、Aa 型 II 式灰陶外罐配 Ab 型灰陶内罐、Aa 型 II 式灰陶外罐配 Bb 型 I 式灰陶内罐	铜片、海贝、方形青砖
M124	三期 * 段	T0209	50－65	圆形	Ac 型灰陶瓮 其他灰陶内罐	青釉瓷片

（续表）

墓号	分期分段	位置	墓口尺寸口径－深	墓口形状	葬　具	随葬品
M125	二期 3 段	T0109	(85－95)－80	椭圆形	Ab 型红陶瓮（残） Aa 型绿釉内罐	海贝、铜片 1 件
M126	三期七段	T0109	53－65	圆形	青瓷罐（残）	
M127	三期 6 段	T0110	(40－50)－50	近圆形	Aa 型 I 式灰陶内罐（残）	
M128	*	T0110	52－52	圆形	灰陶罐（残）	
M129	一期 2 段	T0210	(50－58)－62	椭圆形	Db 型红陶罐	海贝
M130	三期 6 段	T0210	58－72	圆形	C 型 II 式灰陶瓶	
M131	二期 4 段	T0209	71－80	圆形	Ac 型红陶瓮（残） Bb 型绿釉内罐	铁片 1 件、瓦片
M132	三期 6 段	T0209	(55－58)－53	近圆形	Aa 型 I 式灰陶内罐	

（续表）

墓号	分期分段	位置	墓口尺寸口径－深	墓口形状	葬　具	随葬品
M133	二期 3 段	T0209	96 - 85	圆形	Ab 型红陶瓮（残） Ba 型绿釉内罐	铜片 1 件、瓦片
M134	三期 6 段	T0209	64 - 69	圆形	Ac 型灰陶外罐 Bb 型Ⅰ式灰陶内罐	海贝、铜镯 1 件（残）
M135	一期 2 段	T0209	55 - 55	圆形	C 型黄陶瓶	
M137	三期 6 段	T0209	40 - 60	圆形	Ab 型灰陶内罐	
M138	三期 5 段	T0209	64 - 70	圆形	灰陶外罐（残） Ba 型灰陶内罐	
M139	＊	T0209	65 - 52	圆形	1 组套罐：外为 Ba 型红陶瓮、内罐为绿釉陶罐（均残）	瓦片

（续表）

墓号	分期分段	位置	墓口尺寸口径－深	墓口形状	葬　具	随葬品
M140	一期2段	T0209	44－64	圆形	B型黄陶瓶	
M141	三期6段	T0102	(48－60)－70	椭圆形	Aa型Ⅰ式灰陶外罐 Bb型Ⅰ式灰陶内罐	
M142	三期6段	T0209	(50－55)－50	椭圆形	Aa型Ⅰ式灰陶内罐	
M143	三期6段	T0209	45－50	圆形	Bb型Ⅰ灰陶内罐	
M144	二期4段	T0209	(50－65)－54	椭圆形	绿釉陶罐带盖、Bb型内罐（均残）	
M145	二期3段	T0109	78－68	圆形	Ab型红陶瓮（残） Aa型绿釉内罐	海贝、瓦片
M146	＊	T0109	39－55	圆形	绿釉内、外罐（均残）	铜片2件

（续表）

墓号	分期分段	位置	墓口尺寸口径－深	墓口形状	葬　具	随葬品
M147	三期＊段	T0109	45－60	圆形	Ac 型灰陶外罐、内罐（残）	
M148	＊	T0109	47－51	圆形	灰陶罐均带盖（残）	
M149	二期 4 段	T0109	（62－75）－62	椭圆形	Ac 型红陶瓮（残）Bb 型绿釉内罐	铜片 2 件
M151	一期 1 段	T0109	45－50	圆形	Ca 型红陶罐（残）	
M152	二期 3 段	T0109	（94－110）－90	椭圆形	2 组套罐：Aa 型灰陶瓮、Ba 型绿釉内罐；Ac 型红陶瓮、Bc 型红陶内罐	海贝、铁片 1 件
M153	二期 3 段	T0110	79－62	圆形	红陶瓮（残）Ab 型绿釉内罐	海贝、铁片 2 件
M155	二期 3 段	T0109	70－58	圆形	1 组套罐：Ab 型灰陶瓮，B 型红陶盆为盖、Ac 型红陶内罐（均残）	

（续表）

墓号	分期分段	位置	墓口尺寸口径－深	墓口形状	葬　　具	随葬品
M156	一期2段	T0106	48－50	圆形	Ae型红陶罐	
M157	一期2段	T0109	55－40	圆形	Ae型红陶罐（残）灰陶钵盖—带流匜	
M158	*	T0109	(45－48)－55	椭圆形	红陶罐无盖（残）	
M159	二期4段	T0110	60－47	圆形	Aa型灰陶瓮，A型红陶盆为盖（残）Bc型绿釉内罐	瓦
M160	*	T0109	44－44	圆形	红陶罐（残）	铜镯1件、海贝若干
M161	三期5段	T0210	50－80	圆形	Cb型绿釉外罐E型绿釉内罐	海贝若干、铜片1件
M162	三期5段	T0206	50－70	圆形	Ab型灰陶瓮、Ba型Ⅲ式灰陶瓶（均残）	
M163	*	T0206	(65－75)－60	椭圆形	灰陶罐带盖（残）	

（续表）

墓号	分期分段	位置	墓口尺寸口径－深	墓口形状	葬　　具	随葬品
M164	二期 4 段	T0206	58－57	圆形	Ba 型 II 式灰陶瓶	
M165	一期 2 段	T0206	51－47	圆形	Ae 型红陶罐	
M166	二期 3 段	T0206	46－40	圆形	Ba 型 I 式灰陶瓶（残）	
M167	四期 8 段	T0106	50－67	圆形	Aa 型黄釉外罐　A 型黄釉内罐	
M168	三期 ＊ 段	T0206	35－43	圆形	其他灰陶内罐	
M169	＊	T0206	41－52	圆形	灰陶罐（残）	
M170	三期 ＊ 段	T0206	45－64	圆形	其他灰陶内罐	
M171	三期 6 段	T0206	65－52	圆形	Aa 型 I 式灰陶内罐（残）	海贝
M172	＊	T0206	50－60	圆形	灰陶瓶（残）	
M173	三期 6 段	T0206	50－60	圆形	Aa 型 I 式灰陶内罐	

（续表）

墓号	分期分段	位置	墓口尺寸口径－深	墓口形状	葬 具	随葬品
M174	二期 3 段	T0206	45－49	圆形	A 型灰陶瓶	
M175	＊	T0206	38－52	圆形	灰陶壶（残）	瓦片
M176	三期 6 段	T0206	75－87	圆形	Ba 型灰陶外罐 Bb 型 I 式灰陶内罐	
M177	三期 6 段	T0106	55－72	圆形	Aa 型 I 式灰陶外罐 Bb 型 I 灰陶内罐	
M178	三期 5 段	T0206	45－60	圆形	C 型 I 式灰陶瓶	
M179	二期 4 段	T0206	45－55	圆形	Ba 型 II 式灰陶瓶	
M180	三期 7 段	T0206	55－67	圆形	Aa 型 II 式灰陶内罐	
M181	一期 2 段	T0107	（46－56）－48	椭圆形	Bc 型红陶罐（残）	

（续表）

墓号	分期分段	位置	墓口尺寸口径－深	墓口形状	葬　具	随葬品
M182	二期 4 段	T0107	（75－90）－62	椭圆形	Aa 型红陶瓮 B 型红陶盆（残） Bb 型绿釉内罐	瓦片
M183	＊	T0207	（48－55）－51	近圆形	灰陶瓶（残）	
M184	＊	T0207	55－54	圆形	灰陶罐带盖（残）	
M185	三期＊段	T0207	55－62	圆形	灰陶外罐（残） Bc 型灰陶内罐	
M186	三期 6 段	T0207	（51－60）－62	椭圆形	Aa 型 I 式灰陶内罐	
M187	三期 5 段	T0207	（43－55）－57	椭圆形	Ba 型 III 式灰陶瓶	
M188	三期 7 段	T0207	60－78	圆形	Aa 型 II 式灰陶外罐	海贝若干枚

（续表）

墓号	分期分段	位置	墓口尺寸口径－深	墓口形状	葬　　具	随葬品
M189	一期2段	T0207	50－58	圆形	Ae型黄陶罐	海贝、青砖
M190	一期1段	T0207	（66－75）－67	椭圆形	Ab型红陶罐（残） B型红陶盆为盖	铜镯
M191	三期5段	T0107	70－65	圆形	Ab型灰陶瓮（残） Ba型灰陶内罐	
M192	三期6段	T0207	50－63	圆形	Ab型灰陶罐	
M193	三期5段	T0207	（56－60）－58	椭圆形	C型Ⅰ式灰陶瓶	
M194	三期6段	T0207	（56－67）－71	椭圆形	Bb型灰陶外罐 Ba型灰陶内罐	
M195	三期5段	T0207	（60－70）－68	椭圆形	Ab型灰陶瓮（残）	

（续表）

墓号	分期 分段	位置	墓口尺寸 口径－深	墓口 形状	葬　具	随葬品
M196	三期 6 段	T0207	82－53	圆形	灰陶外罐（残） Ba 型灰陶内罐	铁片
M197	三期 7 段	T0207	68－59	圆形	Aa 型 II 式灰陶内罐（残）	玛瑙珠 1 颗、石 子若干
M198	三期 * 段	T0207	73－78	圆形	灰陶外罐（残） Aa 型 I 式灰陶内罐	铜片 1 件
M199	四期 8 段	T0207	52－81	圆形	Ab 型黄釉外罐 A 型黄釉内罐	铜片、铁片、海 贝
M200	二期 4 段	T0108	(77－106)－95	椭圆形	Ab 型红陶瓮（残） Cb 型绿釉内罐 Ae 型红陶罐	铜片（莲瓣形）、海贝、铁 片、瓦片
M201	四期 8 段	T0102	40－65	圆形	Ab 型黄釉瓶	

（续表）

墓号	分期 分段	位置	墓口尺寸 口径－深	墓口 形状	葬　具	随葬品
M202	三期 6 段	T0102	50－55	圆形	Aa 型 I 式灰陶外罐 C 型 I 式灰陶瓶	
M203	三期 6 段	T0102	55－55	圆形	Aa 型 I 式灰陶外罐 Ba 型灰陶内罐	饰品、手镯、铁 箭镞
M204	三期 6 段	T0102	55－55	圆形	Aa 型 I 式灰陶外罐 Bb 型 I 式灰陶内罐	手镯、铜片
M205	三期 6 段	T0109	(34－42)－56	椭圆形	Ab 型灰陶单罐	
M206	三期 6 段	T0210	(50－65)－65	椭圆形	Aa 型 I 式灰陶外罐 Ab 型灰陶内罐	海贝若干、铁镯 1 件
M207	一期 1 段	T0110	(45－50)－55	圆形	Ba 型红陶单罐	
M208	＊	T0110	40－43	圆形	红陶罐（残）	

（续表）

墓号	分期分段	位置	墓口尺寸口径－深	墓口形状	葬　具	随葬品
M209	三期 * 段	T0110	（53－65）－62	椭圆形	灰陶外罐（残） C 型灰陶内罐	海贝若干
M210	一期 2 段	T0110	50－50	圆形	Bc 型红陶罐	
M211	一期 2 段	T0109	（54－62）－65	椭圆形	Cb 型红陶罐（残）	
M212	一期 1 段	T0109	45－57	圆形	Ba 型红陶罐（残）	
M213	二期 4 段	T0109	68－73	圆形	Ab 型红陶瓮（残） Bb 型绿釉内罐	海贝若干、瓦片
M214	一期 2 段	T0110	50－40	圆形	Bb 型红陶罐	
M215	一期 2 段	T0110	54－60	圆形	Bb 型红陶罐（残）	海贝若干
M216	一期 1 段	T0109	42－46	圆形	Aa 型红陶罐	
M218	三期 6 段	T0109	55－62	圆形	Aa 型 I 式灰陶内罐（残）	
M219	*	T0109	35－66	圆形	红陶罐（残）	

（续表）

墓号	分期分段	位置	墓口尺寸口径－深	墓口形状	葬　具	随葬品
M220	一期1段	T0110	60－50	圆形	Ca型红陶罐	
M221	＊	T0109	（64－74）－41	椭圆形	红陶罐（残）、盖为红陶盘	
M222	＊	T0109	50－47	圆形	红陶罐（残）	
M223	一期2段	T0109	47－50	圆形	Ae型红陶罐（残）	
M225	二期4段	T0108	80－55	圆形	Ab型红陶瓮（残）Bb型绿釉内罐	
M226	三期6段	T0108	65－90	圆形	Aa型Ⅰ式灰陶外罐（残）Bb型Ⅰ式灰陶内罐	
M227	二期4段	T0107	（77－83）－80	椭圆形	灰陶瓮（残）Bc型绿釉内罐	铁片
M228	三期＊段	T0217	55－70	圆形	灰陶外罐、Bb型Ⅰ式灰陶内罐（均残）	铜片、海贝
M229	二期4段	T0108	（82－90）－70	椭圆形	红陶外罐（残）盖为A型红陶盆Bc型绿釉内罐	海贝

（续表）

墓号	分期分段	位置	墓口尺寸口径－深	墓口形状	葬　具	随葬品
M230	一期 2 段	T0108	（46－59）－40	椭圆形	Ae 型红陶罐（残）	
M231	三期 6 段	T0208	65－79	圆形	Aa 型 Ⅰ式灰陶外罐、Bb 型 Ⅰ式灰陶内罐（均残）	铜片、海贝
M232	二期 3 段	T0207	60－75	圆形	Ab 型红陶瓮（残） Cb 型红陶内罐	铁片
M233	三期 6 段	T0307	57－55	圆形	C 型 Ⅱ式灰陶瓶	
M234a	四期 8 段	T0207		不规则	Aa 型黄釉外罐 A 型黄釉内罐（残）	
M234b	三期 5 段				绿釉外罐（残） Db 型绿釉内罐	
M234c	三期 5 段				2 组绿釉套罐：外罐均为 A 型 一为 Ca 型内罐 一为 Db 型内罐	1 号罐外出铜片、瓦，2 号罐出瓦、黄色料块
M234d	三期 5 段				A 型绿釉外罐（残） Db 型绿釉内罐	瓦、海贝若干、铜片 1 件、银耳坠 1 件

（续表）

墓号	分期分段	位置	墓口尺寸口径－深	墓口形状	葬　具	随葬品
M234e	一期 2 段				Ae 型红陶罐	
M235	三期 7 段	T0207	62－77	圆形	Aa 型 II 式灰陶外罐 Bb 型 I 式灰陶内罐（残）	
M236	三期 6 段	T0307	(53－60)－70	椭圆形	Aa 型 I 式灰陶外罐 Ab 型灰陶内罐	海贝
M237	*	T0307	(45－51)－44	椭圆形	灰陶罐（残）	
M238	二期 4 段	T0307	(25－35)－65	近圆形	Ba 型 II 式灰陶瓶	海贝
M239	二期 4 段	T0108	50－65	圆形	Ba 型 II 式灰陶瓶	
M240	三期 6 段	T0108	60－56	圆形	C 型 II 式灰陶瓶	

（续表）

墓号	分期分段	位置	墓口尺寸口径－深	墓口形状	葬　具	随葬品
M241	二期3段	T0108	70－77	圆形	Aa型灰陶瓮（残） Ab型绿釉内罐	海贝、铜片、瓦
M242	二期3段	T0108	57－52	圆形	红陶瓮（残） 其他型红陶内罐	铜片、海贝
M243	三期5段	T0107	66－78	圆形	绿釉套罐带盖：A型外罐、Db型内罐（均残）	铁片、瓦片、海贝
M244	三期5段	T0207	71－55	圆形	A型绿釉外罐 Db型绿釉内罐	铜片、铁片、瓦
M245	三期7段	T0207	60－65	圆形	Aa型Ⅱ式灰陶外罐（残）	
M246	三期6段	T0208	51－67	圆形	Aa型Ⅰ式灰陶内罐	铁片
M247	四期8段	T0307	64－65	圆形	Aa型黄釉外罐 A型黄釉内罐	海贝、铜片
M248	一期＊段	T0207	45－58	圆形	黄陶壶	

（续表）

墓号	分期分段	位置	墓口尺寸口径－深	墓口形状	葬　具	随葬品
M249	三期 * 段	T0307	42－38	圆形	其他灰陶内罐	铁片
M250	二期 3 段	T0207	72－80	圆形	Ac 型红陶瓮（残） Ab 型绿釉内罐	铜片
M251	一期 2 段	T0109	70－50	圆形	Cb 型红陶罐（残）	
M252	一期 2 段	T0209	60－70	圆形	Ae 型黄陶罐	穿孔绿松石 1 颗
M253	一期 2 段	T0109	50－57	圆形	Ae 型红陶罐（残）	
M254	一期 2 段	T0109	63－55	圆形	Cb 型红陶罐（残）	
M255	一期 1 段	T0110	55－60	圆形	Ca 型红陶罐	
M256	一期 1 段	T0110	53－57	圆形	Ca 型红陶罐（残）	
M257	一期 2 段	T0210	55－55	圆形	Bc 型红陶罐（残）	
M258	一期 2 段	T0110	30－52	圆形	Bc 型黄陶罐	
M260	一期 2 段	T0109	53－70	圆形	Ae 型红陶罐（残）	
M261	一期 2 段	T0109	45－60	圆形	Bc 型红陶罐（残）	
M262	一期 2 段	T0109	（40－52）－55	近圆形	Bc 型红陶罐（残）	

（续表）

墓号	分期分段	位置	墓口尺寸 口径－深	墓口形状	葬 具	随葬品
M263	一期 2 段	T0210	50－63	圆形	Bc 型红陶罐（残）	
M264	一期 2 段	T0110	48－44	圆形	Cb 型红陶罐（残）	
M266	一期 2 段	T0110	（47～50）－54	近圆形	Bc 型红陶罐（残）	
M267	一期 2 段	T0110	（55～74）－60	椭圆形	Ae 型红陶罐（残）	
M268	三期 7 段	T0209	（45～51）－49	椭圆形	青釉瓷罐	海贝若干
M269	＊	T0209	（45～50）－55	椭圆形	灰陶罐（残）	海贝若干
M270	三期 6 段	T0209	（65～77）－50	椭圆形	Aa 型 I 式灰陶外罐 Bb 型 I 式灰陶内罐	
M271	一期＊段	T0212	（44～61）－59	椭圆形	其他红陶罐	铁镯 2 件
M272	三期 7 段	T0212	55－46	圆形	Da 型灰陶内罐	
M273	一期 2 段	T0111	50－53	圆形	Ae 型红陶罐	铜镯 2 件
M274	＊	T0111	（55～57）－55	近圆形	红陶罐（残）	

（续表）

墓号	分期分段	位置	墓口尺寸口径-深	墓口形状	葬　　具	随葬品
M275	三期 7 段	T0211	45－46	圆形	Db 型灰陶内罐	
M276	一期 2 段	T0112	(58～68)－70	椭圆形	Cb 型红陶罐（残）	
M277	一期 2 段	T0112	(54～58)－51	椭圆形	Ae 型红陶罐（残）	
M278	＊	T0111	55－42	圆形	红陶罐无盖（残）	
M279	一期 1 段	T0111	(55～60)－60	椭圆形	Ba 型红陶罐	小陶碗 1 件
M280	一期 2 段	T0111	54－56	圆形	Cb 型红陶罐（残）	
M286	三期 7 段	T0206	50－70	圆形	Aa 型Ⅱ式灰陶外罐（残）	
M287	三期 5 段	T0106	50－60	圆形	Ba 型Ⅲ式灰陶瓶	
M288	＊	T0106	51－55	圆形	灰陶罐（残）	
M289	四期 8 段	T0106	70－70	圆形	Ac 型黄釉外罐 A 型黄釉内罐	海贝
M290	＊	T0206	53－55	圆形	灰陶套罐（残）	
M291	三期 7 段	T0206	60－61	圆形	Aa 型Ⅱ式灰陶外罐 Bb 型Ⅰ式灰陶内罐	海贝

（续表）

墓号	分期 分段	位置	墓口尺寸 口径－深	墓口 形状	葬　　具	随葬品
M292	三期 6 段	T0106	60－72	圆形	Aa 型 I 式灰陶外罐 Bb 型 I 式灰陶内罐（残）	
M293	二期 4 段	T0206	48－62	圆形	Ba 型 II 式灰陶瓶（残）	
M294	三期 6 段	T0206	50－60	圆形	Ab 型灰陶内罐	
M295	二期 4 段	T0206	38－55	圆形	Ba 型式 II 式灰陶瓶	
M296	三期 7 段	T0206	50－60	圆形	Aa 型 II 式灰陶外罐 Bb 型 I 式灰陶内罐	海贝若干
M297	三期 6 段	T0206	（45～50）－45	椭圆形	C 型 II 式灰陶瓶	青砖
M298	四期 8 段	T0106	55－67	圆形	Aa 型黄釉外罐 A 型黄釉内罐	海贝、铜镜
M299	三期 7 段	T0206	53－60	圆形	Aa 型 II 式灰陶外罐（残）	

（续表）

墓号	分期 分段	位置	墓口尺寸 口径 - 深	墓口 形状	葬　具	随葬品
M300	三期 6 段	T0206	50 - 60	圆形	Ab 型灰陶内罐	戒指 1 件、铜钱 1 件
M306	四期 9 段	T0103	(90~170) - (25~50)	长方形	木棺（匣）	乾隆通宝 4 枚
M308	三期 6 段	T0104	50 - 55	圆形	C 型灰陶罐（残）	
M309	四期 8 段	T0104	80 - 60	圆形	Aa 型黄釉外罐 B 型黄釉内罐	
M311	一期 1 段	T0111	64 - 59	圆形	Ca 型红陶罐	
M312	三期 6 段	T0112	60 - 65	圆形	Aa 型 I 式灰陶外罐 Bc 型灰陶内罐	铜片 1 件
M313	*	T0112	50 - 53	圆形	红陶罐带盖（残）	
M314	一期 2 段	T0112	50 - 49	圆形	Ae 型红陶罐（残）	
M315	三期 6 段	T0111	60 - 55	圆形	Bc 型灰陶内罐	

（续表）

墓号	分期分段	位置	墓口尺寸口径-深	墓口形状	葬 具	随葬品
M316	一期2段	T0112	43-40	圆形	Ae型红陶罐（残）	铜镯（残）
M317	三期5段	T0211	50-55	圆形	C型I式灰陶瓶	
M318	四期＊段	T0211	50-60	圆形	其他黄釉罐盖青花碗 其他灰陶内罐	
M319	＊	T0112	50-47	圆形	红陶罐（残）	
M320	＊	T0112	50-32	圆形	红陶罐（盖残）	
M321	一期2段	T0211	(52~55)-45	近圆形	Ae型红陶罐（残）	
M322	三期＊段	T0211	50-50	圆形	灰陶外罐（残），Ab型内罐（残）	
M323	三期6段	T0112	50-45	圆形	Ac型灰陶外罐 Bb型I式灰陶内罐	铁片、铜片、海贝
M324	三期5段	T0112	(42~45)-46	近圆形	Ba型III式灰陶瓶（残）	
M325	＊	T0112	50-55	圆形	红陶罐（残）	
M326	一期2段	T0112	(39~45)-70	椭圆形	Ae型红陶罐（残）	铁片
M327	三期＊段	T0112	62-68	圆形	灰陶外罐（残） Bb型I式灰陶内罐	海贝若干、铜片1件

（续表）

墓号	分期 分段	位置	墓口尺寸 口径－深	墓口 形状	葬　具	随葬品
M328	三期 6 段	T0111	50－51	圆形	Bc 型灰陶内罐	海贝若干
M331	二期 3 段	T0209	80－75	圆形	红陶瓮（残） A 型红陶盆为盖 Ba 型绿釉内罐	铁片
M332a	三期 * 段	T0209	70－75	圆形	灰陶外罐（残） Bb 型 I 式灰陶内罐	海贝
M332b	二期 4 段				Ab 型红陶瓮 Cb 型绿釉内罐	
M333	三期 7 段	T0209	(38～42)－53	近圆形	青釉瓷罐	
M334	三期 6 段	T0210	(40～42)－60	近圆形	Ab 型灰陶内罐	
M335	*	T0209	(49～53)－49	近圆形	灰陶罐（残）	
M336	三期 5 段	T0209	60－60	圆形	Ab 型灰陶瓮（残）	

（续表）

墓号	分期分段	位置	墓口尺寸口径－深	墓口形状	葬　　具	随葬品
M337	二期4段	T0209	(46~53)－59	椭圆形	Ba型Ⅱ式灰陶瓶	
M338	二期4段	T0209	80－66	圆形	Aa型灰陶瓮（残）Cb型绿釉内罐	海贝若干
M339	二期3段	T0209	80－55	圆形	Aa型灰陶瓮、A型红陶盆盖（均残）	
M340	三期6段	T0209	55－63	圆形	Aa型Ⅰ式灰陶外罐Ba型Ⅰ式灰陶内罐	海贝若干、瓦片
M341	三期6段	T0210	55－65	圆形	Aa型Ⅰ式灰陶外罐Bb型Ⅰ式灰陶内罐	
M342	一期2段	T0210	(32~34)－53	近圆形	B型红陶瓶（残）	
M343	＊	T0209	(55~70)－58	椭圆形	红陶罐（残）	
M344	一期2段	T0209	(60~80)－63	椭圆形	Ae型红陶罐（残）	
M346	三期5段	T0209	55－68	圆形	A型绿釉外罐（残）Ca型绿釉内罐	海贝、铜器、瓦、铁片
M347	二期3段	T0209	(40~53)－61	椭圆形	Aa型灰陶瓮（残）	瓦、铜残件
M348	二期3段	T0209	67－60	圆形	Ab型红陶瓮（残）	

（续表）

墓号	分期分段	位置	墓口尺寸口径－深	墓口形状	葬　具	随葬品
M349	二期 4 段	T0209	(74～90)－55	椭圆形	红陶瓮（残） 红陶盆为盖（残） Cb 型绿釉内罐	海贝、铁片、铜残片
M350	二期 4 段	T0210	63－60	圆形	Ac 型红陶外罐（残） Bc 型绿釉内罐	海贝若干
M351a	三期 6 段	T0210	(50～60)－80	不规则	Ac 型灰陶外罐 Ba 型灰陶内罐	铜片
M351b	一期 2 段	T0210			Aa 型红陶瓮	
M352	*	T0210	(60～70)－75	不规则	灰陶罐（残）	
M353	二期 4 段	T0209	75－55	圆形	Aa 型灰陶瓮、Cb 型绿釉内罐（均残）	铁片、海贝
M354	三期 5 段	T0210	52－59	圆形	Da 型绿釉内罐	海贝若干
M355	三期 7 段	T0210	60－70	圆形	Aa 型Ⅱ式灰陶外罐 Bb 型Ⅰ式灰陶内罐	铜片、瓦

（续表）

墓号	分期 分段	位置	墓口尺寸 口径－深	墓口 形状	葬　具	随葬品
M356	四期＊段	T0210	35－50	圆形	黄釉外罐（残） A型黄釉内罐 	
M357	三期6段	T0209	（78～80）－70	近圆形	2组灰陶套罐：外罐为Aa型Ⅰ式及Ac型 内罐为Bb型Ⅰ式及C型 	1号罐出铜镯、海贝
M358	三期6段	T0209	55－55	圆形	Aa型Ⅰ式灰陶内罐 	
M359	三期6段	T0209	55－70	圆形	Aa型Ⅰ式灰陶外罐（残） Bb型Ⅰ式灰陶内罐 	
M360	＊	T0209	55－60	圆形	红陶罐（残）	
M361	＊	T0209	60－50	圆形	灰陶罐（残）	
M362	二期4段	T0209	63－60	圆形	Aa型灰陶瓮、Cb型绿釉内罐（均残）	青砖、石头
M363	＊	T0209	40－50	圆形	红陶罐（残）	
M364	二期4段	T0209	70－43	圆形	Aa型灰陶瓮、B型红陶盆（残） Cb型绿釉内罐 	大量海贝、铁片1 件、方形青砖

（续表）

墓号	分期分段	位置	墓口尺寸口径－深	墓口形状	葬　　具	随葬品
M365	三期6段	T0209	55－60	圆形	Ba型灰陶外罐 Bb型Ⅰ式灰陶内罐	
M366	＊	T0209	55－75	圆形	灰陶套罐（均残）	
M367	三期6段	T0210	60－75	圆形	灰陶套罐：Aa型Ⅰ式外罐（残） Bb型Ⅰ式灰陶内罐	铜片、大量海贝
M368	三期5段	T0209	50－69	圆形	A型绿釉外罐（残）	
M369	三期5段	T0209	60－65	圆形	Cb型绿釉外罐 Bc型绿釉内罐	
M370	一期1段	T0209	58－54	圆形	Ac型红陶罐	铁镯1件
M371	二期4段	T0209	60－70	圆形	Ab型红陶瓮（残） Bb型绿釉内罐	青瓦、铁片
M372	＊	T0209	60－80	圆形	灰陶套罐（残）	
M373	一期1段	T0210	58－56	圆形	Ba型红陶罐	

（续表）

墓号	分期分段	位置	墓口尺寸口径－深	墓口形状	葬　具	随葬品
M374	二期 3 段	T0210	70－56	圆形	Ab 型红陶瓮（残） Ab 型绿釉内罐	海贝若干、瓦片
M375	*	T0210	45－41	圆形	其他绿釉瓶	
M376	二期 4 段	T0209	70－50	圆形	Aa 型红陶瓮（残） Cb 型绿釉内罐	海贝若干
M377	二期 4 段	T0209	70－65	圆形	Aa 型灰陶瓮、B 型红陶盆为盖（均残） Cb 型绿釉内罐	铁片 1 件
M378	二期 4 段	T0209	80－50	圆形	Aa 型灰陶瓮、A 型红陶盆盖（均残） Cb 型绿釉内罐	海贝若干、瓦
M379	二期 4 段	T0209	70－55	圆形	灰陶瓮（残） Cb 型绿釉内罐	铁片 1 件

（续表）

墓号	分期分段	位置	墓口尺寸口径－深	墓口形状	葬　具	随葬品
M380	二期 4 段	T0209	(70~75)－45	椭圆形	Aa 型灰陶瓮，B 型红陶盆盖（残）Cb 型绿釉内罐	海贝、铁片、瓦
M381a	三期 6 段	T0108	(85~95)－75	椭圆形	青瓷碗为盖（残）Aa 型 I 式灰陶内罐	青瓦 1 件、海贝若干、铜片 2 件
M381b	二期 4 段				A 型红陶盆为盖及底座中夹灰陶瓮（残）瓮内置 Cb 型绿釉内罐	
M382	一期 1 段	T0108	64－54	圆形	Ac 型红陶罐盖绿釉碗（残）	
M383	＊	T0107	70－47	圆形	绿釉套罐（均残）	
M384	三期 5 段	T0207	(55~61)－65	近圆形	Ba 型Ⅲ式灰陶瓶	
M385	＊	T0206	40－60	圆形	灰陶罐（残）	
M386	三期 6 段	T0206	58－68	圆形	Aa 型 I 式灰陶外罐Bb 型 I 式灰陶内罐	

（续表）

墓号	分期分段	位置	墓口尺寸口径－深	墓口形状	葬　具	随葬品
M387	四期 8 段	T0307	50－65	圆形	Ab 型黄釉瓶	铜片
M388	二期 4 段	T0107	70－73	圆形	灰陶瓮（残） Bb 型绿釉内罐	瓦
M389	二期 3 段	T0206	40－45	圆形	Ba 型 I 式灰陶瓶（残）	
M390	＊	T0206	（36~56）－60	椭圆形	2 组灰陶瓶（残）	
M391	三期 7 段	T0307	52－53	圆形	Da 型灰陶内罐	
M392	三期 7 段	T0307	60－60	圆形	Ac 型灰陶外罐（残） Bb 型 II 式灰陶内罐	海贝若干
M393	三期 7 段	T0307	（60~122）－64	不规则	3 组灰陶套罐：外罐为 Aa 型 I 式 2 件（残） Aa 型 II 式 1 件 Bb 型 I 式内罐 3 件 仅 1 件完整	
M394	一期 1 段	T0107	45－52	圆形	Ba 型红陶罐	
M395	＊	T0107	60－60	圆形	灰陶罐（残）	铁片 2 件

（续表）

墓号	分期分段	位置	墓口尺寸口径－深	墓口形状	葬　具	随葬品
M396	*	T0106	48－70	圆形	灰陶瓶（残）	
M397	三期6段	T0107	65－69	圆形	Aa型Ⅰ式灰陶外罐（残） Bb型Ⅰ式灰陶内罐	铜片、青瓦
M400	二期4段	T0107	70－65	圆形	Ab型红陶瓮（残） Bc型绿釉内罐	青瓦
M401	四期8段	T0307	(50～55)－64	近圆形	Aa型黄釉瓶	
M402	*	T0107	(50～60)－55	近圆形	灰陶罐（残）	铁片1件、青瓦1件
M403	三期7段	T0307	52－72	圆形	Bb型灰陶罐	
M404	一期2段	T0108	45－50	圆形	Ae型红陶罐	铜镯3件、铁片2件
M406	一期2段	T0108	56－65	圆形	套罐：Bc型黄陶罐 B型黄陶盆盖（残）	海贝

（续表）

墓号	分期分段	位置	墓口尺寸口径－深	墓口形状	葬　具	随葬品
M407	三期 7 段	T0307	51－57	圆形	Aa 型 II 式灰陶外罐（无内罐）	长方形穿孔骨饰 1 件
M408	三期 6 段	T0307	(53－60)－71	椭圆形	Aa 型 I 式灰陶外罐（残）Bb 型 I 式灰陶内罐	海贝
M409	三期 6 段	T0106	55－65	圆形	Ac 型灰陶外罐（残）	弘治通宝 1 件
M410	三期 5 段	T0107	70－60	圆形	Ab 型灰陶瓮（残）Bb 型绿釉内罐	青瓦
M411	*	T0107	70－60	圆形	Ab 型红陶瓮、绿釉内罐（均残）	铁片、青瓦
M412	二期 4 段	T0107	70－80	圆形	红陶瓮（残）Bb 型绿釉内罐	青瓦
M413	三期 * 段	T0108	50－56	圆形	灰陶罐（残）	
M414	二期 4 段	T0107	70－68	圆形	红陶瓮（残）Bb 型绿釉内罐	铜片 1 件、铁片 1 件、绿松石 1 颗、海贝若干
M415	三期 * 段	T0106	60－75	圆形	灰陶外罐（残）Bb 型 I 式灰陶内罐	海贝

（续表）

墓号	分期分段	位置	墓口尺寸口径－深	墓口形状	葬　具	随葬品
M418	*	T0108	46－43	圆形	灰陶罐（残）	
M419	四期8段	T0307	(66～95)－59	椭圆形	2组黄釉套罐：Ab型外罐1残1完整内罐1为A型1为B型	1号罐出海贝、铜片、绿松石、料珠，2号罐出铜片、海贝
M420	二期4段	T0107	79－65	圆形	Ab型红陶瓮（残）Bc型绿釉内罐	铁片
M421	*	T0106	50－40	圆形	灰陶罐（残）	
M422	三期5段	T0106	70－63	圆形	Aa型绿釉外罐Db型绿釉内罐	海贝若干、青瓦1件
M423	四期8段	T0106	58－75	圆形	A型黄釉外罐A型黄釉内罐	海贝若干、方形青砖
M424	一期2段	T0108	50－60	圆形	Ae型红陶罐	
M427	一期1段	T0108	41－53	圆形	Ba型黄陶罐盖绿釉碗	

（续表）

墓号	分期分段	位置	墓口尺寸口径－深	墓口形状	葬　具	随葬品
M428	二期4段	T0108	60－71	圆形	Ab型红陶瓮（残） Bb型绿釉内罐	铜片1件、瓷片1件
M429	二期4段	T0108	65－65	圆形	灰陶瓮带盖 Bb型绿釉内罐（均残）	铜片3件、铁片1件、海贝若干
M430	＊	T0108	38－48	圆形	红陶罐（残）	
M431	＊	T0108	52－50	圆形	灰陶罐（残）	
M432	三期6段	T0207	50－65	圆形	Aa型Ⅰ式灰陶外罐 Ab型灰陶内罐	外罐出海贝若干、铁片1件、内罐出海贝若干、铜片1件
M433	三期6段	T0208	60－62	圆形	Aa型Ⅰ式灰陶外罐（残） Bb型Ⅰ式灰陶内罐	海贝若干、铜镯1件（残）
M434	三期5段	T0207	50－64	圆形	A型绿釉外罐（残） Db型绿釉内罐	铁片、海贝
M435	＊	T0207	40－60	圆形	黄釉罐（残）	
M436	三期＊段	T0108	50－72	圆形	灰陶外罐（残） Bb型Ⅰ式灰陶内罐	铜片、海贝若干
M437	二期3段	T0108	71－90	圆形	Aa型灰陶瓮、盖为B型红陶盆、内罐为带盖Cb型红陶罐、Ba型红陶罐（均残）	铜片1件、瓦片

（续表）

墓号	分期分段	位置	墓口尺寸口径－深	墓口形状	葬　具	随葬品
M439	一期 2 段	T0108	38－28	圆形	Ae 型红陶罐带盖 罐盖为 1 倒扣的碟子(均残)	铜环 1 件
M440	二期 4 段	T0108	60－63	圆形	Ba 型红陶瓮、B 型红陶盆盖（残） Cb 型绿釉内罐	铜片 2 件，瓦片
M441	三期 7 段	T0206	40－65	圆形	Ac 型灰陶外罐 Bb 型 Ⅱ 式 灰陶内罐	铜镯
M442	＊	T0206	43－55	圆形	黄陶罐（残）	
M443	一期 1 段	T0206	43－50	圆形	Ad 型黄陶罐	
M444	三期 6 段	T0206	50－66	圆形	Ac 型灰陶外罐 Bb 型 Ⅰ 式灰陶内罐	瓦、海贝若干
M445	＊	T0206	40－50	圆形	灰陶瓶（残）	
M446	三期 6 段	T0207	65－68	圆形	Ba 型灰陶外罐（残） Ba 型灰陶内罐	
M447	＊	T0206	60－50	圆形	灰陶罐（残）	

（续表）

墓号	分期分段	位置	墓口尺寸口径－深	墓口形状	葬　具	随葬品
M449	二期 4 段	T0206	37－61	圆形	Ba 型 Ⅱ 式灰陶瓶	
M450	三期 5 段	T0206	60－67	圆形	绿釉外罐（残）Db 型绿釉内罐	瓦
M455	一期 2 段	T0211	50－55	圆形	Ae 型红陶罐（残）	
M456	三期 7 段	T0211	55－62	圆形	Aa 型 Ⅱ 式灰陶外罐Bb 型 Ⅰ 式灰陶内罐海贝若干枚	
M457	三期 6 段	T0112	（38－45）－43	椭圆形	Aa 型 Ⅰ 式灰陶内罐盖青花瓷碗	
M459	三期 6 段	T0112	60－67	圆形	Aa 型 Ⅰ 式灰陶外罐Bc 型灰陶内罐	海贝若干、铜片 2 件
M460	＊	T0112	58－61	圆形	灰陶套罐（残）	瓦、铜片 1 件
M462	一期 1 段	T0111	50－65	圆形	Ba 型黄陶罐	
M463	三期 5 段	T0112	50－40	椭圆形	A 型绿釉外罐（残）	

（续表）

墓号	分期分段	位置	墓口尺寸 口径－深	墓口形状	葬　　具	随葬品
M464	三期 6 段	T0112	51－53	圆形	Aa 型 I 式灰陶内罐（残）	
M468	三期 5 段	T0311	（35－42）－60	不规则	C 型 I 式灰陶瓶	
M469	＊	T0111	66－53	圆形	A 型红陶盆扣 1 灰陶盏	
M470	＊	T0112	（65～68）－58	近圆形	灰陶罐（残）	铜片 1 件
M477	三期＊段	T0102	45－60	圆形	Ba 型灰陶外罐（残） Bb 型 I 式灰陶内罐	内罐出玛瑙珠、铜片 1 件
M478	三期 6 段	T0102	50－55	圆形	Aa 型 I 式灰陶外罐（残） Bb 型 I 式灰陶内罐	海贝
M479	三期 6 段	T0102	70－90	圆形	Ac 型灰陶外罐（残）	瓦片
M483	三期 5 段	T0203	（65～70）－62	椭圆形	A 型绿釉外罐（残） Db 型绿釉内罐	铜镯

（续表）

墓号	分期分段	位置	墓口尺寸口径－深	墓口形状	葬　具	随葬品
M484	三期 7 段	T0203	40－55	圆形	Aa 型 Ⅱ 式灰陶内罐	
M485	三期 * 段	T0203	50－64	圆形	灰陶外罐（残） Bb 型 Ⅰ 式灰陶内罐	
M486	*	T0203	60－57	圆形	灰陶套罐（残）	海贝、铁片、瓦块
M489	三期 6 段	T0204	50－70	圆形	Aa 型 Ⅰ 式灰陶外罐 Bb 型 Ⅰ 式灰陶内罐	
M491	*	T0112	67－45	圆形	A 型红陶盆扣灰陶盏（均残）	灰陶盏
M492	三期 7 段	T0211	（47～55）－47	椭圆形	Bb 型灰陶瓶	
M493	三期 6 段	T0212	51－54	圆形	Ab 型灰陶内罐	
M494	四期 8 段	T0211	78－64	圆形	2 组：1 为灰陶罐（残） 1 为 Ad 型黄釉外罐	

（续表）

墓号	分期分段	位置	墓口尺寸口径－深	墓口形状	葬　具	随葬品
M495	四期9段	T0312	52－60	圆形	B型黄釉外罐	
M496	二期4段	T0112	70－60	圆形	绿釉套罐：Ba型外罐、Bc型内罐（均残）	外盖外放1瓦
M497	一期2段	T0212	59－48	圆形	Cb型红陶罐（残）	
M498	一期1段	T0312	55－（52～55）	圆形	Ac型黄陶罐	
M499	二期4段	T0312	50－53	圆形	Bc型红陶瓮、Bb型绿釉内罐（均残）	
M500	一期2段	T0212	55－53	圆形	Bc型黄陶罐	
M501	一期2段	T0212	55－52	圆形	Ae型红陶罐（残）	
M504	＊	T0212	55－55	圆形	红陶罐（残）	
M506	一期1段	T0212	（50～45）－60	椭圆形	Ac型黄陶罐	
M507	三期＊段	T0211	（50～70）－55	不规则	2组灰陶罐1残1为Aa型Ⅰ式罐	

（续表）

墓号	分期 分段	位置	墓口尺寸 口径－深	墓口 形状	葬　具	随葬品
M509	三期 6 段	T0211	55－55	圆形	Aa 型 I 式灰陶外罐 Bb 型 I 式灰陶内罐	
M511	三期 6 段	T0211	40－49	圆形	Aa 型 I 式灰陶内罐	
M512	四期 9 段	T0211	38－53	圆形	B 型黄釉外罐	
M513	四期 9 段	T0211	36－49	圆形	B 型黄釉外罐	
M514	＊	T0212	65－52	圆形	红陶罐（残）	
M515	一期 1 段	T0212	40－50	圆形	Ca 型红陶罐、盖为圈足绿釉碗（残）	
M516	＊	T0212	50－55	圆形	红陶罐（残）	
M517	＊	T0312	45－55	圆形	红陶罐（残）	
M518	一期 2 段	T0212	40－40	圆形	Ae 型红陶罐（残）	
M519	四期 9 段	T0312	45－67	圆形	B 型黄釉外罐	
M520	三期 6 段	T0312	50－53	圆形	Ab 型灰陶罐（残）	瓦片

（续表）

墓号	分期 分段	位置	墓口尺寸 口径－深	墓口 形状	葬　具	随葬品
M531	二期4段	T0210	83－65	圆形	Aa型灰陶瓮 盖B型红陶盆 Cb型绿釉 内罐	海贝若干、铜片
M532	二期4段	T0210	(50~69)－68	椭圆形	Aa型灰陶瓮（残） A型红陶盆盖 Bb型绿釉内罐	海贝若干、铁片、瓦
M533	一期1段	T0210	60－60	圆形	2组红陶瓶：1残、1为A型瓶 B型红陶盆作盖（残）	海贝
M534	一期2段	T0210	42－60	圆形	Ae型红陶罐	
M535	三期6段	T0210	87－80	圆形	2组灰陶套罐： 外罐均为Ab型 内罐均为 Bb型Ⅰ式	铜片、瓦
M536	三期5段	T0210	58－70	圆形	绿釉套罐 A型外罐（残） Db型内罐 Bb型内罐	
M537	二期3段	T0209	70－54	圆形	Aa型灰陶瓮（残）	
M538	四期9段	T0210	65－36	圆形	没有葬具，坑中填埋大量炭灰及烧骨，出 铁钉，疑似木质葬具，已朽。	铁钉

（续表）

墓号	分期分段	位置	墓口尺寸口径－深	墓口形状	葬　具	随葬品
M540	二期4段	T0209	(88~100)-85	椭圆形	Aa型灰陶瓮、B型红陶盆、Ab型红陶瓮、A型红陶盆、Bb型黄陶罐及Ac型绿釉罐为内罐	填土中出铁刀1件、陶质降魔杵2件、铜器1件（法轮状）、海贝若干、铜片2件、瓦片2件
M541	一期2段	T0209	(50~60)-52	椭圆形	Ae型红陶罐、B型红陶盆盖（均残）	
M542	二期3段	T0210	(47~57)-57	椭圆形	红陶瓮及红陶盆（均残）Db型黄陶内罐海贝、铁镯2段	
M543	一期3段	T0210	(62~65)-60	不规则	红陶罐3组：Ae型罐1件Db型罐2件	
M544	二期3段	T0210	50-65	圆形	Aa型红陶瓮盖B型红陶盆Db型红陶内罐	海贝若干
M545	*	T0209	(50~59)-60	不规则	红陶罐（残）	
M546	二期3段	T0209	56-70	圆形	红陶瓮（残）Ba型绿釉内罐	瓦

（续表）

墓号	分期分段	位置	墓口尺寸口径－深	墓口形状	葬　具	随葬品
M547	*	T0209	（70～72）－80	椭圆形	红陶外罐、绿釉内罐（均残）B型红陶盆为盖	
M548	*	T0209	70－65	圆形	灰陶外罐带红陶盖、绿釉内罐（均残）	
M549	*	T0209	63－75	圆形	红陶瓮、绿釉内罐（均残）	铁片
M551	*	T0209	50－60	圆形	灰陶罐（残）	长方形铁片1件、骨珠1颗
M552	*	T0209	40－66	圆形	灰陶罐（残）	
M553	*	T0209	42－48	圆形	红陶罐（残）	
M554	二期4段	T0209	75－65	圆形	Aa型灰陶瓮Cb型绿釉内罐	铜片已残，未收集、海贝
M556	二期3段	T0210	70－60	圆形	Bb型红陶瓮Bc型红陶罐	
M557	*	T0209	（41～55）－62	椭圆形	灰陶罐（残）	
M558	二期4段	T0209	69－60	圆形	红陶瓮（残）Ac型绿釉内罐	外罐外出长方形铁片1件、海贝若干、铜片（莲花状）、瓦，内罐出长方形铜片1件

（续表）

墓号	分期分段	位置	墓口尺寸口径－深	墓口形状	葬　具	随葬品
M559	一期 2 段	T0210	40－60	圆形	Ac 型红陶罐	
M560	二期 4 段	T0210	（63～68）－70	椭圆形	红陶瓮（残）Bb 型绿釉内罐	铜片 1 件、莲花状铜片 1 件、海贝
M561	＊	T0210	50－50	不规则	灰陶罐（残）	
M562	＊	T0210	41－52	圆形		
M563	二期 4 段	T0210	66－65	圆形	红陶瓮（残）A 型红陶盆为盖 Bb 型绿釉内罐	铜片 1 件、少量海贝
M564	二期 3 段	T0210	45－62	圆形	红陶瓮（残）Bc 型红陶罐	
M565	＊	T0210	40－56	圆形	红陶罐（残）	
M566	四期 ＊ 段	T0210	59－60	圆形	黄釉外罐（残）A 型黄釉内罐	少量海贝、铜片 1 件
M567	一期 2 段	T0210	38－42	圆形	Ae 型红陶罐（残）	少量海贝、1 件白瓷碎片、绿釉小罐

（续表）

墓号	分期分段	位置	墓口尺寸口径－深	墓口形状	葬　具	随葬品
M568	＊	T0210	50－40	圆形	灰陶罐，罐身残、绿釉罐盖（均残）	
M569	三期5段	T0210	40－63	圆形	Ba型Ⅲ式灰陶瓶	
M570	三期7段	T0209	（50～55）－65	不规则	Aa型Ⅱ式灰陶外罐（残）Bb型Ⅰ式灰陶内罐	铜片1件、铁条1件
M571	一期2段	T0209	（53～60）－65	椭圆形	Db型红陶罐	
M573	二期4段	T0209	（50～70）－35	不规则	灰陶罐、Bb型绿釉内罐（均残）	海贝若干、铜片1件
M574	一期2段	T0209	50－60	圆形	Ae型红陶罐（残）	
M575	一期1段	T0210	40－38	圆形	Ca型红陶罐、盖为红陶盆	铜镯1件、铜戒指1对
M576	＊	T0210	50－54	不规则	红陶罐（残）	
M577	一期＊段	T0210	60－54	椭圆形	A型红陶盆（残）	铁片1件、海贝若干
M578	一期1段	T0210	60－60	圆形	Ca型红陶罐（残）	
M579	一期＊段	T0209	49－60	圆形	红陶罐、B型红陶盆盖（均残）	
M580	二期4段	T0209	44－75	圆形	Aa型灰陶瓮、B型红陶盆盖（均残）Cb型绿釉内罐	海贝若干

（续表）

墓号	分期分段	位置	墓口尺寸口径－深	墓口形状	葬　　具	随葬品
M581	＊	T0409	50－50	圆形	绿釉罐（残）	海贝若干、铜镯残条、铜片1件
M582	＊	T0409	50－59	圆形	灰陶罐（残）	
M583	三期5段	T0409	40－70	圆形	C型Ⅰ式灰陶瓶	
M584	三期6段	T0409	40－62	圆形	Bb型Ⅰ式灰陶内罐	
M585	四期8段	T0409	55－70	圆形	Aa型黄釉外罐 A型黄釉内罐	海贝若干
M586	一期2段	T0409	45－50	圆形	Ae型红陶罐（残）	
M587	三期6段	T0409	（65～60）－55	椭圆形	Ac型灰陶外罐 Bb型Ⅱ式灰陶内罐	
M588	四期8段	T0409	60－80	圆形	Aa型黄釉外罐 A型黄釉内罐	海贝若干

（续表）

墓号	分期分段	位置	墓口尺寸口径-深	墓口形状	葬　具	随葬品
M589	三期7段	T0409	57-68	圆形	灰陶套罐：Aa型Ⅱ式外罐（残） Bb型Ⅰ式内罐	海贝若干、铜片
M590	三期7段	T0409	57-70	圆形	Aa型Ⅱ式灰陶外罐 Aa型Ⅰ式灰陶内罐	
M591	一期1段	T0409	45-60	圆形	Ac型黄陶罐	
M592	三期5段	T0409	(60~70)-75	椭圆形	Ba型Ⅲ式灰陶瓶	
M593	*	T0409	42-53	圆形	红陶罐（残）	
M594	三期6段	T0409	55-60	圆形	C型Ⅱ式灰陶瓶	
M595	二期3段	T0409	65-54	圆形	Ab型红陶瓮（残）	
M596	二期4段	T0409	66-75	圆形	Ab型红陶瓮（残） Bb型绿釉内罐	
M597	*	T0409	57-60	圆形		

（续表）

墓号	分期分段	位置	墓口尺寸口径－深	墓口形状	葬　具	随葬品
M598	三期 7 段	T0409	48－58	圆形	Aa 型Ⅱ式灰陶外罐 Bb 型Ⅰ式灰陶内罐	
M599	三期 6 段	T0409	50－65	圆形	灰陶套罐： Aa 型Ⅰ式外罐（残） Ab 型内罐	铁片、铜片各 1 件、铜耳环 1 件
M600	三期 6 段	T0409	55－69	圆形	Bc 型灰陶内罐	铜圈
M601	四期 8 段	T0207	61－72	圆形	Ad 型黄釉罐	
M605	三期 7 段	T0208	(60~75)－78	近圆形	Aa 型Ⅰ式灰陶外罐 Ab 型灰陶内罐 Aa 型Ⅱ式 灰陶内罐	海贝
M606	一期 1 段	T0108	38－42	圆形	Ca 型红陶罐	
M607	一期 2 段	T0108	(39－41)－60	近圆形	Db 型黄陶罐	

（续表）

墓号	分期分段	位置	墓口尺寸口径－深	墓口形状	葬　具	随葬品
M608	三期5段	T0208	54－73	圆形	A型绿釉罐（残）	海贝、料珠、铜镯、戒指、铜片、瓦片、铜镜
M609	一期2段	T0108	45－51	圆形	Db型黄陶罐	铁镯
M610	一期2段	T0108	62－50	圆形	Ae型红陶罐（残）盖绿釉碗	
M611	一期2段	T0108	（45－50）－60	椭圆形	Ae型红陶罐，B型红陶盆盖（均残）	
M612	二期3段	T0208	49－64	圆形	灰陶瓮（残）Aa型绿釉内罐	瓦片
M613	一期1段	T0108	19－56	圆形	Ca型红陶罐（残）	
M614	一期1段	T0108	49－58	圆形	Ba型红陶罐（残）	
M615	＊	T0208	38－62	圆形	灰陶瓶（残）	
M616	＊	T0207	48－50	圆形	灰陶罐（残）	
M617	一期＊段	T0207	49－45	圆形	其他黄陶罐	

（续表）

墓号	分期分段	位置	墓口尺寸口径－深	墓口形状	葬　具	随葬品
M618	三期 7 段	T0207	50－63	圆形	Aa 型 Ⅱ 式灰陶外罐 Bb 型 Ⅰ 式灰陶内罐	海贝若干
M619	三期 6 段	T0207	60－69	圆形	Aa 型 Ⅰ 式灰陶外罐 Bb 型 Ⅰ 式灰陶内罐	海贝若干
M620	三期 7 段	T0207	60－60	圆形	Aa 型 Ⅱ 式灰陶内罐（残）	
M621	三期 7 段	T0207	60－60	圆形	Aa 型 Ⅱ 式灰陶外罐（残） Bb 型 Ⅰ 式灰陶内罐	
M622	一期 2 段	T0207	40－53	圆形	Ae 型红陶罐（残）	
M623	三期 6 段	T0207	45－63	圆形	Aa 型 Ⅰ 式灰陶外罐（残） Bb 型 Ⅰ 式灰陶内罐	
M624	二期＊段	T0207	65－71	圆形	Ab 型红陶瓮、内罐为绿釉罐（均残）	海贝、铁片
M625	＊	T0207	45－60	圆形	灰陶罐（残）	
M626	二期＊段	T0207	64－70	圆形	Ba 型灰陶瓮、内罐为绿釉罐（均残）	铜片
M627	一期 2 段	T0207	48－67	圆形	Bc 型黄陶罐	

（续表）

墓号	分期分段	位置	墓口尺寸 口径－深	墓口形状	葬　具	随葬品
M628	一期＊段	T0107	52－45	圆形	A型红陶盆盖 1 灰陶豆	灰陶豆
M629	＊	T0108	70－58	圆形	黄陶罐（残）	
M630	＊	T0108	（55～60）－50	椭圆形	A型红陶盆扣红陶盏（残）	
M631	二期4段	T0108	80－60	圆形	两件A型红陶盆叠盖在 Aa型灰陶瓮上、内罐 Cb型绿釉罐	海贝、瓦片
M632	二期4段	T0207	（50～70）－60	椭圆形	绿釉外罐（残） Bc型绿釉内罐	铜片、玛瑙珠、琥珀
M633	三期6段	T0107	50－63	圆形	Ac型灰陶外罐（残）	
M635	二期3段	T0208	37－57	圆形	A型灰陶瓶	
M636	三期6段	T0208	（77～87）－636	不规则	Aa型Ⅰ式灰陶外罐 Bb型Ⅰ式 灰陶内罐 Ba型Ⅱ式 灰陶瓶	

（续表）

墓号	分期 分段	位置	墓口尺寸 口径－深	墓口 形状	葬　具	随葬品
M637	二期 4 段	T0208	(70~85)－75	椭圆形	两组红陶套罐：1 为 Ab 型红陶瓮（残） 1 残甚不知型 1 为 Ae 型红陶罐（残） 1 为 Bb 型绿釉内罐	海贝
M638	二期 3 段	T0208	67－79	圆形	Ab 型灰陶瓮（残） Ab 型绿釉内罐	铁片、瓦片
M639	三期 6 段	T0208	43－56	圆形	Aa 型 I 式灰陶内罐	
M640	一期 2 段	T0208	40－59	圆形	Bc 型黄陶罐	
M641	一期 * 段	T0208	37－54	圆形	黄陶壶	
M642	二期 3 段	T0208	39－60	圆形	A 型灰陶瓶	
M643	*	T0208	49－45	圆形	黄陶罐（残）	
M644	*	T0208	(37~39)－35	近圆形	黄陶罐（残）	

（续表）

墓号	分期分段	位置	墓口尺寸口径－深	墓口形状	葬　具	随葬品
M645	三期 6 段	T0208	45－61	圆形	Aa 型Ⅰ式灰陶外罐 Bb 型Ⅰ式灰陶内罐	
M646	三期 * 段	T0208	(40～42)－70	近圆形	灰陶外罐	
M647	三期 7 段	T0208	(75～70)－70	近圆形	Ba 型灰陶瓮 Bb 型Ⅱ式灰陶内罐	铜片、海贝、瓦片
M648	二期 4 段	T0108	(57～66)－55	不规则	A 型红陶盆盖（残） Bb 型绿釉内罐	瓦片
M649	*	T0108	45－45	圆形	黄陶罐（残）	
M650	二期 3 段	T0108	(90～57)－65	椭圆形	2 组套罐：红陶瓮、 红陶内罐（均残） Ab 型灰陶瓮 Ab 型绿釉内罐	铁片
M651	一期 2 段	T0209	56－50	圆形	Ae 型红陶罐	

（续表）

墓号	分期分段	位置	墓口尺寸口径－深	墓口形状	葬　具	随葬品
M652	一期1段	T0209	46－53	圆形	Ca型红陶罐（残）	玛瑙珠
M653	二期4段	T0209	50－80	圆形	Aa型灰陶瓮（残）Cb型绿釉内罐	铁片1件、碎白瓷数件、瓦片、铜片
M654	一期2段	T0209	78－60	圆形	Ae型红陶罐（残）	
M655	一期2段	T0210	40－55	圆形	Ae型红陶罐	
M656	二期4段	T0210	60－67	圆形	红陶瓮（残）Bb型绿釉内罐	海贝若干、铜碎片
M657	一期＊段	T0210	50－53	圆形	其他红陶罐	
M658	二期＊段	T0210	（70～72）－65	椭圆形	Bc型红陶瓮、绿釉内罐（均残）	铜片1件、铁片2件、海贝若干、银片2件
M659	＊	T0209	45－50	圆形	红陶罐（残）	
M660	二期3段	T0210	64－60	圆形	B型红陶盆盖、Aa型灰陶瓮（均残）	
M661	二期4段	T0210	35－50	圆形	Ba型红陶瓮Cb型绿釉内罐	海贝若干

（续表）

墓号	分期分段	位置	墓口尺寸口径－深	墓口形状	葬　　具	随葬品
M662	二期 4 段	T0209	75－80	圆形	Aa 型灰陶瓮（残）盖为重叠的 2 件 B 型红陶盆 Cb 型绿釉内罐	海贝若干、铜片 1 件
M663	一期 2 段	T0209	50－52	圆形	Ae 型红陶罐	
M664	一期 * 段	T0210	50－60	圆形	红陶罐（残）盖为 A 型红陶盆	海贝若干
M665	二期 3 段	T0209	75－50	圆形	Ab 型红陶瓮（残）Aa 型绿釉内罐	海贝若干
M666	一期 1 段	T0210	60－60	圆形	Ba 型红陶罐（残）	
M667	一期 2 段	T0209	45－65	圆形	Db 型红陶罐	
M668	一期 2 段	T0210	48－51	圆形	Bc 型红陶罐	铁片 1 件

（续表）

墓号	分期分段	位置	墓口尺寸口径－深	墓口形状	葬　具	随葬品
M669	三期 6 段	T0210	(45～50)－65	椭圆形	Aa 型Ⅰ式灰陶外罐 Bb 型Ⅰ式灰陶内罐	海贝若干、铁片 1 件
M670	一期 1 段	T0210	67－57	圆形	Ca 型红陶罐	绿釉碗
M671	＊	T0210	38－52	圆形	灰陶罐（残）	
M672	二期 3 段	T0209	(98～100)－70	近圆形	Aa 型灰陶瓮、B 型红陶盆为盖（残）铜质内罐	银片 1 件、海贝、铁片 1 件
M673	一期 2 段	T0209	(45～50)－66	近圆形	Bb 型黄陶罐 B 型红陶盆为盖	海贝若干
M674	一期 1 段	T0210	50－52	圆形	Da 型黄陶罐	
M675	＊	T0210	(38～50)－80	椭圆形	灰陶罐（残）	
M676	一期＊段	T0210	40－63	圆形	红陶壶	
M677	一期 2 段	T0209	42－60	圆形	Ae 型红陶罐（残）	

（续表）

墓号	分期分段	位置	墓口尺寸口径－深	墓口形状	葬　具	随葬品
M678	一期1段	T0209	33－48	圆形	Ba型红陶罐（残）	
M679	＊	T0209	48－60	圆形	红陶罐	
M680	二期3段	T0209	66－70	圆形	Aa型灰陶瓮	铁镰刀1件
M681	二期3段	T0209	80－65	圆形	Aa型灰陶瓮、绿釉内罐（均残）	铁片1件
M682	一期2段	T0209	55－55	圆形	Bc型黄陶罐	
M683	＊	T0210	50－58	圆形	红陶罐（残）	
M684	＊	T0210	45－54	圆形	红陶罐（残）	
M685	一期1段	T0209	50－65	圆形	Ca型黄陶罐	
M686	一期2段	T0209	（50～70）－46	椭圆形	Bc型红陶罐（残）	
M688	一期2段	T0210	55－50	圆形	Bc型红陶罐（残）	
M689	一期1段	T0210	62－60	圆形	Ca型红陶罐（残）	
M690	一期2段	T0210	（58～59）－76	近圆形	Ae型红陶罐盖为红陶碗及B型红陶盆	银镯1件、海贝若干
M691	一期2段	T0210	42－63	圆形	Db型黄陶罐	

（续表）

墓号	分期分段	位置	墓口尺寸口径－深	墓口形状	葬　具	随葬品
M692	二期 4 段	T0210	32－52	圆形	Ba 型 Ⅱ 式灰陶瓶	
M693	三期 5 段	T0210	60－71	圆形	Ca 型绿釉外罐 E 型绿釉内罐	铜片、大量海贝
M694	三期 5 段	T0210	35－38	圆形	绿釉外罐（残） Db 型绿釉内罐	铜片
M695	二期 4 段	T0209	（76～90）－60	椭圆形	Aa 型灰陶瓮（残） Cb 型绿釉内罐	铜片、铁片、海贝、青釉瓷片
M696	二期 3 段	T0209	（65～75）－60	椭圆形	Aa 型灰陶瓮、Bc 型红陶罐（残）	铁片、铜片
M697	二期 3 段	T0209	68－65	圆形	Ba 型红陶瓮、Bc 型红陶内罐（残）	瓦片
M698	＊	T0209	58－50	圆形	红陶罐（残）	灰陶盏
M699	＊	T0209	50－48	圆形	灰陶罐（残）	白瓷片 1 件
M700	一期 1 段	T0209	40－45	圆形	Ca 型黄陶罐	

（续表）

墓号	分期分段	位置	墓口尺寸口径－深	墓口形状	葬　具	随葬品
M703	*	T0312	40－52	圆形	灰陶罐（残）	
M704	*	T0212	（42~51）－45	椭圆形	红陶罐（残）	
M705	*	T0212	46－48	圆形	红陶罐（残）	
M707	一期2段	T0211	50－58	圆形	Ae型红陶罐（残）	
M708	一期2段	T0211	51－48	圆形	Ae型红陶罐、盖为绿釉碗（均残）	
M709	三期6段	T0312	68－70	圆形	Ab型灰陶外罐 Bb型Ⅰ式灰陶内罐	海贝若干、铜片2件、青砖
M710	一期1段	T0312	40－43	圆形	Ad型红陶罐	
M711	*	T0312	（41~51）－43	椭圆形	红陶罐（残）	
M712	一期2段	T0312	（40~43）－47	近圆形	Ae型红陶罐（残）	
M713	三期*段	T0211	30－37	圆形	灰陶杯形器	
M714	三期5段	T0211	40－55	圆形	C型Ⅰ式灰陶瓶	
M716	二期4段	T0312	50－60	圆形	Ba型Ⅱ式灰陶瓶	

（续表）

墓号	分期分段	位置	墓口尺寸口径－深	墓口形状	葬　具	随葬品
M719	三期 5 段	T0211	54－67	圆形	C 型 I 式灰陶瓶	
M720	三期 7 段	T0211	50－56	圆形	Aa 型 II 式灰陶外罐	
M721	一期 2 段	T0212	50－34	近圆形	Ae 型黄陶罐	
M722	一期 1 段	T0212	40－52	圆形	Ca 型红陶罐	
M724	一期 1 段	T0212	(40～50)－52	椭圆形	Ac 型黄陶罐	
M725	＊	T0212	50－54	圆形	黄陶罐（残）	
M726	＊	T0312	(40～50)－65	椭圆形	红陶罐（残）	
M727	＊	T0212	40－51	圆形	红陶罐（残）	
M728	一期 2 段	T0312	(30～40)－39	椭圆形	Ae 型红陶罐（残）	铜镯 1 对
M731	＊	T0409	45－60	圆形	灰陶外罐、灰陶内罐（均残）	
M732	＊	T0409	52－60	圆形	灰陶罐（残）	海贝

（续表）

墓号	分期分段	位置	墓口尺寸口径－深	墓口形状	葬　　具	随葬品
M733	三期 6 段	T0409	（65~70）－70	椭圆形	Aa 型 I 式灰陶外罐 Bb 型 I 式灰陶内罐	海贝若干
M734	*	T0409	45－58	圆形	灰陶瓶（残）	
M735	三期 6 段	T0409	70－70	圆形	Aa 型 I 式灰陶外罐 Bb 型 I 式灰陶内罐	铜片
M736	*	T0409	50－64	圆形	红陶罐（残）	铜耳环
M737	*	T0409	63	圆形	灰陶外罐、灰陶内罐（均残）	海贝若干
M738	三期 7 段	T0409	（55~60）－55	近圆形	Ac 型灰陶外罐 Bb 型 II 式灰陶内罐	
M739	三期 5 段	T0409	（60~63）－80	近圆形	A 型绿釉外罐（残） Db 型绿釉内罐	瓦片
M740	三期 7 段	T0409	（54~57）－55	近圆形	Aa 型 II 式灰陶外罐	
M741	三期 6 段	T0409	40－58	圆形	Aa 型 I 式灰陶内罐（残）	

（续表）

墓号	分期分段	位置	墓口尺寸口径－深	墓口形状	葬　具	随葬品
M742	三期 6 段	T0409	(54～58)－80	近圆形	Ab 型灰陶瓮 Aa 型 I 式灰陶内罐	铜片、金箔
M743	三期 6 段	T0409	60－70	圆形	Aa 型 I 式灰陶外罐 Bb 型 I 式灰陶内罐	铁片
M744	二期 4 段	T0409	(50～51)－58	近圆形	Ba 型 II 式灰陶瓶	
M745	三期 7 段	T0409	(60～62)－70	近圆形	Aa 型 II 式灰陶外罐 Bb 型 I 式灰陶内罐	金箔
M746	三期 6 段	T0409	(50～60)－80	椭圆形	Ac 型灰陶外罐 Bb 型 I 式灰陶内罐	铜片、金箔
M747	三期 7 段	T0409	？－76	圆形	Aa 型 II 式灰陶外罐 Bb 型 I 式灰陶内罐	铜片、海贝若干

（续表）

墓号	分期分段	位置	墓口尺寸口径－深	墓口形状	葬　具	随葬品
M748	三期7段	T0409	50－67	圆形	Aa型Ⅱ式灰陶外罐 Ab型灰陶内罐	
M749	＊	T0409	30－55	圆形	灰陶瓶（残）	
M750	三期5段	T0401	（60－66）－76	近圆形	Ac型红陶瓮（残） A型红陶盆为盖 Ca型绿釉内罐	铁片、铁钩、瓦片
M751	二期3段	T0209	60－65	圆形	红陶瓮、Ba型绿釉内罐（均残）	海贝若干
M752	一期2段	T0210	46－52	圆形	Ae型红陶罐（残）	
M753	＊	T0210	45－56	圆形	红陶瓮、绿釉内罐（均残）	
M754	二期3段	T0210	60－57	圆形	Ab型红陶瓮、Aa型绿釉内罐（均残）	铁片、海贝若干、铜片、瓦片
M755a	一期2段	T0210	70－59	圆形	Aa型红陶瓮 Ba型黄陶罐	海贝若干、铁片、铜片
M755b	二期4段	T0210	40－65	圆形	Bc型绿釉内罐	白瓷片
M756	一期2段	T0209	（60～80）－46	椭圆形	Ae型红陶罐、Ca型红陶罐（残）	绿釉碗1件
M757	＊	T0209	65－60	圆形	灰陶罐（残）	
M758	二期3段	T0209	75－65	圆形	Aa型灰陶瓮、Bc型红陶内罐（均残）	

（续表）

墓号	分期 分段	位置	墓口尺寸 口径－深	墓口 形状	葬　具		随葬品
M759	二期 4 段	T0209	80－70	圆形	Aa 型灰陶瓮（残） Cb 型绿釉内罐		瓦片
M760	三期 6 段	T0210	(25～26)－48	近圆形	Aa 型 I 式灰陶罐		铁镯 1 对
M761a	二期 4 段	T0210	60－55	圆形	Aa 型灰陶瓮（残） A 型红陶盆为盖 Bb 型绿釉内罐		海贝若干
M761b	＊	T0210	60－55	圆形	红陶罐（残）		
M762	一期 2 段	T0209	(55～58)－45	近圆形	Bc 型红陶罐（残）		
M763	一期 2 段	T0209	(40～53)－61	椭圆形	Bc 型红陶罐（残）		
M764	一期 1 段	T0210	60－50	圆形	Ca 型红陶罐		
M765	三期 6 段	T0210	(38～50)－46	椭圆形	Aa 型 I 式灰陶内罐（残）		
M766	＊	T0210	50－46	圆形	红陶罐（残）		
M767	＊	T0210	45－40	圆形	红陶罐（残）		
M768	三期 5 段	T0210	69－50	圆形	Ab 型红陶瓮（残） Ca 型绿釉内罐		海贝若干、铁片

（续表）

墓号	分期 分段	位置	墓口尺寸 口径－深	墓口 形状	葬　具	随葬品
M769	三期 5 段	T0210	70－50	圆形	Ab 型灰陶罐（残） 青釉瓷内罐	海贝、玛瑙
M770	一期 1 段	T0210	(40～42)－55	近圆形	Ca 型红陶罐	
M771	三期 6 段	T0210	?－49	圆形	Aa 型 I 式灰陶内罐（残）	
M772	一期 2 段	T0209	48－65	圆形	Bb 型红陶罐	
M773	一期 1 段	T0209	45－56	圆形	Ca 型红陶罐（残）	
M774	一期 2 段	T0209	45－45	圆形	Ae 型红陶罐（残）	
M775	三期 * 段	T0209	65－56	圆形	灰陶外罐（残） Aa 型 I 式灰陶内罐	海贝若干、铜片 1 件
M776	*	T0209	37－45	圆形	红陶罐（残）	
M777	一期 2 段	T0209	40－48	圆形	Bc 型红陶罐（残）	绿釉红陶碗底
M778	一期 1 段	T0209	?－68	圆形	Ca 型红陶罐（残）	
M779	一期 1 段	T0209	50－68	圆形	Ca 型红陶罐 盖为绿釉碗（残）	

（续表）

墓号	分期分段	位置	墓口尺寸口径-深	墓口形状	葬　具	随葬品
M780	二期4段	T0209	（70～80）-56	椭圆形	红陶瓮、Bc型绿釉内罐（均残）	铜片1件、海贝若干
M781	二期3段	T0209	47-65	圆形	Aa型灰陶瓮、Ae型红陶罐（均残）	铜片2件
M782	二期3段	T0209	69-72	圆形	Aa型灰陶瓮（残）、B型红陶盆为盖 Bb型红陶内罐	铜片1件、铁片2件
M783	一期2段	T0209	40-52	圆形	Bc型红陶罐（残）	
M785	一期2段	T0209	50-50	圆形	Bc型红陶罐	铜镯
M786	＊	T0209	46-54	圆形	红陶罐（残）	
M787	一期1段	T0209	40-40	圆形	Ba型红陶罐（残）	
M788	一期2段	T0209	50-55	圆形	Ae型红陶罐（残）	
M789	＊	T0209	40-55	圆形	红陶罐（残）	
M790	一期1段	T0209	49-50	圆形	Ca型红陶罐（残）	
M791	＊	T0209	73-62	圆形	红陶罐（残）	铜片2件
M792	一期2段	T0209	40-52	圆形	Bc型红陶罐（残）	
M793	＊	T0210	40-40	圆形	红陶罐（残）	
M794	＊	T0210	43-48	圆形	红陶罐（残）	
M795	一期2段	T0209	45-43	圆形	Bc型红陶罐（残）	
M796	＊	T0209	50-45	圆形	红陶罐（残）	绿釉碗1件
M797	＊	T0209	（43～48）-49	椭圆形	红陶罐（残）	铁小刀1件
M798	一期1段	T0209	40-61	圆形	Ca型红陶罐（残）	
M799	一期1段	T0209	42-63	圆形	Ba型红陶罐（残）	白瓷碎片4件

（续表）

墓号	分期 分段	位置	墓口尺寸 口径－深	墓口 形状	葬　　具	随葬品
M800	＊	T0209	43－50	圆形	红陶罐（残）	海贝若干
M801	一期2段	T0313	50－49	圆形	Ae型黄陶罐	瓦片1件
M802	三期6段	T0313	45－45	圆形	Aa型Ⅰ式灰陶内罐	
M803	一期2段	T0313	50－54	圆形	Ae型红陶罐 盖为绿釉碗	
M804	一期2段	T0313	45－53	圆形	Ae型红陶罐 盖为绿釉碗	
M808	三期6段	T0313	50－53	圆形	Aa型Ⅰ式灰陶内罐（残）	
M811	三期7段	T0207	50－70	圆形	Ba型灰陶外罐 Bb型Ⅱ式灰陶内罐	
M812	三期6段	T0206	66－65	圆形	Aa型Ⅰ式灰陶外罐 Bb型Ⅰ式灰陶内罐（残）	海贝若干、铜片2件

（续表）

墓号	分期分段	位置	墓口尺寸口径－深	墓口形状	葬　具	随葬品
M813	四期 8 段	T0207	68－82	圆形	Ad 型黄釉外罐 B 型黄釉内罐	海贝
M814	三期 6 段	T0207	45－58	圆形	Ab 型灰陶内罐（残）	
M815	三期 6 段	T0207	68－55	圆形	Ac 型灰陶外罐 C 型灰陶内罐	
M816	＊	T0206	45－65	圆形	灰陶瓶（残）	
M817	三期 6 段	T0206	62－62	圆形	Aa 型 I 式灰陶外罐 Bb 型 I 式灰陶内罐	铜片 1 件、铁片 1 件
M818	四期 8 段	T0207	（60～90）－70	椭圆形	1 组黄釉套罐：Aa 型外罐、B 型内罐 1 组红陶套罐：Aa 型 I 式外罐、Bb 型 I 式内罐	海贝
M819	二期 4 段	T0207	49－65	圆形	Ba 型 III 式灰陶瓶	
M820	一期 2 段	T0206	（34～37）－50	近圆形	Db 型红陶罐	

（续表）

墓号	分期分段	位置	墓口尺寸口径－深	墓口形状	葬　具	随葬品
M821	三期 7 段	T0107	62－65	圆形	Aa 型 Ⅱ 式灰陶外罐 Bb 灰陶内罐	
M822	三期 7 段	T0107	42－58	圆形	Aa 型 Ⅱ 式灰陶外罐（残）	
M823	三期 6 段	T0107	45－65	圆形	Aa 型 Ⅰ 式灰陶外罐 Ab 型灰陶内罐	海贝
M824	三期 6 段	T0107	53－53	圆形	Ac 型灰陶外罐（残） Bc 型灰陶内罐	铜片 1 件
M825	三期 6 段	T0207	70－73	圆形	Aa 型 Ⅰ 式灰陶外罐 Bb 型 Ⅰ 式灰陶内罐	料珠、铜片
M826	三期 5 段	T0207	60－68	圆形	2 件灰陶瓶 Ba 型 Ⅱ 式（残） Ba 型 Ⅲ 式稍完整	1 号罐出 1 件铁扣、2 件铁钩
M827	三期 5 段	T0206	60－60	圆形	Ab 型灰陶瓮 Ba 型灰陶内罐	海贝、铜片、铁片、松香、铜戒指、瓦

（续表）

墓号	分期分段	位置	墓口尺寸口径－深	墓口形状	葬 具	随葬品
M828	三期6段	T0206	70－60	圆形	Ac型灰陶外罐（残） C型灰陶内罐	铜饰
M829	三期6段	T0207	65－66	圆形	Ab型灰陶内罐	
M830	一期1段	T0207	（49～70）－54	椭圆形	Ac型红陶罐2件	
M831	＊	T0207	55－60	圆形	红陶罐（残）	料珠2件
M832	一期1段	T0207	52－60	圆形	Ca型红陶罐（残）	
M833	三期6段	T0207	38－55	圆形	Aa型Ⅰ式灰陶内罐	
M837	三期6段	T0208	（86～104）－86	不规则	3组：Ab型灰陶外罐及内罐（残） Ac型灰陶外罐及内罐 C型Ⅱ式灰陶瓶	
M838	＊	T0208	50－54	圆形	Ab型红陶瓮、Ba型灰陶内罐、C型红陶瓶（残）	海贝若干

（续表）

墓号	分期分段	位置	墓口尺寸口径－深	墓口形状	葬　具	随葬品
M839	三期 6 段	T0208	(60~70)－58	椭圆形	Ab 型灰陶瓮（残）Ab 型灰陶内罐	
M840	二期 4 段	T0207	70－60	圆形	Ac 型红陶瓮（残）Bc 型绿釉内罐	铁片 1 件、松香 1 件、铜戒指 1 件、铜饰器 1 件
M841	三期 6 段	T0207	54－55	圆形	Ab 型灰陶内罐	
M842	一期 2 段	T0208	35－91	圆形	Bc 型红陶罐	
M843	三期 5 段	T0208	(50~60)－70	近圆形	Ab 型灰陶瓮Ba 型灰陶内罐	海贝若干
M844	二期 3 段	T0207	(44~126)－62	不规则	红陶罐 4 件，均单罐，均残：Ca 型红陶罐、Ab 型红陶瓮、Db 型红陶罐、Ae 型红陶罐	
M845	三期 6 段	T0207	50－66	圆形	Aa 型Ⅰ式灰陶外罐Ab 型灰陶内罐	

（续表）

墓号	分期分段	位置	墓口尺寸口径－深	墓口形状	葬　具	随葬品
M846	三期 6 段	T0207	50－70	圆形	Ba 型灰陶外罐（残） Ba 型灰陶内罐	
M847	二期 3 段	T0207	（40～60）－52	椭圆形	Ba 型 I 式灰陶瓶	
M848	三期 6 段	T0207	（50～60）－60	椭圆形	Bb 型灰陶外罐 Ba 型灰陶内罐	
M849	三期 5 段	T0208	50－65	圆形	Bb 型绿釉外罐（残） Db 型绿釉内罐	铜片 1 件
M850	三期 5 段	T0206	58－60	圆形	Ba 型 III 式灰陶瓶	铜戒指 1 件
M851	四期 8 段	T0206	60－70	圆形	Ac 型黄釉外罐	海贝

（续表）

墓号	分期分段	位置	墓口尺寸口径－深	墓口形状	葬　具	随葬品
M852	三期 7 段	T0207	50－60	圆形	Aa 型 Ⅱ式灰陶外罐 Ab 型灰陶内罐	
M853	四期 8 段	T0207	（58～70）－69	椭圆形	Aa 型黄釉外罐 B 型黄釉内罐	海贝若干、铜片
M854	三期 7 段	T0207	55－74	圆形	Aa 型 Ⅱ式灰陶外罐（残） Bb 型 Ⅰ式灰陶内罐	海贝若干
M855	二期 4 段	T0208	60－59	圆形	红陶瓮、Bc 型绿釉内罐（均残）	海贝若干、铁片
M856	二期 4 段	T0208	（59～62）－50	近圆形	红陶瓮（残） Ba 灰陶内罐	铜片 1 件
M857	三期 6 段	T0208	（65～82）－75	椭圆形	2 组灰陶葬具：1 组为 Aa 型 Ⅰ式外罐及 Bb 型 Ⅰ式内罐、1 组为 Ba 型 Ⅱ式瓶	1 号罐出海贝、2 号罐出铜片 1 件、铁片 1 件
M858	三期 7 段	T0207	40－60	圆形	Aa 型 Ⅱ式灰陶外罐 Bb 型 Ⅰ式灰陶内罐（残）	

（续表）

墓号	分期 分段	位置	墓口尺寸 口径－深	墓口 形状	葬　具	随葬品
M859	三期 7 段	0207T	50－64	圆形	Aa 型Ⅱ式灰陶外罐 Bb 型Ⅰ式灰陶内罐	
M860	三期 6 段	T0207	60－60	圆形	Aa 型Ⅰ式灰陶外罐 Bb 型Ⅰ式灰陶内罐	海贝若干
M861	＊	T0207	58－60	圆形	灰陶套罐（均残）	
M862	三期 6 段	T0207	56－60	圆形	Aa 型Ⅰ式灰陶内罐（残）	
M863	二期 3 段	T0207	(60~66)－60	近圆形	Ab 型红陶瓮（残） Ba 型绿釉内罐	铁片、瓦片
M864	二期 3 段	T0207	(73~82)－83	椭圆形	红陶瓮（残） Ab 型绿釉内罐	铁片 2 件、木质小珠若干 （已炭化）、碎瓷片 1 件、 黄色料珠、小石珠、瓦、 镇墓兽
M865	二期＊段	T0207	？－80		Ab 型红陶瓮带盖、绿釉内罐带盖（均残）	
M866	二期 3 段	T0207	80－72	圆形	Ab 型红陶瓮（残） Ab 型绿釉内罐	铁片、瓦

（续表）

墓号	分期 分段	位置	墓口尺寸 口径－深	墓口 形状	葬　　具	随葬品
M867	三期7段	T0207	56－60	圆形	Da型灰陶内罐	
M868	三期6段	T0208	（55～65）－75	椭圆形	Aa型Ⅰ式灰陶外罐（残） Bb型Ⅰ式灰陶内罐	铜片、青瓦
M869	*	T0208	?－70		灰陶外罐、绿釉内罐带盖（均残）	海贝、瓦
M870	一期1段	T0208	40－46	圆形	Ab型红陶罐	
M871	三期6段	T0208	40－52	圆形	C型Ⅱ式灰陶瓶	
M872	*	T0208	50－72	圆形	灰陶瓶（残）	
M873	三期6段	T0208	（50～85）－68	椭圆形	Ba型Ⅱ式灰陶瓶（残） Aa型Ⅰ式灰陶外罐 Bb型Ⅰ式 灰陶内罐	铁片1件
M874	二期4段	T0208	78－73	圆形	Aa型灰陶瓮 B型红陶盆盖（残） Cb型绿釉内罐	海贝若干
M875	*	T0208	60－65	圆形	灰陶套罐（残）	残瓦

（续表）

墓号	分期分段	位置	墓口尺寸口径－深	墓口形状	葬　具	随葬品
M876	三期6段	T0208	180－78	不规则	7组葬具：Ba型灰陶外罐（残），青釉瓷内罐、Ba型灰陶外罐，Bb型Ⅰ式灰陶内罐、Aa型Ⅰ式灰陶外罐（无内罐）、灰陶罐（残）、Ca型绿釉外罐，E型绿釉内罐、Ca型绿釉外罐，E型绿釉内罐、Ac型灰陶外罐（无内罐）	1号罐出海贝，3号罐出海贝、铜片，4号罐出铁片，5号罐出海贝、铜片，6号罐出海贝、料珠，7号罐出铁片
M877	三期6段	T0208	50－65	圆形	Ab型灰陶瓮A型红陶盆盖（残）Ab型灰陶内罐	碎瓷片、料珠、残瓦、青砖
M878	三期7段	T0208	(50～60)－65	椭圆形	Aa型Ⅱ式灰陶外罐Bb型Ⅰ式灰陶内罐	铁片
M879	三期6段	T0107	(58～62)－69	近圆形	灰陶套罐：Aa型Ⅰ式外罐（残）Bb型Ⅰ式内罐	
M880	三期6段	T0107	55－55	圆形	Aa型Ⅰ式灰陶外罐（无内罐）	
M881	三期6段	T0107	60－57	圆形	Aa型Ⅰ式灰陶外罐（残，无内罐）	
M882	三期5段	T0107	61－57	圆形	A型绿釉外罐、Db型绿釉内罐（均残）	铜片1件（残）
M883	二期3段	T0107	53－55	圆形	Ba型灰陶瓮（残）	残瓦

（续表）

墓号	分期分段	位置	墓口尺寸口径－深	墓口形状	葬　具	随葬品
M884	三期 6 段	T0107	44－60	圆形	C 型 II 式灰陶瓶	铁片
M885	二期 3 段	T0107	65－57	圆形	Ab 型红陶瓮（残）Ab 型绿釉内罐	铜片
M886	三期 5 段	T0208	40－65	圆形	C 型 I 式灰陶瓶	
M887	三期 5 段	T0208	41－60	圆形	A 型绿釉外罐 B 型灰陶盆为盖（无内罐）	海贝、小料珠、铜片 1 件
M888	二期 3 段	T0208	72－67	圆形	Bb 型灰陶瓮、A 型红陶盆盖（均残）	玉珠 1 件、青砖 1 件、残瓦 1 件
M889	三期 7 段	T0208	(60~65)－65	椭圆形	灰陶套罐：Aa 型 II 式外罐 Ab 型内罐（盖均残）	铜镯 1 段
M890	三期 6 段	T0208	40－44	圆形	Aa 型 I 式灰陶内罐（残）	瓦片
M891	二期 3 段	T0208	65－65	圆形	Ab 型红陶瓮（残）Ab 型绿釉内罐	铜片 2 件、铁片 1 件、瓷片 1 件

（续表）

墓号	分期分段	位置	墓口尺寸 口径-深	墓口形状	葬　具	随葬品
M892	一期2段	T0208	（45～50）-51	椭圆形	2组红陶葬具： Ac型红陶罐，碗作盖 Ae型红陶罐、 B型盆作盖	铜片1件、铁片1件
M893	一期2段	T0208	（79～104）-52	椭圆形	Ae型红陶罐、B型红陶盆（均残）	
M894	二期4段	T0206	70-60	圆形	Ab型红陶瓮（残） Bc型绿釉内罐	铁片
M895	三期7段	T0208	55-61	圆形	Aa型Ⅱ式灰陶外罐 （无内罐）	
M896	三期7段	T0208	58-74	圆形	Aa型Ⅱ式灰陶外罐 Bb型Ⅰ式灰陶内罐	
M897	三期5段	T0208	60-68	圆形	A型绿釉外罐（残） Db型绿釉内罐	海贝（部分穿孔）、铜片1件
M898	三期5段	T0208	58-75	圆形	Cb型绿釉外罐 E型绿釉内罐	铜镯1件、海贝

（续表）

墓号	分期分段	位置	墓口尺寸口径－深	墓口形状	葬　具	随葬品
M899	一期2段	T0208	52－60	圆形	Bc型红陶罐	
M900	三期5段	T0208	(46~52)－65	椭圆形	C型Ⅰ式灰陶瓶	
M901	二期4段	T0211	40－55	圆形	Ba型Ⅱ式灰陶瓶（残）	
M902	三期5段	T0211	45－49	圆形	Ba型Ⅲ式灰陶瓶（残）	
M903	＊	T0212	(43~50)－50	椭圆形	红陶罐、绿釉碗盖（均残）	
M904	一期2段	T0212	55－56	圆形	Bc型红陶罐（残）	
M905	一期2段	T0212	48－56	圆形	Ae型红陶罐（残）	铜器
M906	一期1段	T0212	50－48	圆形	Ca型红陶罐（残）	
M907	三期6段	T0212	(46~50)－65	椭圆形	Aa型Ⅰ式灰陶外罐（盖残）	
M908	一期2段	T0212	40－49	圆形	Ae型红陶罐	
M909	一期2段	T0212	48－46	圆形	Bc型红陶罐（残）	
M910	＊	T0312	46－50	圆形	红陶罐（残）	
M911	三期5段	T0312	(55~58)－61	椭圆形	绿釉外罐（残）Db型绿釉内罐	石珠2件

（续表）

墓号	分期分段	位置	墓口尺寸口径－深	墓口形状	葬　　具	随葬品
M912	三期7段	T0312	67－70	圆形	Aa型Ⅱ式灰陶外罐 Bb型Ⅰ式灰陶内罐	铁镯1件、海贝若干
M913	三期7段	T0312	51－53	圆形	Aa型Ⅱ式灰陶外罐（残）	
M914	三期7段	T0312	23－43	圆形	青釉瓷罐	
M917	＊	T0312	35－40	圆形	红陶罐（残）	
M919	三期6段	T0312	？－61		灰陶套罐：Aa型Ⅰ式外罐（残） Bb型Ⅰ式灰陶内罐	瓦片
M920	二期4段	T0312	45－60	圆形	Ba型Ⅱ式灰陶瓶 盖为青釉瓷碗	
M921	一期＊段	T0312	54－40	圆形	2B型红陶盆相扣 1残1完整	
M923	一期2段	T0312	45－50	圆形	Ae型红陶罐（残）	
M924	一期2段	T0312	38－40	圆形	Bc型红陶罐（残）	
M925	一期1段	T0212	59－67	圆形	Ba型红陶罐（残）	

（续表）

墓号	分期分段	位置	墓口尺寸口径－深	墓口形状	葬具	随葬品
M926	三期6段	T0312	41－45	圆形	Aa型Ⅰ式灰陶外罐 Bb型Ⅰ式灰陶内罐	
M927	＊	T0212	40－45	圆形	红陶罐（残）	铜环1对
M929	四期9段	T0212	62－55	圆形	B型黄釉外罐	
M930	一期＊段	T0312	58－65	圆形	2A型红陶盆相扣	
M931	＊	T0409	（47～49）－50	椭圆形	灰陶瓶（残）	
M932	三期6段	T0409	40－55	圆形	Bb型Ⅱ式灰陶内罐（残）	碎瓷片
M933	三期7段	T0409	50－70	圆形	Aa型Ⅱ式灰陶外罐 Bb型Ⅰ式灰陶内罐	
M934	三期7段	T0409	40－70	圆形	Aa型Ⅱ式灰陶外罐 Bb型Ⅰ式灰陶内罐	

（续表）

墓号	分期分段	位置	墓口尺寸口径－深	墓口形状	葬　具	随葬品
M935	二期 4 段	T0409	60－75	圆形	红陶瓮（残）Bc 型绿釉内罐	
M936	三期 7 段	T049	35－56	圆形	Aa 型Ⅱ式灰陶罐（残）	
M937	三期 6 段	T0409	60－75	圆形	Ac 型灰陶外罐 内罐（残）	
M938	三期 5 段	T0409	60－75	圆形	Ab 型红陶瓮（残）Ca 型绿釉内罐	瓦片
M939	三期 5 段	T0409	60－65	圆形	A 型绿釉外罐 Db 型绿釉内罐	铜片
M940	＊	T0409	50－70	圆形	灰陶套罐（残）	铜片
M941	三期 7 段	T0409	46－65	圆形	Aa 型Ⅱ式灰陶外罐 Bb 型Ⅰ式灰陶内罐（残）	海贝若干、铜片、瓦片
M942	三期 ＊ 段	T0409	48－65	圆形	灰陶外罐（残）Bb 型Ⅰ式灰陶内罐	铜片

（续表）

墓号	分期分段	位置	墓口尺寸口径－深	墓口形状	葬　　具	随葬品
M943	三期 6 段	T0409	45－75	圆形	Ac 型灰陶外罐 Bb 型 I 式灰陶内罐 	
M944	三期 * 段	T0409	55－65	圆形	灰陶外罐（残） Ab 型灰陶内罐 	瓦
M945	三期 6 段	T0409	55－65	圆形	Aa 型 I 式灰陶外罐 Bb 型 I 式灰陶内罐 	铜片
M946	三期 6 段	T0409	50－65	圆形	Aa 型 I 式灰陶外罐（残） Bb 型 I 式灰陶内罐 	铁片 1 件、铜片 1 件
M947	一期 1 段	T0409	50－60	圆形	Ba 型红陶罐（残）	
M948	*	T0409	40－57	圆形	灰陶罐（残）	
M949	*	T0409	45－60	圆形	灰陶罐（残）	
M950	*	T0409	50－58	圆形	红陶罐（残）	
M951	三期 6 段	T0210	50－60	圆形	Aa 型 I 式灰陶外罐 	
M952	*	T0210	50－65	圆形	灰陶罐（残）	

（续表）

墓号	分期分段	位置	墓口尺寸口径－深	墓口形状	葬　　具	随葬品
M953	二期3段	T0210	60－63	圆形	红陶套罐：Aa型瓮（残）Ba型内罐	
M954	＊	T0210	46－56	圆形	红陶罐（残）	
M955	一期2段	T0210	66－70	圆形	Ae型红陶罐	海贝若干
M956	一期2段	T0210	40－55	圆形	Ae型红陶罐	
M957	三期5段	T0210	(60~68)－70	椭圆形	绿釉套罐：外罐（残）Db型内罐	海贝若干
M958	＊	T0210	50－60	圆形	红陶罐（残）	
M959	一期1段	T0210	40－55	圆形	Ca型红陶罐（残）	
M960	一期1段	T0210	45－55	圆形	Ad型红陶罐	
M961	一期1段	T0210	(43~45)－50	近圆形	Ba型红陶罐（残）	
M962	＊	T0210	50－55	圆形	红陶罐（残）	
M963a	＊	T0210	58－55	圆形	红陶罐（残）	
M963b	＊	T0210	59－55	圆形	红陶罐（残）	
M964	＊	T0210	40－61	圆形	红陶罐（残）	铜镯1件

（续表）

墓号	分期 分段	位置	墓口尺寸 口径－深	墓口 形状	葬　　具	随葬品
M965	一期2段	T0210	(40～43)－55	近圆形	Bc型红陶罐（残）	
M966	＊	T0210	70－70	圆形	Ab型红陶瓮、绿釉内罐、外罐（均残）	铁片1件、海贝若干、瓦
M967	＊	T0210	(69～78)－74	椭圆形	红陶外罐、绿釉内罐、外罐（均残）	铁片1件、海贝若干
M968	一期1段	T0209	50－50	圆形	Ca型红陶罐（残）	
M969	一期2段	T0209	46－56	圆形	Bc型红陶罐（残）	
M970	＊	T0209	(45～61)－60	椭圆形	灰陶罐（残）	小碗（残）
M971	一期1段	T0209	47－46	圆形	Ba型红陶罐（残）	
M972	＊	T0209	(47～50)－55	近圆形	红陶罐（残）	铜镯1件
M973	二期3段	T0209	60－65	圆形	Aa型灰陶瓮（残）	
M974	一期2段	T0209	60－60	圆形	Bc型红陶罐、B型红陶盆（均残）	
M975	＊	T0209	50－50	圆形	红陶套罐（残）	
M976	一期2段	T0209	40－40	圆形	Bc型红陶罐 	
M977	＊	T0209	(52～77)－57	椭圆形	红陶罐（残）	
M978	＊	T0210	45－54	圆形	红陶罐（残）	瓷片1件
M979	一期1段	T0210	40－45	圆形	Ba型红陶罐（残）	海贝若干
M980	一期2段	T0210	55－50	圆形	Bc型红陶罐（残）	
M981	＊	T0210	40－53	圆形	绿釉外罐（残）	瓦
M982	一期2段	T0210	40－45	圆形	Ae型红陶罐（残）	
M983	三期6段	T0209	46－48	圆形	Aa型Ⅰ式灰陶内罐 	
M984	＊	T0209	40－55	圆形	红陶罐（残）	

（续表）

墓号	分期分段	位置	墓口尺寸口径－深	墓口形状	葬　　具	随葬品
M985	一期2段	T0209	50－56	圆形	Ae型红陶罐	
M986	一期2段	T0209	45－55	圆形	Cb型红陶罐（残）	
M987	一期2段	T0210	40－36	圆形	Cb型红陶罐（残）	
M988	一期1段	T0209	（45～50）－54	椭圆形	Ba型红陶罐（残）	绿釉陶碗1件
M989	一期1段	T0209	63－57	圆形	Ba型红陶罐、B型红陶盘（均残）	铜片1件
M990	二期3段	T0210	60－45	圆形	Aa型灰陶瓮（残）	
M991	三期6段	T0210	（60～62）－58	近圆形	Ab型灰陶罐（残）	
M992	＊	T0209	40－64	圆形	红陶罐（残）	
M993	二期3段	T0209	55－50	圆形	Aa型灰陶瓮（残）盖为B型红陶盆Db型红陶内罐	海贝若干、铜片1件、瓦片
M994	二期4段	T0210	50－55	圆形	红陶瓮、Bc型绿釉内罐（均残）	海贝1枚、铁片1件
M995	一期2段	T0210	50－55	圆形	Ca型红陶罐（残）	
M996	＊	T0209	55－62	圆形	红陶罐（残）	
M997	＊	T0209	40－50	圆形	红陶罐（残）	
M998	一期2段	T0210	30－50	圆形	Ae型红陶罐（残）	
M999	二期3段	T0209	60－38	圆形	Aa型灰陶瓮（残）	
M1000	＊	T0209	（43～45）－57	近圆形	红陶罐（残）	
M1001	一期2段	T0209	50－51	圆形	Cb型红陶罐（残）	瓷片1件
M1002	一期2段	T0209	40－50	圆形	Ae型红陶罐（残）	
M1004	二期3段	T0209	70－60	圆形	Aa型灰陶瓮、B型红陶盘（残）	

（续表）

墓号	分期分段	位置	墓口尺寸 口径－深	墓口形状	葬　具		随葬品
M1005	二期3段	T0209	68－70	圆形	灰陶瓮（残）铜质内罐		长方形铜片1件、白瓷片
M1006	三期5段	T0210	（65~75）－60	椭圆形	Ab型红陶瓮（残）E型绿釉内罐		海贝若干、铜片
M1007	一期2段	T0210		圆形	Bc型红陶罐（残）		
M1008	*	T0210	40－40	圆形	红陶罐（残）		
M1009	二期4段	T0210	（73~80）－76	椭圆形	Ab型红陶瓮 Cb型绿釉内罐		长方形铜片1件、莲花形铜片1件、海贝若干
M1010	一期2段	T0210	（41~44）－59	椭圆形	Ae型红陶罐 B型红陶盆盖（残）		
M1011	一期2段	T0210	（46~50）－55	椭圆形	Db型红陶罐		绿釉陶碗
M1012	一期2段	T0210	（37~40）－40	椭圆形	Ae型红陶罐（残）		
M1013	一期2段	T0210	52－60	圆形	Ae型红陶罐、红陶盘（均残）		
M1014	*	T0210	40－53	圆形	红陶罐（残）		

（续表）

墓号	分期 分段	位置	墓口尺寸 口径－深	墓口 形状	葬　具	随葬品
M1015	一期 1 段	T0210	60－59	圆形	Ca 型红陶罐	
M1016	一期＊段	T0210	40－52	圆形	其他型红陶罐 A 型红陶盆为盖	
M1017	一期 2 段	T0210	30－43	圆形	Ae 型红陶罐、绿釉碗为盖（均残）	
M1018	一期 2 段	T0209	40－50	圆形	Bc 型黄陶罐	
M1019	一期 2 段	T0210	35－51	圆形	Ae 型红陶罐（残）	
M1020	三期 5 段	T0210	（68～73）－82	椭圆形	绿釉套罐：A 型外罐（残） Db 型内罐	长方形铁片 2 件
M1022	三期 6 段	T0210	40－59	圆形	Bc 型灰陶内罐	
M1023	一期 2 段	T0209	45－40	圆形	Ae 型红陶罐（残）	
M1024	＊	T0209	40－44	圆形	红陶罐（残）	铁片
M1025	＊	T0209	60－65	圆形	红陶罐（残）	
M1026	一期 2 段	T0209	40－50	圆形	Bc 型红陶罐（残）	绿釉碗
M1027	一期 2 段	T0209	（40～46）－62	椭圆形	Bc 型红陶罐（残）	
M1028	＊	T0209	（40～45）－66	椭圆形	红陶罐（残）	

（续表）

墓号	分期分段	位置	墓口尺寸口径－深	墓口形状	葬　具	随葬品
M1029	一期 2 段	T0209	40－50	圆形	Ae 型红陶罐（残）	绿釉碗
M1030	三期 6 段	T0209	45－55	圆形	C 型灰陶罐（残）	
M1031	一期 1 段	T0209	（40～44）－63	椭圆形	Ca 型红陶罐（残）	
M1032	一期 2 段	T0209	（40～45）－50	椭圆形	Ae 型红陶罐盖红陶碗	
M1034	＊	T0209	50－41	圆形	红陶罐（残）	
M1035	一期 2 段	T0209	35－48	圆形	Bb 型红陶罐（残）	
M1036	＊	T0209	35－40	圆形	红陶罐（残）	
M1037	一期 1 段	T0210	40－50	圆形	Ba 型红陶罐（残）	
M1038	＊	T0210	40－40	圆形	红陶罐（残）	
M1039	＊	T0209	50－38	圆形	红陶罐（残）	白瓷片
M1040	＊	T0209	35－40	圆形	红陶罐（残）	
M1041	＊	T0209	42－53	圆形	红陶罐、B 型红陶盆盖（均残）	
M1042	一期 2 段	T0209	40－53	圆形	Ae 型红陶罐（残）	
M1043	一期 2 段	T0210	（39～41）－50	近圆形	Ae 型红陶罐（残）	
M1044	＊	T0210	44－61	圆形	红陶罐、绿釉碗（均残）	
M1045	一期 2 段	T0209	35－50	圆形	Bc 型红陶罐（残）	
M1046	＊	T0209	（33～37）－45	椭圆形	红陶罐（残）	瓷片
M1047	一期 1 段	T0209	40－47	圆形	Ba 型红陶罐（残）	
M1048	一期 2 段	T0209	50－50	圆形	Db 型红陶罐	大量海贝
M1049	一期 2 段	T0209	40－40	圆形	Ae 型红陶罐（残）	长方形铁片 1 件
M1050	＊	T0209	40－45	圆形	红陶罐（残）	
M1051	＊	T0409	65－80	圆形	Ab 型红陶瓮、绿釉内罐、外罐（均残）	海贝、铜片、铁块、瓦片

（续表）

墓号	分期分段	位置	墓口尺寸口径－深	墓口形状	葬　具	随葬品
M1052	二期 3 段	T0409	60－80	圆形	Ab 型红陶瓮（残） Aa 型绿釉内罐	铜片、铁片
M1053	一期 2 段	T0409	35－58	圆形	Ae 型红陶罐（残）	
M1054	三期 5 段	T0409	50－63	圆形	Ba 型Ⅲ式灰陶瓶	
M1055	二期 3 段	T0409	76－55	圆形	Bc 型红陶瓮 Ab 型绿釉内罐	铜、铁片
M1056	一期 2 段	T0409	50－65	圆形	Ae 型红陶罐 盖为绿釉盘及 B 型红陶盆	
M1057	＊	T0409	50－50	圆形	红陶罐（残）	
M1058	三期 6 段	T0409	60－65	圆形	灰陶套罐： Aa 型Ⅰ式外罐（残） Bb 型Ⅰ式内罐	铜片、海贝若干
M1060	三期 6 段	T0411	45－65	圆形	Aa 型Ⅰ式灰陶外罐 Bb 型Ⅰ式灰陶内罐	海贝若干
M1061	三期 6 段	T0411	40－60	圆形	Ab 型灰陶内罐（残）	铜镯

（续表）

墓号	分期分段	位置	墓口尺寸口径－深	墓口形状	葬　具	随葬品
M1062	＊	T0409	40－57	圆形	灰陶罐（残）	海贝若干、铜片
M1063	三期5段	T0409	40－56	圆形	Db 型绿釉内罐（残）	
M1064	一期2段	T0409	40－50	圆形	Bc 型红陶罐（残）	
M1065	三期6段	T0409	50－60	圆形	Aa 型 I 式灰陶外罐（残） Bb 型 I 式灰陶内罐海贝若干	
M1066	一期2段	T0410	40－55	圆形	Ae 型红陶罐	
M1067	一期1段	T0410	40－52	圆形	Ba 型红陶罐	
M1068	三期6段	T0409	35－50	圆形	Aa 型 I 式灰陶内罐（无外罐）	
M1069	三期6段	T0409	50－80	圆形	Aa 型 I 式灰陶外罐 Bb 型 I 式灰陶内罐	
M1070	＊	T0410	40－49	圆形	灰陶罐（残）	
M1071	一期2段	T0212	50－45	圆形	Bc 型红陶罐（残）	
M1072	＊	T0312	50－40	圆形	红陶罐（残）	料珠半颗

（续表）

墓号	分期分段	位置	墓口尺寸口径－深	墓口形状	葬　　具	随葬品
M1073	三期6段	T0312	60－60	圆形	Aa型Ⅰ式灰陶外罐（无内罐）	海贝若干、铜片2件、铜条2件
M1074	一期1段	T0312	46－43	圆形	Ca型红陶罐（残）	
M1075	二期4段	T0212	75－65	圆形	红陶瓮（残）Bb型绿釉内罐	海贝若干
M1076	一期2段	T0212	50－52	圆形	Cb型黄陶罐	
M1077	一期1段	T0212	50－59	圆形	Ca型红陶罐	
M1078	二期3段	T0312	42－53	圆形	Ba型红陶瓮、盖为绿釉陶碗（均残）	
M1084	三期6段	T0312	（60~70）－85	椭圆形	Aa型Ⅰ式灰陶外罐Aa型Ⅰ式灰陶内罐	铁片2件、铜片1件、海贝若干、瓦
M1085	三期5段	T0312	60－90	圆形	绿釉外罐（残）Db型绿釉内罐	海贝若干
M1086	四期9段	T0212	30－42	圆形	B型黄釉外罐（残）	

（续表）

墓号	分期分段	位置	墓口尺寸口径－深	墓口形状	葬　具	随葬品
M1087	＊	T0212	50－50	圆形	红陶罐（残）	
M1088	＊	T0212	50－52	圆形	红陶罐（残）	
M1089	一期2段	T0212	52－58	圆形	2黄陶罐相扣、Ae型红陶罐（残）	
M1090	一期2段	T0312	41－45	圆形	Bc型红陶罐（残）	
M1091	二期3段	T0312	70－63	圆形	Aa型灰陶瓮、B型红陶盆盖（均残）	
M1097	一期2段	T0212	55－66	圆形	Bc型红陶罐（残）	
M1099	一期1段	T0212	40－59	圆形	Ca型红陶罐（残）	
M1101	＊	T0208	45－59	圆形	灰陶罐（残）	海贝若干
M1102	＊	T0208	42－65	圆形	灰陶罐（残）	
M1103	三期6段	T0207	55－57	圆形	Bb型Ⅰ式灰陶内罐	
M1104	三期6段	T0207	50－50	圆形	Aa型Ⅰ式灰陶内罐（残）	
M1105	＊	T0207	50－50	圆形	灰陶罐（残）	
M1106	一期2段	T0207	53－60	圆形	Ae型红陶罐（残）	
M1107	二期3段	T0206	58－65	圆形	Ab型红陶瓮、红陶内罐（残）	
M1108	三期6段	T0207	(60～100)－65	椭圆形	2组：Ab型灰陶瓮 Ab型灰陶瓮（均残）Ab型灰陶内罐 及Bb型Ⅰ式灰陶内罐	
M1109	三期＊段	T0206	62－75	圆形	灰陶外罐（残）Bc型灰陶内罐	松香、海贝若干、戒指1对
M1110	三期5段	T0107	60－69	圆形	A型绿釉外罐（残）Db型绿釉内罐	残瓦1件

（续表）

墓号	分期分段	位置	墓口尺寸 口径－深	墓口 形状	葬　具	随葬品
M1111	二期 4 段	T0208	60－69	圆形	Ba 型红陶瓮 Cb 型绿釉内罐	铜镯 1 件、铜片 1 件、铁片 1 件
M1116	二期 3 段	T0208	60－57	圆形	红陶瓮（残） 其他红陶内罐	料珠 3 颗、铜片 1 片、铜镯
M1117	一期 1 段	T0208	50－58	圆形	Ba 型红陶罐	
M1118	*	T0208	63－70	圆形	灰陶套罐（均残）	
M1119	三期 6 段	T0208	(55~85)－63	椭圆形	Aa 型 I 式灰陶外罐 Bb 型 I 式灰陶内罐	
M1120	二期 4 段	T0208	28－50	圆形	Ba 型 II 式灰陶瓶	
M1121	一期 2 段	T0208	43－51	圆形	Ae 型红陶罐（残）	
M1122	三期 7 段	T0208	(55~90)－61	椭圆形	2 组灰陶套罐：1 组外罐（残）、内罐为 Bb 型 II 式；1 组外罐为 Aa 型 I 式、内罐为 Bb 型 I 式	1 号罐出铜片 1 件、海贝若干，2 号罐出水晶石 1 件、瓦 1 件

（续表）

墓号	分期分段	位置	墓口尺寸口径－深	墓口形状	葬　具	随葬品
M1123	二期 4 段	T0208	68－58	圆形	红陶瓮（残）Bc 型绿釉内罐	铁片、青瓦
M1124	三期 5 段	T0208	(80－90)－66	椭圆形	Ab 型灰陶瓮内罐为 Cb 型绿釉罐	铁片 1 件
M1125	*	T0207	38－50	圆形	红陶单罐带盖（残）	
M1126	三期 7 段	T0207	60－76	圆形	Aa 型Ⅱ式灰陶外罐Aa 型Ⅰ式灰陶内罐	铜片
M1127	三期 7 段	T0207	60－71	圆形	Ac 型灰陶外罐Bb 型Ⅱ式灰陶内罐	
M1128	*	T0207	(80～100)－62	椭圆形	灰陶瓮（残）Ab 型绿釉内罐	铜片 1 件、铁片 1 件、瓷片 2 件、料珠半颗
M1129	三期 5 段	T0208	(83～117)－78	不规则	2 组葬具：1 组为 Ab 型红陶瓮（残）、盖为 A 型红陶盆、内罐为 Db 型红陶罐；1 组为 Aa 型灰陶瓮（残）、盖为 B 型红陶盆、内罐为 Cb 型绿釉罐	铜片、海贝、方形青砖

（续表）

墓号	分期分段	位置	墓口尺寸口径－深	墓口形状	葬　具	随葬品
M1130	二期 3 段	T0207	70－76	圆形	红陶瓮（残） Aa 型绿釉内罐	
M1131	*	T0208	40－63	圆形	灰陶罐（残）	铁片 1 件
M1132	三期 6 段	T0207	61－61	圆形	Aa 型 I 式灰陶外罐 Bb 型 I 式灰陶 内罐（残）	铜片 1 件
M1133	三期 * 段	T0207	40－57	圆形	灰陶外罐（残） Aa 型 I 式灰陶内罐	
M1134	二期 3 段	T0207	71－77	圆形	灰陶瓮（残） Aa 型绿釉内罐	铁片
M1135	*	T0207	48－42	圆形	红陶罐（残）	
M1137	三期 6 段	T0207	73－73	圆形	Ba 型灰陶外罐（残）	残铁片
M1138	三期 7 段	T0207	50－64	圆形	Aa 型 II 式灰陶外罐 Bb 型 I 式灰陶内罐	
M1139	二期 3 段	T0208	73－65	圆形	Ab 型红陶瓮（残） Aa 型绿釉内罐	铁片 1 件、碎瓷片、残瓦

（续表）

墓号	分期分段	位置	墓口尺寸口径－深	墓口形状	葬　　具	随葬品
M1140	三期6段	T0208	(50～55)－38	椭圆形	Bb型Ⅰ式灰陶内罐盖为A型灰陶盆（残）底座为A型灰陶盆	海贝
M1141	一期2段	T0208	45－57	圆形	Db型陶红罐	
M1142	三期6段	T0208	29－56	圆形	Ab型灰陶单罐	铜镯1件
M1143	三期7段	T0208	(60～90)－64	椭圆形	Aa型Ⅰ式灰陶外罐青釉瓷内罐	瓦
M1144	二期3段	T0208	53－59	圆形	Aa型绿釉内罐（残）	铜片、海贝
M1145	*	T0208	40－50	圆形	红陶罐（残）	
M1146	三期*段	T0208	59－70	圆形	灰陶外罐（残）Bb型Ⅰ式灰陶内罐	海贝若干、铁片1件
M1147	三期6段	T0208	57－70	圆形	Aa型Ⅰ式灰陶外罐Bb型Ⅰ式灰陶内罐	

（续表）

墓号	分期分段	位置	墓口尺寸口径－深	墓口形状	葬　　具	随葬品
M1148	二期 4 段	T0208	30－61	圆形	Ba 型 II 式灰陶瓶（残）	铜镯 2 件
M1149	二期 4 段	T0208	70－58	圆形	红陶瓮、Bc 型绿釉内罐（均残）	铜片、残瓦
M1161	二期 3 段	T0208	70－71	圆形	Ab 型红陶瓮Ab 型绿釉内罐	铁片、铜片、残瓦
M1162	三期 * 段	T0208	60－70	圆形	灰陶外罐（残）Bb 型 I 式灰陶内罐	铜片 1 件
M1163	二期 4 段	T0208	76－61	圆形	红陶瓮带盖、Bc 型绿釉内罐带盖（均残）	
M1164	三期 5 段	T0208	62－72	圆形	绿釉套罐带盖、A 型外罐、Db 型内罐（均残）	海贝若干、玛瑙 1 件
M1165	三期 7 段	T0208	50－63	圆形	Aa 型 II 式灰陶外罐Aa 型 I 式灰陶内罐	海贝若干（较大）
M1166	四期 9 段	T0208	48－55	圆形	B 型黄釉外罐	
M1167	一期 2 段	T0207	40－56	圆形	Bc 型红陶罐（残）	

（续表）

墓号	分期 分段	位置	墓口尺寸 口径－深	墓口 形状	葬　　具	随葬品
M1168	一期 2 段	T0208	44－54	圆形	Db 型红陶罐	
M1169	二期 4 段	T0208	52－63	圆形	绿釉套罐： Ba 型外罐（残） Bc 型内罐	海贝若干、铜片 1 件 （残）、瓦片
M1170	三期 6 段	T0208	35－52	圆形	Ab 型灰陶内罐	
M1171	三期 7 段	T0208	(49～56)－47	椭圆形	Aa 型 Ⅱ 式灰陶外罐	
M1172	一期 * 段	T0208	(62～68)－56	椭圆形	红陶罐（残）、盖为 B 型红陶盆	
M1173	*	T0208	48－48	圆形	红陶单罐（残）	
M1174	*	T0208	44－45	圆形	红陶单罐（残）	
M1175	二期 4 段	T0208	43－53	圆形	Ba 型 Ⅱ 式灰陶瓶（残）	
M1176	一期 2 段	T0208	50－56	圆形	Ae 型红陶罐 盖为 B 型红陶盆	

（续表）

墓号	分期分段	位置	墓口尺寸口径－深	墓口形状	葬　具	随葬品
M1177	一期 2 段	T0208	40－59	圆形	Ae 型红陶罐	
M1178	三期 5 段	T0208	（44～50）－63	近圆形	Ab 型灰陶瓮	
M1179	二期 4 段	T0208	（70～59）－61	椭圆形	Ab 型红陶瓮 Bb 型绿釉内罐	铜片、海贝
M1180	三期 6 段	T0208	60－69	圆形	Ba 型灰陶外罐、Bc 型灰陶内罐（均残）	铜片、铁片
M1181	三期 6 段	T0207	59－63	圆形	Aa 型Ⅰ式灰陶外罐 Aa 型Ⅰ式灰陶内罐	铜片
M1182	＊	T0208	54－66	圆形	红陶单罐（残）	
M1183	一期 1 段	T0208	44－52	圆形	Ac 型红陶罐	
M1184	三期 5 段	T0207	（25～30）－68	不规则	A 型绿釉外罐（残）	
M1185	二期 4 段	T0208	（50～80）－52	椭圆形	Aa 型灰陶瓮（残） Cb 型绿釉内罐	铁环、海贝

（续表）

墓号	分期分段	位置	墓口尺寸口径－深	墓口形状	葬　　具	随葬品
M1186	二期3段	T0207	72－77	圆形	Ac型红陶瓮（残） Ab型绿釉内罐	铜片、铁片、碎瓷片
M1187	三期5段	T0207	71－66	圆形	Ab型灰陶瓮 Ab型绿釉内罐	铁片、海贝、碎瓷片、铜片、瓦片
M1193	三期*段	T0208	（56～77）－82	椭圆形	灰陶套罐（残）：从上到下有4件盖：1. 外罐宝顶盖（残）、2. 倒置盆盖，A型灰陶盆、3. 倒置盆盖，C型灰陶盆、4. 内罐宝顶盖。	铜片、碎瓷片、松香
M1194	二期4段	T0207	61－67	圆形	Bc型绿釉内罐（残）	铁片、铜片
M1195	三期6段	T0208	（58～80）－88	不规则	Aa型Ⅰ式灰陶外罐 Bb型Ⅰ式灰陶内罐	
M1196	二期4段	T0208	（58～80）－88	不规则	Aa型灰陶瓮、Bc型绿釉内罐带盖（均残）	铜片
M1197	*	T0208		圆形	Ab型红陶瓮、绿釉内罐（均残）	铜片、海贝
M1198	一期2段	T0208	60－40	圆形	Ae型红陶罐、B型红陶盆盖	
M1199	*	T0208	49－55	圆形	红陶罐带盖（残）	
M1200	三期6段	T0207	45－50	圆形	Aa型Ⅰ式灰陶内罐盖为灰陶匜	海贝若干
M1201	*	T0304	40－50	圆形	C型灰陶瓶（残）	

（续表）

墓号	分期分段	位置	墓口尺寸口径－深	墓口形状	葬　　具	随葬品
M1202	三期 6 段	T0304	(60~80)－58	椭圆形	Aa 型灰陶瓮、Aa 型 I 式灰陶内罐（均残）	铜镯 1 对
M1203	四期 8 段	T0305	50－60	圆形	Ab 型黄釉外罐 A 型黄釉内罐	
M1204	四期 9 段	T0402	40－51	圆形	B 型黄釉外罐	
M1205	四期 9 段	T0301	50－60	圆形	B 型黄釉外罐	
M1211	三期 5 段	T0211	60－65	圆形	绿釉套罐：A 型外罐 Db 型内罐	海贝若干
M1212	＊	T0209	52－58	圆形	红陶盆盖红陶罐（均残）	
M1213	一期 2 段	T0210	49－65	圆形	Cb 型红陶罐（残）	
M1214	一期 2 段	T0210	50－60	圆形	Ae 型红陶罐（残）	
M1215	＊	T0210	40－40	圆形	红陶罐（残）	铁镯
M1216	＊	T0210	45－50	圆形	红陶罐（残）	
M1217	＊	T0209	30－41	圆形	灰陶罐（残）	

（续表）

墓号	分期分段	位置	墓口尺寸口径－深	墓口形状	葬　　具	随葬品
M1218	*	T0209	40－43	圆形	红陶罐（残）	白瓷片1件
M1219	*	T0209	50－40	圆形	红陶罐、绿釉碗为盖（残）	
M1220	*	T0210	(42～40)－51	近圆形	红陶罐（残）	
M1221	*	T0209	(46～45)－50	椭圆形	红陶罐（残）	
M1222	一期2段	T0210	45－70	圆形	Ae型红陶罐	海贝若干
M1223	一期2段	T0210	30－40	圆形	Ae型红陶罐（残）	铜环1件
M1224	一期2段	T0210	40－55	圆形	Ae型红陶罐（残）	绿釉碗
M1225	*	T0210	40－62	圆形	红陶罐（残）	
M1226	一期1段	T0210	(50～47)－70	椭圆形	Ca型黄陶罐	
M1227	二期4段	T0210	50－70	圆形	Ba型Ⅱ式灰陶瓶	
M1228	三期6段	T0210	50－60	圆形	灰陶套罐：Aa型Ⅰ式外罐（残）Bb型Ⅰ式灰陶内罐	

（续表）

墓号	分期分段	位置	墓口尺寸口径－深	墓口形状	葬　具	随葬品
M1229	三期 5 段	T0210	40－58	圆形	Ba 型 Ⅲ 式灰陶瓶	
M1230	三期 5 段	T0210	50－67	圆形	Ac 型灰陶瓮 Ba 型灰陶内罐（残）	
M1231	一期 2 段	T0210	45－65	圆形	Db 型红陶罐	
M1234	*	T0209	40－40	圆形	红陶罐（残）	白瓷 1 件
M1235	一期 2 段	T0210	(47～50)－62	近圆形	Bc 型红陶罐（残）	
M1236	一期 1 段	T0210	(40～35)－50	椭圆形	Ca 型红陶罐（残）、绿釉盘为盖	
M1237	*	T0210	50－50	圆形	红陶罐（残）	
M1238	三期 6 段	T0210	(45～50)－72	椭圆形	Aa 型 Ⅰ 式灰陶外罐 Bb 型 Ⅰ 式灰陶内罐	
M1239	三期 5 段	T0210	(55～58)－77	近圆形	绿釉套罐： A 型外罐（残） Bb 型内罐	

（续表）

墓号	分期分段	位置	墓口尺寸口径-深	墓口形状	葬　具	随葬品
M1240	*	T0209	40-54	圆形	红陶罐（残）	
M1241	一期 1 段	T0209	(38～45)-55	椭圆形	Ba 型红陶罐 B 型红陶盆为盖	
M1242	一期 2 段	T0210	36-52	圆形	Ae 型红陶罐（残）	
M1243	一期 2 段	T0210	40-50	圆形	Ae 型红陶罐（残）	绿釉碗 2 件
M1244	*	T0210	40-50	圆形	红陶罐（残）	
M1245	一期 2 段	T0210	40-63	圆形	Ae 型红陶罐（残）	
M1246	三期 7 段	T0210	60-71	圆形	Aa 型Ⅱ式灰陶外罐 Bb 型Ⅰ式灰陶内罐	
M1247	*	T0210	44-65	圆形	红陶罐、绿釉碗为盖（均残）	红陶碗 1 件
M1248a	一期 1 段	T0210	(42-45)-57	近圆形	Ba 型红陶罐	
M1248b	*	T0210	(45～50)-70	椭圆形	红陶罐（残）	
M1249	三期 6 段	T0210	(45～50)-65	椭圆形	Aa 型Ⅰ式灰陶外罐 Bb 型Ⅰ式灰陶内罐	铜片 1 件
M1250	*	T0210	(44～50)-71	椭圆形	灰陶罐（残）	
M1251	*	T0210	50-50	圆形	红陶罐（残）	
M1252	一期 2 段	T0210	50-55	圆形	Bb 型红陶罐、B 型红陶盆盖（残）	

（续表）

墓号	分期 分段	位置	墓口尺寸 口径－深	墓口 形状	葬　具	随葬品
M1253	三期 7 段	T0210	52－61	圆形	Da 型灰陶内罐	绿釉碗 1 件
M1254	三期 6 段	T0210	（47～50）－72	近圆形	Aa 型 I 式灰陶外罐 Bb 型 I 式灰陶内罐	海贝若干
M1255	三期 7 段	T0210	40－65	圆形	Bb 型灰陶瓶	铜镯 1 件
M1256	三期 7 段	T0210	50－69	圆形	Aa 型 II 式灰陶外罐 Bb 型 I 式灰陶内罐	海贝若干
M1257	三期 7 段	T0210	（46～60）－70	椭圆形	Aa 型 II 式灰陶外罐 Bb 型 I 式灰陶内罐（残）	
M1258	三期 * 段	T0210	（40～47）－55	椭圆形	灰陶外罐（残） Bb 型 I 式灰陶内罐	碎铜片 1 件、海贝若干、 铜镯 1 段

（续表）

墓号	分期分段	位置	墓口尺寸口径－深	墓口形状	葬　具	随葬品
M1259	四期＊段	T0210	45－80	圆形	黄釉外罐（残）B 型黄釉内罐	海贝若干、铜片 1 件
M1260	四期 8 段	T0210	60－71	圆形	Ac 型黄釉外罐 A 型黄釉内罐	海贝若干
M1261	三期 6 段	T0210	55－70	圆形	Aa 型Ⅰ式灰陶外罐 Bb 型Ⅰ式灰陶内罐	铜片 1 件
M1262	三期 6 段	T0210	40－57	圆形	Aa 型Ⅰ式灰陶罐	铜镯
M1263	三期 5 段	T0210	46－67	圆形	C 型Ⅰ式灰陶瓶	
M1264	四期 8 段	T0210	50－60	圆形	Ac 型黄釉外罐 A 型黄釉内罐	海贝若干

（续表）

墓号	分期分段	位置	墓口尺寸口径－深	墓口形状	葬　具	随葬品
M1265	二期3段	T0210	(40－53)－62	椭圆形	Ba型Ⅰ式灰陶瓶盖为B型灰陶盆	
M1267	＊	T0210	50－65	圆形	红陶罐（残）	
M1268	三期5段	T0210	65－67	圆形	绿釉套罐：外罐A型（残）Db型内罐	海贝若干、铜片1件、瓦片
M1269	三期6段	T0210	60－68	圆形	Aa型Ⅰ式灰陶外罐Bb型Ⅰ式灰陶内罐	海贝若干
M1270	二期3段	T0309	60－60	圆形	B型红陶盆盖、Aa型灰陶瓮（均残）	红陶盏
M1271	一期1段	T0309	40－55	圆形	Ba型红陶罐（残）	
M1272	＊	T0309	40－50	圆形	红陶罐（残）	铜串珠1件
M1273	一期1段	T0210	50－62	圆形	Ca型黄陶罐	
M1274	二期3段	T0210	50－60	圆形	Aa型灰陶瓮（残）	
M1276	三期6段	T0210	57－53	圆形	Aa型Ⅰ式灰陶外罐（残）Bb型Ⅰ式灰陶内罐	

（续表）

墓号	分期分段	位置	墓口尺寸口径－深	墓口形状	葬　　具	随葬品
M1277	一期 2 段	T0210	40－62	圆形	Bc 型红陶罐	海贝若干
M1278	三期 6 段	T0210	(50～55)－66	椭圆形	Aa 型 I 式灰陶罐	海贝若干
M1279	＊	T0210	(40～53)－55	椭圆形	红陶罐（残）	
M1280	一期 2 段	T0210	40－55	圆形	Bc 型红陶罐（残）	
M1281	三期 5 段	T0210	50－60	圆形	A 型绿釉外罐（残）Bb 型绿釉内罐	海贝若干、石串珠 1 件、铜片 1 件（残）
M1282	三期 6 段	T0210	55－69	圆形	Aa 型 I 式灰陶外罐Ab 型灰陶内罐	
M1283	三期 6 段	T0210	(53～85)－90	椭圆形	2 组灰陶套罐：Aa 型 I 式灰陶外罐（残）、内罐为 C 型、Ac 型灰陶外罐、内罐为 Bb 型 I 式	
M1284	一期 1 段	T0210	50－60	圆形	Ba 型黄陶罐	

（续表）

墓号	分期分段	位置	墓口尺寸口径－深	墓口形状	葬　具	随葬品
M1285	一期 1 段	T0210	40－52	圆形	Ca 型红陶罐（残）	
M1286	四期 8 段	T0210	(30～40)－68	椭圆形	Ac 型黄釉瓶	
M1287	三期 7 段	T0210	(55～60)－97	椭圆形	Aa 型 II 式灰陶外罐 Bb 型 I 式灰陶内罐	大量海贝
M1288	四期 9 段	T0210	55－73	圆形	B 型黄釉外罐	海贝若干、铜镯 2 段
M1289	二期 3 段	T0210	50－65	圆形	Aa 型灰陶瓮（残）	
M1290	三期 6 段	T0210	(48～79)－30	不规则形	Aa 型 I 式灰陶外罐	锡器 1 套
M1291	＊	T0210	50－53	圆形	红陶罐（残）	
M1292	＊	T0210	45－55	圆形	A 型红陶盆扣 1 灰陶盏	
M1293	二期 4 段	T0210	(58～64)－84	椭圆形	红陶瓮（残） Bc 型绿釉内罐	海贝若干

（续表）

墓号	分期分段	位置	墓口尺寸 口径－深	墓口形状	葬 具	随葬品
M1294	一期 2 段	T0210	40－49	圆形	Bc 型红陶罐（残）	
M1295	*	T0210	(48～50)－50	近圆形	红陶罐（残）	绿釉红陶碗
M1296	三期 6 段	T0210	50－56	圆形	Aa 型Ⅰ式灰陶罐（残）	
M1297	一期 2 段	T0210	(37～47)－53	椭圆形	Bc 型红陶罐（残）	绿釉碗
M1298	*	T0210	45－50	圆形	红陶罐（残）	铁镯 1 件
M1299	一期 2 段	T0210	(36～39)－60	椭圆形	Db 型红陶罐	铜镯 1 件、石串珠 1 件
M1300	三期 7 段	T0210	(50～60)－66	椭圆形	灰陶套罐：Aa 型Ⅱ式灰陶外罐 Bb 型Ⅰ式灰陶内罐	铜片 1 件、海贝若干
M1301	三期 6 段	T0409	40－65	圆形	Ab 型灰陶内罐	海贝
M1302	三期 6 段	T0409	(45～50)－70	椭圆形	Aa 型Ⅰ式灰陶外罐 Bb 型Ⅰ式灰陶内罐	海贝
M1303	二期 4 段	T0409	60－70	圆形	Aa 型红陶瓮、 A 型红陶盆盖（均残） Cb 型绿釉内罐	铁片

（续表）

墓号	分期分段	位置	墓口尺寸口径－深	墓口形状	葬　具	随葬品
M1304	三期 5 段	T0410	55－80	圆形	Cb 型绿釉外罐 E 型绿釉内罐	
M1305	三期＊段	T0409	（45～50）－63	近圆形	灰陶外罐（残） Bc 型灰陶内罐	
M1306	三期 5 段	T0411	40－53	圆形	Ba 型Ⅲ式灰陶瓶（残）	
M1307	三期 7 段	T0411	45－74	圆形	Aa 型Ⅱ式灰陶外罐（无内罐）	
M1308	三期 6 段	T0410	40－69	圆形	Aa 型Ⅰ式灰陶外罐（无内罐）	海贝若干
M1309a	三期 6 段	T0411	（50～52）－68	近圆形	Aa 型Ⅰ式灰陶外罐 Ab 型灰陶内罐	铜片、海贝若干
M1309b	三期＊段	T0411	40－60	圆形	灰陶外罐（残） Bb 型Ⅰ式灰陶内罐	海贝若干

（续表）

墓号	分期分段	位置	墓口尺寸口径-深	墓口形状	葬　具	随葬品
M1310	三期7段	T0411	40-70	圆形	Aa型Ⅱ式灰陶外罐（无内罐）	
M1311	三期7段	T0411	40-70	圆形	Aa型Ⅱ式灰陶外罐（残）	海贝若干
M1312	三期6段	T0411	(45～50)-75	椭圆形	Aa型Ⅰ式灰陶外罐 Bb型Ⅰ式灰陶内罐	海贝若干
M1313	三期5段	T0411	70-70	圆形	Ab型灰陶瓮、Ba型灰陶内罐（均残）	
M1314	一期2段	T0411	(45～47)-70	近圆形	2组红陶葬具：Ad型罐盖为A型红陶盆 Ae型罐盖为B型红陶盆	海贝若干
M1315	一期2段	T0409	(40～45)-63	近圆形	Ae型红陶罐	海贝若干
M1316	三期5段	T0409	55-70	圆形	A型绿釉外罐（残）Db型绿釉内罐	铜片、海贝若干
M1317	三期5段	T0409	55-70	圆形	A型绿釉外罐（残）Db型绿釉内罐	瓦片
M1318	*	T0409	60-70	圆形	B型红陶瓮（残）	

（续表）

墓号	分期分段	位置	墓口尺寸口径－深	墓口形状	葬　具	随葬品
M1319	＊	T0411	30－59	圆形	灰陶瓶（口残）	
M1320	＊	T0411	40－40	圆形	红陶罐（残）	
M1322	三期6段	T0312	60－50	圆形	Ab型灰陶外罐（无内罐）	铁片2件
M1325	＊	T0312	61－47	圆形	灰陶罐（残）	
M1329	一期2段	T0212	43－59	圆形	Bc型红陶罐（残）	
M1330	三期6段	T0212	58－70	圆形	Ab型灰陶罐	
M1334	三期6段	T0312	（46～58）－65	椭圆形	Aa型Ⅰ式灰陶外罐（无内罐）	青砖
M1336	一期2段	T0312	（52～60）－53	椭圆形	Ae型红陶罐（残）	
M1339	二期4段	T0312	45－58	圆形	Ba型Ⅱ式灰陶瓶	
M1340	一期1段	T0212	50－56	圆形	Ca型红陶罐带盖（残）	
M1341	＊	T0312	42－61	圆形	灰陶罐（残）	

（续表）

墓号	分期分段	位置	墓口尺寸口径－深	墓口形状	葬　具	随葬品
M1342	三期6段	T0312	50－58	圆形	Aa型灰陶外罐带盖（残）	铁片2件、铜片1件
M1353	三期6段	T0211	40－52	圆形	Bb型Ⅰ式灰陶内罐	
M1354	一期2段	T0211	40－48	圆形	Bc型红陶罐（残）	
M1355	一期1段	T0211	43－60	圆形	Ba型黄陶罐	
M1356	*	T0211	40－48	圆形	黄陶罐（残）	
M1357	三期6段	T0211	52－57	圆形	Ac型灰陶外罐Bb型Ⅰ式灰陶内罐	
M1358	三期*段	T0211	60－63	圆形	Ac型灰陶外罐内罐（残）	瓦片
M1359	一期2段	T0211	50－56	圆形	Bc型红陶罐（残）	海贝若干
M1360	一期1段	T0211	40－55	圆形	Ba型黄陶罐盖为黄陶碗	海贝若干、铜片1件

（续表）

墓号	分期 分段	位置	墓口尺寸 口径－深	墓口 形状	葬　　具	随葬品
M1361	三期 6 段	T0211	48－57	圆形	Bb 型 I 式灰陶内罐 （无外罐）	戒指 1 件，铜镯 1 对
M1362	一期 1 段	T0211	（50～55）－64	椭圆形	Ac 型红陶罐 2 件	
M1363	三期 6 段	T0211	（47～50）－63	近圆形	Aa 型 I 式灰陶内罐	海贝若干
M1365	三期 6 段	T0211	40－51	圆形	Aa 型 I 式灰陶内罐	
M1366	三期 * 段	T0211	60－57	圆形	Aa 型 II 式灰陶外罐 绿釉内罐（残）	
M1367	一期 1 段	T0211	41－53	圆形	Ac 型黄陶罐盖为绿釉碗	
M1368	三期 6 段	T0211	40－50	圆形	Aa 型 I 式灰陶内罐（残）	
M1369	三期 5 段	T0211	60－60	圆形	1 组套罐：外罐为红陶瓮、内罐为 Db 型绿釉内 罐（均残）	

（续表）

墓号	分期分段	位置	墓口尺寸 口径－深	墓口形状	葬　　具	随葬品
M1370	二期4段	T0211	50－60	圆形	Ba型Ⅱ式灰陶瓶	
M1371	四期9段	T0114	40－50	圆形	B型黄釉外罐	
M1381	四期9段	T0206	38－68	圆形	B型黄釉外罐 B型灰陶盆为盖	
M1383	三期6段	T0206	45－70	圆形	Aa型Ⅰ式灰陶外罐（残） Aa型Ⅰ式灰陶内罐	海贝、铜片
M1387	四期9段	T0206	30－65	圆形	B型黄釉外罐	
M1389	二期4段	T0206	25－53	圆形	Ba型Ⅱ式灰陶瓶	
M1390	三期5段	T0206	60－50	圆形	A型绿釉外罐带盖、Ab型绿釉内罐带盖（均残）	海贝

（续表）

墓号	分期分段	位置	墓口尺寸口径－深	墓口形状	葬　具	随葬品
M1395	三期 5 段	T0206	50－68	圆形	A 型绿釉外罐（残） Db 型绿釉内罐	瓦
M1396	三期 5 段	T0206	53－55	圆形	A 型绿釉外罐（残） Ca 型绿釉内罐	海贝
M1397	＊	T0206	28－60	圆形	灰陶瓶（残）	
M1398	＊	T0411	40－60	圆形	灰陶罐（残）	海贝若干
M1400	三期 6 段	T0208	37－42	圆形	Aa 型 I 式灰陶罐	
M1401	一期 1 段	T0210	（34～37）－78	椭圆形	Ba 型红陶罐（残）	
M1402	三期 7 段	T0210	55－76	圆形	Aa 型 II 式灰陶外罐 Bb 型 I 式灰陶内罐	海贝若干、铁凿 1 件
M1403	四期 8 段	T0210	（45～50）－77	椭圆形	Aa 型黄釉外罐 A 型黄釉内罐	
M1404	三期 6 段	T0210	（41～58）－75	椭圆形	Aa 型 I 式灰陶外罐 （无内罐）	

（续表）

墓号	分期分段	位置	墓口尺寸口径－深	墓口形状	葬　具	随葬品
M1405	二期 3 段	T0210	55－50	圆形	Aa 型灰陶瓮、B 型红陶盆盖（均残）	青釉瓷片
M1406	三期 6 段	T0210	(38～41)－55	椭圆形	Aa 型 I 式灰陶罐	
M1407	一期 2 段	T0210	50－50	圆形	Ae 型红陶罐（残）	
M1408	三期 5 段	T0210	65－61	圆形	Db 型绿釉罐（残）	铁片 2 件
M1409	*	T0210	(35～40)－55	椭圆形	红陶罐（残）	
M1410	*	T0210	45－50	圆形	红陶罐（残）	
M1411	三期 6 段	T0210	50－62	圆形	Aa 型 I 式灰陶外罐Bb 型 I 式灰陶内罐	铜片 1 件、铁戒指 1 件、海贝若干
M1412	一期 2 段	T0210	(40～43)－50	近圆形	Ae 型红陶罐（残）	
M1413	二期 4 段	T0210	(43～50)－60	椭圆形	Ba 型 II 式灰陶瓶	海贝若干、铜片 1 件
M1414	一期 2 段	T0210	(36～40)－60	椭圆形	Cb 型红陶罐（残）	
M1415	三期 6 段	T0210	48－88	圆形	Aa 型 I 式灰陶外罐Bb 型 I 式灰陶内罐	
M1416	三期 5 段	T0210	50－65	圆形	Da 型绿釉内罐（无外罐）	海贝若干、铜片

（续表）

墓号	分期 分段	位置	墓口尺寸 口径－深	墓口 形状	葬　具	随葬品
M1417	三期 6 段	T0210	49－68	圆形	Aa 型Ⅱ式灰陶外罐 Aa 型Ⅰ式灰陶内罐	海贝若干
M1418	＊	T0210	16－40	圆形	红陶罐（残）	
M1419	三期 6 段	T0210	40－50	圆形	Aa 型Ⅰ式灰陶内罐 （无外罐）	
M1420	一期 2 段	T0210	40－57	圆形	Ae 型红陶罐	
M1421	三期 6 段	T0407	（60～70）－66	椭圆形	Ac 型灰陶外罐 C 型灰陶内罐	
M1422	四期 8 段	T0407	（45～50）－50	椭圆形	Ab 型黄釉外罐 （无内罐）	
M1423	四期 9 段	T0306	50－52	圆形	B 型黄釉外罐	

（续表）

墓号	分期分段	位置	墓口尺寸口径－深	墓口形状	葬　具	随葬品
M1424	三期 6 段	T0407	50－45	圆形	Aa 型 I 式灰陶内罐	
M1425	二期 3 段	T0407	60－45	圆形	Ab 型红陶瓮（残） Cb 型红陶内罐	铜片
M1426	*	T0407	60－50	圆形	Ab 型红陶瓮、绿釉内罐（均残）	铜片、瓦片
M1427	*	T0407	50－50	圆形	绿釉陶罐（残）	海贝若干
M1428	三期 6 段	T0407		不规则	2 组灰陶套罐：1 外罐（残）、内罐为 Bb 型 I 式、1 外罐为 Ba 型、内罐 C 型	海贝、瓦片
M1429	三期 7 段	T0407	35－60	圆形	Bb 型灰陶瓶	
M1430	三期 6 段	T0407	(39－47)－63	椭圆形	Aa 型 I 式灰陶罐（无内罐）	
M1433	三期 6 段	T0306	30－55	圆形	Aa 型 I 式灰陶罐（残）	
M1434	*	T0407	(50～53)－53	椭圆形	绿釉套罐（残）：外罐底有 3 块不规则石块（残）	海贝若干
M1435	二期 4 段	T0407	30－45	圆形	Bc 型绿釉内罐（残）	铜片

（续表）

墓号	分期 分段	位置	墓口尺寸 口径－深	墓口 形状	葬　　具	随葬品
M1436	三期 6 段	T0407	（54－58）－50	椭圆形	灰陶套罐：外罐 Aa 型 I 式（残） 内罐为 Bb 型 I 式	海贝若干、瓦片
M1437	三期 7 段	T0407	58－64	圆形	Aa 型 II 式灰陶外罐 Bb 型 I 式灰陶内罐	铜片、瓦片
M1438	三期 7 段	T0408	33－51	圆形	Bb 型灰陶瓶	
M1439	三期 6 段	T0407	60－50	圆形	Aa 型 I 式灰陶外罐（残）	
M1440	三期 6 段	T0407	40－60	圆形	Aa 型 I 式灰陶外罐（残）	
M1441	＊	T0411	50－60	圆形	Ab 型红陶外罐、绿釉内罐（均残）	瓦片
M1442	＊	T0410	40－60	圆形	红陶罐（残）	
M1443	三期 5 段	T0409	90－66	圆形	Ab 型灰陶瓮（残） Ba 型绿釉内罐	铁片
M1444	二期 3 段	T0409	40－70	圆形	红陶瓮（残） Cb 型红陶内罐	
M1445	＊	T0410	54－55	圆形	红陶罐（残）	

（续表）

墓号	分期分段	位置	墓口尺寸口径－深	墓口形状	葬　具	随葬品
M1446	二期4段	T0409	60－70	圆形	Ba型绿釉外罐 Ac型绿釉内罐	锡器2件
M1447	三期6段	T0409	60－57	圆形	Aa型Ⅰ式灰陶内罐、 盖青花瓷碗	
M1448	＊	T0409	64－65	圆形	红陶外罐、绿釉内罐（均残）	铁片
M1450	三期6段	T0409	45－70	圆形	Aa型Ⅰ式灰陶外罐 Bb型Ⅰ式灰陶内罐	铁钉1件
M1451	二期4段	T0409	40－59	圆形	Bc型红陶瓮（残） Cb型绿釉内罐	
M1452	＊	T0409	40－50	圆形	红陶罐（残）	
M1453	＊	T0409	40－70	圆形	灰陶罐（残）	
M1454	二期4段	T0409	60－79	圆形	Aa型灰陶瓮、 A型红陶盆盖（均残） Cb型绿釉内罐	
M1455	一期2段	T0409	50－50	圆形	Bc型红陶罐（残）	瓦片
M1456	二期3段	T0409	55－70	圆形	Ab型红陶瓮、红陶内罐Cb型（均残）	铁片2件、瓦片
M1457	一期2段	T0410	40－48	圆形	Ae型红陶罐（残）	

（续表）

墓号	分期分段	位置	墓口尺寸口径－深	墓口形状	葬　具	随葬品
M1459	三期 7 段	T0409	50－80	圆形	青釉瓷罐	铜片
M1460	三期 6 段	T0409	35－60	圆形	Aa 型 I 式灰陶罐（残）	
M1461	一期 2 段	T0210	40－55	圆形	Bc 型红陶罐	绿釉红陶碗
M1462	三期 * 段	T0210	55－66	圆形	灰陶套罐：外罐（残）Bb 型 I 式灰陶内罐	海贝若干
M1463	四期 * 段	T0309	35－62	圆形	其他黄釉罐	
M1464	三期 6 段	T0309	28－64	圆形	C 型 II 式灰陶瓶	
M1465	三期 6 段	T0309	40－55	圆形	Aa 型 I 式灰陶内罐（残）	
M1466	二期 4 段	T0309	40－50	圆形	Bb 型绿釉内罐（残）	
M1467	一期 2 段	T0309	40－48	圆形	C 型红陶瓶	

（续表）

墓号	分期分段	位置	墓口尺寸口径－深	墓口形状	葬　具	随葬品
M1468	三期 5 段	T0309	70－54	近圆形	Ab 型灰陶外罐 Ba 型灰陶内罐	长方形铜片 1 件
M1469	三期 6 段	T0309	40－55	圆形	Aa 型 I 式灰陶罐（残）	
M1470	三期 7 段	T0309	60－70	圆形	Aa 型 II 式灰陶外罐 Bb 型 I 式灰陶内罐	海贝若干
M1471	三期 7 段	T0207	55－60	圆形	Aa 型 II 式灰陶外罐 Bb 型 I 式灰陶内罐	
M1472	三期 5 段	T0207	61－57	圆形	Ab 型灰陶瓮（残）	残瓦
M1473	二期 4 段	T0208	72－63	圆形	灰陶瓮（残） Bb 型绿釉内罐	
M1475	二期 4 段	T0208	(52～55)－70	近圆形	Ab 型红陶瓮（残） Bb 型绿釉内罐	铁片
M1476	＊	T0208	33－61	圆形	灰陶单罐（残） 盖为 B 型灰陶盆	

（续表）

墓号	分期分段	位置	墓口尺寸口径－深	墓口形状	葬　具	随葬品
M1477	三期5段	T0208	75－68	圆形	Ab型灰陶瓮（残）Aa型绿釉内罐	铜片、小石、残瓦
M1478	＊	T0208	39－59	圆形	红陶单罐（残）	
M1479	一期2段	T0208	40－41	圆形	Bc型红陶罐（残）	
M1480	二期4段	T0208	(87－101)－61	椭圆形	Aa型灰陶瓮、盖为重叠的A、B型红陶盆Cb型绿釉内罐	铁片、海贝
M1481	一期2段	T0208	50－65	圆形	Bc型红陶罐（残）	
M1482	二期4段	T0208	(57~59)－80	近圆形	2组套罐：1组为Ba型红陶瓮、内罐为Db型红陶罐、1组红陶瓮（残）、内罐为Cb型绿釉罐	瓦、铜片、瓷片
M1483	＊	T0208	59－107	圆形	红陶外罐带盖、绿釉内罐带盖（均残）	瓷片、海贝
M1484	＊	T0207	47－56	圆形	红陶罐（残）	
M1485	三期6段	T0208	(55~61)－72	不规则	Aa型I式灰陶外罐Bb型I式灰陶内罐	
M1486	三期5段	T0208	61－78	圆形	Ab型灰陶瓮、A型灰陶盆、Ba型灰陶内罐（均残）	
M1487	＊	T0208	43－39	圆形	灰陶罐（残）	
M1488	一期2段	T0208	41－61	圆形	Ae型红陶罐	

（续表）

墓号	分期分段	位置	墓口尺寸口径－深	墓口形状	葬　　具	随葬品
M1489	二期 3 段	T0208	60－77	圆形	Ab 型红陶瓮（残） Aa 型绿釉内罐	铜片、瓦片
M1490	＊	T0208	42－46	圆形	红陶单罐（残）	
M1491	二期 4 段	T0208	71－67	圆形	Ab 型红陶瓮 Ac 型绿釉内罐	碎瓷片、瓦片
M1492	＊	T0208	48－54	圆形	红陶单罐（残）	
M1493	一期 2 段	T0208	36－49	圆形	Bc 型红陶罐	
M1494	三期 5 段	T0208	52－50	圆形	绿釉套罐（狮纽外盖顶）：A 型绿釉外罐（均残）	海贝、残瓦
M1495	一期 2 段	T0208	35－59	圆形	Ae 型红陶罐（残）	铁片、海贝
M1496	一期 2 段	T0208	30－59	圆形	Ae 型红陶罐（残）	瓷片
M1497	一期 2 段	T0208	51－53	圆形	Bc 型红陶罐带盖（残）	
M1499	三期 5 段	T0207	42－52	圆形	Ab 型灰陶瓮、绿釉内罐（残）	
M1500	三期 6 段	T0207	53－61	圆形	Aa 型Ⅰ式灰陶外罐 Aa 型Ⅰ式灰陶内罐	海贝、铁片、瓦片
M1508	一期 1 段	T0213	40－45	圆形	Da 型黄陶罐	

（续表）

墓号	分期分段	位置	墓口尺寸口径－深	墓口形状	葬　具	随葬品
M1509	一期1段	T0213	55－42	圆形	Ca型黄陶罐	
M1510	一期1段	T0213	60－45	圆形	Ba型黄陶罐	铜镯
M1511	四期8段	T0410	(63~67)－58	椭圆形	Ab型黄釉外罐	铜片、海贝
M1512	四期8段	T0410	60－71	圆形	Aa型黄釉外罐B型黄釉内罐	海贝
M1513	三期7段	T0410	60－70	圆形	Aa型Ⅱ式灰陶外罐Bb型Ⅰ式灰陶内罐	铜片
M1514	＊	T0410	30－60	圆形	红陶罐（残）	
M1515	一期2段	T0410	45－70	圆形	Db型红陶罐（残）	
M1516	＊	T0410	60－75	圆形	Ba型灰陶瓮、灰陶内罐（均残）	
M1517	四期8段	T0410	50－70	圆形	Ac型黄釉外罐A型黄釉内罐	铜饰、海贝

（续表）

墓号	分期分段	位置	墓口尺寸口径-深	墓口形状	葬　具	随葬品
M1518	三期 7 段	T0411	50-58	圆形	Aa 型 Ⅱ 式灰陶外罐（无内罐）	
M1519	二期 3 段	T0411	50-69	圆形	Ab 型红陶瓮（残）	
M1520	一期 2 段	T0411	40-50	圆形	Cb 型红陶罐（残）	铜片
M1521	四期 8 段	T0411	60-83	圆形	Aa 型黄釉外罐 B 型黄釉内罐	
M1522	二期 4 段	T0411	50-79	圆形	Ab 型红陶瓮、Bb 型绿釉内罐（均残）	海贝若干
M1524	四期 9 段	T0410	65-95	圆形	B 型黄釉外罐	
M1525	一期 2 段	T0409	50-69	圆形	Bb 型红陶罐（残）	
M1526	三期 * 段	T0409	60-70	圆形	灰陶套罐：外罐（残）Bb 型 Ⅰ 式灰陶内罐	
M1527	*	T0409	65-80	圆形	灰陶罐（残）	
M1528	二期 4 段	T0410	55-73	圆形	Bc 型绿釉内罐（残）	

（续表）

墓号	分期分段	位置	墓口尺寸 口径－深	墓口形状	葬　具	随葬品
M1529	四期 8 段	T0410	55－50	圆形	Ad 型黄釉外罐 B 型黄釉内罐	海贝若干
M1530	三期 5 段	T0410	41－80	圆形	Ca 型绿釉外罐 E 型绿釉内罐	
M1531	三期 5 段	T0410	60－70	圆形	Ab 型灰陶瓮（残） Ba 型灰陶内罐	海贝、瓦
M1532	一期 2 段	T0410	30－60	圆形	Ae 型红陶罐（残）	
M1533	＊	T0410	30－49	圆形	红陶罐（残）	
M1534	＊	T0410	30－55	圆形	红陶罐、盖为绿釉碗（均残）	
M1535	一期 2 段	T0410	40－70	圆形	Bc 型红陶罐	
M1536	四期 8 段	T0410	63－68	圆形	Ab 型黄釉外罐 A 型黄釉内罐	
M1537	三期 5 段	T0410	70－72	圆形	Ab 型灰陶瓮 Ba 型灰陶内罐	铜片

（续表）

墓号	分期分段	位置	墓口尺寸口径－深	墓口形状	葬　具	随葬品
M1538	一期2段	T0410	65－70	圆形	红陶套罐：外罐、Cc型内罐（均残）	铁片、海贝
M1539	三期7段	T0410	60－80	圆形	Aa型Ⅱ式灰陶外罐（无内罐）	海贝1枚、方形青砖1件
M1540	一期＊段	T0409	55－66	圆形	红陶罐（残）、盖为B型红陶盆	
M1541	二期4段	T0208	70－62	圆形	红陶瓮（残）Bb型绿釉内罐	铜片、铁片、海贝
M1542	一期2段	T0208	40－60	圆形	Bc型红陶罐	
M1543	一期1段	T0208	28－63	圆形	Ba型红陶罐	
M1544	三期5段	T0208	56－78	圆形	灰陶套罐：Ab型瓮、Ba型内罐（均残）	瓦片
M1545	二期3段	T0208	54－52	圆形	Ac型灰陶瓮盖为B型红陶盆（残）	
M1546	一期2段	T0208	40－53	圆形	Ae型红陶罐（残）	瓦片

（续表）

墓号	分期分段	位置	墓口尺寸口径－深	墓口形状	葬　　具	随葬品
M1547	一期2段	T0208	(31－36)－48	椭圆形	Bc型红陶罐（残）	
M1548	*	T0208	41－38	圆形	红陶单罐（残）	
M1549	一期1段	T0208	38－46	圆形	Ca型红陶罐（残）	
M1550	一期2段	T0208	36－53	圆形	Bc型红陶罐（残）	
M1551	三期6段	T0207	(82－117)－62	椭圆形	灰陶套罐带盖，Aa型I式外罐Bc型灰陶内罐（均残）	铜片、铁片、料珠、瓦片
M1552	二期4段	T0207	41－71	圆形	Bc型绿釉内罐带盖（残）	
M1553	三期4段	T0207	59－57	圆形	灰陶瓮（残）Bb型绿釉内罐	铜片、料珠
M1554	二期4段	T0207	(56－60)－61	不规则	Ab型红陶瓮（残）Bc型绿釉内罐	瓦片
M1555	三期6段	T0207	46－72	圆形	Aa型I式灰陶外罐Bb型I式灰陶内罐	
M1556	三期6段	T0207	44－67	圆形	Aa型I式灰陶外罐、Bb型I式灰陶内罐（均残）	铁片
M1557	二期3段	T0207	(68－72)－70	椭圆形	红陶套罐，外罐为Ba型红陶瓮（均残）	
M1558	一期2段	T0208	33－67	圆形	Ae型红陶罐	瓷片
M1559	*	T0208	50－60	圆形	灰陶罐（残）	

（续表）

墓号	分期分段	位置	墓口尺寸口径－深	墓口形状	葬　具	随葬品
M1560	二期3段	T0208	63－64	圆形	Ab型红陶瓮（残）Aa型绿釉内罐	海贝、铁片
M1561	一期2段	T0213	40－60	圆形	Ae型黄陶罐	
M1562	*	T0213	53－51	圆形	红陶罐（残）	
M1563	三期6段	T0213	60－61	圆形	Aa型Ⅰ式灰陶外罐Bb型Ⅰ式灰陶内罐	海贝
M1564	三期6段	T0213	(63~90)－67	不规则	两组葬具：一为A型绿釉外罐、Ca型绿釉内罐；一为Aa型Ⅰ式灰陶外罐（无内罐）	铜片
M1565	一期1段	T0213	50－51	圆形	Da型黄陶罐、盖为绿釉碗	
M1566	三期7段	T0213	60－50	圆形	Aa型Ⅱ式灰陶外罐Bb型Ⅰ式灰陶内罐	

（续表）

墓号	分期分段	位置	墓口尺寸口径－深	墓口形状	葬　　具	随葬品
M1567	三期 6 段	T0213	60－55	圆形	Bc 型灰陶内罐（无外罐）	
M1568	一期 2 段	T0213	50－56	圆形	Ae 型黄陶罐	
M1569	*	T0213	53－36	近圆形	灰陶罐（残）	
M1570	*		60	圆形	灰陶罐（残）	
M1574	三期 6 段	T0304	45－60	圆形	Aa 型 I 式灰陶罐（残）	
M1575	三期 5 段	T0303	60－80	圆形	Ab 型灰陶瓮绿釉内罐（残）	海贝
M1590	三期 7 段	T0307	50－60	圆形	灰陶套罐：外罐（残）Bb 型 II 式内罐	
M1591	三期 * 段	T0407	（50～60）－56	椭圆形	灰陶外罐、Ba 型绿釉内罐（均残）	铁片
M1592	二期 3 段	T0407	70－50	圆形	Ab 型红陶瓮、Ba 型绿釉内罐（均残）	铁片 2 件、瓦片
M1594	三期 7 段	T0406	30－56	圆形	Bb 型灰陶瓶	

（续表）

墓号	分期分段	位置	墓口尺寸口径－深	墓口形状	葬　具	随葬品
M1595	四期9段	T0306	30－58	圆形	B型黄釉瓶	海贝
M1596a	四期8段	T0306	40－80	圆形	Aa型黄釉瓶	海贝若干
M1596b	三期5段		35－80	圆形	Ba型Ⅲ式灰陶瓶	
M1597	＊	T0306	50－50	圆形	黄釉瓶（残）	海贝若干
M1598	三期6段	T0306	60－62	圆形	Aa型Ⅰ式灰陶外罐 Bb型Ⅰ式灰陶内罐	海贝若干
M1599	三期6段	T0306	55－55	圆形	Ac型灰陶外罐（残）	
M1601	三期7段	T0306	66－36	圆形	其他灰陶内罐 青花碗盖（残）	海贝若干
M1602	三期6段	T0306	30－40	圆形	Aa型Ⅰ式灰陶罐（残）	

（续表）

墓号	分期分段	位置	墓口尺寸口径－深	墓口形状	葬 具	随葬品
M1603	三期5段	T0306	30－77	圆形	C型I式灰陶瓶	铜戒指1件、铜镯1件、海贝若干
M1604	三期6段	T0306	40－65	圆形	C型II式灰陶瓶	海贝
M1605	三期6段	T0306	50－60	圆形	Aa型I式灰陶外罐 Bb型I式灰陶内罐	铁片1件、铜片1件、海贝若干
M1606	三期6段	T0306	55－65	圆形	Aa型I式灰陶外罐 Bb型I式灰陶内罐	海贝若干
M1607	＊	T0306	40－55	圆形	灰陶罐仅有内罐（残）	
M1608	三期6段	T0306	40－50	圆形	Aa型I式灰陶罐	海贝
M1609	三期7段	T0306	60－60	圆形	Aa型II式灰陶外罐（无内罐）	海贝

（续表）

墓号	分期分段	位置	墓口尺寸口径－深	墓口形状	葬　具	随葬品
M1615	三期 5 段	T0306	30－53	圆形	C 型 I 式灰陶瓶	铜片 1 件
M1616	*	T0306	40－50	圆形	灰陶罐（残）	海贝若干
M1617	三期 * 段	T0306	60－46	圆形	Aa 型 I 式灰陶外罐（无内罐）	
M1621	二期 4 段	T0208	55－63	圆形	Ac 型红陶瓮 Bb 型绿釉内罐	铜片 3 件（其中一件为"米"字形）、海贝
M1622	二期 3 段	T0207	（47－52）－72	近圆形	Ab 型红陶瓮（残） Ab 型绿釉内罐	料珠、残铜片、碎瓷片、瓦片
M1623	二期 3 段	T0208	76－67	圆形	红陶瓮（残） Ab 型绿釉内罐	海贝、铜片、铁片
M1624	二期 4 段	T0208	53－76	圆形	Ab 型红陶瓮（残） Bb 型绿釉内罐	铁片、海贝、瓦

（续表）

墓号	分期 分段	位置	墓口尺寸 口径－深	墓口 形状	葬　　具	随葬品
M1625	二期 4 段	T0207	(60～65)－76	椭圆形	Ab 型红陶瓮（残） Bc 型绿釉内罐	海贝
M1626	一期 1 段	T0208	32－44	圆形	Ca 型红陶罐	
M1627	一期 2 段	T0208	38－42	圆形	Ab 型红陶瓮、Bc 型红陶内罐（均残）	铜片 1 件、瓦片
M1628	一期 2 段	T0208	47－71	圆形	Ae 型红陶罐 盖为 B 型红陶盆	
M1629	三期 6 段	T0208	60－68	圆形	Aa 型 I 式灰陶外罐 Ab 型灰陶内罐	铁片 1 件、铜片 1 件、海贝
M1630	三期 6 段	T0208	50－60	圆形	Aa 型 I 式灰陶外罐 Bb 型 I 式灰陶内罐	铜镜、海贝
M1631	二期 4 段	T0208	68－68	圆形	Ab 型红陶瓮（残） Bb 型绿釉内罐	瓦、海贝、铁片、铜片
M1632	*	T0208	25－50	圆形	灰陶罐（残）	

（续表）

墓号	分期 分段	位置	墓口尺寸 口径－深	墓口 形状	葬　具	随葬品
M1633	二期 * 段	T0208	80 - 67	圆形	Aa 型灰陶瓮（残） 盖为 A 型红陶盆绿釉内罐（残）	海贝、瓦片
M1634	二期 3 段	T0208	62 - 59	圆形	Ab 型红陶瓮（残） Bc 型绿釉内罐	海贝、铜片、瓦片
M1636	一期 2 段	T0208	45 - 55	圆形	Bc 型红陶单罐、B 型红陶盆为盖（均残）	
M1637	三期 6 段	T0207	45 - 75	圆形	灰陶套罐： Ba 型外罐（残） Bb 型 I 式内罐	瓦片
M1639	二期 4 段	T0208	51 - 68	圆形	红陶瓮（残） Bb 型绿釉内罐	海贝、瓦
M1640	一期 2 段	T0208	48 - 68	圆形	Bc 型红陶罐	
M1641	三期 6 段	T0213	52 - 68	圆形	Ab 型灰陶罐（残）	瓦片
M1642	三期 5 段	T0213	64 - 69	圆形	绿釉套罐： 外罐（残） Db 型内罐	
M1643	*	T0213	60 - 53	圆形	灰陶罐（残）	

（续表）

墓号	分期 分段	位置	墓口尺寸 口径－深	墓口 形状	葬　　具	随葬品
M1644	三期 7 段		50	圆形	Aa 型 Ⅱ式灰陶外罐 Bb 型 Ⅰ式灰陶内罐	
M1645	一期 1 段	T0213	（40－60）－48	椭圆形	Ba 型黄陶罐	
M1646	三期 7 段	T0213	（50－60）－48	椭圆形	Aa 型 Ⅱ式灰陶外罐 Bb 型 Ⅰ式灰陶内罐	
M1647	三期 6 段	T0213	（50－60）－52	椭圆形	Aa 型灰陶外罐（残） Bb 型灰陶内罐	
M1648	三期 7 段	T0213	50－53	圆形	Bb 型 Ⅲ式灰陶瓶	
M1651	二期 3 段	T0208	69－70	圆形	Ab 型红陶瓮（残） Ba 型绿釉内罐	铜片、瓦片

（续表）

墓号	分期分段	位置	墓口尺寸口径－深	墓口形状	葬　具	随葬品
M1652	一期1段	T0208	46－55	圆形	Ca 型红陶罐（残）、施釉红陶器盖（带流）	
M1653	一期＊段	T0208	（50－61）－51	椭圆形	Ca 型红陶罐、Cb 型红陶罐（均残）	
M1654	一期2段	T0208	42－56	圆形	Cb 型红陶罐（残）	
M1655	一期2段	T0208	30－47	圆形	Ae 型红陶罐（残）	
M1656	一期＊段	T0208	45－65	圆形	其他红陶罐、盖为 B 型红陶盆	
M1657	一期2段	T0208	51－55	圆形	Ae 型红陶罐（残）	
M1658	＊	T0208	32－50	圆形	红陶单罐（残）	碎瓷片1件
M1659	一期2段	T0208	41－57	圆形	Bc 型红陶罐	
M1660	一期1段	T0208	32－45	圆形	Ca 型红陶罐（残）	
M1661	三期＊段	T0309	58－68	圆形	Ba 型灰陶瓮（残）Ba 型灰陶内罐	铜镯1件
M1662	三期6段	T0309	50－80	圆形	Aa 型 I 式灰陶外罐Bb 型 I 式灰陶内罐	

（续表）

墓号	分期 分段	位置	墓口尺寸 口径－深	墓口 形状	葬 具	随葬品
M1663	四期 8 段	T0309	68－74	圆形	Ad 型黄釉外罐	
M1664	二期 4 段	T0309	70－65	圆形	Ba 型灰陶瓮 Bb 型绿釉内罐	
M1665	二期 6 段	T0309	45－69	圆形	Aa 型 I 式灰陶罐	
M1666	一期 1 段	T0309	52－57	圆形	Ca 型红陶罐	
M1667	*	T0309	74－54	圆形	灰陶罐（残）	
M1668	*	T0309	44－65	圆形	灰陶罐（残）	
M1669	三期 6 段	T0310	50－77	圆形	Aa 型 I 式灰陶外罐 Ab 型灰陶内罐	瓦片
M1670	二期 * 段	T0310	40－55	圆形	Ba 型灰陶瓶（残）	
M1671	*	T0310	35－55	圆形	红陶罐（残）	铜镯 1 件

（续表）

墓号	分期分段	位置	墓口尺寸口径－深	墓口形状	葬　具	随葬品
M1672	四期 8 段	T0310	60－68	圆形	Ab 型黄釉瓶	铜镯 1 件
M1674	三期 7 段	T0309	60－85	圆形	灰陶套罐： Aa 型 Ⅱ 式灰陶外罐 Bb 型 Ⅰ 式灰陶内罐	铜耳环 1 件、白石 1 颗
M1675	三期 6 段	T0310	（50～55）－65	椭圆形	Aa 型 Ⅰ 式灰陶外罐 （无内罐）	
M1676	四期 8 段	T0310	50－73	圆形	B 型黄釉内罐 （无外罐）	
M1677	一期 1 段	T0310	50－66	圆形	Ab 型红陶罐	
M1678	三期 7 段	T0309	40－66	圆形	Aa 型 Ⅱ 式灰陶罐 （无外罐）	

（续表）

墓号	分期 分段	位置	墓口尺寸 口径－深	墓口 形状	葬　　具	随葬品
M1679	四期＊段	T0310	60－66	圆形	其他型黄釉罐	大量海贝
M1680	＊	T0309	57－60	圆形	灰陶套罐：外罐为 Ad 型灰陶瓮、盖为白瓷碗、内罐（均残）	
M1681	三期 6 段	T0309	55－90	圆形	Bb 型灰陶瓮（残） 青釉瓷内罐	铜片 1 件、砚台 1 件
M1682	＊	T0310	45－50	圆形	灰陶罐（残）	
M1683	三期 6 段	T0310	60－70	圆形	Aa 型 I 式灰陶外罐（残） Bb 型 I 式灰陶内罐	
M1684	三期 6 段	T0310	60－68	圆形	Aa 型 I 式灰陶外罐 Bb 型 I 式灰陶内罐	海贝若干
M1685	三期 6 段	T0309	（40－46）－72	椭圆形	灰陶套罐 Aa 型外罐（残） Aa 型 I 式内罐	海贝若干
M1686	三期 6 段	T0309	45－90	圆形	灰陶套罐 Aa 型 I 式外罐 Bb 型 I 式内罐	铁片 2 件、海贝若干

（续表）

墓号	分期分段	位置	墓口尺寸口径-深	墓口形状	葬　具	随葬品
M1687	*	T0309	40-50	圆形	红陶罐（残）	
M1688	一期2段	T0309	40-40	圆形	Bc型红陶罐	
M1689	四期8段	T0309	41-65	圆形	Aa型黄釉外罐（无内罐）	海贝若干
M1690	三期6段	T0310	40-62	圆形	C型Ⅱ式灰陶瓶	
M1691	三期6段	T0309	40-55	圆形	Ab型灰陶罐	
M1692	三期*段	T0309	50-55	圆形	Aa型Ⅰ式灰陶外罐（无内罐）	
M1693	四期8段	T0309	50-75	圆形	Aa型Ⅱ式灰陶外罐B型黄釉内罐	半圆铜片1件
M1694	*	T0310	45-40	圆形	灰陶罐（残）	

（续表）

墓号	分期分段	位置	墓口尺寸 口径－深	墓口形状	葬　具	随葬品
M1695a	三期 7 段	T0310	44－50	圆形	Aa 型 II 式灰陶外罐 Bb 型 I 式灰陶内罐	
M1695b	一期 1 段	T0310		圆形	Ca 型黄陶罐	
M1697	＊	T0310	49－49	圆形	灰陶罐（残）	
M1699	二期 4 段	T0309	65－62	圆形	红陶外罐、Bb 型绿釉内罐、Ab 型红陶盆（均残）	
M1700	三期 6 段	T0309	46－55	圆形	Aa 型 I 式灰陶罐（残）	
M1701	＊	T0309	50－65	圆形	红陶罐（残）	
M1702	＊	T0310	40－50	圆形	红陶罐（残）	
M1703	三期 6 段	T0310	45－65	圆形	Bc 型灰陶内罐	海贝若干
M1704	一期 1 段	T0309	40－50	圆形	Ba 型红陶罐（残）	碎瓷片 1 件
M1705	三期 6 段	T0309	60－70	圆形	灰陶套罐： Aa 型 I 式外罐（残） Aa 型 I 式内罐	瓦片
M1706	＊	T0306	50－65	圆形	红陶罐（残）	

（续表）

墓号	分期分段	位置	墓口尺寸口径－深	墓口形状	葬　具	随葬品
M1707	二期四段	T0309	53－60	圆形	Ab 型红陶瓮（残） Bc 型绿釉内罐	菊花形、圆形铜片各 1 件、铁片、青瓦
M1708	一期 * 段	T0309	50－63	圆形	Ae 型红陶罐 B 型红陶盆为盖（均残） 内罐内有灰陶盏	串珠 4 颗、灰陶盏
M1709	一期 * 段	T0310	50－55	圆形	Ae 型红陶罐（残）	
M1710	一期 * 段	T0309	40－54	圆形	D 型红陶罐、盖为灰陶盘（均残）	
M1711	四期 9 段	T0211	40－50	圆形	B 型黄釉瓶	
M1713	三期 6 段	T0211	50－60	圆形	灰陶套罐： Ba 型外罐 Bb 型 I 式内罐（残）	
M1714	三期 6 段	T0211	40－64	圆形	Ba 型灰陶外罐 C 型灰陶内罐	铜镯 1 件
M1715	一期 2 段	T0211	40－53	圆形	C 型黄陶瓶	

（续表）

墓号	分期分段	位置	墓口尺寸口径－深	墓口形状	葬　具	随葬品
M1716	一期 1 段	T0211	40－53	圆形	Ba 型红陶罐	
M1717	三期 6 段	T0211	30－50	圆形	Bb 型 I 式灰陶内罐（无外罐）	
M1718	三期 7 段	T0211	40－64	圆形	Da 型灰陶单罐	
M1719	三期 7 段	T0211	39－60	圆形	Aa 型 II 式灰陶单罐盖为黄釉瓷碗	
M1720	一期 2 段	T0211	40－56	圆形	B 型红陶瓶	
M1721	二期 4 段	T0211	60－70	圆形	Ac 型灰陶瓮（残）Bb 型绿釉内罐	铁片 1 件、瓦片

（续表）

墓号	分期分段	位置	墓口尺寸口径－深	墓口形状	葬 具	随葬品
M1722	三期 5 段	T0211	60－73	圆形	A 型绿釉外罐（残） Db 型绿釉内罐	石珠 3 颗
M1723	三期 6 段	T0211	50－65	圆形	Aa 型 I 式灰陶外罐 Bb 型 I 式灰陶内罐	铁片 2 件、铜耳勺、海贝若干、铜片 1 件
M1724	三期 5 段	T0211	40－62	圆形	C 型 I 式灰陶瓶	
M1725	三期 5 段	T0211	60－64	圆形	Ab 型灰陶瓮（残） Ba 型灰陶内罐	铜片 1 件、瓦
M1726	三期 5 段	T0211	(60～85)－70	椭圆形	2 组葬具： 1 组为绿釉套罐：A 型外罐、E 型内罐（残） 1 组为 Ca 型红陶罐、盖为 A 型灰陶盆	海贝若干、铜片 1 件
M1727	三期 6 段	T0211	60－80	圆形	Ab 型红陶瓮（残） Ba 型绿釉内罐	铁片 1 件、铜片 1 件、海贝若干
M1728	一期 2 段	T0211	40－47	圆形	Ae 型红陶罐（残）	

（续表）

墓号	分期分段	位置	墓口尺寸口径－深	墓口形状	葬　具	随葬品
M1729	三期 6 段	T0211	60－78	圆形	灰陶外罐（残） Bb 型 I 式灰陶内罐	铜片、海贝若干、瓦片
M1730	一期 2 段	T0211	40－50	圆形	Ae 型红陶罐、盖为绿釉红陶（均残）	
M1731	三期 6 段	T0211	60－70	圆形	Aa 型 I 式灰陶外罐 Bb 型 I 式灰陶内罐	
M1732	三期 6 段	T0211	60－70	圆形	Aa 型 I 式灰陶外罐 Bb 型 I 式灰陶内罐	海贝若干、铜片 2 件
M1733	三期 6 段	T0211	60－75	圆形	Aa 型 I 式灰陶外罐 Bb 型 I 式灰陶内罐	铜戒指 1 件、铜镯 1 件、海贝若干
M1734	三期 6 段	T0211	40－61	圆形	Ab 型灰陶单罐	
M1735	三期 6 段	T0211	60－66	圆形	Aa 型 I 式灰陶罐、盖为 B 型红陶盆 Bb 型 I 式灰陶内罐	

（续表）

墓号	分期分段	位置	墓口尺寸口径－深	墓口形状	葬　具	随葬品
M1736	二期 4 段	T0211	40－68	圆形	Ab 型红陶瓮 Ba 型灰陶内罐	
M1737	三期 7 段	T0211	50－70	圆形	Aa 型 II 式灰陶外罐 Bb 型 I 式灰陶内罐	海贝若干
M1738	一期 1 段	T0211	50－68	圆形	Ca 型黄陶罐 盖为 B 型红陶罐	
M1739	一期 1 段	T0211	45－70	圆形	Ad 型黄陶罐 盖为绿釉碗	
M1740	二期 4 段	T0211	(55－65)－83	椭圆形	Ab 型红陶瓮（残） Bb 型绿釉内罐	铁片 1 件、海贝若干
M1741	一期 2 段	T0211	40－66	圆形	Bc 型红陶罐（残）	
M1742	一期 1 段	T0211	40－68	圆形	Da 型黄陶罐	

（续表）

墓号	分期 分段	位置	墓口尺寸 口径－深	墓口 形状	葬　具	随葬品
M1743	一期 2 段	T0211	45－60	圆形	Ae 黄陶罐	
M1744	＊	T0211	44	圆形	黄陶罐，（残）	
M1745	三期 6 段	T0211	50－60	圆形	灰陶套罐： Aa 型 I 式外罐（残） Bb 型 I 式内罐	
M1746	三期 6 段	T0211	50－66	圆形	Bb 型灰陶套罐	
M1747	二期 4 段	T0211	75－73	圆形	Ab 型红陶瓮（残） Bb 型绿釉内罐	铜片 3 件、海贝若干
M1748	三期 6 段	T0211	50－64	圆形	Aa 型 I 式灰陶外罐 Bb 型 I 式灰陶内罐	
M1749	三期 7 段	T0211	55－73	圆形	Ac 型灰陶外罐 Bb 型 II 式灰陶内罐	
M1750	一期 2 段	T0211	53－56	圆形	Bc 型红陶罐（残）	
M1751	一期 2 段	T0211	38－55	圆形	Ba 型红陶罐（残）	

（续表）

墓号	分期 分段	位置	墓口尺寸 口径－深	墓口 形状	葬　具	随葬品
M1752	三期 6 段	T0211	55－55	圆形	Aa 型 I 式灰陶外罐 Ba 型灰陶内罐	海贝若干
M1753	一期 2 段	T0211	38－51	圆形	Ae 型红陶外罐、盖为黄陶碗（均残）	
M1754	三期 6 段	T0211	47－60	圆形	Ab 型灰陶外罐 Bb 型灰陶内罐	海贝若干
M1755	四期 9 段	T0211	38－58	圆形	B 型黄釉外罐	
M1756	三期 6 段	T0211	(52～85)－51	椭圆形	2 组灰陶套罐： 1 为 Aa 型 I 式外罐、Bb 型 I 式内罐 1 为 Ab 型外罐、Bb 型 I 式内罐	
M1757	三期 5 段	T0211	57－68	圆形	绿釉套罐： A 型外罐 Db 型内罐	铁片、铜片
M1758	三期 5 段	T0211	60－60	圆形	绿釉套罐： A 型外罐 Db 型内罐	海贝若干

（续表）

墓号	分期 分段	位置	墓口尺寸 口径 - 深	墓口 形状	葬　　具	随葬品
M1759	一期2段	T0211	60 - 54	圆形	Ae型黄陶罐	
M1760	二期4段				Ab型红陶瓮、Bc型绿釉内罐（均残）	
M1761	四期8段	T0307	47 - 60	圆形	Ab型黄釉瓶	
M1762	四期8段	T0307	47 - 55	圆形	Aa型黄釉瓶	
M1763	四期8段	T0307	56 - 56	圆形	Ab型黄釉外罐 A型黄釉内罐	海贝若干、铜条1件
M1764	三期7段	T0307	45 - 64	圆形	Ac型灰陶外罐 Bb型Ⅱ式灰陶内罐	海贝若干、银耳环1件、银戒指1件、铜镯1件
M1765	四期8段	T0307	40 - 56	圆形	Aa型黄釉外罐（无内罐）	
M1766	*	T0307	50 - 40	圆形	灰陶套罐（残）	

（续表）

墓号	分期分段	位置	墓口尺寸口径－深	墓口形状	葬　具	随葬品
M1767	三期 6 段	T0307	56－62	圆形	Aa 型 I 式灰陶外罐 Bb 型 I 式灰陶内罐	
M1769	*	T0307	42－65	圆形	灰陶套罐（残）	
M1770a	四期 9 段	T0307	50－75	圆形	B 型黄釉瓶	
M1770b	三期 7 段	T0307		圆形	Aa 型 II 式灰陶罐	
M1771	*	T0307	40－45	圆形	灰陶罐（残）	
M1772	三期 6 段	T0307	50－62	圆形	Aa 型 I 式灰陶外罐 Bb 型 I 式灰陶内罐（残）	铜镜、铜戒指
M1773	四期 8 段	T0307	60－61	圆形	黄釉套罐： Ab 型外罐 A 型内罐	海贝若干
M1774	三期 5 段	T0307	70－61	圆形	绿釉套罐： A 型外罐 Ab 型内罐（残）	

（续表）

墓号	分期分段	位置	墓口尺寸口径－深	墓口形状	葬　具	随葬品
M1775	三期5段	T0307	60－70	圆形	Ca型绿釉外罐（残） E型绿釉内罐	海贝若干、方砖
M1776	三期7段	T0307	60－62	圆形	灰陶套罐： Aa型Ⅱ式外罐 Bb型Ⅰ式内罐	
M1777	三期6段	T0307	60－65	圆形	灰陶套罐： Aa型外罐（残） Ab型内罐	
M1778	三期6段	T0307	54－66	圆形	灰陶套罐： 外罐（残） Bb型Ⅰ式内罐	
M1779	三期7段	T0307	40－50	圆形	Aa型Ⅱ式灰陶外罐（残）	
M1780	＊	T0307	65－50	圆形	灰陶瓮、A型红陶盆盖、灰陶内罐（均残）	铁片1件、瓦片
M1781	＊	T0307	60－60	圆形	灰陶套罐（残）	铜戒指、铜片、海贝若干
M1782	二期3段	T0307	73－53	圆形	Ab型红陶瓮（残） Ab型绿釉内罐	
M1783	四期8段	T0307	60－60	圆形	Aa型黄釉外罐 A型黄釉内罐	

（续表）

墓号	分期分段	位置	墓口尺寸 口径－深	墓口形状	葬　具	随葬品
M1784	三期 6 段	T0307	46－55	圆形	Aa 型 I 式灰陶罐	
M1785	四期 8 段	T0307	60－63	圆形	Ab 型黄釉外罐 A 型黄釉内罐	海贝若干
M1786	三期 7 段	T0307	45－65	圆形	Aa 型 II 式灰陶外罐（残）	石串珠、料珠
M1787	四期 8 段	T0307	50－68	圆形	黄釉套罐： Aa 型外罐 A 型内罐	海贝若干
M1788	三期 5 段	T0307	74－62	圆形	绿釉套罐： A 型外罐 Db 型内罐	
M1789	二期 3 段	T0307	60－55	圆形	红陶瓮、Ba 型绿釉内罐（均残）	铜片 1 件
M1790	四期 8 段	T0307	60－55	圆形	Ae 型黄釉外罐、A 型黄釉内罐（均残）	海贝若干
M1791	＊	T0307	30－40	圆形	青花瓷碗（残）	
M1792	三期 7 段	T0307	54－55	圆形	灰陶套罐： Aa 型 II 式外罐 Bb 型 I 式内罐	铜戒指、铜饰

（续表）

墓号	分期分段	位置	墓口尺寸 口径－深	墓口形状	葬　　具	随葬品
M1794	四期 8 段	T0407	50－65	圆形	黄釉套罐： Ac 型外罐 A 型内罐	
M1795	二期 4 段	T0407	40－30	圆形	Ba 型 II 式灰陶瓶（残）	
M1796	三期 7 段	T0407	50－50	圆形	Aa 型 II 式灰陶罐 （无内罐）	
M1797	三期 5 段	T0407	70－30	圆形	Ab 型灰陶瓮（残） Bc 型绿釉内罐	瓦
M1798	二期 4 段	T0407	60－30	圆形	灰陶外罐（残） Bc 型绿釉内罐	瓦
M1799	一期 2 段	T0407	30－32	圆形	B 型红陶瓶	
M1800	四期 8 段	T0307	40－80	圆形	Ab 型黄釉外罐 （无内罐）	大量海贝

（续表）

墓号	分期分段	位置	墓口尺寸口径－深	墓口形状	葬　具	随葬品
M1801	二期 4 段	T0307	50－60	圆形	红陶瓮、Bc 型绿釉内罐（均残）	铜镜、铁片
M1802	三期 7 段	T0307	60－65	圆形	Aa 型 II 式灰陶外罐　Bb 型 I 式灰陶内罐	大量海贝
M1803	三期 7 段	T0307	65－58	圆形	Aa 型 II 式灰陶外罐　Bb 型 I 式灰陶内罐	海贝
M1804	三期 7 段	T0307	50－62	圆形	Aa 型 II 式灰陶外罐　Bb 型 I 式灰陶内罐	铜片、海贝
M1805	三期 6 段	T0307	55－58	圆形	Aa 型 I 式灰陶外罐　Bb 型 I 式灰陶内罐	铜联珠（残）
M1806	三期 6 段	T0307	50－60	圆形	C 型 II 式灰陶瓶	铜联珠、铁片、海贝

（续表）

墓号	分期分段	位置	墓口尺寸口径－深	墓口形状	葬　具	随葬品
M1807	三期6段	T0307	60－65	圆形	Aa型I式灰陶外罐（无内罐）	方形青砖
M1808	三期6段	T0307	45－53	圆形	Aa型灰陶外罐（残）Aa型I式灰陶内罐	海贝
M1809	四期8段	T0307	50－60	圆形	Aa型黄釉外罐A型黄釉内罐	海贝
M1810	三期5段	T0307	40－60	圆形	Ba型III式灰陶瓶	
M1811	一期2段	T0208	30－41	圆形	Cb型红陶罐（残）	
M1812	一期2段	T0208	32－49	圆形	Ae型红陶罐、上扣1小碗（均残）	
M1813	一期1段	T0208	40－59	圆形	Ab型红陶罐豆形器为盖	
M1814	一期2段	T0208	40－47	圆形	Bb型红陶罐（残）	
M1815	＊	T0208	36－54	圆形	黄陶罐带盖（残）	
M1816	一期2段	T0208	44－58	圆形	Ae型红陶罐、B型红陶盆盖（均残）	
M1817	＊	T0208	30－57	圆形	红陶罐（残）	

（续表）

墓号	分期 分段	位置	墓口尺寸 口径－深	墓口 形状	葬　具	随葬品
M1821	四期 8 段	T0410	(55~50)－65	近圆形	A 型黄釉内罐 （无内罐）	铜片、海贝
M1822	二期 3 段	T0411	40－70	圆形	其他绿釉内罐	海贝
M1823	三期 7 段	T0411	50－68	圆形	Aa 型 II 式灰陶外罐 Ab 型灰陶内罐	
M1824	三期 5 段	T0411	60－110	圆形	Ca 型绿釉外罐 E 型绿釉内罐	铜片、海贝
M1825	＊	T0411	40－58	圆形	灰陶罐（残）	
M1826	四期 8 段	T0411	50－65	圆形	Aa 型黄釉外罐（残） B 型黄釉内罐	
M1828	四期 8 段	T0411	55－90	圆形	Ab 型黄釉外罐 A 型黄釉内罐	海贝、铜片、青砖
M1830	一期 2 段	T0411		圆形	Bc 型红陶罐（残）	
M1831	＊	T0410	(45－40)－55	近圆形	红陶罐（残）	

（续表）

墓号	分期分段	位置	墓口尺寸 口径－深	墓口形状	葬　具	随葬品
M1832	二期3段	T0410	(55－60)－70	近圆形	Aa型红陶瓮 Ab型绿釉内罐	铜片、海贝
M1833	一期2段	T0410	(40－45)－74	近圆形	Db型红陶罐	海贝
M1842	三期7段	T0410	80－74	圆形	Aa型Ⅱ式灰陶外罐 Da型绿釉内罐	
M1847	一期1段	T0310	50－65	圆形	Ad型红陶罐 盖为绿釉碗	
M1848	＊	T0309	40－50	圆形	红陶罐（残）	
M1849	一期2段	T0310	46－50	圆形	Ae型红陶罐（残）	
M1850	一期1段	T0309	40－40	圆形	Ca型红罐（残）	
M1851	四期8段	T0310	54－75	圆形	Aa型黄釉外罐 A型黄釉内罐	海贝若干
M1852	一期2段	T0309	60－70	圆形	Bc型红陶罐、B型红陶盆（均残）	

（续表）

墓号	分期分段	位置	墓口尺寸口径－深	墓口形状	葬　　具	随葬品
M1853	一期2段	T0309	40－60	圆形	Bb型红陶罐	
M1854	一期2段	T0309	45－70	圆形	Bc型红陶罐（残）	残铁丝2件
M1855	二期4段	T0310	60－60	圆形	Aa型灰陶瓮B型红陶盆为盖（均残）Cb型绿釉内罐	铜片2件、海贝若干
M1856	＊	T0310	40－35	圆形	红陶罐（残）	
M1857	一期2段	T0310	46－57	圆形	Bc型红陶罐、B型红陶盆盖（均残）	
M1858	三期6段	T0310	45－55	圆形	Bb型灰陶罐（残）	
M1859	一期2段	T0310	40－50	圆形	Cb型红陶罐（残）	
M1860	三期6段	T0310	40－60	圆形	Aa型I式灰陶罐	碎瓷片1件
M1861	＊	T0310	50－60	圆形	红陶罐（残）	
M1862	一期2段	T0310	50－62	圆形	Ae型红陶罐（残）	
M1863	一期2段	T0309	（35－50）－65	椭圆形	Bc型红陶罐（泥质，罐身饰刻划纹）（残）	
M1864	二期3段	T0309		圆形	Ab型红陶瓮（残）Aa型绿釉内罐	铜片2件、海贝若干、瓦片
M1865	三期6段	T0310	40－60	圆形	Aa型I式灰陶外罐（无内罐）	

（续表）

墓号	分期分段	位置	墓口尺寸口径－深	墓口形状	葬具	随葬品
M1866	三期6段	T0310	50－60	圆形	Aa型I式灰陶罐	铜片1件、海贝、铜镯2件
M1867	一期2段	T0310	35－48	圆形	Bc型红陶罐（残）	
M1868	一期2段	T0310	（48－50）－74	近圆形	Bc型红陶罐	
M1869	一期2段	T0310	（40－59）－65	椭圆形	Ae型红陶罐	铜镯1件、铁镯2件（1件残）
M1870	*	T0310	50－60	圆形	红陶罐（残）	
M1871	*	T0208			黄陶罐（残）	
M1872	一期2段	T0208			Cb型红陶罐（残）	
M1873	一期2段	T0208			Ca型红陶罐（残）	
M1874	*	T0208	50	圆形	红陶罐、A型红陶盆盖（均残）	
M1876	四期9段	T0308	35－46	圆形	B型黄釉罐（残）	
M1878	三期5段	T0308	50－41	圆形	Ab型灰陶瓮（残）Cb型绿釉内罐	
M1879	四期8段	T0308	55－54	圆形	Aa型黄釉罐	

（续表）

墓号	分期分段	位置	墓口尺寸口径－深	墓口形状	葬　　具	随葬品
M1880	三期 6 段	T0308	60－60	圆形	Aa 型 I 式灰陶外罐 Bc 型灰陶内罐	铁片 1 件
M1881	三期 7 段	T0308	30－54	圆形	Db 型灰陶内罐	
M1882	＊	T0308	30－42	圆形	红陶单罐（残）	
M1883	＊	T0308	45－48	圆形	Ba 型灰陶瓮、Ba 型灰陶内罐（均残）	
M1884	四期 9 段	T0308	30－63	圆形	B 型黄釉瓶	
M1885	四期 8 段	T0308	38－65	圆形	Aa 型黄釉瓶	
M1886	四期 8 段	T0308	47－60	圆形	A 型黄釉内罐	
M1887	三期 6 段	T0308	40－50	圆形	Aa 型 I 式灰陶外罐（无内罐）	

（续表）

墓号	分期分段	位置	墓口尺寸口径－深	墓口形状	葬 具	随葬品
M1888	四期9段	T0308	(40~62)－(36~38)	椭圆形	B型黄釉罐 B型黄釉瓶	
M1889	三期6段	T0308	30－55	圆形	Aa型I式灰陶罐	海贝
M1890	*	T0308	30－50	圆形	D型红陶罐（残）	
M1891	三期5段	T0308	37－54	圆形	C型I式灰陶瓶	
M1892	三期6段	T0308	60－70	圆形	Ac型灰陶罐 罐内有1灰陶盆扣于烧骨上	海贝若干
M1893	三期6段	T0308	37－56	圆形	Aa型I式灰陶单罐	
M1894	四期8段	T0308	52－70	圆形	Ac型黄釉外罐 A型黄釉内罐	海贝

（续表）

墓号	分期 分段	位置	墓口尺寸 口径－深	墓口 形状	葬　　具	随葬品
M1895	三期 7 段	T0308	50－52	圆形	Da 型灰陶单罐	
M1896	三期 5 段	T0308	(45－50)－55	近圆形	其他绿釉内罐	瓦
M1897	三期 5 段	T0308	40－57	圆形	Cb 型绿釉外罐 Bc 型绿釉内罐	海贝若干
M1898	四期 8 段	T0308	50－65	圆形	Ac 型黄釉外罐 A 型黄釉内罐	海贝若干
M1901	二期 4 段	T309	60－65	圆形	红陶外罐（残） Bc 型绿釉内罐	碎瓷片 1 件、铜片 1 件
M1902	二期 4 段	T0310	(70－75)－85	椭圆形	Ac 型红陶瓮 Bb 型绿釉内罐	海贝若干、碎瓷片 1 件、 铜镯 1 件（残）

（续表）

墓号	分期分段	位置	墓口尺寸口径－深	墓口形状	葬　具	随葬品
M1903	二期3段	T0309		圆形	Ab型红陶瓮（残） Ab型绿釉内罐	碎铜片1件、铁片1件
M1904	一期1段	T0310		圆形	Ba型红陶罐（残） 盖为绿釉碗	
M1905	一期2段	T0310	30－40	圆形	Ae型红陶罐（残）	
M1906	一期2段	T0309	40－62	圆形	Bb型红陶罐（残）	
M1907	一期2段	T0310	30－45	圆形	Ae型黄陶罐	
M1908	三期5段	T0309	50－75	圆形	红陶外罐（残） Db型绿釉内罐	碎铁片1件
M1909	三期6段	T0309	60－60	圆形	Aa型灰陶外罐、C型灰陶内罐	
M1910	*	T0309	40－45	圆形	灰陶瓶（残）	
M1911	三期7段	T0309	40－65	圆形	Aa型Ⅱ式灰陶外罐 B型Ⅰ式灰陶内罐	残铜片1件

（续表）

墓号	分期分段	位置	墓口尺寸口径－深	墓口形状	葬　具	随葬品
M1912	三期 6 段	T0309	（40－45）－81	椭圆形	Aa 型Ⅰ灰陶外罐 Aa 型Ⅰ式灰陶内罐	残铜片 1 件
M1913	二期 3 段	T0309	40－49	圆形	Ba 型Ⅰ式灰陶瓶（残）	
M1914	三期 6 段	T0309	40－40	圆形	灰陶套罐：Aa 型外罐、C 型内罐（均残）	
M1915	三期 5 段	T0309	62－72	圆形	A 型绿釉外罐 Db 型绿釉内罐	残铜片 1 件、铁片 1 件、铁钉 1 件
M1916	三期 7 段	T0309	40－50	圆形	Aa 型Ⅱ式灰陶罐（残）	
M1917	二期 3 段	T0309	30－55	圆形	Ba 型Ⅰ式灰陶瓶	
M1918	＊	T0309	40－55	圆形	灰陶瓶（残）	
M1919	＊	T0309	30－55	圆形	红陶罐（残）	
M1920	三期 6 段	T0309	42－65	圆形	Aa 型灰陶外罐（残） Bb 型Ⅰ式灰陶内罐	
M1921	三期 7 段	T0309	40－73	圆形	Aa 型Ⅱ式灰陶外罐 Aa 型Ⅰ式灰陶内罐	

（续表）

墓号	分期 分段	位置	墓口尺寸 口径－深	墓口 形状	葬　　具	随葬品
M1922	四期 8 段	T0309	40－50	圆形	黄釉外罐（残） A 型黄釉内罐	
M1923	三期 6 段	T0309	(48～60)－63	椭圆形	Aa 型 I 式灰陶外罐	
M1925	一期 1 段	T0309	55－55	圆形	Ab 型红陶罐	
M1926	三期 6 段	T0309	(50－90)－64	椭圆形	2 组灰陶套罐：1 为 Ac 型外罐、Bb 型 I 式内罐、1 为外罐（残）、Bb 型 I 式内罐	
M1927	二期 3 段	T0309	45－55	圆形	Ba 型 I 式灰陶瓶	
M1928	二期 4 段	T0309	50－54	圆形	A 型红陶盆（外）（残） Bb 型绿釉内罐	铜片 1 件
M1929	一期 2 段	T0309	70－50	圆形	Aa 型红陶瓮、Ca 型红陶罐（均残）	

（续表）

墓号	分期分段	位置	墓口尺寸口径－深	墓口形状	葬　　具	随葬品
M1930	*	T0309	35－47	圆形	灰陶瓿	
M1931	三期5段	T0309	50－67	圆形	C型I式灰陶瓶	
M1939	一期2段	T0310	60－70	圆形	Cb型红陶罐（残）	
M1940	一期1段	T0310	35－50	圆形	Ca型红陶罐（残）	
M1941	一期2段	T0310	56－65	圆形	Aa型红陶瓮	
M1942	一期2段	T0309	（54－56）－60	近圆形	Ae型红陶罐	
M1943	三期6段	T0309	（50－60）－80	椭圆形	Ba型灰陶外罐（残）Bc型红陶内罐	海贝若干、铁刀鞘1件
M1944	三期5段	T0309	60－75	圆形	绿釉套罐：A型外罐（残）Db型内罐	海贝若干、铜片1件
M1945	一期2段	T0309	45－30	圆形	Ae型红陶罐（残）	

（续表）

墓号	分期分段	位置	墓口尺寸口径－深	墓口形状	葬　　具	随葬品
M1946	三期6段	T0310	46－65	圆形	Aa型I式灰陶罐	
M1947	*	T0310	40－30	圆形	红陶罐（残）	
M1949	*	T0310	(60～90)－52	椭圆形	东西部各放2块砖，顶部用2块青砖合放一起，南北部放有2块条状石块，垒砌1房子状。	
M1950	*	T0309	45－55	圆形	Aa型灰陶单罐（残）	
M1952	三期7段	T0211	60－60	圆形	Aa型II式灰陶外罐 Bb型I式灰陶内罐	海贝32枚、铜片1件、铁片1件
M1953	一期2段	T0211	50－60	圆形	Bc型黄陶罐带盖（残）	绿釉高足碗
M1954	三期6段	T0211	51－58	圆形	Aa型I式灰陶外罐 Bb型I式灰陶内罐	海贝若干、铁片1件
M1955	二期4段	T0211	75－66	圆形	Ab型红陶瓮（残） Bb型绿釉内罐	铜片1件、瓦片2件
M1956	一期2段	T0211	40－50	圆形	Ae型红陶罐、绿釉陶碗（残）	
M1957	二期4段	T0211	70－65	圆形	Ab型红陶瓮（残） Bb型绿釉内罐	铁片1件、海贝若干、瓦片

（续表）

墓号	分期 分段	位置	墓口尺寸 口径－深	墓口 形状	葬　具	随葬品
M1958	一期 1 段	T0211	50－61	圆形	Ca 型红陶罐 B 型红陶盆为盖	
M1959	＊	T0211	45－58	圆形	红陶罐（残）	铁镰刀 1 件
M1960	一期 1 段	T0211	（45－50）－47	椭圆形	Aa 型黄陶罐	
M1961	三期 7 段	T0211	60－67	圆形	Aa 型Ⅱ式灰陶外罐 Bb 型Ⅰ式灰陶内罐	海贝若干、铜片 1 件
M1962	＊	T0211	38－54	圆形	黄陶罐（残）	
M1963	三期 6 段	T0211	45－65	圆形	灰陶套罐： Aa 型Ⅰ式外罐 Bb 型Ⅰ式内罐	
M1964	三期 6 段	T0211	45－65	圆形	灰陶套罐： Aa 型Ⅰ式外罐 Bb 型Ⅰ式内罐	
M1965	一期 2 段	T0211	（45－50）－45	椭圆形	Ae 型红陶罐（残）	
M1966	一期 2 段	T0211	50－61	圆形	Db 型黄陶罐	

（续表）

墓号	分期分段	位置	墓口尺寸口径－深	墓口形状	葬　具	随葬品
M1967	三期 6 段	T0211	55－68	圆形	灰陶套罐： Aa 型 I 式外罐 Bb 型 I 式内罐	铜片 1 件、海贝若干
M1968	二期 4 段	T0211	70－70	圆形	Ab 型红陶瓮、A 型红陶盆盖（均残） Cb 型绿釉内罐	
M1969	＊	T0211	40－58	圆形	黄陶罐（残）	
M1970	一期 2 段	T0211	50－50	圆形	Ae 型红陶罐（残）	
M1971	一期 2 段	T0211	50－56	圆形	Ae 型红陶罐（残）	
M1972	三期 7 段	T0211	48－69	圆形	灰陶套罐： Aa 型 II 式外罐 Bb 型 I 式内罐	
M1973	一期 2 段	T0211	40－52	圆形	Ae 型红陶罐	
M1974	＊	T0211	34－49	圆形	红陶鼎	
M1975	二期 3 段	T0211	50－63	圆形	Aa 型灰陶瓮	铁镰刀 1 件、铜镯 1 件

（续表）

墓号	分期分段	位置	墓口尺寸口径－深	墓口形状	葬　具	随葬品
M1976	三期6段	T0211	(45~60)－70	椭圆形	2组灰陶葬具：1为Aa型Ⅰ式外罐、Bb型Ⅰ式内罐、1为Ba型Ⅲ式灰陶瓶	铜镯3段
M1977	一期2段	T0211	41－55	圆形	Cb型红陶罐（残）	
M1978	＊	T0211	40－50	圆形	黄陶罐（残）	
M1979	一期2段	T0211	35－55	圆形	Bc型黄陶罐	
M1980	三期6段	T0211	50－71	圆形	灰陶套罐：Ac型外罐　Bb型Ⅰ式内罐	
M1981	三期6段	T0408	34－54	圆形	Bb型Ⅰ式灰陶罐	
M1982	一期2段	T0308	33－65	圆形	C型红陶瓶　A型红陶盆为盖（残）	
M1983	＊	T0308	30－46	圆形	灰陶罐（残）	

（续表）

墓号	分期分段	位置	墓口尺寸口径－深	墓口形状	葬 具	随葬品
M1986	三期 7 段	T0308	40－65	圆形	灰陶套罐： Aa 型 Ⅱ 式外罐 Bb 型 Ⅰ 式内罐	
M1987	三期 5 段	T0308	(30～40)－60	近圆形	C 型 Ⅰ 式灰陶瓶	
M1988	三期 7 段	T0308	40－55	圆形	Aa 型 Ⅱ 式灰陶外罐 （无内罐）	
M1989	三期 7 段	T0308	45－63	圆形	灰陶套罐： Aa 型 Ⅱ 式外罐 Bb 型 Ⅰ 式内罐	海贝
M1990	四期 8 段	T0308	50－65	圆形	黄釉套罐： B 型内罐 （外罐残）	海贝、铁片、犬齿
M1991	三期 5 段	T0308	30－51	圆形	C 型 Ⅰ 式灰陶瓶	

（续表）

墓号	分期 分段	位置	墓口尺寸 口径－深	墓口 形状	葬　具	随葬品
M1992	三期 5 段	T0308	30－50	圆形	C 型 I 式灰陶瓶	
M1993	二期 3 段	T0408	60	圆形	Ab 型红陶瓮（残） Ab 型绿釉内罐	瓦片、铜片
M1994	三期 6 段	T0308	50－50	圆形	Aa 型 I 式灰陶外罐 Bb 型 I 式灰陶内罐	海贝、铁片
M1995	＊	T0308	40－55	圆形	灰陶单罐（残）	
M1996	三期 6 段	T0308	（50～90）－78	椭圆形	两组灰陶葬具：一为 Ac 型外罐、 Bb 型 I 式内罐、一为 Da 型单罐	
M1997	四期 8 段	T0308	（50－100）－70	椭圆形	2 组黄釉葬具：1 为 Aa 型外罐、 A 型内罐、1 为 A 型内罐（无外罐）	
M1998	三期 5 段	T0308	40－36	圆形	C 型 I 式灰陶瓶	

（续表）

墓号	分期分段	位置	墓口尺寸口径－深	墓口形状	葬　具	随葬品
M1999	三期 6 段	T0308	（40－60）－75	椭圆形	2 组葬具：1 为 Db 型绿釉内罐 1 为 Aa 型 I 式灰陶单罐	铜镯
M2000	三期 7 段	T0308	50－61	圆形	灰陶套罐： Aa 型 II 式外罐 Bb 型 I 式内罐	海贝
M2002	四期 9 段	T0306	（110－145）－120	长方形	木制的骨灰葬具（已朽）	铁剪刀、锡器（较碎）
M2013	一期 2 段	T0406	50－60	圆形	Ae 型红陶单罐 红陶碗为盖	
M2016	二期 3 段	T0406	30－45	圆形	Ba 型 I 式灰陶瓶（残）	
M2018	二期 3 段	T0307	60－65	圆形	Ab 型红陶瓮、绿釉内罐（均残）	瓦片
M2019	*	T0307	50－65	圆形	灰陶套罐（残）	海贝若干
M2020	三期 5 段	T0307	60－65	圆形	绿釉套罐： A 型外罐 Db 型内罐	海贝若干、铜片
M2021	三期 6 段	T0211	（55～75）－68	椭圆形	Aa 型 I 式灰陶外罐 Bb 型 I 式灰陶内罐	海贝若干

（续表）

墓号	分期 分段	位置	墓口尺寸 口径 - 深	墓口 形状	葬　　具	随葬品
M2022	*	T0211	40 - 50	圆形	红陶罐（残）	铁镯 1 件
M2023	一期 1 段	T0211	57 - 59	圆形	Ca 型黄陶罐	
M2024	一期 2 段	T0211	35 - 60	圆形	Db 型黄陶罐	
M2025	三期 6 段	T0211	47 - 64	圆形	Aa 型 I 式灰陶单罐	
M2026	三期 6 段	T0211	55 - 70	圆形	灰陶套罐： Aa 型 I 式外罐（残） Bb 型 I 式内罐	海贝若干
M2027	三期 6 段	T0211	40 - 68	圆形	灰陶套罐： Aa 型 I 式外罐 Bb 型 I 式内罐	海贝若干
M2028	*	T0211	46 - 50	圆形	灰陶罐（残）	
M2029a	三期 6 段	T0211	(62 - 80) - 67	圆形	Ab 型灰陶外罐 Bb 型 I 式灰陶内罐	海贝若干

（续表）

墓号	分期分段	位置	墓口尺寸口径－深	墓口形状	葬　具	随葬品
M2029b	一期 2 段	T0211		圆形	Ae 型黄陶罐	
M2030	二期 3 段	T0211	58－65	椭圆形	Aa 型灰陶瓮（残） Db 型红陶罐	海贝若干
M2031	一期 2 段	T0211	40－50	圆形	Bc 型红陶罐（残）	
M2032	二期 4 段	T0211	60－65	圆形	Ab 型红陶瓮	Bb 型绿釉内罐带盖（均残）
M2033	一期 1 段	T0211	40－58	圆形	Ad 型黄陶罐、盖为绿釉瓷碗	铜环 1 对、铜片 1 件
M2035	三期 6 段	T0211	50－69	圆形	Aa 型 I 式灰陶外罐 Bb 型 I 式灰陶内罐	
M2036	一期 2 段	T0211	40－56	圆形	Bc 型红陶罐（残）	
M2037	三期 6 段	T0211	44－77	圆形	Aa 型 I 式灰陶外罐 Bb 型 I 式灰陶内罐	海贝若干

（续表）

墓号	分期分段	位置	墓口尺寸口径－深	墓口形状	葬　具	随葬品
M2038	三期5段	T0311	38－61	圆形	C型I式灰陶瓶	
M2039	四期9段	T0311	（53－64）－40	椭圆形	B型黄釉瓶（一对）	
M2040	三期7段	T0311	（50－55）－40	椭圆形	Aa型II式灰陶外罐 Bb型I式灰陶内罐	海贝若干、铜镯1件、玉壶春瓶2件
M2041	三期7段	T0308	45－60	圆形	灰陶套罐： Ac型外罐（残） Bb型II式内罐	
M2042	＊	T0408	40－61	圆形	灰陶瓶（残）	
M2043	四期9段	T0308	30－60	圆形	B型黄釉瓶	
M2044	＊	T0308	30－45	圆形	Ba型灰陶瓶（残）	
M2045	三期6段	T0408	50－60	圆形	Aa型I式灰陶罐	

（续表）

墓号	分期分段	位置	墓口尺寸口径－深	墓口形状	葬　具	随葬品
M2046	三期7段	T0408	35－55	圆形	Aa型Ⅱ式灰陶外罐 Ab型灰陶内罐	海贝、铜片
M2047	一期2段	T0408	30－50	圆形	C型黄陶瓶	
M2048	三期6段	T0408	40－60	圆形	Aa型Ⅰ式灰陶外罐 Bb型Ⅰ式灰陶内罐	
M2049	三期6段	T0308	34－52	圆形	Ab型灰陶单罐	
M2051	三期6段	T0308	30－23	圆形	青釉瓷罐（骨片较小、较薄，疑为小孩墓）	
M2052	三期6段	T0408	30－50	圆形	Ab型灰陶单罐	

（续表）

墓号	分期分段	位置	墓口尺寸口径－深	墓口形状	葬　具	随葬品
M2053	三期6段	T0308	50－80	圆形	灰陶套罐：Ac型外罐 Ab型内罐	铁片、海贝
M2055	三期6段	T0308	50－70	圆形	灰陶套罐：Aa型Ⅰ式外罐 Bb型Ⅰ式内罐（残）	
M2056	三期7段	T0308	40－63	圆形	Da型灰陶单罐	
M2057	三期5段	T0308	30－55	圆形	C型Ⅰ式灰陶瓶	
M2058	四期8段	T0308	50－70	圆形	黄釉外罐（残）B型黄釉内罐	海贝
M2059	一期2段	T0308	30－50	圆形	B型红陶瓶	

（续表）

墓号	分期分段	位置	墓口尺寸口径－深	墓口形状	葬　具	随葬品
M2060	一期 1 段	T0308	30－50	圆形	A 型红陶瓶	
M2061	＊	T0308	30－41	圆形	灰陶罐（残）	
M2062	二期 4 段	T0308	30－55	圆形	Ba 型 Ⅱ 式灰陶瓶	铜片 1 件、铜镯 1 件
M2063	二期 4 段	T0308	30－60	圆形	Ba 型 Ⅱ 式灰陶瓶（残）	
M2064	三期 5 段	T0308	50－63	圆形	绿釉套罐：A 型外罐（残）Db 型内罐	瓦
M2065	三期 6 段	T0308	45－57	圆形	灰陶套罐（均残)Bc 型灰陶内罐（残）	
M2066	一期 1 段	T0408	40－50	圆形	Ad 型红陶罐	
M2067	三期 ＊ 段	T0308	40－55	圆形	Aa 型灰陶外罐（残）	
M2069	一期 2 段	T0308	（40－50）－54	椭圆形	Ae 型红陶罐、B 型红陶盆盖（均残）	
M2070	＊	T0308	40－62	圆形	灰陶单罐（残）	铁钉
M2071	三期 5 段	T0308	50－68	圆形	绿釉套罐：A 型外罐Ca 型内罐（残）	铜片 1 件

（续表）

墓号	分期分段	位置	墓口尺寸口径－深	墓口形状	葬　具	随葬品
M2072	四期 8 段	T0308	30－55	圆形	A 型黄釉内罐（无外罐）	
M2073	三期 7 段	T0308	50－64	圆形	Aa 型灰陶罐（残）、盖为青花瓷碗	
M2074	三期 6 段	T0308	50－63	圆形	灰陶套罐：Aa 型外罐（残）Bb 型 I 式内罐	铁片 1 件
M2076	三期 5 段	T0308	50－67	圆形	绿釉套罐：A 型外罐（残）Db 型内罐	铜片 1 件、瓦片
M2077	三期 7 段	T0308	50－70	圆形	灰陶套罐：Aa 型 II 式外罐 Bb 型 I 式内罐（残）	海贝若干
M2078	二期 4 段	T0308	65－60	圆形	Ab 型红陶瓮（残）Bc 型绿釉内罐	海贝、铜片、瓦片
M2080	三期 6 段	T0308	40－65	圆形	Aa 型灰陶外罐、Bb 型 I 式灰陶内罐（均残）	

（续表）

墓号	分期分段	位置	墓口尺寸口径－深	墓口形状	葬　具	随葬品
M2081	二期 4 段	T0308	45－58	圆形	红陶外罐（残） Bc 型绿釉内罐 	
M2083	＊	T0308	35－40	圆形	其他灰陶罐 带绿釉器盖（残） 	
M2084	＊	T0308	40－55	圆形	Aa 型灰陶罐（残）	
M2085	三期 6 段	T0308	40－70	圆形	灰陶套罐： Bb 型外罐 Bb 型 I 式内罐 	瓦
M2086	二期 4 段	T0308	36－62	圆形	Ba 型 II 式灰陶瓶 	
M2087	三期 6 段	T0308	（50～72）－73	椭圆形	Aa 型 I 式灰陶外罐（残） Bb 型 I 式灰陶内罐 	
M2088	三期 6 段	T0408	50－58	圆形	Aa 型 I 式灰陶外罐 （无内罐） 	海贝若干
M2089	三期 6 段	T0408	30－42	圆形	Aa 型 I 式灰陶单罐（残）	

（续表）

墓号	分期分段	位置	墓口尺寸口径－深	墓口形状	葬　具	随葬品
M2090	三期5段	T0408	40－65	圆形	C型I式灰陶瓶	
M2091	二期3段	T0308	30－54	圆形	A型灰陶瓶	
M2092	二期4段	T0308	40－53	圆形	Ba型Ⅱ式灰陶瓶（残）	
M2093	三期6段	T0308	（40～45）－62	近圆形	灰陶套罐：Aa型I式外罐Bb型I式内罐	瓦
M2094	＊	T0308	40－63	圆形	灰陶罐（残）	海贝若干、松香2件
M2095	三期6段	T0308	30－48	圆形	Ab型灰陶罐	
M2096	四期9段	T0208	30－54	圆形	B型黄釉外罐	
M2097	三期6段	T0308	40－62	圆形	Aa型灰陶外罐（残）Bb型I式灰陶内罐	铁片1件

（续表）

墓号	分期分段	位置	墓口尺寸 口径－深	墓口形状	葬　具	随葬品
M2098	一期1段	T0308	36－63	圆形	Ad 型黄陶罐	
M2099	*	T0308	40－62	圆形	黄陶单罐（残）	残瓦1件
M2100	二期3段	T0308	(60~90)－80	椭圆形	Aa 型灰陶瓮 盖为 B 型红陶盆	小灰陶罐
M2101	一期2段	T0310	45－57	圆形	Db 型红陶罐	
M2102	一期2段	T0310	50－65	圆形	Ae 型红陶罐（残）	石珠1颗
M2103	二期3段	T0309	60－50	圆形	Ab 型红陶瓮、Cc 型红陶内罐（残）	
M2104	二期3段	T0309	65－60	圆形	Ab 型红陶瓮（残） Aa 型绿釉内罐	灰陶小罐
M2105	二期3段	T0309	70－84	圆形	Ab 型红陶瓮（残） Ab 型绿釉内罐	方形铁片1件、海贝若干
M2106	四期8段	T0309	40－65	圆形	Ab 型黄釉外罐 A 型黄釉内罐	

(续表)

墓号	分期分段	位置	墓口尺寸口径－深	墓口形状	葬　具	随葬品
M2107	一期2段	T0309	50－55	椭圆形	Bb型红陶罐（残）	
M2108	二期4段	T0310	40－65	圆形	红陶瓮、Bb型绿釉内罐（均残）	
M2109a	四期8段	T0310	59－70	圆形	Aa型黄釉外罐 A型黄釉内罐	
M2109b	三期6段	T0310		圆形	Aa型Ⅰ式灰陶外罐 Ab型灰陶内罐	
M2110	二期4段	T0310	60－80	圆形	Ab型红陶瓮（残） Bb型绿釉内罐	圆形、荷花形铜片、少量海贝
M2111	一期2段	T0310	50－50	圆形	Bb型红陶罐（残）	少量海贝
M2112	一期2段	T0309	40－76	圆形	Bc型红陶罐（残）	
M2113	一期1段	T0310	46－56	圆形	Ba型红陶罐、B型红陶盆盖（均残）	碎瓷片1件
M2114	三期6段	T0310	（40~45）－68	椭圆形	灰陶套罐：外盖为B型灰陶盆、Aa型Ⅰ式灰陶内罐（均残）	
M2115	二期4段	T0310	70－70	圆形	Ab型红陶瓮（残） Bc型绿釉内罐	海贝若干、方形铜片1件、莲花形铜片1件
M2116	＊	T0310	40－40	圆形	灰陶罐（残）	海贝1枚、瓦片
M2117	一期1段	T0310	50－65	圆形	Ba型红陶罐	

（续表）

墓号	分期分段	位置	墓口尺寸口径－深	墓口形状	葬　具	随葬品
M2118	＊	T0309	40－40	圆形	红陶罐（残）	梵文砖
M2119	三期5段	T0310	60－78	圆形	绿釉套罐：A型绿釉外罐（残）Db型绿釉内罐	铜镜、残铁片
M2120	一期2段	T0310	30－55	圆形	Ae型红陶罐（残）	
M2121	一期2段	T0310	（55～60）－73	椭圆形	Ae型红陶罐罐为2红陶盆所夹	铜镯3件、玛瑙串饰1件
M2122	＊	T0310	35－30	圆形	红陶罐（残）	
M2123	一期2段	T0310	50－45	圆形	Ba型红陶罐（残）	
M2124	一期2段	T0310	50－40	圆形	Bc型红陶罐（残）	
M2125	＊	T0310	30－35	圆形	红陶罐（残）	
M2126	二期4段	T0310	70－85	圆形	Ab型红陶瓮（残）Ac型绿釉内罐	海贝若干、方形铜片1件、圆形铜片1件
M2127	一期2段	T0310	40－40	圆形	Cb型红陶罐（残）	铜镯2件、料珠
M2128	一期1段	T0310	50－30	圆形	Ca型红陶罐（残）	
M2129	一期2段	T0310	50－60	圆形	Bc型红陶罐	铜管1件、铜饰1件、石珠1颗、海贝若干

（续表）

墓号	分期分段	位置	墓口尺寸口径－深	墓口形状	葬　具	随葬品
M2130	一期2段	T0310	40－65	圆形	Ae型红陶罐	
M2131	一期2段	T0310	40－40	圆形	Bc型红陶罐（残）	
M2132	一期1段	T0310	50－60	圆形	Ca型红陶罐（残）	
M2133	一期2段	T0310	50－40	圆形	Ae型红陶罐（残）	
M2134	一期2段	T0310	40－40	圆形	Ae型红陶罐	
M2135	一期1段	T0310	30－40	圆形	Ca型红陶罐	
M2136	一期2段	T0310	50－65	圆形	Ae型红陶罐（残）	绿釉碗（残）
M2137	＊	T0310	60－44	圆形	红陶罐、盖为盘（残）	
M2139	一期2段	T0309	46－56	圆形	Bc型红陶罐（残）	银耳环
M2146	二期4段	T0310	(75－80)－70	椭圆形	Aa型灰陶瓮（残）Cb型绿釉内罐	方形铜片1件、莲花形铜片1件
M2147	二期4段	T0310	40－72	圆形	Ba型Ⅲ式灰陶瓶	
M2148	一期2段	T0310	40－40	圆形	Bc型红陶罐（残）	
M2149	＊	T0310	50－50	圆形	红陶罐（残）	铜镯1件

（续表）

墓号	分期分段	位置	墓口尺寸口径－深	墓口形状	葬　　具	随葬品
M2150	二期 3 段	T0309	70－83	圆形	Ab 型灰陶瓮（残） Aa 型绿釉内罐	方形铁片 2 件
M2151a	三期 6 段	T0310	40－65	圆形	Aa 型 I 式灰陶罐	
M2151b	二期 4 段	T0311	60－63	圆形	Ae 型灰陶瓮（残） Bc 型绿釉内罐	海贝若干、瓦片
M2152	三期 6 段	T0311	50－73	圆形	灰陶套罐： Aa 型 I 式外罐 Bb 型 I 式内罐	
M2153	一期 2 段	T0211	36－57	圆形	Bc 型黄陶罐	
M2154	四期 8 段	T0311	48－67	圆形	Aa 型黄釉外罐 A 型黄釉内罐	铜片 1 件

（续表）

墓号	分期 分段	位置	墓口尺寸 口径－深	墓口 形状	葬　　具	随葬品
M2155	四期 8 段	T0311	36－63	圆形	B 型黄釉罐	
M2156	三期 6 段	T0311	60－70	圆形	灰陶套罐： Aa 型 I 式外罐（残） Bb 型 I 式内罐	瓦片
M2157	三期 7 段	T0311	40－52	圆形	Aa 型 II 式灰陶外罐 （无内罐）	
M2158	三期 6 段	T0311	50－70	圆形	灰陶套罐： Aa 型 I 式外罐 Ba 型内罐	瓦
M2159	三期＊段	T0311	50－60	圆形	Ae 型灰陶瓮（残） Ba 型灰陶内罐	海贝若干、瓦
M2160	一期 1 段	T0311	50－52	圆形	Ad 型黄陶罐 盖为 B 型红陶盆	

（续表）

墓号	分期分段	位置	墓口尺寸口径－深	墓口形状	葬　具	随葬品
M2161	三期 6 段	T0311	50－62	圆形	灰陶套罐 Aa 型 I 式外罐 Bb 型 I 式内罐（残）	
M2162	三期＊段	T0311	52－70	圆形	灰陶套罐：Ad 型灰陶瓮、Bd 型灰陶内罐（均残）	铜片 1 件、瓦
M2163	三期＊段	T0211	41－54	圆形	灰陶罐、Ba 型灰陶内罐（均残）	
M2164	三期 6 段	T0311	30－49	圆形	Ab 型灰陶罐（残）	
M2165	＊	T0311	36－56	圆形	灰陶罐、罐底有 1 小孔（残）	
M2166	二期 4 段	T0311	51－72	圆形	Ac 型红陶瓮（残） Bc 型绿釉内罐	铁片 3 件
M2167	三期 6 段	T0311	50－60	圆形	Ac 型灰陶外罐 Aa 型灰陶内罐	海贝若干
M2168	＊	T0311	30－51	圆形	灰陶罐（残）	
M2169	三期 6 段	T0311	40－61	圆形	Ab 型灰陶罐	
M2170	三期 6 段	T0311	40－55	圆形	灰陶套罐：Aa 型外罐、Bb 型灰陶内罐（均残）	铁镯、铜耳环
M2171	二期 4 段	T0311	30－54	圆形	Ba 型 II 式灰陶瓶（残）	
M2172	一期 1 段	T0311	（35－37）－54	近圆形	Ca 型黄陶罐	

（续表）

墓号	分期 分段	位置	墓口尺寸 口径－深	墓口 形状	葬　　具	随葬品
M2173	一期 1 段	T0311	45－57	圆形	Ba 型红陶罐	铁片 1 件
M2174	四期 9 段	T0311	30－64	圆形	B 型黄釉罐	
M2175	四期 9 段	T0311	30－60	圆形	B 型黄釉罐	
M2176	三期 5 段	T0311	30－52	圆形	C 型 I 式灰陶瓶	
M2177	四期 9 段	T0311	40－59	圆形	B 型黄釉罐	
M2178	三期 6 段	T0311	30－55	圆形	C 型 II 式灰陶瓶	
M2179	＊	T0311	40－60	圆形	灰陶罐带盖（残）	海贝若干

（续表）

墓号	分期 分段	位置	墓口尺寸 口径－深	墓口 形状	葬　具	随葬品
M2180	一期1段	T0311	40－59	圆形	Ca型黄陶罐	
M2181	三期6段	T0311	(80－95)－75	椭圆形	灰陶套罐： Aa型I式外罐 Bb型I式内罐	铁片1件、料珠2颗、海贝若干、玛瑙珠
M2182	二期4段	T0311	56－63	圆形	Ab型红陶瓮（残） Cb型绿釉内罐	瓦片
M2184	三期7段	T0311	38－56	圆形	Aa型II式灰陶外罐 （无内罐）	
M2185	四期9段	T0311	30－62	圆形	B型黄釉外罐	
M2186	三期6段	T0311	40－64	圆形	Aa型I式灰陶罐（残）	海贝若干
M2187	三期7段	T0311	40－67	圆形	灰陶套罐：Aa型II式外罐 Bb型I式内罐	

（续表）

墓号	分期分段	位置	墓口尺寸口径－深	墓口形状	葬　　具	随葬品
M2188	三期6段	T0311	50－33	圆形	Aa型I式灰陶内罐 灰陶盆盖	
M2189	三期6段	T0311	50－66	圆形	灰陶套罐： Aa型外罐（残） Bb型I式内罐	
M2190	三期6段	T0311	（30－60）－57	椭圆形	Ab型灰陶单罐 Ba型III式灰陶瓶	海贝若干
M2191	二期4段	T0311	73－61	圆形	Ab型灰陶瓮（残） Bb型绿釉内罐	海贝若干、铜片2件
M2192	二期4段	T0311	60－70	圆形	B型红陶瓮（残） Bc型绿釉内罐	铜片1件、铁片1件、瓦片
M2193	*	T0311	35－56	圆形	灰陶罐带盖（残）	
M2194	*	T0311	30－56	圆形	D型红陶罐（残）	
M2195	三期6段	T0311	50－67	圆形	Ac型灰陶外罐 （无内罐）	瓦片

（续表）

墓号	分期分段	位置	墓口尺寸口径－深	墓口形状	葬　具	随葬品
M2196	一期2段	T0311	75－62	圆形	Ae型黄陶罐	
M2197	三期6段	T0311	40－60	圆形	灰陶套罐：Aa型外罐、C型内罐（均残）	铁片1件、瓦
M2198	＊	T0311	30－48	圆形	灰陶瓶（残）	
M2199	二期4段	T0311	60－68	圆形	Ab型红陶瓮（残）Bc型绿釉内罐	
M2200	一期2段	T0311	40－56	圆形	Ae型红陶罐（残）	
M2201	三期6段	T0307	53－40	圆形	Aa型Ⅰ式灰陶单罐（残）	
M2202	二期4段	T0307	80－55	圆形	Ab型红陶瓮（残）Ac型绿釉内罐	
M2203	四期8段	T0307	60－38	近圆形	Aa型黄釉外罐罐内随葬一青釉小瓷罐	青釉瓷罐
M2204	＊	T0407	55－56	圆形	黄釉套罐（残）	
M2205	二期4段	T0407	60－60	圆形	红陶瓮、Bc型绿釉内罐（均残）	
M2206	＊	T0407	50－50	圆形	黄釉套罐（均残）	
M2207	三期5段	T0407	70－50	圆形	绿釉套罐：外罐（残）Da型内罐	大量海贝

（续表）

墓号	分期分段	位置	墓口尺寸口径－深	墓口形状	葬　具	随葬品
M2208	三期 6 段	T0307	50－60	圆形	C 型 Ⅱ 式灰陶瓶	
M2209	三期 5 段	T0307	60－45	近圆形	Ca 型绿釉外罐 Ae 型红陶罐	海贝 36 枚
M2210	三期 6 段	T0307	50－57	圆形	灰陶套罐： Aa 型 Ⅰ 式外罐（残） Bb 型 Ⅰ 式内罐	铜片 2 件、海贝若干
M2211	二期 4 段	T0307	65－55	圆形	红陶瓮（残） Bb 型绿釉内罐	
M2212	三期 6 段	T0307	50－65	圆形	灰陶套罐：Aa 型 Ⅰ 式外罐 Bb 型 Ⅰ 式内罐	海贝若干
M2213	三期 5 段	T0407	73－50	圆形	Ab 型灰陶瓮、Ba 型绿釉内罐（均残）	
M2214	三期 5 段	T0407	63－60	圆形	Ab 型灰陶瓮、Aa 型绿釉内罐（均残）	
M2215	三期 7 段	T0307	40－60	圆形	灰陶套罐：Aa 型 Ⅱ 式外罐 Bb 型 Ⅰ 式内罐	铁片

（续表）

墓号	分期分段	位置	墓口尺寸口径－深	墓口形状	葬　具	随葬品
M2216	四期 8 段	T0307	30－70	圆形	Ab 型黄釉瓶黄釉瓷碗为盖	
M2217	三期 6 段	T0307	50－70	圆形	灰陶套罐：Aa 型 I 式外罐Bb 型 I 式内罐	海贝若干
M2218	三期 6 段	T0307	40－50	圆形	Aa 型 I 式灰陶罐（残）	
M2219	三期 6 段	T0307	45－75	圆形	灰陶套罐：Bb 型外罐Ab 型内罐	铜片 1 件、海贝若干
M2220	二期 4 段	T0307	20－50	圆形	Ba 型 II 式灰陶瓶（残）	
M2221	四期 9 段	T0307	35－60	圆形	B 型黄釉瓷罐	
M2222	三期 * 段	T0307	40－48	圆形	D 型灰陶单罐（残）	
M2223	三期 5 段	T0307	51－65	圆形	绿釉套罐：A 型外罐（残）Bb 型内罐	海贝
M2224	三期 5 段	T0307	60－63	圆形	绿釉套罐：A 型外罐（残）Db 型内罐	海贝

（续表）

墓号	分期分段	位置	墓口尺寸口径－深	墓口形状	葬　具	随葬品
M2225	三期 6 段	T0307	40－58	圆形	Aa 型 I 式灰陶单罐	
M2226	三期 6 段	T0307	53－65	圆形	灰陶套罐： Aa 型外罐（残） C 型内罐	
M2227	三期 5 段	T0307	62－75	圆形	Ab 型灰陶瓮（残） Ba 型灰陶内罐	铜片、海贝、瓦片
M2228	二期 4 段	T0307	40－55	圆形	Ba 型 II 式灰陶瓶	
M2229	三期 5 段	T0307	60－70	圆形	绿釉套罐： Ca 型外罐 E 型内罐	海贝、铜片
M2231	三期 6 段	T0307	60－61	圆形	灰陶套罐：Ac 型外罐 Bc 型内罐	铁片 1 件

（续表）

墓号	分期分段	位置	墓口尺寸口径－深	墓口形状	葬 具	随葬品
M2232	三期 6 段	T0307	60－62	圆形	灰陶套罐：Aa 型 I 式外罐（残）Bb 型 I 式内罐	绿松石、瓦
M2233a	*	T0310	60－70	圆形	A 型灰陶盆	
M2233b	三期 6 段	T0307	60－65	圆形	Aa 型 I 式灰陶罐	海贝、银戒指
M2234	四期 8 段	T0307	50－65	圆形	黄釉套罐：Ac 型黄釉外罐 A 型黄釉内罐（残）	
M2235	*	T0307	30－50	圆形	灰陶罐（残）	
M2236	三期 8 段	T0307	70－56	圆形	绿釉套罐：A 型外罐、Da 型内罐内罐套 A 型灰陶盆	铜片、海贝若干
M2237	三期 5 段	T0307	60－90	圆形	灰陶套罐：Ab 型灰陶瓮 Ba 型内罐	

（续表）

墓号	分期 分段	位置	墓口尺寸 口径－深	墓口 形状	葬　　具	随葬品
M2238	三期 6 段	T0307	59－62	圆形	灰陶套罐： 外罐（残） Bb 型 I 式内罐	
M2239	三期 7 段	T0307	60－60	圆形	灰陶套罐：Ac 型外罐 Bb 型 II 式内罐	
M2240	三期 6 段	T0307	60－70	圆形	灰陶套罐： 外罐（残） Bb 型 I 式内罐	海贝
M2241	四期 8 段	T0307	60－67	圆形	Ad 型黄釉外罐 内罐（残）	海贝、铜珠
M2242	二期 4 段	T0307	70－65	圆形	Ab 型红陶瓮（残） Bc 型绿釉内罐	海贝若干
M2243	三期 5 段	T0307	30－50	圆形	C 型 I 式灰陶瓶	

（续表）

墓号	分期分段	位置	墓口尺寸口径－深	墓口形状	葬具	随葬品
M2244	三期 6 段	T0307	50－60	圆形	灰陶套罐：Aa 型 I 式外罐 Ab 型内罐	海贝、铁片 2 件
M2245	三期 6 段	T0307	55－67	圆形	灰陶套罐：Aa 型 I 式外罐 Bb 型 I 式内罐	铜片、海贝
M2246	二期 4 段	T0307	82－62	圆形	Ab 型红陶瓮（残）Ac 型绿釉内罐	铁片、瓦片
M2247	三期 6 段	T0307	60－60	圆形	灰陶套罐：Aa 型外罐（残）Ab 型内罐	铁片
M2248	三期 6 段	T0307	60－70	圆形	Ab 型灰陶瓮 Ba 型灰陶内罐	
M2249	三期 7 段	T0307	50－62	圆形	灰陶套罐：Aa 型 II 式外罐 Bb 型 I 式内罐	海贝若干

（续表）

墓号	分期分段	位置	墓口尺寸口径－深	墓口形状	葬　具	随葬品
M2250	三期6段	T0307	60－62	圆形	灰陶套罐： 外罐（残） Bb型I式内罐 	铁片、海贝、铜镯
M2252	一期2段	T0310	44－55	圆形	Ae型红陶罐（残）	
M2253	一期1段	T0310	48－45	圆形	Ca型红陶罐（残）	铜环1件
M2254a	＊	T0310	40－45	圆形	红陶罐（残）	
M2254b	一期2段	T0310	45－58	圆形	Bc型红陶罐（残）	
M2255	一期1段	T0310	40－40	圆形	Ba型红陶罐（残）	海贝若干、串珠1件
M2256	一期2段	T0310	40－40	圆形	Ae型红陶罐（残）	海贝若干
M2257	一期2段	T0310	46－55	圆形	Db型红陶罐 	海贝若干
M2258	一期2段	T0310	40－55	圆形	Bc型红陶罐 	绿釉碗
M2259	三期6段	T0310	（55－60）－75	椭圆形	灰陶套罐：Ba型外罐（残） Bb型I式内罐 	瓦片
M2260	三期2段	T0310	70－60	圆形	Aa型灰陶瓮 B型灰陶盆盖 	海贝若干、铜夹、铜耳勺、铁片、铜镯

（续表）

墓号	分期分段	位置	墓口尺寸口径－深	墓口形状	葬　具	随葬品
M2261	二期3段	T0309	50－50	圆形	Ab型红陶瓮（残）	方形铁片1件、灰陶盏
M2262	一期2段	T0309	40－50	圆形	Cb型红陶罐（残）	
M2263	一期2段	T0309	40－55	圆形	Ae型红陶罐	
M2264	三期6段	T0310	（40－60）－55	椭圆形	2组灰陶罐：1为Ab型单罐 1为Bb型内罐（无外罐）	海贝若干
M2266	二期3段	T0310	70－71	圆形	Ab型红陶瓮 Ba型绿釉内罐	
M2267	三期7段	T0309	70－72	圆形	灰陶套罐： Aa型Ⅱ式外罐 Bb型Ⅰ式内罐	铁片1件
M2268	三期6段	T0309	80－65	圆形	Ac型灰陶外罐	铁片2件
M2269	＊	T0309	46－56	圆形	红陶罐（残）	红陶碗
M2270	三期6段	T0309	58－65	圆形	Aa型Ⅰ式灰陶单罐（残）	铜镯1件（残）

（续表）

墓号	分期 分段	位置	墓口尺寸 口径－深	墓口 形状	葬　具	随葬品
M2271	二期 4 段	T0309	(55－70)－70	椭圆形	Ab 型红陶瓮、A 型红陶盆盖（均残） Bc 型绿釉内罐	海贝若干
M2272	三期 6 段	T0309	(65－70)－67	椭圆形	Ab 型灰陶单罐	铜片 1 件、白瓷片 1 件、残铁片 1 件
M2273	二期 3 段	T0309	70－56	圆形	Ab 型红陶瓮（残） Ba 型绿釉内罐	铁镯 1 件、莲花形铜片 1 件、海贝若干
M2274	二期 4 段	T0309	65－70	圆形	B 型红陶瓮（残）Bc 型绿釉内罐	铁片 1 件
M2275	二期 4 段	T0310	40－40	圆形	Ac 型红陶瓮、Bc 型绿釉内罐（均残）	
M2276	三期 6 段	T0309	(50～70)－72	椭圆形	Ba 型灰陶罐（残）	
M2277	三期 6 段	T0310	40－60	圆形	Ab 型灰陶单罐	
M2278	一期 2 段	T0310	50－60	圆形	Ae 型红陶罐、盖为绿釉碗	残绿釉碗

（续表）

墓号	分期分段	位置	墓口尺寸 口径－深	墓口形状	葬　具	随葬品
M2279	一期 2 段	T0310	40－45	圆形	Db 型红陶罐	
M2280	一期 2 段	T0310	48－60	圆形	Ae 型红陶罐	
M2281	*	T0308	50－74	圆形	灰陶罐（残）	
M2282	三期 7 段	T0308	33－55	圆形	青釉瓷罐带 A 型灰陶盆盖	铜镯、铜戒指（镶玉）、铜耳环、铜片各 1 件，海贝若干
M2283	二期 3 段	T0308	30－55	圆形	A 型灰陶瓶	
M2284	三期 6 段	T0308	50－70	圆形	灰陶套罐： Aa 型 I 式外罐 Bb 型 I 式内罐	海贝若干、铜片 1 件
M2285	*	T0208	46－56	圆形	灰陶罐（残）	铜片 1 件
M2286	三期 7 段	T0208	47－55	圆形	灰陶套罐： Aa 型 II 式外罐 Aa 型 I 式内罐	

（续表）

墓号	分期分段	位置	墓口尺寸口径－深	墓口形状	葬　具	随葬品
M2287	三期6段	T0308	45－68	圆形	灰陶套罐：Aa型I式外罐 Bb型I式内罐	铁片（马掌）、铜片
M2288	*	T0408	30－45	圆形	黄陶单罐（残）	
M2289	二期4段	T0308	55－65	圆形	Ab型红陶瓮带盖（残） Bc型绿釉内罐	铁片1件、瓦1件
M2290	二期3段	T0308	41－56	圆形	Ba型I式灰陶瓶 盖为A型灰陶盆	
M2291	*	T0308	30－55	圆形	D型灰陶内罐（残）	
M2292	三期6段	T0308	50－68	圆形	Aa型I式灰陶外罐（残） Aa型I式灰陶内罐	熊黄？
M2293	三期7段	T0308	55－40	圆形	Aa型II式灰陶外罐 （无内罐）	
M2294	二期4段	T0308	55－46	圆形	Ab型红陶瓮带盖、Bb型绿釉内罐（均残）	海贝、铁片
M2297	三期7段	T0308	50－73	圆形	灰陶套罐： 外罐（残） Bb型II式内罐	海贝

（续表）

墓号	分期分段	位置	墓口尺寸口径－深	墓口形状	葬　　具	随葬品
M2298	三期 6 段	T0408	40－54	圆形	灰陶套罐： Ac 型外罐（残） Bb 型 I 式内罐	
M2299	三期 6 段	T0308	50－62	圆形	灰陶套罐： Aa 型 I 式外罐（残） Bb 型 I 式内罐	
M2300	二期 4 段	T0308	50－64	圆形	绿釉套罐： Bb 型外罐（残） Bb 型内罐	瓦
M2301	三期 7 段	T0311	40－60	圆形	Aa 型 II 式灰陶罐 （无内罐）	海贝若干
M2302	三期 5 段	T0311	50－70	圆形	绿釉套罐： A 型外罐（残） Db 型内罐	瓦
M2303	三期 6 段	T0311	50－70	圆形	灰陶套罐： Ad 型外罐（残） Aa 型 I 式内罐	

（续表）

墓号	分期分段	位置	墓口尺寸口径－深	墓口形状	葬　　具	随葬品
M2304a	三期 6 段	T0311	(50~90)-64	椭圆形	灰陶套罐： Ab 型外罐 Bb 型 I 式内罐（残）	
M2304b	一期 1 段	T0311		椭圆形	Ad 型红陶罐	
M2305	*	T0311	60-62	圆形	Ab 型红陶瓮带盖、绿釉内罐带盖（均残）	铁片、铜片各 1 件、海贝若干
M2306	*	T0311	60-48	圆形	红陶罐（残）	
M2307	一期 2 段	T0311	40-52	圆形	Ae 型黄陶罐	
M2308	一期 2 段	T0311	30-50	圆形	Ae 型红陶罐（残）	
M2309	一期 1 段	T0311	40-57	圆形	Ac 型红陶罐	
M2310	一期 2 段	T0311	30-44	圆形	Ae 型红陶罐（残）	
M2311	一期 2 段	T0311	30-55	圆形	Db 型黄陶罐	

（续表）

墓号	分期分段	位置	墓口尺寸口径－深	墓口形状	葬　　具	随葬品
M2312	三期5段	T0311	60－70	圆形	绿釉套罐： A型外罐（残） Db型内罐	铁片、铜片各1件、海贝若干
M2313	三期5段	T0311	60－76	圆形	A型绿釉外罐（残） Db型绿釉内罐	铜片2件、海贝若干
M2314	一期1段	T0311	32－50	圆形	Aa型黄陶罐	
M2315	一期2段	T0311	40－57	圆形	Ae型红陶罐（残） B型红陶盆	
M2316	一期2段	T0311	20－51	圆形	B型红陶瓶	
M2317	四期9段	T0311	30－55	圆形	B型黄釉瓶	

（续表）

墓号	分期分段	位置	墓口尺寸口径－深	墓口形状	葬　具	随葬品
M2318	三期6段	T0311	40－77	圆形	灰陶套罐：外罐（残）Bb型I式内罐	铜镯1件（残）
M2319	三期6段	T0311	65－56	圆形	灰陶套罐：外罐（残）Bb型I式内罐	铁片1件、海贝若干
M2320	一期＊段	T0311	40－50	圆形	D型红陶罐（残）	
M2321	一期1段	T0311	40－58	圆形	Cb型红陶罐（残）	
M2322	一期2段	T0311	50－43	圆形	Ae型红陶罐罐盖上又加B型红陶盆	
M2323	三期5段	T0311	40－71	圆形	绿釉套罐：Ca型外罐E型内罐	海贝若干
M2324	＊	T0311	36－57	圆形	灰陶罐（残）	
M2325	四期9段	T0311	40－57	圆形	B型黄釉罐	
M2326	＊	T0310	50－50	圆形	红陶罐（残）	
M2327	一期2段	T0310	50－60	圆形	Ae型红陶罐（残）	

（续表）

墓号	分期分段	位置	墓口尺寸口径－深	墓口形状	葬　具	随葬品
M2328	一期 2 段	T0310	30－45	圆形	B 型红陶瓶	
M2329	＊	T0310	40－100	圆形	红陶罐（残）	
M2330	一期 1 段	T0310	50－55	圆形	Ab 型红陶罐 盖为 A 型灰陶盆	残陶碟 1 件
M2331	＊	T0311	40－50	圆形	红陶罐（残）	
M2332	一期 2 段	T0310	50－60	圆形	Bc 型红陶罐（残）	
M2333	一期 1 段	T0310	(40～45)－64	近圆形	Ba 型红陶罐	少量海贝
M2334	＊	T0309	40－40	圆形	红陶罐 绿釉碗盖（均残）	白瓷片
M2335	一期 2 段	T0309	40－40	圆形	Ae 型红陶罐（残）	
M2336	一期 1 段	T0309	40－62	圆形	Ba 型红陶罐（残）	
M2337	＊	T0309	50－40	圆形	A 型红陶盆及陶碟（陶盆反扣，下有 1 陶碟）（残）	
M2338	二期 3 段	T0309	81－62	圆形	Ab 型红陶瓮、绿釉内罐（均残）	
M2339	＊	T0310	(35～50)－70	椭圆形	红陶罐、盖为 B 型红陶盆（均残）	铜镯 1 件（残）
M2340	三期 6 段	T0309	91－62	圆形	Ab 型灰陶外罐、B 型红陶盆（均残）	
M2341	＊	T0310	40－40	圆形	红陶罐（残）	铜镯 1 件（残）
M2342	一期 2 段	T0310	40－62	圆形	Bc 型红陶罐（残）	

（续表）

墓号	分期分段	位置	墓口尺寸口径－深	墓口形状	葬　具	随葬品
M2343	三期 5 段	T0309	70－60	圆形	Ab 型灰陶瓮（残） Ba 型绿釉内罐	瓦
M2344	＊	T0309	50－80	圆形	红陶罐、盖为红陶盘、盘内有红陶碟（均残）	
M2345	三期 7 段	T0309	40－40	圆形	Da 型灰陶罐	
M2346	二期 4 段	T0309	73－65	圆形	Aa 型灰陶瓮、Cb 型绿釉内罐、内、外盖为红陶盘（均残）	
M2347	一期 1 段	T0310	40－55	圆形	Ad 型红陶罐	
M2348	＊	T0310	40－50	圆形	红陶罐（残）	
M2349	一期 2 段	T0310	40－44	圆形	Bc 型红陶罐（残）	
M2350	一期 1 段	T0310	37－50	圆形	Ca 型红陶罐 盖为 A 型红陶盆	碎瓷片 1 件
M2351	三期 6 段	T0307	40－58	圆形	C 型 II 式灰陶瓶	

（续表）

墓号	分期分段	位置	墓口尺寸口径－深	墓口形状	葬　具	随葬品
M2352	二期 4 段	T0307	80－70	圆形	Ab 型红陶瓮（残）Ac 型绿釉内罐	铜片、铁片
M2353a	三期 6 段	T0307	60－74	圆形	Ac 型灰陶外罐 C 型灰陶内罐	铁锁、海贝
M2353b	＊	T0307	60－64	圆形	其他型红陶罐	
M2354	三期 6 段	T0307	50－67	圆形	灰陶套罐：Aa 型 I 式外罐 Bb 型 I 式内罐	海贝
M2355a	三期 6 段	T0307	50－75	圆形	灰陶套罐：Aa 型 I 式外罐 Bb 型 I 式内罐	
M2355b	二期 4 段	T0307		圆形	红陶瓮（残）B 型红陶盆 Cb 型绿釉内罐	
M2356a	＊	T0307	40－70	圆形	灰陶瓶（残）	

（续表）

墓号	分期 分段	位置	墓口尺寸 口径－深	墓口 形状	葬　具	随葬品
M2356b	一期 2 段	T0307		圆形	Bb 型红陶罐	
M2357	*	T0307	50－55	圆形	灰陶外罐（残）	瓦片
M2358	三期 6 段	T0307	40－58	圆形	Aa 型 I 式灰陶单罐	
M2359a	三期 5 段	T0309	40－61	圆形	Ba 型 Ⅲ 式灰陶瓶	
M2359b	一期 2 段	T0309		圆形	B 型红陶瓶	
M2360	一期 * 段	T0307	50－50	圆形	B 型红陶罐（残）	铁镯
M2361	三期 7 段	T0307	50－68	圆形	灰陶套罐： Aa 型 Ⅱ 式外罐 Bb 型 I 式内罐	

（续表）

墓号	分期分段	位置	墓口尺寸口径－深	墓口形状	葬　具	随葬品
M2362	三期 5 段	T0307	60－60	圆形	A 型绿釉外罐（残） Db 型绿釉内罐	
M2363	三期 6 段	T0307	70－60	圆形	灰陶套罐： Aa 型 I 式外罐 Bb 型 I 式内罐	瓦
M2364	三期 6 段	T0307	40－70	圆形	Aa 型 I 式灰陶内罐（残）	
M2365	三期 6 段	T0307	70－60	圆形	灰陶套罐：Aa 型外罐（残） Ba 型灰陶内罐	瓦片
M2366	三期 6 段	T0307	60－70	圆形	Ab 型灰陶瓮 Ba 型灰陶内罐	铜片
M2367	＊	T0307	60－80	圆形	灰陶套罐： Ad 型灰陶瓮（残） 灰陶内罐（残）	穿孔铜片、瓦片
M2368	三期 6 段	T0307	55－65	圆形	Ab 型灰陶单罐 盖为灰陶匜	海贝

（续表）

墓号	分期分段	位置	墓口尺寸口径－深	墓口形状	葬　　具	随葬品
M2369	三期 6 段	T0307	60－70	圆形	灰陶套罐： Aa 型 I 式外罐 Bb 型 I 式内罐	海贝若干
M2370	*	T0307	60－70	圆形	灰陶套罐（残）	海贝
M2371	三期 6 段	T0311	50－59	圆形	灰陶套罐：外罐 Bb 型内罐（均残）	铜镜、海贝若干
M2372	三期 6 段	T0311	60－66	圆形	灰陶套罐：Ad 型灰陶瓮（残） Ba 型灰陶内罐	瓦
M2373	一期 2 段	T0311	35－49	圆形	C 型红陶瓶（残）	
M2375	一期 1 段	T0311	30－60	圆形	Da 型黄陶罐	
M2376	三期 6 段	T0311	50－63	圆形	Aa 型 I 式灰陶外罐 （无内罐）	
M2377	一期 2 段	T0311	35－60	圆形	Ae 型红陶罐（残）	
M2378	二期 4 段	T0311	30－57	圆形	Ba 型 II 式灰陶瓶（残）	海贝若干

（续表）

墓号	分期分段	位置	墓口尺寸口径－深	墓口形状	葬　具	随葬品
M2379	三期6段	T0311	50－75	圆形	灰陶套罐： Ac型灰陶外罐 Bb型I式灰陶内罐	
M2380	一期2段	T0311	40－56	圆形	Ae型红陶罐	
M2381	三期6段	T0311	50－70	圆形	Bb型I式灰陶内罐（外罐残）	
M2382	二期4段	T0311	40－60	圆形	Ba型II式灰陶瓶	残铜片
M2383	一期2段	T0311	30－55	圆形	Ae型红陶罐（残）	
M2384	一期2段	T0311	40－52	圆形	Ae型泥质陶（残）	
M2385	二期4段	T0311	45－60	圆形	红陶外罐（残） Bb型绿釉内罐	
M2386	二期4段	T0311	50－67	圆形	红陶瓮（残） Bc型绿釉内罐	铁片1件、瓦片
M2387	＊	T0311	60－68	圆形	红陶罐、B型红陶盆盖（均残）	

（续表）

墓号	分期分段	位置	墓口尺寸口径－深	墓口形状	葬　具	随葬品
M2388	一期 2 段	T0311	(40－60)－58	椭圆形	2 组灰陶葬具： Ae 型红陶罐（残） Bc 型红陶罐	小瓷罐
M2389	三期 6 段	T0311	60－78	圆形	灰陶套罐带盖：Ac 型外罐、C 型内罐（均残）	
M2390	二期 3 段	T0311	76－74	圆形	Aa 型灰陶瓮，B 型红陶盆盖（均残）	海贝若干、铜片
M2391	三期 7 段	T0308	40	圆形	灰陶套罐：Aa 型 I 式外罐 Bb 型 II 式内罐	铁片、海贝、戒指、铜镯、铜镜、料珠各 1 件、石戒指 2 枚
M2392	一期 1 段	T0308	40－53	圆形	Ba 型黄陶罐（残）	
M2393	一期 2 段	T0308	(45～60)－58	椭圆形	D 型红陶瓶、Ae 型红陶罐（均残）	
M2394	二期 4 段	T0308	50－63	圆形	Ba 型灰陶瓮（残）	瓦片
M2395	＊	T0308	50－58	圆形	红陶罐、红陶盆盖（均残）	
M2396	三期 6 段	T0308	30－57	圆形	Aa 型 I 式灰陶单罐无盖（残）	
M2397	＊	T0308	32－47	圆形	灰陶罐（残）	
M2398	一期 2 段	T0308	32－47	圆形	B 型红陶瓶（残）	
M2399	三期 6 段	T0308	50－68	圆形	Ac 型灰陶外罐 Bb 型 I 式灰陶内罐（残）	铜片、海贝
M2400	＊	T0308	40－50	圆形	灰陶罐（残）	
M2401	三期 6 段	T0307	60－70	圆形	Aa 型 I 式灰陶外罐 Bb 型 I 灰陶内罐	海贝若干

（续表）

墓号	分期分段	位置	墓口尺寸口径－深	墓口形状	葬　具	随葬品
M2402	三期 5 段	T0307	60－62	圆形	Cb 型绿釉外罐 E 型绿釉内罐	铜片、大量海贝
M2403	三期 6 段	T0307	50－71	圆形	Bb 型 I 式灰陶内罐 外罐（残）	大量海贝
M2404	三期 6 段	T0307	50－70	圆形	Bb 型 I 式灰陶内罐 外罐（残）	铜片
M2405	三期 7 段	T0307	55－70	圆形	灰陶套罐： Aa 型 II 式外罐 Bb 型 I 式内罐	
M2406	三期 6 段	T0307	60－75	圆形	外罐（残）Bb 型 I 式灰陶内罐	少量海贝
M2407	三期 6 段	T0307	50－62	圆形	灰陶套罐： Aa 型 I 式外罐 Bb 型 I 式内罐	铁片

（续表）

墓号	分期分段	位置	墓口尺寸口径-深	墓口形状	葬　具	随葬品
M2408	三期 6 段	T0307	60－65	圆形	灰陶套罐： Aa 型 I 式外罐 Ab 型内罐	
M2409	三期 6 段	T0307	40－45	圆形	Ab 型灰陶单罐	
M2410	三期 5 段	T0307	40－58	圆形	C 型 I 式灰陶瓶	
M2411	三期 7 段	T0307	40－55	圆形	Bb 型灰陶瓶	
M2412	三期 6 段	T0307	40－60	圆形	C 型 II 式灰陶瓶	
M2413	＊	T0307	30－40	圆形	灰陶罐（残）	
M2414	三期 6 段	T0307	50－64	圆形	灰陶套罐： Aa 型 I 式外罐 Bb 型 I 式内罐	海贝若干

（续表）

墓号	分期 分段	位置	墓口尺寸 口径－深	墓口 形状	葬　　具	随葬品
M2415	四期 8 段	T0307	50－53	圆形	Aa 型黄釉外罐 （无内罐）	大量海贝
M2416	三期 6 段	T0307	60－60	圆形	Aa 型 I 式灰陶外罐 内罐（残）	铜片、海贝、铁制品
M2417	三期 6 段	T0307	60－60	圆形	Aa 型灰陶外罐（残） Bc 型灰陶内罐	瓦片
M2418	三期 6 段	T0307	60－68	圆形	灰陶套罐： Aa 型 I 式外罐 Bb 型 I 式内罐	瓦片
M2419	三期 6 段	T0407	60－68	圆形	Aa 型 I 式灰陶罐（残）	瓦片
M2420	三期 6 段	T0307	40－64	圆形	Aa 型 I 式灰陶罐 盖为灰陶匝	大量海贝
M2421	三期 7 段	T0307	40－64	圆形	灰陶套罐： Aa 型 II 式外罐 Bb 型 I 式内罐	海贝、铁片

（续表）

墓号	分期分段	位置	墓口尺寸口径－深	墓口形状	葬　具	随葬品
M2422	三期6段	T0307	60－75	圆形	Ac型灰陶外罐、Da型绿釉内罐	海贝、铜器、铜镜、瓦片、铜饰品
M2423	三期5段	T0307	60－60	圆形	A型绿釉外罐、绿釉内罐（均残）	海贝若干、铁片
M2424	三期5段	T0307	60－55	圆形	绿釉套罐：A型外罐　Db型内罐	铜片、海贝、瓦片
M2425	三期6段	T0307	60－63	圆形	灰陶套罐：Aa型Ⅰ式外罐　Bb型Ⅰ式内罐	海贝
M2426	三期5段	T0307	50－68	圆形	绿釉套罐：Ca型外罐（残）　E型内罐	铜片1件、大量海贝
M2427	三期7段	T0307	60－55	圆形	Ac型灰陶外罐（残）　Bb型Ⅱ式灰陶内罐	
M2428	三期5段	T0307	60－65	圆形	绿釉套罐：A型外罐　Da型内罐	海贝
M2429	*	T0307	60－75	圆形	灰陶罐（残）	

（续表）

墓号	分期分段	位置	墓口尺寸口径－深	墓口形状	葬　具	随葬品
M2430	三期 5 段	T0307	60－55	圆形	绿釉套罐： A 型外罐 Db 型内罐	铜片
M2431	＊	T0308	30－50	圆形	黄陶单罐带石盖（残）	
M2432	一期 2 段	T0308	30－66	圆形	C 型红陶瓶	
M2433	三期 5 段	T0308	50－59	圆形	A 型绿釉外罐（残） Db 型绿釉内罐	海贝、铜片、瓦片
M2434	＊	T0408	40－52	圆形	灰陶单罐（残）	
M2435	三期＊段	T0408	40－56	圆形	Aa 型灰陶外罐、Bb 型灰陶内罐（残）	
M2436	三期＊段	T0308	50－76	圆形	Ae 型灰陶瓮、Ba 型灰陶内罐（残）	
M2437	＊	T0208	59－55	圆形	黄陶单罐（残）	
M2438	三期 6 段	T0308	30－60	圆形	Aa 型 I 式灰陶罐	
M2439	二期 4 段	T0308	60－75	圆形	Aa 型灰陶瓮、B 型红陶盆盖（均残） Cb 型绿釉内罐	铜片、铁片

（续表）

墓号	分期分段	位置	墓口尺寸 口径－深	墓口形状	葬　具	随葬品
M2440	一期 2 段	T0308	50－65	圆形	Aa 型红陶瓮（残） Ae 型红陶罐	瓦片
M2441	三期 6 段	T0308	40－55	圆形	灰陶套罐： Aa 型 I 式外罐 内罐（残）	
M2442	三期 5 段	T0308	(50～85)－65	不规则	2 组绿釉套罐： 1 为 Bb 型外罐、Bb 型内罐（均残） 1 为 A 型外罐、Db 型内罐	海贝、铁片、瓦片
M2443	三期 5 段	T0308	60－70	圆形	绿釉套罐： A 型外罐 Db 型内罐	海贝
M2444	三期 6 段	T0308	50－72	圆形	灰陶套罐： Aa 型 I 式外罐 Bb 型 I 式内罐	
M2445	三期 5 段	T0308	60－60	圆形	Ab 型红陶瓮、Aa 型绿釉内罐、A 型绿釉外罐、 Aa 型绿釉内罐带盖（均残）	
M2446	三期 6 段	T0408	40－62	圆形	灰陶套罐： Aa 型 I 式外罐 Bb 型 I 式内罐	海贝

（续表）

墓号	分期分段	位置	墓口尺寸口径－深	墓口形状	葬　具	随葬品
M2447	三期 7 段	T0408	40－65	圆形	Aa 型 II 式灰陶外罐（无内罐）	
M2448	二期 3 段	T0308	65－65	圆形	Ab 型红陶瓮、B 型红陶盆（均残）Ab 型绿釉内罐	
M2449	二期 4 段	T0408	59－66	圆形	Ab 型红陶瓮（残）Cb 型绿釉内罐	铁片
M2450	三期 6 段	T0308	42－70	圆形	灰陶套罐：Aa 型 I 式外罐Bb 型 I 式内罐	铜片
M2451	三期 6 段	T0311	48－70	圆形	灰陶套罐：Aa 型 I 式外罐Bb 型 I 式内罐	
M2452	三期 5 段	T0311	60－78	圆形	A 型绿釉外罐（残）Db 型绿釉内罐	海贝若干、瓦片

（续表）

墓号	分期分段	位置	墓口尺寸口径－深	墓口形状	葬　具	随葬品
M2453	三期7段	T0311	48－71	圆形	灰陶套罐： Aa型Ⅱ式外罐 Bb型Ⅰ式内罐	海贝若干、料珠2颗
M2454	三期5段	T0311	(45～50)－57	椭圆形	A型绿釉外罐（残）、Da型绿釉内罐	海贝若干、铜片1件、瓦片
M2456	二期4段	T0311	60－78	圆形	Ab型红陶瓮（残） Bb型绿釉内罐	
M2457	三期5段	T0311	60－73	圆形	绿釉套罐：A型外罐（残） Db型内罐	海贝若干
M2458	三期7段	T0311	48－73	圆形	灰陶套罐：Aa型Ⅱ式外罐 Bb型Ⅰ式内罐	海贝若干
M2459	一期1段	T0311	40－58	圆形	Ba型黄陶罐、盖为红陶匜	
M2460	一期2段	T0311	35－55	圆形	Bb型红陶罐（残）	
M2461	一期2段	T0311	40－45	圆形	Cb型红陶罐（残）	
M2462	一期2段	T0311	50－60	圆形	Ae型红陶罐（残）	

（续表）

墓号	分期分段	位置	墓口尺寸 口径－深	墓口形状	葬　具	随葬品
M2463	二期4段	T0311	(50～75)－57	椭圆形	一组套罐：外为 Ab 型红陶瓮（残）Bc 型绿釉陶罐	铜片1件、海贝若干、铁片1件
M2464	＊	T0311	40－52	圆形	黄陶罐（残）、盖为 B 型红陶盆	
M2465a	一期2段	T0309	40－48	圆形	Ae 型红陶罐（残）	陶碟1件（残）
M2465b	一期2段	T0311	30－53	圆形	Ae 型黄陶罐（残）	
M2466	一期2段	T0309	40－50	圆形	Ae 型红陶罐、盖为绿釉碗	绿釉碟（残）
M2467	二期3段	T0309	60－64	圆形	Ba 型红陶瓮、盖为 B 型红陶盆	方形铁片1件
M2468	二期3段	T0310	60－65	圆形	黄陶豆、宝塔形器盖	白瓷片1件
M2469a	一期2段	T0310	34－55	圆形	Cb 型红陶罐（残）	
M2469b	＊	T0310	40－40	圆形	绿釉罐（残）	绿釉碗
M2470	＊	T0309	40－60	圆形	红陶罐（残）	
M2471	一期1段	T0309	34－55	圆形	Ca 型红陶罐（残）	
M2472	＊	T0310	50－56	圆形	红陶罐、B 型红陶盆盖（均残）	

（续表）

墓号	分期分段	位置	墓口尺寸口径－深	墓口形状	葬 具	随葬品
M2473	二期3段	T0310	70－55	圆形	Ab型红陶瓮（残） Aa型绿釉内罐	方形铁片1件
M2474	＊	T0310	33－51	圆形	红陶罐（残）	
M2475	二期3段	T0309	70－60	圆形	Ab型红陶瓮（残）	残铜片1件、方形铁片1件
M2476	＊	T0310	50－80	圆形	B型红陶盆盖（残）	陶碟3件
M2477	＊	T0309	40－54	圆形	红陶罐（残）	
M2478	一期2段	T0309	40－50	圆形	Bc型红陶罐（残）	
M2479	＊	T0309	40－50	圆形	红陶罐（残）	
M2480	＊	T0309	40－40	圆形	红陶罐（残）	
M2481	三期＊段	T0308	55－76	圆形	Aa型灰陶外罐（残）	铁片、瓦片
M2482	三期＊段	T0308	55－72	圆形	Aa型灰陶外罐（残）	
M2483	三期6段	T0308	40－58	圆形	Aa型I式灰陶外罐（无内罐）	
M2484	二期4段	T0408	60－70	圆形	1组套罐：Ab型红陶瓮（残） Cb型绿釉内罐	青砖
M2485a	三期5段	T0308	60－70	圆形	A型绿釉外罐 Db型绿釉内罐	铜、铁片各1件

（续表）

墓号	分期分段	位置	墓口尺寸口径－深	墓口形状	葬　具	随葬品
M2485b	三期5段	T0308	60－60	圆形	Bb型红陶瓮（残） Db型绿釉内罐	铜片1件、瓦片
M2485c	*	T0308	60－64	圆形	绿釉内外罐（残）	残瓦、铜片
M2486	三期5段	T0308	47－53	圆形	A型绿釉外罐（残） Db型绿釉内罐	海贝、铜片、铁片
M2487	三期5段	T0308	51－60	圆形	A型绿釉外罐（残） Db型绿釉内罐	海贝若干、铁片4件
M2488	四期8段	T0308	50－63	圆形	黄釉套罐：Ac型外罐 A型内罐	
M2489	三期6段	T0308	40－63	圆形	Aa型灰陶外罐（残） Bb型I式灰陶内罐	
M2490	三期5段	T0308	70－65	圆形	Aa型灰陶瓮、B型红陶盆为盖（均残）Ca型绿釉内罐	海贝、铁片2件
M2491	*	T0308	36－57	圆形	红陶罐（残）	
M2492	一期2段	T0308	40－54	圆形	Ae型红陶罐（残）	

（续表）

墓号	分期分段	位置	墓口尺寸口径－深	墓口形状	葬　具	随葬品
M2493	三期6段	T0308	45－60	圆形	Ac型灰陶外罐（残） Ba型I式灰陶内罐	穿孔铜片
M2494	二期4段	T0308	60－65	圆形	Ab型红陶瓮 Bb型绿釉内罐（残）	瓦1件
M2495	三期6段	T0308	50－57	圆形	Aa型I式灰陶单罐 盖为A灰陶盆	海贝、瓷片、铁片
M2496	二期4段	T0308	70－59	圆形	Aa型灰陶瓮（残）、B型红陶盆盖 Cb型绿釉内罐	海贝若干
M2497	一期2段	T0308	(35~40)－48	近圆形	Bc型红陶罐（残）	
M2498	*	T0308	50－61	圆形	灰陶套罐：外罐带盖，内罐较碎，仅存极少量碎片	瓦、海贝
M2499	三期5段	T0308	70－63	圆形	套罐：Ab型灰陶瓮带盖、仅存碎片（残）	瓦
M2500	三期6段	T0308	50－61	圆形	灰陶套罐：Ad型外罐带盖、Bb型灰陶内罐（残）	铜镜、铜片、海贝、瓦片
M2501	三期6段	T0311	41－68	圆形	灰陶套罐：Aa型I式外罐 Bb型I式内罐	海贝若干、铜片1件
M2502	一期2段	T0311	40－45	圆形	Bb型黄陶罐带盖（残）	
M2503	一期1段	T0311	40－60	圆形	Ba型黄陶罐（残）	

（续表）

墓号	分期分段	位置	墓口尺寸口径－深	墓口形状	葬　　具	随葬品
M2504	＊	T0311	30－44	圆形	黄陶罐（残）	
M2505	一期 2 段	T0311	31－47	圆形	Ae 型黄陶罐（残）	铜片
M2506	二期 3 段	T0307	60－65	圆形	红陶瓮、Ba 型绿釉内罐（均残）	铁片
M2507	三期＊段	T0307	50－55	圆形	Ae 型灰陶外罐（残）	
M2508	三期 6 段	T0307	60－70	圆形	灰陶外罐（残）Bb 型 I 式灰陶内罐	海贝若干、铁片
M2509	三期 6 段	T0307	60－65	圆形	灰陶套罐：Aa 型 I 式外罐Bb 型 I 式内罐	海贝若干
M2510	二期 4 段	T0307	60－61	圆形	Ab 型红陶瓮（残）Cb 型绿釉内罐	琥珀
M2511	三期 6 段	T0307	50－60	圆形	Ca 型红陶罐、Ac 型灰陶外罐、灰陶内罐（均残）	
M2512	三期＊段	T0307	40－55	圆形	Ae 型 I 式灰陶罐	
M2513	三期 5 段	T0307	50－60	圆形	绿釉套罐：Cb 型外罐E 型内罐	大量海贝、玛瑙珠

（续表）

墓号	分期 分段	位置	墓口尺寸 口径－深	墓口 形状	葬　具	随葬品
M2514	一期 2 段	T0307	40－56	圆形	B 型红陶瓶	
M2515	一期 * 段	T0307	60－80	圆形	Dc 型红陶罐	铁片、海贝
M2516	三期 5 段	T0307	55－65	圆形	绿釉套罐：Cb 型外罐 E 型内罐	大量海贝
M2517	三期 6 段	T0307	60－68	圆形	Ba 型灰陶瓮、内罐为青釉瓷罐	海贝若干
M2518	一期 2 段	T0307	40－58	圆形	Bc 型红陶罐（残）	铜片
M2519	二期 4 段	T0307	70－80	圆形	Ab 型红陶瓮 Ac 型绿釉内罐	铜片、铁片、海贝、瓦片
M2520	二期 3 段	T0307	70－60	圆形	Ab 型红陶瓮（残） Ba 型绿釉内罐	

（续表）

墓号	分期分段	位置	墓口尺寸口径－深	墓口形状	葬　具	随葬品
M2521	二期 3 段	T0307	（50－55）－60	椭圆形	Ab 型红陶瓮（残） Cb 型红陶内罐	海贝若干、铁片
M2522	三期 5 段	T0307	55－65	圆形	绿釉套罐：A 型外罐 Da 型内罐	海贝
M2524	三期 5 段	T0307	70－60	圆形	A 型绿釉外罐、绿釉内罐（均残）	铜片、瓦片
M2525	一期 1 段	T0307	80－58	圆形	Ba 型红陶罐、B 型红陶盆盖（均残）	铜片、铁片
M2526	三期 5 段	T0309	40－50	圆形	红陶外罐（残） Db 型绿釉内罐	
M2527	一期 1 段	T0309	45－50	圆形	Ca 型红陶罐（残）	
M2528	＊	T0309	44－55	圆形	红陶罐（残）	
M2529	一期 1 段	T0309	40－40	圆形	Ad 型红陶罐	残陶碗 2 件
M2530	一期 2 段	T0310	（45～50）－60	椭圆形	Ae 型红陶罐	海贝若干

（续表）

墓号	分期分段	位置	墓口尺寸口径－深	墓口形状	葬　具	随葬品
M2531	二期 3 段	T0310	82－75	圆形	Ab 型红陶瓮（残） Bb 型红陶内罐	海贝若干、铁器 1 件
M2532	一期 2 段	T0309	45－55	圆形	Bc 型红陶罐	
M2533	一期 2 段	T0309	40－50	圆形	Bc 型红陶罐（残）	碎白瓷片 1 件
M2534	*	T0309	(30－35)－40	椭圆形	红陶罐（残）	
M2535	*	T0309	60－75	圆形	红陶罐、绿釉内罐（均残）	
M2536	*	T0309	30－36	圆形	红陶罐（残）	
M2537	*	T0309	45－35	圆形	红陶罐（残）	小陶碟 1 件
M2538	四期 * 段	T0309	45－56	圆形	E 型黄釉瓷罐（残）	
M2539	*	T0309			红陶罐（残） A 型红陶盆	灰陶盏
M2540	一期 1 段	T0309	40－57	圆形	Ca 型红陶罐（残）	
M2541	一期 2 段	T0309	50－57	圆形	Cb 型红陶罐（残）	
M2542	*	T0309	50－65	圆形	红陶罐（残） B 型红陶盆	方形铁片 1 件、方形铜片 1 件
M2544	一期 2 段	T0309	50－54	圆形	Cb 型红陶罐（残）	
M2545	一期 2 段	T0310	40－50	圆形	Bb 型红陶罐（残）	

（续表）

墓号	分期分段	位置	墓口尺寸口径－深	墓口形状	葬　具	随葬品
M2546	一期2段	T0311	40－58	圆形	Db型红陶罐	
M2547	一期2段	T0311	40－63	圆形	Ae型红陶罐（残）	
M2549	一期2段	T0311	40－53	圆形	Bc型红陶罐（残）	
M2551	＊	T0308	30－45	圆形	灰陶罐（残）	
M2552a	三期6段	T0308	（50－75）－60	椭圆形	Aa型I式灰陶单罐	
M2552b	一期2段	T0308		椭圆形	Ae型红陶罐	
M2553	三期5段	T0308	60－67	圆形	A型绿釉外罐（残）Db型绿釉内罐	铁片、铜片、海贝、黄色小石
M2554	二期4段	T0308	60－52	圆形	Aa型灰陶瓮B型红陶盆盖（残）Cb型绿釉内罐	铁片、方形残砖1件
M2555	三期6段	T0308	30－45	圆形	Aa型I式灰陶罐	

（续表）

墓号	分期分段	位置	墓口尺寸 口径－深	墓口形状	葬　具	随葬品
M2556	三期6段	T0308	46－62	圆形	灰陶套罐： Ba 型外罐 Bb 型 I 式内罐	残瓦1件、铜片
M2557	三期6段	T0308	50－62	圆形	灰陶套罐： Aa 型外罐（残） Bb 型 I 式内罐	铜片、铁片、海贝
M2558	三期6段	T0308	46－60	圆形	Aa 型灰陶外罐、C 型灰陶内罐（残）	铁条
M2559	三期7段	T0308	50－67	圆形	灰陶套罐： Aa 型 I 式外罐 Bb 型 II 式内罐	铜片、耳环
M2560	＊	T0308	60－60	圆形	1组套罐：Ab 型红陶瓮、绿釉内罐（均残）	瓦
M2561	三期7段	T0308	50－68	圆形	灰陶套罐： Aa 型外罐（残） Db 型内罐	铁片、青釉瓷罐
M2562	三期5段	T0308	56－65	圆形	绿釉套罐： A 型外罐（残） Db 型内罐	铜片
M2563	四期9段	T0308	50－53	圆形	黄釉套罐： Ad 型黄釉外罐 B 型黄釉内罐	海贝、铜镯

（续表）

墓号	分期 分段	位置	墓口尺寸 口径－深	墓口 形状	葬　具	随葬品
M2564	三期 6 段	T0308	50－75	圆形	灰陶套罐： Ac 型外罐 C 型内罐	
M2565	二期 3 段	T0308	30－50	圆形	Ba 型 I 式灰陶瓶	
M2566	三期 * 段	T0308	50－60	圆形	灰陶套罐：Ad 型灰陶瓮（残） A 型灰陶盆为盖 Ba 型灰陶内罐	海贝、铁片、铜片
M2567	三期 6 段	T0308	50－63	圆形	灰陶套罐： Aa 型 I 式外罐 Ab 型内罐	海贝
M2568	三期 5 段	T0308	50－68	圆形	绿釉套罐： Cb 型外罐（残） E 型内罐	海贝、铜片
M2569	三期 * 段	T0308	50－68	圆形	灰陶套罐：Aa 型灰陶外罐（残）	铜片
M2570	四期 8 段	T0308	50－55	圆形	黄釉套罐： Aa 型外罐 A 型内罐	海贝
M2571	*	T0311	40－61	圆形	红陶罐（残）	
M2572	*	T0311	45－50	圆形	黄陶罐（残）	

（续表）

墓号	分期分段	位置	墓口尺寸口径－深	墓口形状	葬　具	随葬品
M2578	一期2段	T0309	54－60	圆形	Ae型红陶罐、B型红陶盆盖（均残）	银镯1件
M2579	一期1段	T0309	50－60	圆形	Ba型红陶罐（残）	
M2580	一期2段	T0310	40－40	圆形	Bc型红陶罐（残）	
M2581	一期2段	T0309	（40－50）－66	椭圆形	Cb型红陶罐（残）	
M2582	＊	T0309	30－35	圆形	红陶罐、灰陶罐（均残）	
M2583	一期2段	T0309	30－45	圆形	Ae型红陶罐（残）	
M2584	一期2段	T0309	50－50	圆形	Ae型红陶罐（残）	
M2585	＊	T0309	40	圆形	红陶罐（残）	
M2586	一期2段	T0309	40－40	圆形	Bc型红陶罐（残）	
M2587	一期2段	T0309	50－50	圆形	Ae型红陶罐（残）。	碎瓷片1件
M2588	一期2段	T0309	45－61	圆形	Ae型红陶罐 	绿釉碗1件
M2589	＊	T0309	50－50	圆形	红陶罐（残）	
M2590	一期2段	T0309	40－50	圆形	灰陶外罐、Bc型红陶罐（均残）	
M2591	四期6段	T0308	55－62	圆形	Ba型灰陶外罐（残） Ba型灰陶内罐 	青釉瓷罐、铜片
M2592	三期6段	T0308	50－72	圆形	灰陶套罐： Aa型I式外罐 Bb型I式内罐 	铜片2件
M2593	二期3段	T0308	60－57	圆形	Ab型红陶瓮（残） Aa型绿釉内罐 	瓦片

（续表）

墓号	分期 分段	位置	墓口尺寸 口径－深	墓口 形状	葬　具	随葬品
M2594	二期 4 段	T0309	60－64	圆形	Ab 型红陶瓮（残） Bc 型绿釉内罐	残瓦 1 件
M2595	三期 6 段	T0309	50－72	圆形	灰陶套罐： Aa 型 I 式外罐（残） Bb 型 I 式内罐	
M2596	三期 5 段	T0308	50－63	圆形	灰陶外罐、Da 型绿釉内罐（均残）	
M2597	＊	T0308	60－60	圆形	灰陶罐（残）铁片、铜片、瓦片	
M2598	＊	T0308	（35－65）－46	椭圆形	灰陶罐、红陶罐（均残）	
M2599	三期 6 段	T0308	60－58	圆形	灰陶套罐： Aa 型 I 式外罐 Bb 型 I 式内罐	
M2600	＊	T0308	40－40	圆形	灰陶罐（残）	
M2602	＊	T0309	40－40	圆形	红陶罐（残）	铜镯 1 件
M2603	一期 2 段	T0309	50－60	圆形	Ae 型红陶罐	铜镯 1 件
M2604	一期 1 段	T0309	40－60	圆形	Ba 型红陶罐（残）	
M2605	＊	T0309	40－50	圆形	红陶罐（残）	
M2606	一期 2 段	T0309	40－40	圆形	Ae 型红陶罐（残）	
M2607	一期 2 段	T0309	40－50	圆形	Bc 型红陶罐	

（续表）

墓号	分期分段	位置	墓口尺寸口径－深	墓口形状	葬　具	随葬品
M2608	一期2段	T0309	40－50	圆形	Bc型红陶罐（残）	
M2609	一期2段	T0309	49－75	圆形	Ae型红陶罐	
M2610	＊	T0309	40－40	圆形	红陶罐（残）	
M2611	三期6段	T0308	50－58	圆形	灰陶套罐：Aa型外罐（残）Bb型I式内罐	残瓦
M2612	二期4段	T0308	60－63	圆形	Ab型灰陶瓮（残）Bb型绿釉内罐	瓦、铁片、铜片
M2613	三期5段	T0308	60－70	圆形	绿釉套罐：A型外罐Da型内罐	铜片1件
M2614	三期6段	T0308	50－60	圆形	灰陶套罐：Ac型外罐C型内罐	
M2615	二期3段	T0308	60－70	圆形	Ab型红陶瓮（残）Aa型绿釉内罐	海贝

（续表）

墓号	分期分段	位置	墓口尺寸 口径－深	墓口形状	葬　具	随葬品
M2616	三期5段	T0308	50－63	圆形	绿釉套罐： Cb型外罐 E型内罐	铜片1件
M2617	＊	T0308	30－46	圆形	红陶罐（残）	
M2618	一期1段	T0308	40－38	圆形	Ca型红陶罐（残）	
M2619	＊	T0308	30－45	圆形	红陶罐（残）	
M2620	一期1段	T0308	30－56	圆形	A型红陶瓶	
M2621	＊	T0308	40－42	圆形	A型红陶盆、灰陶盏（均残）	反扣陶盘、陶碟各1件
M2622	一期2段	T0308	30－40	圆形	Bb型黄陶（残）	
M2623	＊	T0308	40－45	圆形	红陶罐（残）	
M2624	三期5段	T0308	70－95	圆形	绿釉套罐： A型外罐（残） Db型内罐	海贝、料珠、铜片、瓦片
M2625	三期6段	T0308	50－95	圆形	灰陶套罐： Aa型Ⅰ式外罐 Ab型内罐	海贝、漆皮
M2626	二期3段	T0308	70－95	圆形	Ab型红陶瓮（残） Aa型绿釉内罐	瓦片
M2627	＊	T0308	30－42	圆形	灰陶罐（残）	

（续表）

墓号	分期 分段	位置	墓口尺寸 口径－深	墓口 形状	葬　具	随葬品
M2628	二期 4 段	T0308	60－54	圆形	Aa 型灰陶瓮 A 型红陶盆盖（均残） Cb 型绿釉内罐 	海贝、铁片、铜片
M2629	二期 4 段	T0308	60－53	圆形	Aa 型灰陶瓮（残） Cb 型绿釉内罐 	海贝若干、铁片 1 件、瓷片 1 件
M2630	一期 2 段	T0308	30－45	圆形	C 型红陶瓶（残）	
M2631	一期 * 段	T0308	50－50	圆形	红陶套罐： B 型红陶瓮（残） Ba 型红陶内罐 	穿孔骨饰品、铁片、瓦片
M2632	一期 2 段	T0308	45－45	圆形	Ae 型红陶罐（残）	绿釉碗
M2633	三期 6 段	T0308	50－58	圆形	灰陶套罐： Aa 型 I 式外罐 Bb 型 I 式内罐 	瓦片
M2634	二期 4 段	T0308	70－75	圆形	Aa 型灰陶瓮、Bb 型绿釉内罐（均残）	铜片 1 件、海贝若干
M2635	二期 3 段	T0308	60－73	圆形	Ab 型红陶瓮（残） Ba 型绿釉内罐 	铁片、瓦
M2636	*	T0408	45－50	圆形	黄陶盆倒置、下有小黄陶盏 	

（续表）

墓号	分期分段	位置	墓口尺寸口径－深	墓口形状	葬　具	随葬品
M2637	一期2段	T0308	30－47	圆形	Bb型红陶罐（残）	
M2638	一期2段	T0308	40－50	圆形	Bc型红陶罐（残）	
M2639	三期5段	T0308	50－68	圆形	绿釉套罐： A型外罐（残） Db型内罐 	铁片1件、铜片1件、瓦、海贝
M2640	一期2段	T0308	40－48	圆形	Ae型红陶罐（残）	
M2641	一期2段	T0308	40－57	圆形	Ae型红陶罐、盖为绿釉碗（均残）	
M2642	三期5段	T0308	50－65	圆形	绿釉套罐： A型外罐（残） Bb型内罐 	海贝若干、铜片1件、残瓦
M2643	＊	T0308	40－50	圆形	红陶罐（残）、盖为A型红陶盆 	
M2644	三期6段	T0308	50－70	圆形	灰陶套罐： Aa型灰陶外罐（残） Bb型I式内罐 	瓦片、青砖
M2645	三期5段	T0308	55－58	圆形	绿釉套罐带盖、Db型绿釉内罐（残）	铁片、铜镯
M2646	三期5段	T0308	45－61	圆形	绿釉套罐： Cb型外罐 E型内罐（残） 	铜镯、海贝、铁片

（续表）

墓号	分期分段	位置	墓口尺寸口径－深	墓口形状	葬　具	随葬品
M2647	二期 3 段	T0308	60－63	圆形	Ab 型红陶瓮（残）Ab 型绿釉内罐	铜片 1 件、瓦片
M2648	一期 2 段	T0308	40－55	圆形	Ae 型黄陶罐	
M2649	一期 2 段	T0308	40－50	圆形	B 型灰陶盆、Cb 型红陶内罐（均残）	
M2650	三期 * 段	T0308	50－66	圆形	Ad 型灰陶外罐、Ba 型灰陶内罐（均残）	铁片、铜片、瓦
M2651	二期 4 段	T0308	66－63	圆形	Ab 型灰陶瓮（残）Ac 型绿釉内罐	铁片、铜片、瓦片
M2652	一期 2 段	T0308	50－57	圆形	Bc 型红陶罐（残）	
M2653	二期 4 段	T0308	60－65	圆形	B 型红陶瓮（残）Bb 型绿釉内罐	海贝、瓦、铁片
M2654	*	T0307	50－47	圆形	A 型灰陶盆倒置、扣 1 倒置小陶盏	
M2656	*	T0309	60－75	圆形	灰陶套罐（残）	
M2657	二期 3 段	T0309	60－45	圆形	Aa 型灰陶瓮、Bc 型红陶内罐（均残）	方形、圆形铜片各 1 件

（续表）

墓号	分期分段	位置	墓口尺寸口径－深	墓口形状	葬　具	随葬品
M2658	一期 2 段	T0309	50－57	圆形	Bc 型红陶罐（残）盖为 A 型红陶盆罐底垫 1 灰陶盏	小陶碟
M2659	*	T0309	50－50	圆形	A 型红陶盆扣 1 灰陶盏	小陶碟
M2660	一期 2 段	T0310	40－50	圆形	Ae 型红陶罐（残）	绿釉残碗
M2661	一期 1 段	T0310	30－46	圆形	Ca 型红陶罐（残）	
M2662	*	T0310	41－74	圆形	灰陶罐、盖为红陶（均残）	铁片
M2663	一期 2 段	T0310	60－38	圆形	A 型红陶盘（盖）、Bc 型红陶罐（均残）	
M2664	二期 3 段	T0309	50－60	圆形	Aa 型灰陶瓮、绿釉内罐（残）	残铁片
M2665	*	T0309	38－60	圆形	红陶罐（残）	
M2666	*	T0309	48－60	圆形	红陶罐（残）	
M2667	*	T0310	60－42	圆形	红陶罐（残）	方形铁片 1 件、海贝
M2668	*	T0309	40－60	圆形	红陶罐（残）	
M2669	一期 2 段	T0309	40－40	圆形	Ae 型红陶罐（残）	铁镯 1 件
M2670	三期 5 段	T0307	60－67	圆形	A 型绿釉外罐、绿釉内罐（均残）	铜片、海贝，瓦片
M2671	二期 3 段	T0309	45－57	圆形	Ab 型红陶瓮、Cc 型红陶内罐（均残）	铁片 1 件
M2672	*	T0307	60－75	圆形	红陶钵、红陶碗（均残）	灰陶盏
M2673	*	T0407	45－60	圆形	灰陶外罐、绿釉陶罐（均残）	铁片
M2674	*	T0309	50－63	圆形	红陶罐（残）	
M2675	一期 1 段	T0310	（40－45）－50	椭圆形	Ca 型红陶罐（残）	绿釉碗（残）
M2676	二期 3 段	T0309	41－50	圆形	Ab 型红陶瓮（残）	
M2677	一期 2 段	T0310	44－60	圆形	Ae 型红陶罐（残）	
M2678	一期 1 段	T0309	29－50	圆形	Ca 红陶罐（残）	残陶碗 1 件

附表二 土坑墓登记表

墓号	分期	位置	方向	墓口尺寸（cm）	葬具	葬俗葬式	随葬品
M44	*	T0204	95°	260×74－107	不明	不明	
M46	*	T0204	120°	236×74－88	不明	不明	
M47	*	T0203	125°	210×78－（40～50）	不明	不明	风水罐
M49	晚期	T0203	124°	170×50－65	不明	不明	黄釉罐
M50	晚期	T0202	109°	190×60－43	不明	不明	黄釉罐、玛瑙扣
M51	*	T0202	119°	50×30－42	不明	不明	
M52	晚期	T0201	114°	65×40－45	不明	不明	小瓷罐1、石扣1、铜扣、银耳环
M76	晚期	T0210	145°	160×40	棺木朽	不明	黄釉罐1、银戒指1、银耳环1
M77	晚期	T0210	140°	240×80－150	不明	不明	酱釉瓷罐，罐身侧面有一小孔

（续表）

墓号	分期	位置	方向	墓口尺寸（cm）	葬具	葬俗葬式	随　葬　品
M78	晚期	T0210	130°	240×80－45	红漆棺木朽	不明	耳环2件、铜镯1件、玉镯1件、纽扣若干、银头箍1件、银饰2件
M136	晚期	T0110	50°	200×120－40	红漆棺木朽	不明	铜纽7件、银片1件
M150	晚期	T0110	134°	170×55－70	棺木朽	不明	
M154	晚期	T0109	140°	170×66－66	棺木朽	不明	黄釉风水罐（内有银制小动物1件）
M217	中期	T0109	125°	210×60－（40～90）	棺木朽	不明	银耳环一对、青釉瓷碗
M224	晚期	T0110	132°	200×（50～84）－（50～80）	棺木朽	2碗相扣置于墓坑中部	青釉瓷碗1、黄釉瓷罐1、"寿"字玉牌、银饰
M259	晚期	T0109	142°	220×80－100	棺木朽	下垫大量石灰	
M265	中期	T0110	123°	220×80－55	棺木朽	死者双手放于腹部	小罐4、壶（残）、杯（残）带杯锡盏4
M281	中期	T0202	132°	190×70－50	棺木朽	不明	风水罐、青釉瓷罐、铜扣纽、铜饰
M282	中期	T0202	144°	190×50－53	棺木朽	与M281为合葬墓	银镯、银耳环、风水罐

（续表）

墓号	分期	位置	方向	墓口尺寸（cm）	葬具	葬俗葬式	随葬品
M283	晚期	T0201	112°	180×50－45	棺木朽	不明	银耳环1对、玉耳环1对、银帽饰、风水罐
M284	＊	T0202	113°	130×50－35	棺木朽	不明	
M285	晚期	T0202	141°	200×60－45	棺木朽	不明	银耳环1对、银饰、风水罐
M302	＊	T0104	129°	180×40－65	棺木朽	不明	
M303	＊	T0104	124°	180×42－65	棺木朽	不明	
M304	＊	T0103	94°	180×50－70	棺木朽	不明	
M305	＊	T0103	99°	200×50－72	棺木朽	不明	
M307	中期	T0103	137°	224×（40～64）－（50～60）	棺木朽	不明	铜纽扣数枚、风水罐、铜镯、银饰
M310	＊	T0202	129°	200×90	不明	不明	
M329	＊	T0111	160°	190×60－70	棺木朽	不明	
M330	＊	T0111	112°	160×50－40	棺木朽	不明	
M345	＊	T0210	131°	180×80－60	棺木朽	不明	
M398	晚期	T0205	147°	230×70－80	棺木朽	不明	铜纽扣2枚
M399	晚期	T0205	120°	215×55－60	棺木朽	不明	风水罐、瓷盖
M405	晚期	T0205	122°	190×60－60	棺木朽	不明	银耳环1对、铜纽扣数枚、风水罐

（续表）

墓号	分期	位置	方向	墓口尺寸（cm）	葬具	葬俗葬式	随葬品
M416	*	T0205	121°	190×60－60	棺木朽	不明	
M417	*	T0205	121°	190×60－60	棺木朽	不明	
M425	中期	T0205	96°	170×50－116	棺木朽	头、脚部放木炭、出相扣瓷碗、内有铜币	瓷碗2件、钱币
M426	*	T0106	110°	190×70－60	棺木朽	不明	
M438	晚期	T0206	122°	180×70－60	棺木朽	不明	铜扣数枚、风水罐、铁片
M448	晚期	T0205	136°	210×70－60	棺木朽	不明	风水罐、铜耳环
M451	*	T0111	134°	120×45－45	棺木朽	不明	
M452	*	T0112	137°	230×65－55	棺木朽	不明	
M453	*	T0112	118°	180×50－60	棺木朽	不明	
M454	*	T0111	103°	95×40－45	不明	不明	
M458	中期	T0112	130°	210×80－50	棺木朽	不明	风水罐
M461	*	T0111	104°	200×60－70	黑漆棺木朽	双手腹前交叉	
M465	晚期	T0111	115°	195×60－50	红漆棺木朽	不明	酱釉单耳小瓷罐
M466	*	T0111	113°	170×50－60	棺木朽	双手交叉于腹前	
M467	*	T0111	116°	180×60－70	棺木朽	双手交叉于腹前	
M471	*	T0201	310°	190×50－40	棺木朽	双手交叉于腹前	
M472	晚期	T0201	325°	190×60－45	棺木朽	不明	银耳环、玉镯、玉饰、扣饰、玛瑙串珠、风水罐

（续表）

墓号	分期	位置	方向	墓口尺寸（cm）	葬具	葬俗葬式	随葬品
M473	*	T0201	325°	190×60－40	棺木朽	不明	
M474	中期	T0201	300°	190×50－40	棺木朽	不明	瓷碗
M475	晚期	T0102	133°	190×60	不明	不明	玉戒指、风水罐、玛瑙扣
M476	晚期	T0102	139°	210×95	不明	不明	银耳环、风水罐、铜纽
M481	晚期	T0203	130°	180×60－90	棺木朽	不明	风水罐
M482	中期	T0203	132°	180×40－65	棺木朽	不明	银纽扣若干颗
M487	中期	T0203	109°	210×50－50	棺木朽	不明	瓷碗
M488	*	T0204	140°	150×50－50	棺木朽	双手放于下腹部	
M490	早期	T0203	113°	180×45－50	棺木朽	不明	明代"弘治"铜钱1枚
M502	*	T0312	141°	180×60－65	棺木朽	不明	
M503	*	T0212	159°	180×60－45	棺木朽	不明	
M505	*	T0212	143°	185×55－50	棺木朽	双手交叉于腹前	

（续表）

墓号	分期	位置	方向	墓口尺寸（cm）	葬具	葬俗 葬式	随 葬 品
M508	中期	T0212	131°	190×60－60	棺木朽	双手交叉于腹前	黄釉小陶罐3件
M510	中期	T0211	143°	180×55－50	棺木朽	头部垫木炭，腿部有 青灰色粉末	
M521	＊	T0202	134°	190×78－60	棺木朽	有骨架无随葬品	
M522	＊	T0202	109°	183×68－60	棺木朽	有骨架无随葬品	
M523	中期	T0202	131°	196×67－70	棺木朽	有骨架。	青釉瓷碗、 风水罐盖
M524	＊	T0202	129°	189×108－60	棺木朽	骨架较朽、无随葬品。	
M525	＊	T0102	126°	198×69－70	棺木朽	骨架较朽，无随葬品。	
M526	晚期	T0102	141°	205×66－80	棺木朽	骨架较朽	铜纽扣、 风水罐
M527	中期	T0203	102°	200×40－70	棺木朽	不明	铜镯1件
M528	＊	T0204	150°	210×80－80	棺木朽	双人合葬	
M529	＊	T0204	99°	200×50－70	棺木朽	不明	银耳环2件
M530	＊	T0203	103°	200×45－70	棺木朽	不明	

（续表）

墓号	分期	位置	方向	墓口尺寸（cm）	葬具	葬俗葬式	随葬品
M539	中期	T0209	120°	210×78－70	棺木朽	不明	花叶形银饰1件
M550	早期	T0209	130°	216×60－60	棺木朽	双手交叉于腹前	锡器1套、铁器1件
M602	晚期	T0107	120°	160×60－60	不明	不明	黄釉风水罐
M603	晚期	T0107	139°	160×50－60	不明	不明	扣饰、银耳环、矿石、黄釉风水罐
M604	中期	T0105	123°	190×80－60	棺木朽	不明	黄釉风水罐、锡饰
M634	＊	T0107	123°	125×50－70	不明	不明	
M687	＊	T0209	134°	215×70－85	不明	仰身直肢	
M701	＊	T0212	144°	195×60－45	棺木朽	仰身直肢	
M702	中期	T0212	143°	190×65－65	棺木朽	仰身直肢	酱釉瓷罐、盖为青釉瓷碗
M706	＊	T0212	164°	185×60－50	棺木朽	打破M514、仰身直肢	
M715	＊	T0211	142°	210×80－50	棺木朽	仰身直肢	

（续表）

墓号	分期	位置	方向	墓口尺寸（cm）	葬具	葬俗葬式	随葬品
M717	中期	T0312	154°	180×70－60	棺木朽	仰身直肢	2只瓷碗相扣、铜耳环1件、纽扣2件
M718	中期	T0211	121°	110×60－40	棺木朽	不明	风水罐、黄釉瓷罐
M723	中期	T0312	154°	190×70－50	棺木朽	仰身直肢	酱釉瓷罐及瓷碗相扣
M729	＊	T0312	198°	170×45－35	不明	不明	
M730	早期	T0312	159°	190×60－50	棺木朽	仰身直肢	2只瓷碗相扣、小锡壶1只（残）、铜瓦1块
M806	中期	T0313	119°	190×60－60	棺木朽	不明	风水罐青釉瓷碗
M807	中期	T0313	158°	190×50－60	棺木朽	不明	瓷碗2只
M809	中期	T0313	130°	200×55－60	棺木朽	合葬墓	风水罐
M810	中期	T0214	120°	190×50－40	棺木朽	不明	瓷碗盖、风水罐
M834	＊	T0106	179°	160×40－50	棺木朽	不明	
M835	＊	T0106	99°	200×60－50	棺木朽	不明	
M836	＊	T0106	98°	230×60－55	棺木朽	不明	
M915	＊	T0212	135°	200×60－55	棺木朽	不明	
M916	＊	T0212	164°	190×55－55	棺木朽	双手放于下腹部	

（续表）

墓号	分期	位置	方向	墓口尺寸（cm）	葬具	葬俗葬式	随葬品
M918	中期	T0212	172°	200×65－45	棺木朽	双手放于下腹部	风水罐、青釉碗
M922	*	T0212	126°	160×60－40	棺木朽	不明	
M928	*	T0212	141°	190×60－45	棺木朽	双手放于下腹部	
M1003	中期	T0209	132°	190×60－80	棺木朽	不明	墓底中部出青釉碗2件
M1021	*	T0210	137°	195×60－120	棺木朽	不明	
M1033	*	T0210	109°	180×70－170	棺木朽	双手放于下腹部	
M1059	*	T0409	108°	90×50－42	棺木朽	不明	
M1079	*	T0312	110°	207×70－60	棺木朽	双手交叉放于下腹部	
M1080	*	T0212	151°	212×49－34	棺木朽	双手放于下腹部交叉	
M1081	*	T0312	188°	90×62－40	棺木朽	双手交叉放于下腹部	
M1082	*	T0212	173°	260×63－37	棺木朽	双手交叉放于下腹部	
M1083	*	T0212	135°	82×58－40	棺木朽	双手交叉放于下腹部	
M1092	*	T0312	189°	180×65－40	棺木朽	双手交叉放于下腹部	
M1093	*	T0312	161°	198×60－56	棺木朽	双手交叉放于下腹部	
M1094	*	T0312	165°	200×90－78	棺木朽	双手交叉放于下腹部	
M1095	*	T0212	126°	186×60－36	棺木朽	双手交叉放于下腹部	
M1096	*	T0212	128°	194×54－33	棺木朽	双手交叉放于下腹部	

（续表）

墓号	分期	位置	方向	墓口尺寸（cm）	葬具	葬俗葬式	随 葬 品
M1098	早期	T0312	184°	192×65－50	棺木朽	双手交叉放于下腹部	风水罐、灰陶罐
M1100	＊	T0212	123°	192×71－40	棺木朽	双手交叉放于下腹部	
M1112	中期	T0205	134°	230×70－100	棺木朽	不明	头两侧各有1罐、墓底出2碗
M1113	＊	T0205	135°	210×65－70	棺木朽	不明	
M1114	＊	T0205	102°	210×70－70	棺木朽	不明	
M1115	＊	T0205	149°	210×60－70	棺木朽	不明	
M1136	早期	T0207	132°	170×50－70	不明	不明	锡冥器、青釉瓷碗

墓号	分期	位置	方向	墓口尺寸（cm）	葬具	葬俗葬式	随 葬 品
M1150	＊	T0206	116°	210×70－60	棺木朽	不明	
M1151	中期	T0206	117°	210×160－60	棺木朽	双人葬	墓中部2青瓷碗相扣
M1152	＊	T0206	88°	210×60－70	棺木朽	不明	
M1153	＊	T0206	98°	210×70－70	棺木朽	不明	
M1154	＊	T0206	85°	230×70－35	棺木朽	不明	
M1155	＊	T0206	112°	210×60－45	棺木朽	不明	
M1156	＊	T0205	135°	220×70－70	棺木朽	不明	
M1157	＊	T0205	115°	230×75－80	棺木朽	不明	

（续表）

墓号	分期	位置	方向	墓口尺寸（cm）	葬具	葬俗葬式	随葬品
M1158	早期	T0206	136°	220×70-120	棺木朽	不明	头端立1砖（37×18×6）
M1159	＊	T0205	98°	220×70-80	棺木朽	不明	
M1160	＊	T0206	134°	210×70-60	棺木朽	不明	
M1188	中期	T0207	123°	220×60-35	不明	不明	风水罐、盖瓷碗
M1189	中期	T0207	139°	178×54-60	不明	不明	铜耳环、青釉小罐
M1206	＊	T0301	107°	200×70-60			
M1207	晚期	T0301	85°	180×74-66	棺木	仰身直肢	银质鱼鸟各1件、玛瑙石3件、玉镯1件、银泡1件、耳环1对、纽扣5颗、头饰1件（残）
M1208	＊	T0301	150°	170×64-52	不明	不明	
M1209	＊	T0301	150°	190×60-48	不明	仰身直肢	银纽扣1颗
M1210	＊	T0301	150°	190×60-50	不明	不明	
M1232	＊	T0209	141°	190×100-170	棺木朽	仰身直肢	
M1266	＊	T0210	130°	185×55-170	棺木朽	仰身直肢	铜耳环1对
M1275	中期	T0210	123°	200×70-100	棺木朽	仰身直肢	雍正通宝2枚、青釉2件
M1321	＊	T0212	124°	190×70-40	棺木朽	仰身直肢	
M1323	中期	T0312	162°	190×45-35	棺木朽	仰身直肢	铁剪刀（残）、灰陶小罐
M1324	＊	T0312	143°	186×60-33	棺木朽	仰身直肢	

（续表）

墓号	分期	位置	方向	墓口尺寸（cm）	葬具	葬俗葬式	随葬品
M1326	＊	T0212	143°	185×60－28	棺木朽	仰身直肢	
M1327	＊	T0312	128°	210×68－44	棺木朽	仰身直肢	
M1328	中期	T0212	123°	240×60－43	棺木朽	仰身直肢	铁剪刀1件
M1331	＊	T0212	145°	180×60－55	不明	仰身直肢	
M1332	＊	T0212	161°	180×60－50	不明	仰身直肢	
M1333	＊	T0212	146°	190×150－50	不明	仰身直肢	
M1335	早期	T0212	169°	170×60－43	棺木朽	仰身直肢	简瓦1件
M1337	＊	T0312	163°	180×60－40	棺木朽	仰身直肢	
M1338	＊	T0312	174°	170×55－38	棺木朽	仰身直肢	
M1343	早期	T0312	149°	200×63－55	棺木朽	仰身直肢	锡器1套
M1344	早期	T0312	180°	170×70－80	棺木朽	仰身直肢	联珠铜环1件
M1345	＊	T0312	178°	190×60－60	棺木朽	仰身直肢	
M1346	＊	T0312	191°	180×55－80	棺木朽	不明	
M1347	＊	T0312	138°	185×60－45	不明	仰身直肢	
M1348	＊	T0312	171°	155×45－40	棺木朽	仰身直肢	
M1349	＊	T0312	167°	180×50－55	棺木朽	仰身直肢	
M1350	＊	T0312	135°	195×65－65	棺木朽	仰身直肢	
M1351	＊	T0312	197°	190×75－90	棺木朽	不明	
M1352	＊	T0312	180°	180×70－55	棺木朽	不明	
M1364	＊	T0211	144°	205×70－80	棺木朽	不明	
M1372	＊	T0114	150°	55×50－50	棺木朽	不明	
M1373	中期	T0114	135°	200×50－53	棺木朽	不明	瓷碗

（续表）

墓号	分期	位置	方向	墓口尺寸（cm）	葬具	葬俗葬式	随葬品
M1374	中期	T0114	136°	200×50-45	棺木朽	不明	瓷碗、铜钱
M1375	*	T0113	130°	180×50-50	棺木朽	不明	
M1376	*	T0113	140°	190×50-50	棺木朽	不明	
M1377	中期	T0113	125°	180×60-50	棺木朽	不明	青瓷碗
M1378	中期	T0113	125°	180×50-45	棺木朽	不明	风水罐、银戒指
M1379	中期	T0113	140°	180×50-45	棺木朽	不明	青釉瓷碗
M1382	*	T0206	139°	230×70-45	棺木朽	仰身直肢	
M1384	中期	T0206	122°	200×65-40	棺木朽	仰身直肢	黄釉陶罐
M1385	早期	T0206	115°	220×130-80	棺木朽	合葬仰身直肢	锡器1套
M1386	*	T0206	104°	210×70-50	棺木朽	同上	
M1388	*	T0206	121°	230×60-80	棺木朽	仰身直肢	
M1391	早期	T0206	98°	220×（70～80）-（48～100）	棺木朽	仰身直肢	锡器1套
M1392	早期	T0205	121°	220×60-40	棺木朽	仰身直肢	罐3件、钱币4枚
M1393	*	T0205	115°	210×70-40	棺木朽	仰身直肢	

（续表）

墓号	分期	位置	方向	墓口尺寸（cm）	葬具	葬俗葬式	随　葬　品
M1394	*	T0205	117°	230×160－60	棺木朽	合葬仰身直肢	耳环（残）
M1431	早期	T0306	125°	220×70－30	棺木朽	不明	少量锡器
M1432	*	T0306	143°	200×60－50	棺木朽	不明	
M1449	晚期	T0409	166°	140×40－35	棺木朽	不明	风水罐
M1458	中期	T0411	110°	70×44－66	棺木朽	不明	风水罐、3枚铜钱（康熙通宝2、不可辨1）
M1498	中期	T0207	136°	170×60－70	不明	不明	"雍正通宝"3枚
M1501	中期	T0114	123°	180×80－70	棺木朽	不明	风水罐、2瓷碗相扣
M1502	*	T0113	130°	180×50－40	棺木朽	双手垂立	
M1503	*	T0113	130°	180×50－40	棺木朽	双手放于腹部	
M1504	*	T0113	132°	180×50－45	棺木朽	双手放于腹部	
M1505	*	T0113	134°	190×50－40	棺木朽	双手放于腹部	
M1506	*	T0113	134°	190×50－45	棺木朽	双手放于腹部	
M1507	*	T0113	131°	200×60－45	棺木朽	不明	铜钱1枚
M1523	*	T0409	197°	210×40－185	棺木朽	不明	
M1571	*	T0301	140°	190×75－70	棺木朽	双手放于腹部	
M1572	中期	T0301	145°	190×70－48	棺木朽	双手放于腹部	风水罐

（续表）

墓号	分期	位置	方向	墓口尺寸（cm）	葬具	葬俗 葬式	随　葬　品
M1573	中期	T0305	151°	200×45－40	棺木朽	双手放于腹部	石环1件、铜耳勺
M1576	＊	T0302	140°	220×75－90	棺木朽	不明	
M1577	中期	T0302	150°	210×70－80	棺木朽	不明	风水罐、陶质小罐5件
M1578	＊	T0303	135°	180×70－50	棺木朽	双手放于腹部	
M1579	＊	T0302	140°	220×140－50	棺木朽	双人合葬	
M1580	＊	T0302	140°	210×70－50	棺木朽	不明	
M1581	中期	T0303	140°	190×120－60	棺木朽	双人合葬	风水罐
M1582	＊	T0303	121°	180×60－50	棺木朽	不明	
M1583	＊	T0304	145°	190×60－50	棺木朽	双手放于胸部	
M1584	中期	T0303	130°	240×90－60	棺木朽	双手放于腹部	海贝1枚、风水罐、银戒指、 铜钱、铜纽扣2颗
M1585	晚期	T0305	150°	210×60－55	棺木朽	双手放于腹部	银纽扣1件、 风水罐（内有 银鱼2件）
M1586	早期	T0305	150°	200×100－80	棺木朽	双手放于腹部	银簪1件、锡器一套 银纽扣1件

（续表）

墓号	分期	位置	方向	墓口尺寸（cm）	葬具	葬俗葬式	随葬品
M1587	早期	T0303	150°	190×40－40	棺木朽	不明	银纽扣2颗、银簪2件
M1588	晚期	T0303	109°	190×60－90	棺木朽	不明	风水罐
M1589	＊	T0303	109°	180×60－90	棺木朽	不明	
M1593	中期	T0306	145°	230×170－65	棺木朽	双人合葬	瓷碗铜纽扣3颗、矿石、铜片
M1600	＊	T0306	122°	200×70－50	棺木朽	双手放于腹部	
M1610	＊	T0306	116°	80×30－35	棺木朽	仅有一具小儿尸骨	
M1611	中期	T0306、0307	120°	200×70－35	棺木朽	不明	腰坑出2相扣白瓷碗
M1612	＊	T0306	120°	220×60－45	棺木朽	不明	
M1613	＊	T0306	119°	250×60－105	棺木朽	不明	
M1614	＊	T0306	119°	210×65－80	棺木朽	不明	
M1618	＊	T0306	128°	200×60－55	棺木朽	不明	
M1619	早期	T0306	119°	210×80－115	棺木朽	不明	铜耳环1对
M1620	＊	T0306	112°	250×180－140	棺木朽	夫妻合葬墓	
M1635	＊	T0207	135°	200×60－85	棺木朽	不明	
M1638	中期	T0207	127°	200×60－90	棺木朽	不明	青花瓷碗

（续表）

墓号	分期	位置	方向	墓口尺寸（cm）	葬具	葬俗葬式	随葬品
M1649	晚期	T0213	127°	200×60-45	棺木朽	双手交叉放于腹部	风水罐
M1650	晚期	T0213	125°	200×60-45	棺木朽	双手交叉放于腹部	风水罐
M1673	中期	T0310	130°	170×50-55	棺木朽	不明	2件瓷碗
M1696	中期	T0311	144°	210×70-55	棺木朽	不明	锡质明器1套、风水罐1件
M1698	早期	T0310	140°	195×75-80	棺木朽	双手交叉放于腹部	锡质酒器1套
M1712	早期	T0211	144°	200×60-80	棺木朽	与M1364为夫妻合葬墓	锡酒杯
M1768	中期	T0307	139°	200×80-45	棺木朽	不明	青釉碗2件、铜钱1枚
M1793	晚期	T0307	120°	160×50-50	棺木朽	不明	风水罐
M1818	早期	T0208	134°	210×50	不明	不明	锡器
M1819	*	T0208	112°	180×52	不明	不明	
M1820	*	T0208	141°	150×60	不明	不明	

（续表）

墓号	分期	位置	方向	墓口尺寸（cm）	葬具	葬俗葬式	随 葬 品
M1827	＊	T0409	117°	60×48－70	不明	不明	
M1829	中期	T0411	129°	170×40－50	不明	不明	风水罐
M1834	＊	T0411	120°	180×70－60	棺木朽	不明	
M1835	＊	T0411	110°	190×50－40	不明	不明	
M1836	＊	T0411	1100°	190×50－50	不明	不明	
M1837	＊	T0410	120°	220×80－90	棺木朽	不明	
M1838	早期	T0410	120°	130×40－40	棺木朽	不明	锡器1套、海贝
M1839	早期	T0410	120°	180×50－50	棺木朽	不明	锡器1套、铁器1件
M1840	＊	T0411	120°	160×50－50	不明	不明	
M1841	＊	T0410	120°	180×60－70	棺木朽	不明	
M1843	＊	T0410	150°	210×50－50	棺木朽	不明	
M1844	＊	T0410	110°	225×70－100	棺木朽	不明	
M1845	＊	T0410	285°	194×(45~65)－35	棺木朽	不明	
M1846	＊	T0410	120°	220×70－110	棺木朽	不明	
M1875	早期	T0208	139°		不明	不明	铜镯1件
M1899	中期	T0408	132°	210×70－60	棺木朽	不明	瓷碗2件
M1900	＊	T0408	133°	200×60－40	棺木朽	不明	
M1932	＊	T0310	123°	180×65－100	棺木朽	不明	

（续表）

墓号	分期	位置	方向	墓口尺寸（cm）	葬具	葬俗葬式	随葬品
M1933	早期	T0310	123°	200×60－100	棺木朽	不明	耳环1件
M1934	早期	T0310	125°	220×70－100	棺木朽	不明	铜环1件
M1935	＊	T0310	175°	180×60－80	棺木朽	不明	耳环1件
M1936	＊	T0310	119°	210×80－180	棺木朽	不明	
M1937	早期	T0310	179°	220×70－110	棺木朽	不明	耳环1件、锡器
M1938	早期	T0310	149°	190×70－70	棺木朽	不明	锡器1套
M1948	＊	T0310	130°	210×90－130	棺木朽	仰身直肢	
M1951	＊	T0211	79°	160×55－50	不明	仰身直肢	
M1984	早期	T0408	145°	220×70－60	棺木朽	不明	锡器1套17件、青釉瓷碗
M1985	＊	T0308	135°	230×80－60	棺木朽	不明	
M2001	中期	T0306	300°	165×100－105	棺木朽	此墓较特殊，头骨朝西、脚朝东	铜饰1件
M2003	＊	T0306	114°	210×80－95	棺木朽	不明	
M2004	＊	T0306	144°	210×70－100	棺木朽	不明	

（续表）

墓号	分期	位置	方向	墓口尺寸（cm）	葬具	葬俗 葬式	随　葬　品
M2005	早期	T0306	118°	260×55－70	棺木朽	不明	锡器酒具、灶台、小碟1套
M2006	*	T0306	109°	190×125－40	棺木朽	2墓头部木炭相连，似有壁龛，无随葬品	
M2007	*	T0406	112°	195×50－40	棺木朽	不明	
M2008	中期	T0406	117°	200×70－50	棺木朽	不明	瓷碗2件相扣
M2009	中期	T0406	110°	190×60－70	棺木朽	不明	棺木南北两侧各放青瓷罐2件，中间放1件，共5件
M2010	中期	T0406	109°	210×70－80	棺木朽	不明	瓷罐2件
M2011	*	T0306	116°	190×90－70	棺木朽	尸骨叠压，是否为二次葬不详	
M2012	*	T0406	123°	200×80－65	棺木朽	不明	
M2014	中期	T0406	110°	205×60－70	棺木朽	不明	铜环2件

（续表）

墓号	分期	位置	方向	墓口尺寸（cm）	葬具	葬俗葬式	随 葬 品
M2015	中期	T0406	110°	200×75－50	棺木朽	不明	黄釉瓷罐 2
M2017	中期	T0406	126°	210×60－50	棺木朽	不明	瓷罐
M2034	早期	T0211	115°	220×65－85	棺木朽	不明	银耳环 1 对、锡器 1 套、风水罐
M2050	早期	T0308	172°	280×110－120	棺木朽	不明	锡器 1 套
M2054	中期	T0408	146°	210×65－220	棺木朽	不明	2 瓷碗相扣
M2068	早期	T0408	152°	270×110－90	棺木朽	不明	银冥币、银耳环
M2075	中期	T0308	169°	270×140－60	棺木朽	不明	铜环
M2079	早期	T0308	177°	270×80－150	棺木朽	不明	"弘治通宝" 3 枚、锡器 1 套

（续表）

墓号	分期	位置	方向	墓口尺寸（cm）	葬具	葬俗葬式	随葬品
M2082	早期	T0308	170°	240×130－80	棺木朽	双人合葬墓	铜镜1件、圆形铜片8件、风水罐
M2140	＊	T0309	144°	220×70－86	棺木朽	不明	
M2141	中期	T0309	133°	170×50－60	棺木朽	不明	葫芦形风水罐
M2142	＊	T0309	115°	170×50－100	棺木朽	不明	
M2143	＊	T0309	128°	200×70－130	棺木朽	与M2144为合葬墓	
M2144	＊	T0309	128°	170×80－140	棺木朽	与M2143一起为合葬墓	
M2145	早期	T0310	138°	250×120－190	棺木朽	不明	卷铜片1件
M2183	中期	T0311	153°	170×45－50	棺木朽	不明	黄釉瓷罐
M2230	中期	T0407	120°	140×53－44	棺木朽	不明	耳环1对、纽扣、风水罐上倒扣1碗
M2265	＊	T0310	120°	200×60－70	棺木朽	不明	
M2295	中期	T0308	153°	230×70－60	棺木朽	不明	黄釉瓷罐
M2296	早期	T0408	133°	240×70－70	棺木朽	不明	锡器

（续表）

墓号	分期	位置	方向	墓口尺寸（cm）	葬具	葬俗葬式	随 葬 品
M2374	早期	T0311	135°	180×65－65	棺木朽	不明	风水瓷罐
M2455	*	T0311	140°	180×60－55	不明	不明	
M2523	*	T0307	165°	160×75－40	不明	不明	
M2543	早期	T0310	158°	210×70－120	棺木朽	仰身直肢	冥钱6枚、风水罐
M2548	*	T0311	185°	180×60－70	不明	不明	
M2550	中期	T0211	146°	190×65－60	棺木朽	不明	酱釉瓷罐
M2573	*	T0311	229°	180×60－60	棺木朽	仰身直肢	
M2574	中期	T0311	149°	185×55－70	棺木朽	仰身直肢	风水罐
M2575	*	T0311	137°	210×60－55	棺木朽	不明	
M2576	早期	T0311	146°	190×60－75	棺木朽	不明	锡器
M2601	*	T0310	164°	200×80－60	棺木朽	不明	

附录一　采集品

在墓地发掘过程中我们采集到较多的各类遗物，这些遗物未能归入墓葬等遗迹单位，故做采集品处理。作为采集品总数共 213 件。这些遗物中以陶盏、铜镯等为最多，亦发现有单耳陶罐、绿釉小罐、镇墓兽、瓷碗等。陶盏、铜镯常出现在黑色炭屑土层中，推测可能是焚尸后所遗。镇墓兽、瓷碗等物可能原随葬在某一墓葬中，因较多的打破关系使之脱离遗迹单位混入地层。个别遗物如石器、单耳陶罐等为时代特征较早的遗物，单耳陶罐底部有叶脉纹，其造型风格为汉代及以前云南地区所常见。这些器物为何出现在地层中，以及这些遗物的确切年代还有待判断。我们选择了少量器形较特殊的采集品做一简单介绍：

标本 T0313③:1，单耳红陶罐。口部残，素面。残高 7.8、底径 4 厘米（附图一，1）。

标本 T0313③:2，单耳陶罐。夹砂红陶。杯状，保存完好。口微侈，圆唇，腹略鼓，平底，底有叶脉纹。其造型为战国到西汉时期云南地区所常见。口径 6、最大腹径 7.3、底径 4.5、通高 8.5 厘米（附图一，2）。

标本 T0310③:1，绿釉陶罐。泥质陶，内外施釉。口微侈，圆唇，鼓腹，圈足，有对称双耳。耳罐结合部饰小花。口径 4.5、最大腹径 7.4、底径 4、通高 5.5 厘米（附图一，3；彩版六三，3、4）。

标本 T0308②:1，青花瓷碗。侈口，圆唇，圈足。内外壁饰卷云纹，内底饰菊花纹，有 5 个支丁痕。口径 14、底径 5.2、通高 6.5 厘米（附图一，4）。

标本 T0309③:1，灰陶碟。敞口，圆唇，平底。口径 13.6、底径 7、通高 7 厘米（附图一，5）。

标本 T0210③:1，陶碟。敞口，圆唇，平底。口径 14、底径 9、通高 3 厘米（附图一，6）。

标本 T0209③:1，陶碟。侈口，圆唇，弧形底。口径 9、底径 2.5、通高 2 厘米（附图一，7；彩版六三，5）。

标本 T0308③:2，灰陶盏。敞口，方唇，平底。口径 9.6、底径 4、通高 2.2 厘米（附图一，8）。

标本 T0210③:2，灰陶盏。敞口，圆唇，凹底。口径 10、底径 5.5、通高 1.8 厘米（附图一，9）。

标本 T0208②:1，铁箭镞。尖锋，锋较利，剖面棱形，铤剖面呈圆形。通长 12.8、刃最宽 1.2 厘米（附图一，10；彩版六三，6）。

标本 T0212③:1，石器。椭圆形，轮形磨制，中有对钻孔，石质细腻，呈浅红色。长径

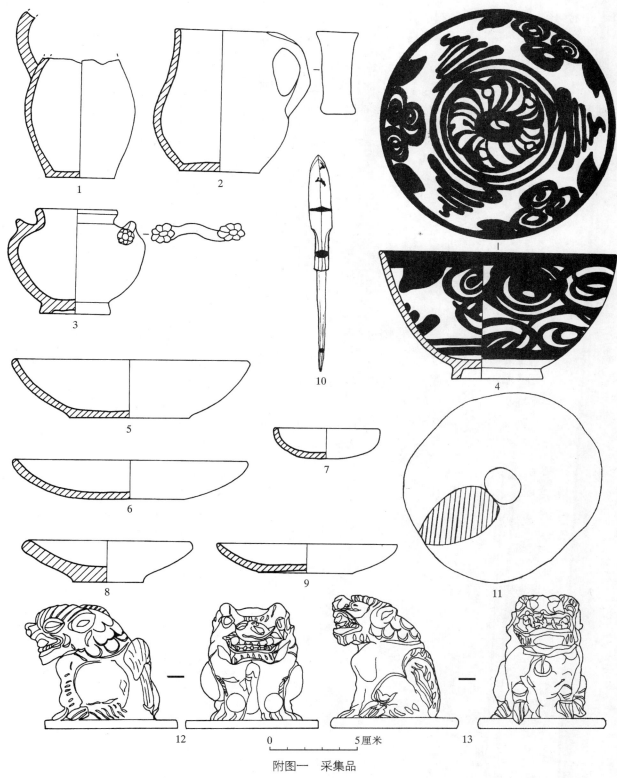

附图一 采集品

1. 单耳红陶罐（T0313③:1）　2. 单耳陶罐（T0313③:2）　3. 绿釉陶罐（T0310③:1）　4. 青花瓷碗（T0308②: 1）　5. 灰陶碟（T0309③:1）　6. 陶碟（T0210③:1）　7. 陶碟（T0209③:1）　8. 灰陶盏（T0308③:2）　9. 灰陶盏（T0210③:2）　10. 铁箭镞（T0208②:1）　11. 石器（T0212③:1）　12. 镇墓兽（T0109③:1）　13. 镇墓兽（T0109③:2）

11、短径 10、厚 2.8 厘米（附图一，11）。

标本 T0109③:1，镇墓兽。红陶。中空，坐立在圆形平板上，张嘴瞪眼，头、身饰圆圈、半圆圈纹。通高 7.2、底径 7.5 厘米（附图一，12；见彩版六四，1、3、5）。

标本 T0109③:2，镇墓兽。红陶。中空，坐立在圆形平板上，张嘴瞪眼，头、身饰圆圈、半圆圈纹。通高 8.2、底径 7.2 厘米（附图一，13；见彩版六四，2、4、6）。

附录二　《鹤庆碑刻辑录》摘抄

　　《鹤庆碑刻辑录》一书为内部资料，为鹤庆县张弓、陈亮旭两位文史爱好者于多年前将鹤庆保存下来的碑刻进行的辑录。这些碑刻现已基本无存，更显其资料的珍贵。

一　□□□寿宗碑志

　　伏以阴阳异道，难明报化之因；生灭殊途，莫测来去之迹。恭闻阿弥陀佛，黄金体相，白玉毫光。说法极乐刹中，振化堪忍界内。愿得沧海，□越大虚。实开救济之门，直指往生之路。今南茨和统将□□□寿宗宜人，克勤克俭，且温且柔。敬奉三宝慈尊，心念九字佛号。继有三男：孟曰庆；仲曰长；季曰义。嘉其文行，当行遵愿，故勒石为碑，敬刻佛像，收尊邻神咒，届慈父祖，善缘兴隆，厥生不堕者也。

　　伏愿

　　寿终之日　一念往生　极乐净邦　不爱轮转

　　速获阿惟　速得分身　前□化亡　同登彼岸

　　旹至正十九年九月一旬菊日

　　孝男□宗庆等立

　　按：碑在鹤庆县象眠山。

二　北胜州判官赵护墓志

（明）田节

　　天水郡赵氏讳护，乃鹤庆布燮赵连之孙、赵坚之二子也。以至正四年甲申生，气质纯厚，有偶傥之才。幼学书，始于有元至正二十八年夏，蒙云南省启奉梁王令旨除授北胜州判官之职，考满。至正三十年，摄鹤庆路军民总管知事，善于处变，处事有方，本府土官总管高侯器之。其为人也，财非义不取，人非信不交。敬信佛乘，於宣光五年春捐已净货，相本府东南陬龙华锋创一精舍，塑解冤结菩萨及观音地藏二大士列其左右，金碧交辉，灿然可观。迨今四方云游衲子之所栖，来往不绝。不幸于洪武二十三年庚午三月十三日在家因病而终，春秋四十有七寿，葬于峰顶山之阳。鹤郡人送丧者莫不伤心，茶毗既毕，附于先茔，卜地而安之。妻李氏，生男三，长曰春、次曰镜、季曰俊；女三人，长曰好，嫁杨氏，次曰香，嫁高氏，季曰在，嫁于右族。永乐元年癸未春三月，长子春谒予学庠。而言曰：我先君殁时年幼，无知父有令名美绩，请以志之。予嘉其请。乃曰：君子疾殁世而名不称焉，今观子之言以继古人之志，可谓孝矣。遂为之铭曰：

嗟嗟赵氏，瓜瓞其绵。令名令绪，克光厥先。

孜孜为善，崇信金仙。创修精舍，宝相俨然。

谁期寿考，早入黄泉。有男继志，悼善无存。

勒之珉石，亿万斯年。

按：碑为青石，高106、宽62、厚20厘米，四周有花纹，间有"卐"字，背有梵文。碑现在鹤庆金墩北溪村公所外路边。

三　故李氏墓碑志

寓鹤泮赵伯高书

鹤庆军民府儒学训导田节孟符撰

陇西李氏讳林□皾波之苗裔，以戊寅年生。厥高祖讳俊。俊大理宣宗时受布燮之职。生明。明生鞠，鞠生育均，均生林。其为人也，赋性笃实，崇奉三宝，雍睦六亲。以勤俭为积德之基，以谦逊为行为之本。娶杨氏满珠，鞠二男：一曰敬，二曰迦。育五女：一曰贵，二曰定，三曰玉，四曰姐，五曰修，俱嫁名门右族。厥家子敬先卒，惟迦存世。克踵德业，继忠王事。宣德五年，龙集庚戌六月，惟庚午日出，以亲戚之故，乃诣鹤川之庠舍，揖余言："先考在日，享六十三，尝有德行，不幸于洪武三十一年、岁次戊辰、仲春上浣五日辞世，迨今四十年矣。光阴荏苒，日月居诸，竟日尘劳汩汩，终期业识茫茫，勒碑弗果。今求匠氏，采石告成，乞文以志。"余不敏达，再辞弗许，乃应之曰："天壤之间，以人最灵，既得人生，惟欲克孝，而孝为百行之本。礼经曰：'若孝至于墓，则风雨顺时；若孝至于坠，则万物化盛；若孝至于人，则泉福来臻。'□哉！孝之□也。故孟子曰：'大孝终身慕父母，五十而慕者，予于大舜见之矣。'今观子之言，数子之龄，已六十七矣。一知天命；二克勒碑，以显尔考。□尊，胜况，以超□爽，非特尔考之灵，到于彼岸，矧垂尔之令名，贻厥后世，以为子孙之矜式也必矣！"故系之以诗曰：

惟子姓原出陇西，肇居鹤川乃名师。

虽然辞世多年矣，孝子终身慕勒碑。

孙男李量、李永量、孙李庆、李参

匠人谢种德刊

旹宣德五年季夏中浣五日孝男李迦同妻田氏、李瑾稽颡再拜

按：碑在鹤庆县象眠山，22行，楷书。

四　鹤川杨现存生坟墓志

阐境净志圆僧赵俸秩禄书文

本府儒学杨恭书丹并篆额

弘农杨氏，本始祖杨大□，云南滇池白龙洲之苗裔也。此时之七世乃孙耄耋，讳以，洪武辛酉年，忽遭六纪，有一譬喻，隙所驹知，觉世不常，揖台弗萌陋馆言曰："生居堪舆，馄名易淹，赋文为志。"糗于智不能广，知不揆蒙陋，聊以管窥，此豪郊之大善也矣。捐已微资龙华梵刹，后绘弥勒会千身无量寿佛像三壁□满□□庵堞无著菩萨，又西山兴福寺□弥陀佛一壁。辰时斋素，手停分诸课，谐弥陀不缀，此谓次然茂世也。聘嫡王氏连，后媵李氏珠楷，女慕贞洁，坚持妇道。连生三男：曰宝、曰实、曰嵩。宝早殇。鞠二女：曰平、曰凤，金嫁巨族。娶施、张二姓，生九孙，曰：贤、智、添、则、奴、比丘方规、寿、孝、佳。贤娶赵二人，生重孙三，文通□□；重孙女一：妙。寿，善眷天德，偕弟者宿，甥节，同姓杨山、杨光、杨孙，儒士杨恭□各舍棣云庵常住，腴田四亩，以给僧膳，鹤郡磨族一毫淰玷谷□之□□□铭曰：

　　□□杨氏　广纪灵通　洽然罩被　志纯孝忠

　　道隆三善　践坠祖风　召提□像　掺□□□

　　仆畜盈野　瓜瓞□僮　嵯峨别客　□□□□

　　珉石述志　千古流传

　　大明景泰四年，岁次左鄂，十二月辰旦

　　男、孙等□□稽颡立石

　　大理洱海匠士杨□、杨信

按：碑在鹤庆象眠山北麓，19行。

五　龟城弘农郡老宿杨公兼橄擢宾主墓志

孝兄杨贤同造石

庠舍秀才杨恭篆额

比丘僧玄□敬书丹

盖闻龙集乙亥，时逢桃腮布锦，柳眼舒金之景，夕见同胞昆弟，诣侗僧茅屋，揖台言曰："严君存世，气禀温良，志纯忠孝，清文美行，情义□□。于戏泣曰：亲有三子，翼终其养，父母存则甘脂温清，不得以养其终；殁则殡殓奠祔，不得以尽其强，惟吾负罪罍于终天也。名湮于世，乞文以志。"余弗获辞，□于智□不能□知。今查杨氏七世孙耿，字节操，苍翠如松筠也，年劭德行□□越轶。本府闻知，橄擢老人之职。掌管庶民，不错一厘。与民除害，□存好善。孜孜修真，龙华梵刹，彩袗寿尊，任意舍腴田。聘赵氏香□执妇道与节。生三男二女曰：山、光、合；柔、娘。山娶赵氏，鞠二男：曰恭，负笈投师，儒林秀才，博学五经，已晓文义，读之愈久，觉味深长。曰政，□六女无婷，贤育二男三女。森，芳合聘，育生二女：音、清。恭娶才，生一男文清。优俪丕缵，莫不贤衍姿□。复系而以铭曰：

　　咨嗟杨氏世名家　善老严君气温良

　　忠孝清文美行□　螽斯子嗣连绵瓜

　　本府橄擢燕宾主　天地俱供象阴阳

孜孜好善修真供　绘图千佛舍田庄

写之琬琰碑铭志　□名传地久□（天）□（长）

景泰六年夹钟吉旦日

孝子杨山、杨光，孙杨恭、杨政、杨懋、杨森、杨芳、杨绍先，重孙杨文清立

大理苍洱叶榆石匠杨禄、杨玑劖石

按：碑在鹤庆县象眠山麓。

六　故段氏墓碑志

孝妇王氏女真，孙杨纪纲、瑞龄、子诚、子惠、宗庆

鹤庆军民府龙华寺藏指归篆额并书丹

本府儒学致仕训导田节后人田必卿撰

京兆郡段氏，讳药师羌，曩有元时，鹤庆路照磨救之曾孙段保之女也。以辛丑年生。其为人也，禀性温淑，勤克修齐，家族称孝，乡党称悌。齐家以礼，教子有方，雍睦六亲。笾豆菹醢，以奉祭祀。保养于鹤川之仙乡，享年八十四岁，迄成化十五年冬十月上浣七日，遘疾而终。存日鞠三男：曰赐、曰泰、曰原。奈冢次赐，泰早世。育一女曰鸣，嫁于名门，迪事杨俊。唯子原，孙寿山克行孝友。厥妣存亡之时，生致敬，养致乐，病致忧，丧致哀，祭致严，一一协礼。迨成化庚子岁季春下浣之四日，厥男原，孙寿山乃谒余而言曰："显妣存时，恃德恃行，今既殒逝，罔知升沉，爰求匠氏，勒碑告成，敬刊尊胜之秘密。颙超显妣之意诚，伏祈早登帐若慈帆，虔愿速至波罗彼岸，然梵语深秘，时人靡知，特谒文以志。"乃应之曰："万物之中，唯人最灵；百行之本，唯孝为先。余虽不敏，记不可埋。"因文于前，复铭于后。铭曰：

伟哉段氏　克行孝悌　鞠子贤名　育女□□

乡间推尊　亲疏协器　八旬余终　勒碑克志

成化十六年，岁次庚子，春三月上浣二日

孝男杨原、孙杨寿山稽颡立石

按：碑在鹤庆县象眠山麓，15行。

七　孝子廉吏祀乡贤赵德宏墓碑志

（明）李元阳

公讳德宏，字有容，南溪其别号也。先世为蒙诏人。有赵夺帅者，於公为始祖，后有讳坚者生连，连生护。护为鹤庆路知事，升北胜州判官，酷好清净，辞职不赴，作庵以居，遂为鹤庆人。护生春，春生应，应生敏，敏生远，赠奉直大夫，配李氏，封太宜人，生公。公之少也家甚贫，所居隘陋，公能勤俭，增拓居室，以安二亲。父除江西按察知事，奉差入京，病痢。公日尝粪，初觉粪苦，既而甜，知病且不起，痛不自禁。及父卒假贷营殓，偕佣人肩

枢以归，跋涉万里，无一日缀，佣人见其书生任劳，为之感动。既归，庐墓三年，朔望日回家省母，省毕即归墓所。墓邻旷夷，豺虎交迹，寂无人到，忽有一白犬来守其庐。郡守汪公标，闻而异之，躬至墓所慰劳，馈赠有加焉。乙亥服阕，丙子领乡荐，云南巡按御史唐公龙濂知其孝，自庆得人，因以其孝行上闻，榜其居曰："孝子赵氏之门"，谒选授顺庆府判。府有疑狱三案，皆死刑久不能决，公一讯而决，洗其冤者十余家。会岁歉赈济，公设为方略，全活甚众，掩瘗暴露，无闻远迩，台省奖劝之，使相属於道。三年迁潼州知州，公初至，惟以备荒为志，凡赎锾自一钱以上皆令买粟贮仓，居二年得粟万八千石。明年，蜀又大饥，死相枕籍，潼州以发仓得免。先是荒歉之后，民半转徙，公至能劳来安集复业者日益众。城圮数十年，莫能筑，公谓仓廪虽充，苟无城郭，民谁与守，遂力主其议，躬率？锸，纠惰奖勤，月而竣事。州当冲要，递走马驿官损其名，民丧其业，公於州前作厩六十楹，聚马而饲之，以次轮役。匪直革积弊，缓民力，即马畜皆得调适之节，民大称便。州之三溪口富斧并诸处盗贼，依山阻险，拒捕杀人，其来已久。公至立保甲，设社学十余所，亲至其地曲谕善导，不旬日，诸盗自缚渠魁而来，甘听约束，自是境内晏然。嘉靖十二年，蜀滇二省土夷争界，巡按以公素行为乡评所推，遂胁公勘治。有土舍高鹏者，以白金八百两为馈，公力拒之，土人愧服，遂各吐所争界，两省并加奖荐，由是声实益隆矣。方赔点河南金事，会庆府缺长史，今上方重宗藩，而庆府又凤？眷注，铨司慎辅导之任，因以公为左长史。公至以本藩旧事奏闻，敕放藩宗宁家者六十人。公为长史六年，乞休之疏凡七上，竟不得请。庚子丁内艰，庆世子亲赐吊慰。诸藩宗恋恋不忍别，巡按御史包公节曰："公贵"，再旌其门曰："孝廉"。公为人乐易正直，与物无忤，官辙所至，僚吏士民无不倾心。初在潼州，还裁争界事时，百姓恐其长往，诣抚保留，相率二百余人，扶老携幼，不远千里，若孺子之念慈母，何其得民之深也。诗云：有斐君子，民之不可谖兮，斯人之谓与。公以成化庚子十一月二十一日生，以嘉靖壬寅年十月二十日卒，以明年十二月二十日葬于象眠山。

按：碑在鹤庆县象眠山。

八 敕赠七品孺人例貤赠淑人

杨母寸孺人之墓

孺人寸氏乃鹤邑原任四川盐源县阿所拉巡检联级公孙女，予同岁生告养石屏州学正敬庭孝廉继配也。先是孝廉元配张孺人虽宦家女而能持家，家内一切巨细事宜赖以办治。故于其殁也，封翁及太夫人悼之甚，曰：惜哉，丧我贤妇。孺人亦宦家女而自幼生长衙署，颇娇贵，又细弱，不任井臼。故于甫纳采，太夫人即窃窃虑其不能宜家。已而自来归讫，于病不起凡七载，一门雍睦，无勃谿诟谇声。封翁及太夫人于其殁也，悼惜之一与张孺人等。盖孺人虽娇养而性柔婉，又幼读，明于女诫内则诸妇职，其为妇也，和以处娣姒，恩以御藏获，礼以事舅姑。用能虽不与家共井臼之操，而家人无不爱之慕之，于其殁且追思之。呜呼！有由然矣。予既为表张孺人之墓，以孺人亦一贤妇也，故并叙之。

赐进士出身 诰授通议大夫署贵州提学使司提学使 前翰林院编修提督贵州学政年侍生

陈荣晶顿首拜撰

　　注部优行廪膳生员姻愚侄赵文治顿首拜书　男学伊聘赵氏　学傅聘张氏侄学吕聘赵氏堂侄生员学夔妇张氏学伊羊氏学顺妇羊氏堂侄孙秉煌秉洪秉义　女夑柔柔顺柔震柔惠　侄女柔巽柔庆　子婿监生张树培四川候补县丞李鸿康监生赵锡玖　侄女婿赵镜

　　大清宣统元年岁在己酉正月初九日穀旦　立

　　按：碑为大理石，高约 3 尺、宽约 2 尺。书法为正楷，端庄秀丽，颇值一观。碑现（1999 年）在和邑农家，据云取自象眠山。

后　记

　　《鹤庆象眠山墓地》是由云南省文物考古研究所主持，在大理白族自治州文物管理所、鹤庆县文物管理所协助下共同完成。在墓地发掘、资料整理和报告编写过程中得到了滇西铁路有限公司、云南省文物局、大理白族自治州文化局、鹤庆县人民政府、鹤庆县文化局等单位的大力支持和帮助，并得到了大理白族自治州弥渡、云龙、洱源以及怒江州、官渡区文物单位专业人员的支援。在此，向支持、帮助此项工作的领导和兄弟单位的同志表示衷心的感谢！

　　鹤庆县人民政府李玉梅副县长热心协调发掘和整理的工作场所，并对发掘整理工作给予了全力的支持。云南省文物考古研究所杨德聪、刘旭、肖明华及大理白族自治州文物管理所杨德文四位同志对发掘和报告编写工作提出了具体指导意见。云南省博物馆黄德荣同志对报告的初稿进行了审定。云南省文物考古研究所万杨同志参加了报告稿件的修订工作。文物出版社杨冠华同志付出了辛勤劳动，使得本报告能在较短的时间内顺利出版。另外，鹤庆县张弓、陈亮旭两位爱好文史的民间老同志在多年前就将鹤庆的现存碑刻进行了辑录，为我们提供了许多珍贵的资料。在此我们一并表示衷心的感谢。

　　报告执笔：杨帆、孙健。杨帆负责报告第一章、第二章第一节、第二节、第三节、第五节、第四章、第五章、第六章、第八章、第九章的编写。孙健负责报告第二章第四节、第七章的编写。

　　考古领队：杨帆。

　　工地及器物摄影：杨云龙、舒鸿、余朝臣。

　　器物修复：陆永富等。

　　绘图、描图：刘春城、余朝臣、杨庆丽、王锦丽、张小玫、张璐等。

　　插图制作：刘春城、余朝臣、赵红坤。

编　者

2008 年 10 月

Cemetery at Xiangmian Mountain

(Abstract)

Xiangmian mountain Cremation Tomb is located in the northwest of xiangmian mountain, south of Shimenka, Jindun Viliiage, Heqing County, Dali Bai Autonomous Prefecture. The cemetery is on east longitude 100°12′57.6″, north latitude 26°31′13″at 2218m high altitude, 10Km away from heyang county town. Yanggong River flows in the northern cemetery as the tributary of Jinsha River. In order to make room for the construction of Dali − Lijiang Railway, which is from estern station of Dali, cross Dali, Eryuan, Heqing and Yulong, to Lijiang, a historial relic investigation was conducted in August, 2004 by Yunnan Provincial Institute of Antiquity and Archaeology for Dianxi Railway Limited Company and Yunnan Bureau of Cultural Relics. Xiangmian mountain Cremation Tomb was found in the investigation. Dali Railway 121Km + 200 − 340M runs across the cemetery. After consultation with Construction Unit, excavation area covers 3500 sq m, length width 140 × 25 in the section of 121Km + 200 − 340M. After excavation.

The excavation area is 3650sq m, 2678 tombs as 2367 cremation tombs, 310was cleared. 310 pit tombs and 1 urn burial was cleared.

The earliest funeral utensil were practical implements without buddhism styled pattern. As the time went, buddhism styled pattern gradually appeared until flourish, then gradually decreased. In the end of Ming Dynasty buddhism styled pattern was not often used, and cremation was replaced by pit tombs in the Early Qing Dynasty. All those imply that the cemetery was used for hundreds of years since it began to use in the Dali Kingdom.

Most tombs were single burial but joint − burial also exists because there are two or more funeral utensil in the tombs. Pottery was divided into 4 kinds by the color and decoration. Though part of the objects showed the relationship of adoption and development, and partially appeared in the same time, the classification represents the 4 periods of evolution. Red and yellow pottery appeared first, then green − glazed pottery emerged, grey pottery conspicuously exists later. Yellow − glazed pottery was appeared at last. Seashells, pottery, metal objects, agate, glass, brick and tile were found in the cremation tombs. Most burned bones were with vermilion Sanskrit characters, a few were coated with gold.

Most Pit tombs were Qing Dynasty tombs, rectangular earthen shaft with rotten coffins. Geomantic pottery, tin burial objects, money and the dead's belongings such as headdress, earrings, bracelets, ringsand buttons were found.

This is a comprehensive and systematic report of this cemetery. Chapter 1 is Geographical environment and Survey of the cemetery. The content includes the geographical environment of the cemetery, history and evolution, the excavation procedures, general situation, stratigraphic condition etc. Chapter 2 is about the cremation tombs structures, types, burial customs, the characteristic of tomb furniture, burial accessories, inscriptions and Taoist Magic Figures, and also focuses on typical cremation tombs, the summary of cremation tombs includes the kinds, adoption relationship, age and atages classification of the funeral utensil could be seen in the last part of this chapter. Chapter 3 is about the pit tombs structures, types and typical tombs. Chapter 4 is the discussion the origin of cemation, the appearance of Buddhism cemation, cemation customs of differnnt Nationalities.

彩版一　墓地全景（由南向北）

彩版二　发掘前地表情况（由东向西）

彩版三　发掘工地场景（由南向北）

1. 地表整理后进行布方（由北向南）

2. 清理表土后露出的石墓标（由南向北）

彩版四　布方及清理表土后石墓标出露情形

（左起）第一排：黄颖、叶荣波、刘春城、周龙山、张小玫

第二排：毕通、杨长城、罗兴荣、肖明华、杨帆、孙建、杨庆丽、李蕊

彩版五　部分发掘工作人员

1. 石墓标和火葬墓（由南向北）

2. 土坑墓局部（由南向北）

彩版六　清理后的墓葬场景

1. T0209 东壁地层剖面

2. T0210 东壁地层剖面（局部）

彩版七　探方地层剖面图

1. M306

2. M1949

3. M1949

彩版一〇　火葬墓

1. M1774-1 罐身及盖

2. M2236-1 罐身及盖

3. M2236-1 盖纽侧视之一

4. M2236-1 盖纽侧视之二

5. M2236-1 盖纽侧视之三

6. M2236-1 盖纽后视

彩版一一　A型绿釉外罐

1. A 型（M1758-1）罐身及盖

4. Ba 型（M1446-1）罐身及盖

2. A 型（M887）罐身及盖

5. Ba 型（M1446-1）罐身纹饰局部

3. A 型（M887）盖纽

6. Ba 型（M1446-1）器盖

彩版一二　A、B 型绿釉外罐

1. Ba 型（M106-1）罐身及盖

3. Bb 型（M29a-1）罐身及盖

2. Bb 型（M2300-1）罐身及盖

4. Bb 型（M29a-1）罐身纹饰局部

5. Bb 型（M29a-1）器盖

彩版一三　B 型绿釉外罐

1. 罐身及盖

2. 罐身纹饰局部之一

3. 罐身纹饰局部之二

4. 罐身纹饰局部之三

5. 罐身纹饰局部之四

6. 罐身纹饰局部之五

彩版一四　Ca型绿釉外罐（M1824-1）

1. 罐身纹饰局部之六

2. 罐身纹饰局部之七

3. 罐身纹饰局部之八

4. 罐身纹饰局部之九

5. 罐身纹饰局部之一〇

6. 罐身纹饰局部之一一

彩版一五　Ca 型绿釉外罐（M1824-1）

1. M2229-1 罐身及盖

2. M2229-1 罐身纹饰局部

3. M876-7 罐身及盖

4. M2209-1 罐身及盖

彩版一六　Ca 型绿釉外罐

1. M53-2 罐身及盖

2. M53-2 盖内侧法轮、梵文

3. M1477-2 罐身及盖

4. M75-2 罐身及盖

彩版一七　　Aa型绿釉内罐

1. M2104-2 罐身及盖

2. M2104-2 盖内侧梵文

3. M2104-2 盖纽

4. M2104-2 盖俯视

5. M2150-2 罐身及盖

6. M1864-2 罐身及盖

彩版一八　Aa型绿釉内罐

1. M1623-2 罐身及盖

2. M1623-2 器盖俯视

3. M2647-2 罐身及盖

4. M2647-2 盖纽

5. M121-2 罐身及盖

6. M121-2 盖内侧梵文

彩版一九　Ab 型绿釉内罐

1. 罐身及盖

2. 罐身纹饰局部之一

3. 罐身纹饰局部之二

4. 罐身纹饰局部之三

5. 罐身纹饰局部之四

6. 罐身纹饰局部之五

彩版二〇　Ab 型绿釉内罐（M1622-2）

1. 罐身纹饰局部之六

2. 罐身纹饰局部之七

3. 罐身纹饰局部之八

4. 罐身纹饰局部之九

5. 罐身纹饰局部之一〇

6. 罐身纹饰局部之一一

彩版二一　Ab型绿釉内罐（M1622-2）

1. 罐身及盖

2. 罐身纹饰局部之一

3. 罐身纹饰局部之二

4. 罐身纹饰局部之三

5. 罐身纹饰局部之四

6. 罐身纹饰局部之五

彩版二二　Ab型绿釉内罐（M1903-2）

1. 罐身纹饰局部之六

2. 罐身纹饰局部之七

3. 罐身纹饰局部之八

4. 罐身纹饰局部之九

5. 罐身纹饰局部之一〇

6. 罐身纹饰局部之一一

彩版二三　Ab型绿釉内罐（M1903-2）

1. 罐身及盖

2. 罐身及盖（另一侧）

3. 罐身纹饰局部之一

4. 罐身纹饰局部之二

5. 罐身纹饰局部之三

6. 罐身纹饰局部之四

彩版二四　Ab 型绿釉内罐（M1161-2）

1. 罐身纹饰局部之五

2. 罐身纹饰局部之六

3. 罐身纹饰局部之七

4. 罐身纹饰局部之八

5. 罐身纹饰局部之九

6. 罐身纹饰局部之一〇

彩版二五　Ab 型绿釉内罐（M1161-2）

1. M761a-2 罐身及盖

2. M761a-2 盖内侧法轮、梵文

3. M761a-2 罐身纹饰局部之一

4. M761a-2 罐身纹饰局部之二

5. M81-2 罐身及盖

6. M81-2 盖内侧法轮、梵文

彩版二八　Bb型绿釉内罐

1. M560-2 罐身及盖

4. M1747-2 罐身及盖

2. M560-2 罐身纹饰局部之一

5. M1747-2 盖内侧梵文

3. M560-2 罐身纹饰局部之二

6. M1747-2 罐身纹饰局部

彩版二九　Bb 型绿釉内罐

1. Bb 型（M2612-2）罐身及盖

2. Bb 型（M371-2）罐身及盖

3. Bc 型（M755b）罐身及盖

4. Bc 型（M1625-2）罐身及盖

5. Bc 型（M2078-2）罐身及盖

6. Bc 型（M350-2）罐身及盖

彩版三〇　Bb、Bc 型绿釉内罐

1. Cb 型（M1111-2）罐身及盖

4. Da 型（M1416）罐身及盖

2. Cb 型（M695-2）罐身及盖

5. Da 型（M2454-2）罐身及盖

3. Cb 型（M695-2）罐身纹饰局部

6. Da 型（M2454-2）罐身纹饰局部

彩版三一　Cb、Da 型绿釉内罐

1. M2064-2 罐身及盖

2. M2362-2 罐身及盖

3. M1642-2 罐身及盖

4. M1757-2 罐身及盖

5. M2526-2 罐身及盖

6. M2020-2 罐身及盖

彩版三二　Db 型绿釉内罐

1. E型绿釉内罐（M2229-2）罐身及盖

4. 其他绿釉葬具（M1822）罐身及盖

2. E型绿釉内罐（M2229-2）盖内侧梵文

5. 其他绿釉葬具（M1822）盖纽

3. E型绿釉内罐（M1530-2）罐身及盖

6. 其他绿釉葬具（M1822）器盖俯视

彩版三三　　E型绿釉内罐、其他绿釉葬具

1. 罐身及盖

2. 罐身纹饰局部之一

3. 罐身纹饰局部之二

4. 罐身纹饰局部之三

5. 罐身纹饰局部之四

6. 罐身纹饰局部之五

彩版三四　其他绿釉葬具（M1896）

1. 瓶（M58）

2. 瓶（M375）

3. 瓶（M108-2）

4. 匜（M1652）

彩版三五　其他绿釉葬具

1. Bb 型 I 式灰陶内罐（M854-2）罐身及盖

3. Bb 型 II 式灰陶内罐（M2041-2）罐身及盖

2. Bb 型 I 式灰陶内罐（M854-2）盖内侧梵文

4. Bb 型 II 式灰陶内罐（M2041-2）盖内侧梵文

彩版三六　　Bb 型灰陶内罐

1. M103-3 罐身及盖

2. M1403-1 罐身及盖

3. M17a-1 罐身及盖

4. M17a-1 盖内侧

5. M1783-1 罐身及盖

6. M234a-1 罐身及盖

彩版三七　Aa型黄釉外罐

1. M1511 罐身及盖

3. M1763-1 罐身及盖

4. M1763-1 罐身纹饰局部之一

2. M2106-1 罐身及盖

5. M1763-1 罐身纹饰局部之二

彩版三八　Ab型黄釉外罐

1. 罐身及盖

2. 罐身纹饰局部之一

3. 罐身纹饰局部之二

4. 罐身纹饰局部之三

5. 罐身纹饰局部之四

6. 罐身纹饰局部之五

彩版三九　Ab 型黄釉外罐（M1800）

1. 罐身及盖

2. 盖纽

3. 罐身纹饰局部

彩版四〇　Ab 型黄釉外罐（M1785-1）

1. M1663-1 罐身及盖

2. M2563-1 罐身及盖

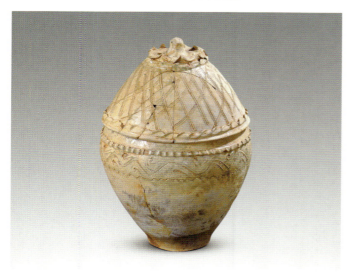

3. M601 罐身及盖

4. M601 盖纽

5. M601 罐身纹饰局部

6. M2241-1 罐身及盖

彩版四一　Ad型黄釉外罐

1. Ad 型外罐（M115-1）罐身及盖

2. B 型外罐（M120）罐身及盖

3. A 型内罐（M199-2）罐身及盖

4. A 型内罐（M199-2）罐身纹饰局部

5. A 型内罐（M1851-2）罐身及盖

6. A 型内罐（M423-2）罐身及盖

彩版四二　Ad、B 型黄釉外罐及 A 型黄釉内罐

1. M1763-2 罐身及盖

2. M1763-2 器盖局部

4. M1785-2 罐身局部

3. M1763-2 罐身纹饰局部

5. M1785-2 罐身纹饰局部

彩版四三　A型黄釉内罐

1. M419-4 罐身及盖

2. M1529-2 罐身及盖

3. M1521-2 罐身及盖

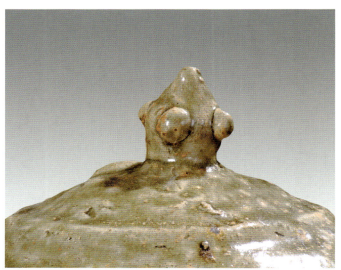

4. M1521-2 盖纽

5. M818-4 罐身及盖

彩版四四　B型黄釉内罐

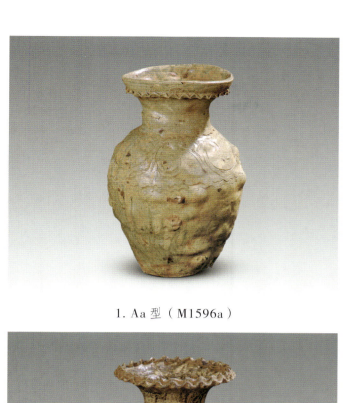

1. Aa 型（M1596a）

4. Aa 型（M1885）

2. Aa 型（M401）

5. Ab 型（M2216）

3. Aa 型（M401）俯视

6. Ab 型（M1）

彩版四五　A 型黄釉瓶

1. Ab 型（M387）

2. Ab 型（M1672）

3. Ac 型（M1286）

4. Ac 型（M1286）口、颈局部

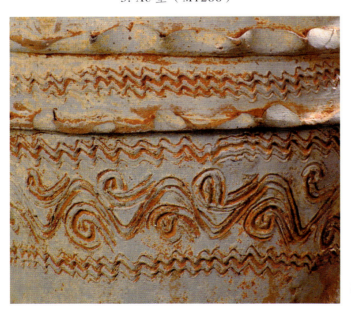

5. Ac 型（M1286）罐身纹饰局部

彩版四六　A 型黄釉瓶

1. M2039-1

2. M1595

3. M1884

4.（M1884）罐身纹饰局部

5. M1770a

6. M12b-2

彩版四七　B型黄釉瓶

1. M769-2

2. M1681-2

3. M2517-2

4. M876-2

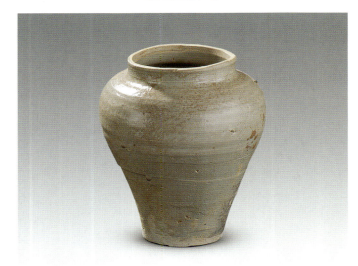

5. M2051

6. M1143-2

彩版四八　青釉瓷内罐

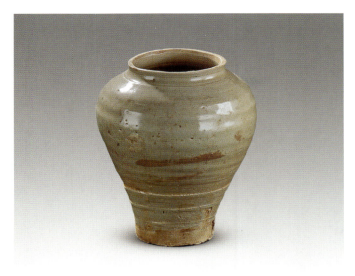

1. M268

2. M333

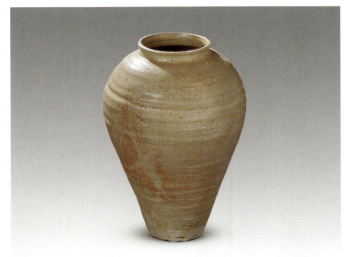

3. M1459

4. M914

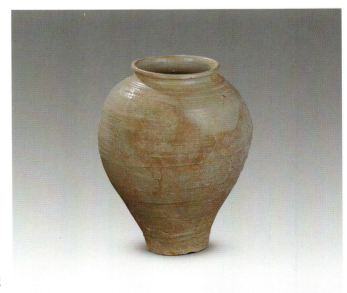

5. M2282

彩版四九　青釉瓷内罐

1. 青花瓷碗（M1447）

2. 青花瓷碗（M2073）

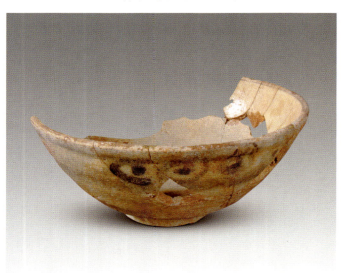

3. 青花瓷碗（M318-2）

4. 铜罐（M672-2）

5. 铜罐（M1005-2）

彩版五〇　青花瓷碗、铜罐

1. 青色板瓦（M1211-1：1）

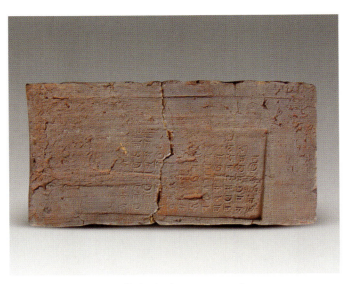

2. 梵文砖（M2118：2）

3. 镇墓兽（M864：1）正视

4. 镇墓兽（M864：1）后视

5. 镇墓兽（M864：1）侧后视

6. 镇墓兽（M864：1）侧视

彩版五一　火葬墓随葬青色板瓦、梵文砖及镇墓兽

1. 陶质降魔杵（M540）

2. 陶砚（M1681：1）

3. 灰陶豆（M628：1）

4. 灰陶盏（M43：1）

5. 灰陶小罐（M39：1）

彩版五二　火葬墓随葬陶器

1. 玉壶春瓶（M2040：1、2）

2. 玉壶春瓶（M2040：1）

3. 青釉瓷罐（M2591：1）

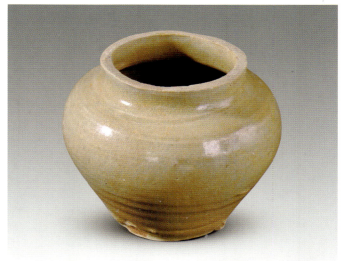

4. 青釉瓷罐（M2561：1）

5. 青釉瓷片（M2468：1）

彩版五三　火葬墓随葬瓷器

1. 锡器（M1290）

2. 铜饰、料珠（M608）

3. 铜饰（M575）

4. 铜饰（M1361）

5. 铜饰（M273）

6. 铜饰、银耳环（M1764）

彩版五四　火葬墓随葬锡器、铜器、银器及料珠

1. 铜币、铜戒指（M300）

2. 铜环（M927）

3. 铜镜（M1772：2）

4. 铜镜（M1630：1）

5. 铜镜（M2500：1）

6. 铜耳勺（M1723：1）

彩版五五　火葬墓随葬铜器

1. 铜片、瓷片（M1300）

2. 铜饰（M1300：1）

3. 铜饰（M540：3）

4. 铜饰（M540）

5. 铜片、料珠（M419）

6. 铜片（M632）

彩版五六　火葬墓随葬铜器、瓷片及料珠

1. M2191

2. M2115

3. M2557：1

4. M694

5. M28：1

6. M1967：1

彩版五七　火葬墓随葬铜片

1. 铜片（M887：1）

2. 铁刀（M540：5）

3. 铁箭镞（M203：1）

4. 铁镯（M271）

彩版五八　火葬墓随葬铜器、铁器

1. M2009

2. M2009：1、2

3. M265

4. M2374：1

5. M1392

6. M2141：1

彩版五九　土坑墓随葬风水罐

1. 青花碗（M425：1）

4. 白瓷碗（M1611：1）

2. 青花碗（M224：1、2）

5. 银冥币（M2543）

3. 青花碗（M224：1、2）

6. 银饰、玉饰（M1207）

彩版六〇　土坑墓随葬瓷器、银器及玉器

1. 银饰、玉饰（M78）

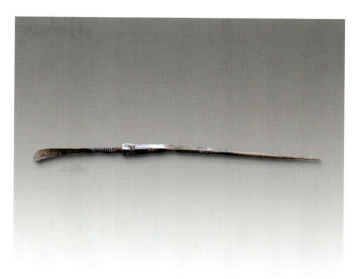

2. 银耳簪（M1587：1）

3. 叶形银饰（M539：1）

4. 万历通宝（M1392）

5. 铜环（M1344：1）

6. 锡器（M1984）

彩版六一　土坑墓随葬银器、铜器、锡器及玉器

1. 锡器（M2034）

2. 锡器（M2005）

3. 玉镯（M472：4）

4. 寿字玉牌（M224：3）

5. 玉戒指（M475：1）

6. 圆形玉片（M283：4、5）

彩版六二　土坑墓随葬锡器、玉器

1. 玛瑙扣（M475）

2. 石环（M1573∶2）

3. 绿釉陶罐（T0310③∶1）

4. 绿釉陶罐（T0310③∶1）

5. 陶碟（T0209③∶1）

6. 铁箭镞（T0208②∶1）

彩版六三　土坑墓随葬玛瑙、石器及地层中采集器物

1. T0109③：1（正视）

4. T0109③：2（正视）

2. T0109③：1（后视）

5. T0109③：2（后视）

3. T0109③：1（侧视）

6. T0109③：2（侧视）

彩版六四　地层中采集镇墓兽

图版一　象眠山墓地远景（由西向东）

1. 发掘工地场景（由南向北）

2. 发掘工地场景（由南向北）

图版二　发掘场景

1. M1290

2. M1468

3. M1480

4. M1500

图版三　火葬墓

1. M1511

2. M1521

3. M1601

4. M1672

图版四　火葬墓

1. M1746

2. M1756

3. M1888

4. M1952

图版五　火葬墓

1. M2039

2. M2040

3. M2051

4. M2203

图版六　火葬墓

1. M2209

2. M2236

3. M2293

4. M2563

图版七 火葬墓

1. M47

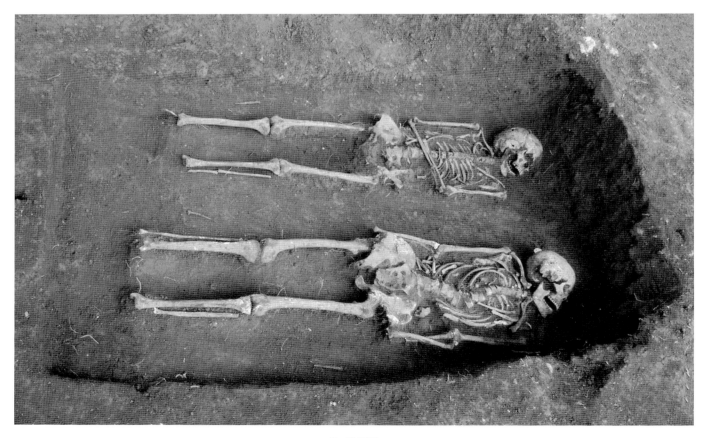

2. M136

图版八　土坑墓

1. M217

2. M265

图版九　土坑墓

1. 全景

2. 局部

图版一〇　土坑墓（M224）

1. M307

2. M1391

图版一一 土坑墓

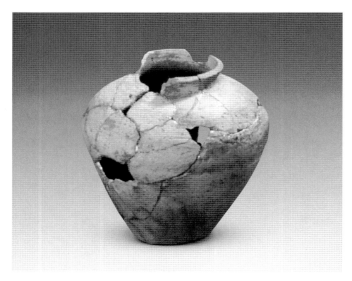

1. Aa 型（M1960）

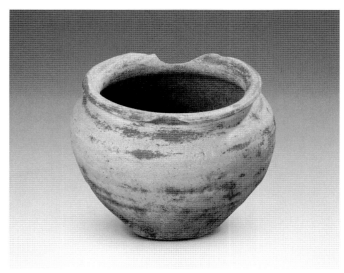

2. Aa 型（M216）

3. Ab 型（M1813）罐身及盖

4. Ab 型（M1813）罐身及盖

5. Ac 型（M892-1）

6. Ac 型（M724）

图版一二　Aa、Ab、Ac 型红（黄）陶罐

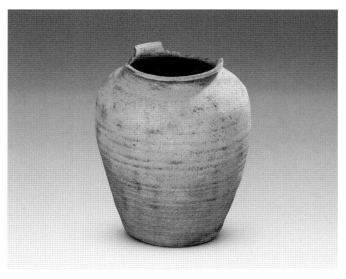

1. Ac 型（M506）

2. Ae 型（M2552b）罐身及盖

3. Ae 型（M2552b）罐身及盖

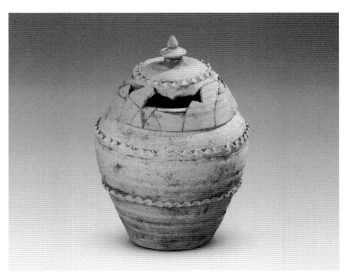

4. Ae 型（M985）罐身及盖

5. Ba 型（M207）

6. Ba 型（M2459）罐身及盖

图版一三　Ac、Ae、Ba 型红（黄）陶罐

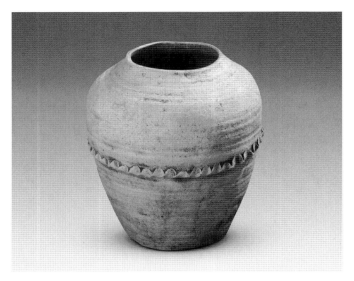

1. Bb 型（M772）

2. Bc 型（M2153）罐身及盖

3. Bc 型（M152-4）罐身及盖

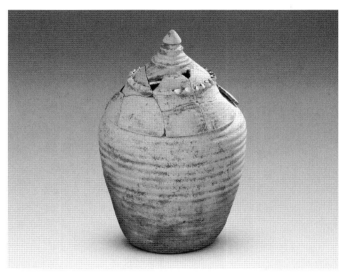

4. Bc 型（M1461）罐身及盖

5. Ca 型（M220）罐身及盖

6. Ca 型（M1958）罐身及盖

图版一四　Bb、Bc、Ca 型红（黄）陶罐

1. Ca 型（M1015）

2. Cb 型（M1425-2）罐身及盖

3. Da 型（M1508）罐身及盖

4. Da 型（M674）

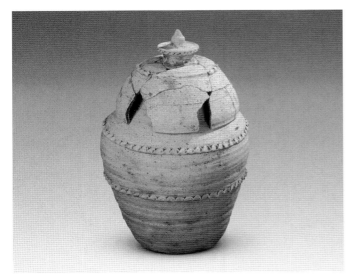

5. Db 型（M1833）罐身及盖

6. Db 型（M2030-2）罐身及盖

图版一五　Ca、Cb、Da、Db 型红（黄）陶罐

1. M2353b 罐身及盖

2. M1116-2

3. M657

4. M1656 罐身及盖

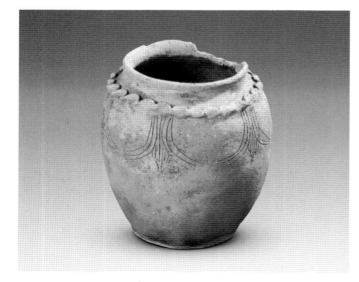

5. M242-2

6. M617

图版一六　其他红（黄）陶罐

1. Aa 型（M755a-1）瓮身及盖

2. Ab 型（M2519-1）瓮身及盖

3. Ab 型（M1179-1）瓮身及盖

4. Ab 型（M53-1）瓮身及盖

图版一七　Aa、Ab 型红（黄）陶瓮

1. Ab 型（M75-1）瓮身及盖

2. Ac 型（1621-1）瓮身及盖

3. Bb 型（M556-1）瓮身及盖

4. Bb 型（M556-1）器盖俯视

图版一八　Ab 型、Ac 型、Bb 型红（黄）陶瓮

1. 瓮身及盖

2. 瓮身纹饰局部

3. 盖纽正视

4. 盖纽侧视

图版一九　Bc 型红陶瓮（1055-1）

1. A 型红陶盆（M9）

2. A 型红陶盆（M265）

3. B 型红陶盆（M2322-1）

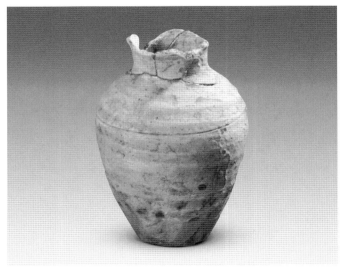

4. A 型红陶瓶（M2060）

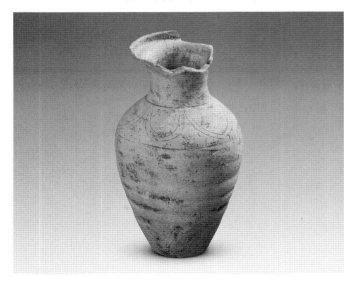

5. B 型红陶瓶（M1799）

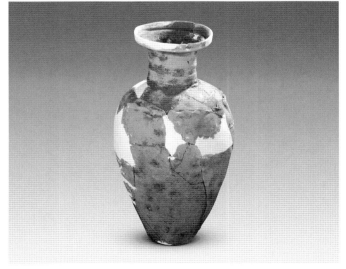

6. C 型黄陶瓶（M135）

图版二〇　　A、B 型红陶盆及 A、B、C 型红（黄）陶瓶

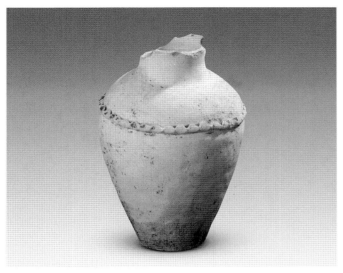

1. C 型黄陶瓶（M2047）

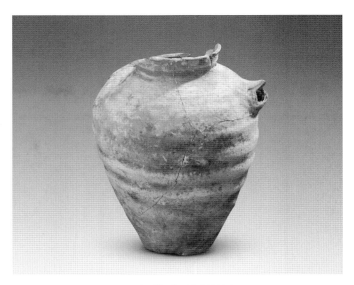

2. 红陶壶（M676）

3. 红陶壶（M641）

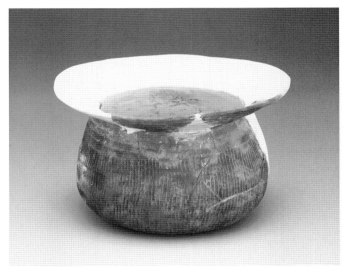

4. 红陶釜（M68-2）

5. 红陶豆及盖（M2468）

6. 红陶豆及盖（M2468）

图版二一　C 型红（黄）陶瓶、其他红黄陶葬具

1. 罐身及盖

2. 罐身纹饰局部之一

3. 罐身纹饰局部之二

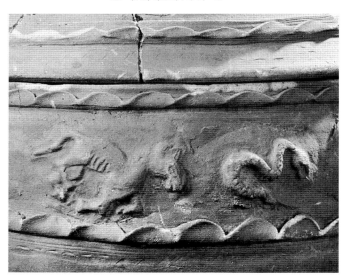

4. 罐身纹饰局部之三

5. 罐身纹饰局部之四

6. 罐身纹饰局部之五

图版二二　Ab 型灰陶外罐（M1756-1）

1. Ab 型外罐（M1322）罐身及盖

2. Ac 型外罐（M738-1）罐身及盖

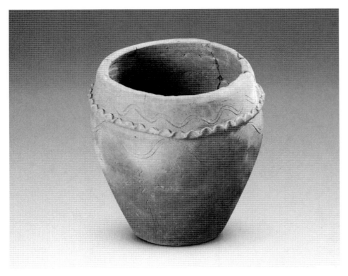

3. Bb 型外罐（M1428-1）

4. Bb 型外罐（M2085-1）罐身及盖

5. Aa 型 I 式内罐（M1417-2）罐身及盖

6. Aa 型 I 式内罐（M7）罐身及盖

图版二三　灰陶外、内罐

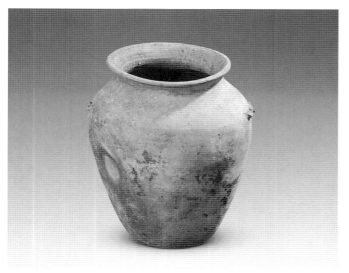

1. Ⅰ式（M1946）

2. Ⅰ式（M742-2）罐身及盖

3. Ⅰ式（M1126-2）罐身及盖

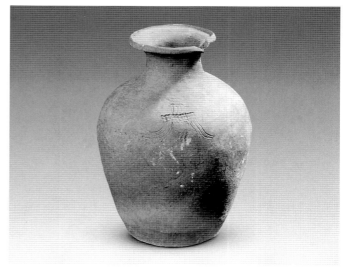

4. Ⅱ式（M605-3）

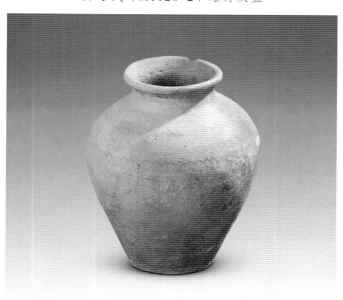

5. Ⅱ式（M1678）

图版二四　Aa型灰陶内罐

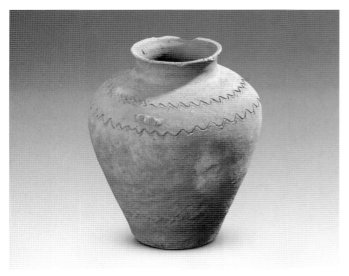

1. Aa 型 Ⅱ 式（M180）

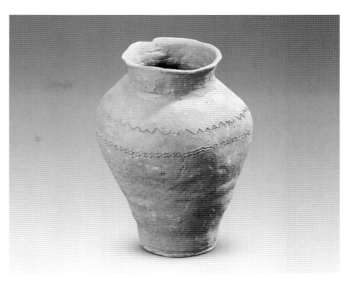

2. Aa 型 Ⅱ 式（M484）

3. Ab 型（M852-2）罐身及盖

4. Ab 型（M17g-2）罐身及盖

5. Ab 型（M2408-2）罐身及盖

6. Ab 型（M2408-2）盖内侧梵文

图版二五　Aa、Ab 型灰陶内罐

1. M57-2 罐身及盖

2. M2159-2 罐身及盖

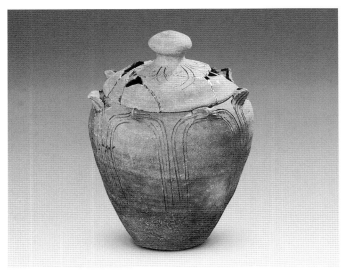

3. M1468-2 罐身及盖

4. M846-2 罐身及盖

5. M351a-2 罐身及盖

图版二六　Ba型灰陶内罐

1. Bb 型 Ⅱ 式（M811-2）罐身及盖

2. Bb 型 Ⅱ 式（M738-2）罐身及盖

3. Bb 型 Ⅱ 式（M587-2）罐身及盖

4. Bb 型 Ⅱ 式（M1127-2）罐身及盖

5. Bb 型 Ⅱ 式（M1749-2）罐身及盖

6. C 型（M2564-2）罐身及盖

图版二七　Bb 型 Ⅱ 式、C 型灰陶内罐

1. Db型（M1881）罐身及盖

2. 其他灰陶内罐（M124-2）

3. 其他灰陶内罐（M168）

4. 其他灰陶内罐（M318-1）

图版二八　Db型灰陶内罐、其他灰陶内罐

1. M2083

2. M713

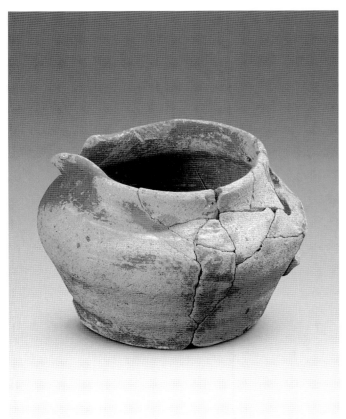

3. M249

4. M1930

图版二九　其他灰陶内罐

1. M672-1

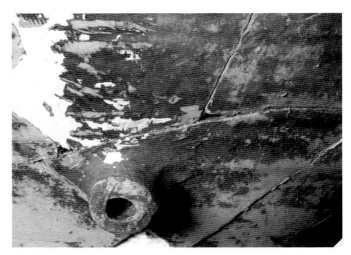

2. M672-1 瓮身局部

3. M2490-1

4. M2490-1 瓮身局部

图版三〇　　Aa 型灰陶瓮

1. Aa 型（M2100-2）

2. Aa 型（M2100-2）瓮身局部

3. Aa 型（M531-1）瓮身及盖

4. Ab 型（M2248-1）瓮身及盖

图版三一　Aa、Ab 型灰陶瓮

1. M1468-1 瓮身及盖

2. M1124-1

3. M57-1

4. M1009-1 瓮身及盖

图版三二　　Ab 型灰陶瓮

1. Ab 型（M2237-1）瓮身及盖

2. Ac 型（M124-1）

3. Ac 型（M1230-1）

4. Ba 型（M2517-1）瓮身及盖

图版三三　Ab、Ac、Ba 灰陶瓮

1. Bb 型瓮（M1746）

2. A 型瓶（M2283）

3. A 型瓶（M635）

4. A 型瓶（M642）

图版三四　Bb 型灰陶瓮、A 型灰陶瓶

1. Ⅰ式（M1927）

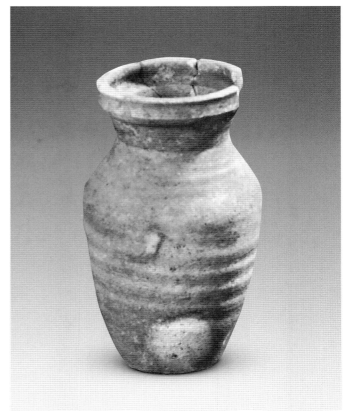

2. Ⅰ式（1265-1）

3. Ⅱ式（M857-3）

4. Ⅱ式（M238）

图版三五　Ba型灰陶瓶

1. Ba 型 Ⅱ 式（M1339）

2. Ba 型 Ⅲ 式（M287）

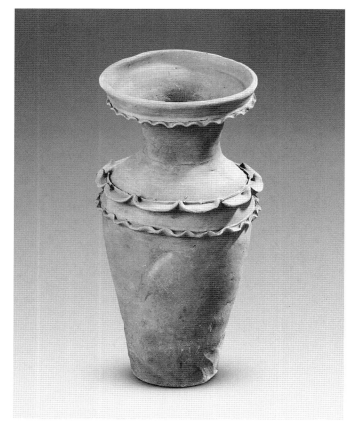

3. Ba 型 Ⅲ 式（M82）

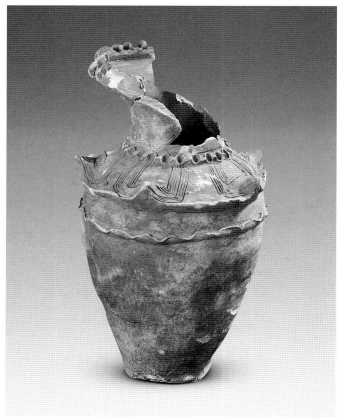

4. Bb 型（M1429）

图版三六　Ba、Bb 型灰陶瓶

1. M403

2. M492

3. M1255

4. M1255 俯视

图版三七　Bb 型灰陶瓶

1. Bb 型（M12d）

2. Bb 型（M12d）口、颈局部之一

3. Bb 型口、颈（M12d）局部之二

图版三八　Bb 型灰陶瓶

1. M30

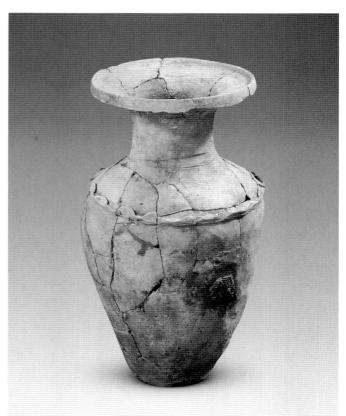

2. M1992

3. M1615

图版三九　C型 I 式灰陶瓶

1. M130

2. M1690

图版四〇　C型Ⅱ式灰陶瓶